教育部人文社会科学重点研究基地项目成果
（项目名称：百年清史研究学术史，项目批准号：11JJD770002）

国家出版基金项目
NATIONAL PUBLICATION FOUNDATION

黄兴涛 夏明方 杨念群 主编

百年清史研究史

文献档案卷

阚红柳 著

中国人民大学出版社
·北京·

总　　序

清史研究早在清王朝存在之时就已经开始。即便从清朝灭亡算起，以整个朝代为时间范围的清史研究也已有一百多年。2012 年上半年，为纪念辛亥革命推翻清朝统治、结束帝制一百周年，中国人民大学清史研究所精心筹划主办了“清帝逊位与民国肇建”国际学术研讨会，自觉从“清史”与“民国史”的转换视角着眼，聚焦和探究那一特定时期的复杂历史内容。这次国际学术会议取得了圆满成功，达到了预期效果。会议期间，学者们纷纷表示，清史研究已然进入一个新的时间节点，应该对百年以来的既有研究进行系统的梳理和深度的总结，在此基础上再开始新的航程、扬帆远行。对此，专职人员较多的清史研究所自当责无旁贷。

思考并确立这一学术史课题，得到了国家清史纂修工程的推动。2002 年，经国家批准，戴逸先生领衔主持的国家清史纂修工程正式启动，至 2012 年已开展十年。展望未来，也需要对以往的清史研究进行一番整体的回顾。于是，2012 年年底，在戴逸、李文海两位先生的指导下，清史研究所特别在京郊召开了一次全所会议，专门研讨这一问题，确定将“百年清史研究史”作为教育部人文社会科学重点研究基地下一阶段的重大项目来展开集体攻关，并按领域筹划分工，分别安排各领域的学术骨干来承担编撰任务。

大家商定，“百年清史研究史”的撰述，旨在较为系统地勾勒、梳理百年以来清史研究的基本线索，揭示其突出的问题意识和主要关切，总结其研究成绩，尽量有别于以往那些通行的研究“综述”，避免单纯罗列和一般性概述清史研究成果，力图归纳和提炼出政治、经济、社会、思想文化等清史研究领域中的若干重要进展、关注焦点和特色问题，围绕这些进展、焦点和问题对以往研究的特点及得失展开分析，并尝试寻找出某些具有共识的研究范式来进行反思，从而为今后清史研究的开展提供有益的借鉴。经过多年的努力，如今总算有了结果。

全书共分十卷，包括导论卷、政治史卷、经济史卷、社会史卷、思想文化史卷、中外关系史卷、边疆民族卷、历史地理卷、文献档案卷、海外研究卷。各卷因内容有别，故在掌握和运用体例方面会有所不同。特别值得一提的是海外研究卷的设置，我们特别邀请了国外清史研究名家森正夫、岸本美绪、狭间直树、岩井茂树、罗威廉、巴斯蒂、钟鸣旦、萨莫伊洛夫、杉山清彦、金成修、巴德妮、何娜来专门撰写，体现出真正的国际性交流与研究视野。在这里，我们要郑重地对他们，以及各卷的编撰者，表示由衷的感谢。此外，本书的出版得到了国家出版基金的资助，这也是应该表示感谢的。

清史研究向为显学，学术成果异常丰富，对其百年历程进行全面系统的总结存在相当难度。我们秉承对前辈学者的崇敬之心和对学术的虔敬态度，努力进行此种学术史的探索，实在深感忐忑。限于视野、学力和时间的不足，分析、总结难免存在疏漏、缺失和不当之处，敬请同道学人不吝指正。

中国人民大学清史研究所

2020 年 4 月

目　录

导　论

中国古籍汗牛充栋，浩如烟海，是中华民族的宝贵历史财富。存世历朝典籍之中，以清代文献档案数量最多，所占比重最大，且距今最近，其重要性及价值、意义不言而喻。辛亥革命以来，随着清史研究逐步开展，传承历史文化遗产，抢救、保护并深入整理和研究、利用古籍亦逐渐在学界达成共识。同时，在新文化运动中，由于白话文的兴起，书籍的内部构成元素——文字、语言、文体等均发生了巨大变化，并且，随着时间的流逝，文献档案自身亦处于自然损耗所带来的生存危机之中。为消除阅读障碍，抢救濒危典籍，清代文献的标点、注释、今译以及清代档案的发掘、整理的必要性和紧迫性日益增强。故而，自1911年至今的百年间，清代文献档案的整理、出版不仅自然而然地成为清史研究的重要内容，而且成为辅助、推动甚而影响清史研究的重要因素。同时，清代文献档案自身的学术发掘与研究也构成百年清史研究历程中独特的单元。因而，回顾并总结百年清代文献档案的发掘、整理、出版的历程，梳理清代文献档案的学术研究成果，积极总结历史经验和教训，分析和探讨清代文献档案的整理、出版与社会历史进程、学术思潮、时代发展、科技进步诸方面的内在联系与外在表现，不仅有益于全面呈现清史研究的百年历程，进一步推动清代文献档案的整理、出版与研究工作，而且有益于深化对清史研究百年历程的学术认识，进而在总结与反思之中继续前行。

第一节 清代文献档案工作百年学术历程的研究价值与意义

正如戴逸先生所说："没有大量的第一手资料，就谈不到科学的研究。清史资料繁多，浩如烟海，如何进行搜集、整理，进行必要的排比、考证和诠释，这是清史研究者必须承担的一项任务。"① 清史研究的百年进展，与文献档案的搜集、整理、出版密不可分。清代文献档案工作的百年学术历程，所涵括的研究对象具体包括清代文献与档案两部分②。就概念界定来说，本卷所涉及的百年，指辛亥革命（1911）至今；学术历程则统括清代文献档案在清代史学研究中具体发挥作用的各历史时期；研究对象和内容主要包含对清代文献档案的整理、出版的历时性考察与对清代文献档案本身的学术史研究两个方面，前者与清代史学研究的百年历程相依相傍，后者则是清代史学研究的有机组成部分，两者并重，不分伯仲。

清代文献，从原则上说，是指有清一代所形成的文献的总称。但实质上，在清代史学研究的发展历程中，亦有部分核心文献——在清史研究中逐渐成为核心史料——产生于清亡之后，因而，单纯以文献学为研究视域固然应该尊重文献所产生和依托的时代，不能超越清亡的时间界

① 戴逸. 加强对清史的研究. 南开学报（哲学社会科学版），1982（5）：13.

② 文献与档案的具体概念在学界有一定分歧和争议，在此方面清史研究与其他朝代史研究有所区别。清代以前的历朝，因原始文书罕有存世或存世极为有限，学界也有将以文书为依据编纂形成的二次文献视为档案者。但清代的情况有所不同，中国第一历史档案馆、国家图书馆和台北"故宫博物院"以及国内外其他馆藏机构均收藏了大量的清代原始档案，因而，学界对清代的文献与档案的概念并无太大分歧。对清史研究者而言，档案往往用于专指具有原始记录性的文书，其他形式的以文字为载体的史籍则统一称为文献。但在实际研究和应用过程中，也有部分学者对具体的存世史料有不同意见，如实录、起居注，部分学者认为是文献，而有些学者则称之为档案。为有所区分，本卷所使用的文献概念是指清代形成的以文字为载体的各类史籍，档案则专指在清代政务活动过程中形成的具有原始记录性质的文书。

限，而就清代史学研究的实际状况而言，则与纯文献学的时间界定有所分别，在此视域之下，学界实际利用的清代文献范畴实质上有所拓宽，为此，有必要对清史文献档案在概念界定和范围界定上予以关注①。比如，受文献编纂方式的影响，以清代皇帝为记述主体的编年体史料长编——实录的编纂整体完成于民国时期②。宣统三年十二月二十五日（1912 年 2 月 12 日），末代皇帝溥仪宣告退位，但《德宗实录》的编纂工作仍在进行，到 1927 年，方正式完成。而《宣统政纪》"是德宗实录馆遗老仿照实录体修撰的一部宣统皇帝溥仪的实录"③，稿本完成于民国三年（1914）。此外，受易代修史传统的影响，民国时期纂修成稿的《清史稿》也大量利用了清代文献档案，并且在清史研究中一直发挥着重要作用，故虽成书于民国，亦纳入本卷研究范围④。清代档案留存数量众多，中国第一历史档案馆、辽宁省档案馆、四川省档案馆、河北省档案馆以及其他档案收藏机构所藏档案，加上台北"故宫博物院"、"中

---

① 清代文献档案从本质上说，应属于文献学范畴的概念，据此一性质加以定义，应指在有清一代所形成的文献档案的统称，原则上应不包括入关前及清亡以后所形成的文献档案。但在清史研究的百年历程中，对清史史料的理解正如冯尔康先生在《清史史料学》中所言："清史，作为断代史来讲，始于清朝入关建立全国的统治，终于宣统为辛亥革命所推翻，历经 268 年。清朝入关前，努尔哈赤、皇太极父子统一满洲及反对明朝的开国史，与清史有密不可分的关联。溥仪在辛亥革命后，被冯玉祥驱逐出故宫以前的历史，也同清史有关。我们说的清史，系指清朝对全国统治时期的历史。倘若广义言之，就需要包括在东北的开国时期和在故宫的小朝廷时期的历史。因此清史史料学研究的时间范围，亦应同清史的概念相一致。"（冯尔康．清史史料学．沈阳：沈阳出版社，2004：1）从文献的实际生成情况来看，因为清朝是我国最后一个封建王朝，溥仪宣布退位之后又事实上维持了一段小朝廷时期，故而，实录、起居注的纂修在清亡之后仍在进行。另外，迄今为止，民国时期成书的《清史稿》仍为研究清史所必需的文献，也应在研究的范畴之内。从文献学的角度来说，清帝逊位固然是清代文献档案的节点，但本卷所研究的对象不局限于文献学的范围，而是探究清代史学研究的百年之中文献档案所发挥的价值和意义，故研究对象随清史范畴的向前与向后伸展而有所拓宽，既涵括入关前所形成的满文文献档案，也包括故宫小朝廷时期仍在形成和编纂的部分文献档案。

② 实录的编纂，自唐初以后，每一皇帝死后，继嗣之君必敕史臣撰修，五代、宋、辽、金、元、明、清因之，成为定制。

③ 谢贵安．清实录研究．上海：上海古籍出版社，2013：225.

④《清史稿》并非纂成于清代，但其实际上可被视为清代文献档案第一次系统整理后的史书载体，带动了清代文献档案的整理工作，迄今仍被认为是研究清史必不可少的史料之一，加之学界延续百年的清史纂修情结，故本卷亦将其纳入研究范畴，但更强调其文献档案编纂方面的实际工作以及对此领域的事实上的推动。

央研究院”历史语言研究所等处的藏档，总量计 2 000 万件以上①。档案以其原始记录性在清代史事解析、典章制度研究、历史人物探究诸方面发挥着重要的历史作用。与之相较，文献的种类更为丰富，涵括的内容范畴更加广阔。文献与档案两相结合，为清代史学研究奠定了丰厚的史料基础。

微观分析有助于展现历史活动的细节，而宏观考察则着眼于长时段的规律性认识的提炼与总结。在承认文献档案对清史研究长期稳定地发挥着具体的推动作用的同时，对百年文献档案利用史进行脉络性梳理，进而对过程性影响因素予以系统考察，即对辛亥以来清代文献档案整理、出版和研究的百年学术史加以总结和研究，对于勾勒轨迹、把握规律、发现问题、总结经验当更具现实价值与意义。

首先，总结与回顾百年清代文献档案整理、出版以及研究的学术历程，可填补目前学界研究空白。从以往的学术研究成果来看，对文献的整理、出版的长时段学术总结与回顾多将民国与新中国时期分开②，并以“古籍”③ 为研究对象，其内容则涵盖现存的所有中国古代文献，比较而言，清代文献在中国古籍大家族中是晚出的文献类群，在系统梳理古籍整理历程的研究成果中，其独特性难以凸显。自 2011 年辛亥革命的第一个百年以来，以百年时限作为探讨时间段的研究得到学界的关注，成果开始出现，代表性成果如周少川《论百年古籍整理与古文献学

---

① 中国第一历史档案馆原馆长邹爱莲讲道：“经初步了解，国内外现存各种清代档案共约有 2 200 多万件，其中中央级档案 1 200 多万件，主要保存在中国第一历史档案馆，另外，辽宁、大连、江苏泰州等地的档案馆、博物馆，台北‘故宫博物院’、台北‘中央研究院’历史语言研究所、近代史所及国外一些大的档案馆、图书馆也有数十万件至数千件不等的清代中央政权机关的档案。清代地方档案和各种专题性档案约 1 000 万件，主要分布在四川、西藏、新疆、吉林、黑龙江、山西、上海、浙江等地。”［邹爱莲. 纂修清史工程与档案. 历史档案，2003 (4)：6］

② 相关研究成果参见杨牧之《新中国古籍整理出版工作的回顾与展望》(中国新闻出版报，2003-09-15)、诸伟奇《曲折与前行：新中国前 30 年古籍整理历程》［安徽史学，2017 (2)：155-168］等，不一一列举。

③ 学界多以 1911 年为时间断限，在此之前所形成的图书文献被称为“古籍”，但也有学者认为民国以后所形成的采用古代书籍装帧形式的书籍也在古籍的范围之内，笔者赞同后者。随着时间的推移，民国时期所编纂的大量文献实际上已经被纳入了古籍整理和研究的范围。

科发展史的梳理与意义》[①]。近年来，亦有部分学者开始关注断代文献整理工作的总结，如关于宋代文献整理、出版的回顾与反思[②]，还有一些学者关注清代文献个案编纂的百年[③]，但成果不多，规模有限，且尚未有关于清代之文献整理状况者。从学界现有研究成果来看，部分学者已经注意到断代文献整理的分割问题，但对清代文献整理历程的系统性探讨则明显不足，故而，开展相关研究既适应了学界思辨的发展态势，亦可为学界研究补充新的内容。清代档案的整理、出版和研究以各档案收藏机构为主体，尤其是中国第一历史档案馆（一史馆）在总结回顾百年历程方面做了不少工作，2016 年，出版了《明清档案事业九十年：中国第一历史档案馆发展历程（1925—2015）》[④]，该书虽以一史馆自身的发展变革为主题，实际上涵括了不同时期清代档案的整理、出版和研究状况，从档案事业发展的角度回顾、总结了清代档案整理编研的学术历程，但因以档案工作为主，以清史的学术研究利用为辅，故仍有一定的延展空间。百年的历程验证百年的价值，百年的总结则申明百年的命题，百年的梳理明晰清代文献档案的百年历史，并有助于推动现实与未来的研究进展。

其次，总结与回顾百年清代文献档案整理、出版以及研究的学术历程，可凸显清代文献档案的特点与价值。前辈学者王锺翰先生谈及治清史与治清以前各断代史之不同点有三个方面，均是从清代文献档案处着眼，他认为："第一，清代距今近，而清以前各断代远，近则不怕文献不足而怕材料太多，远则适反是。第二，清代材料多，不特有大量档案文献资料遗留到今，而且第一手原始实物资料（包括地上的和地下的），亦日有新发见。第三，除元史外，从事清史研究的学者也需要具备阅读多种语言文字的能力，越多越好。因为国内少数民族语文，如满、蒙、藏、维、彝、傣、苗、瑶等，均有大量原始资料有待发掘、整理，足资参稽印证；国外如拉丁、法、德、英、日、俄、意、葡萄牙、西班牙等

---

① 廊坊师范学院学报（社会科学版），2013，29（2）：31－35，45．本篇论文是国家社科基金重大项目"百年中国古籍整理与古文献学科发展研究"的阶段性成果。

② 王利伟．二十世纪以来宋代古籍整理述评．古籍整理研究学刊，2005（3）：6－15．

③ 黄爱平．百年来黄遵宪著述编纂状况述评．学术界，2006（9）：227－234．

④ 北京：人民出版社，2016．

国亦均有不少原著档册和私人论述，有待搜集翻译，可供借鉴参考。”① 的确，与清以前各历史时期的研究相比，清史研究的学术优势和学术特点多与清代文献档案的独特性有关，主要表现在如下方面：其一，数量最多，清代传世档案数量最多，传世文献也远迈各朝。清代存世档案总量在 2 000 万件以上，传世文献的数量经后人不断统计，《清史稿·艺文志》著录清代书籍 9 633 种，后人在此基础上不断补录，武作成作《清史稿艺文志补编》，增补书籍 10 438 种，彭国栋重修《清史稿艺文志》，著录书籍 18 059 种，王绍曾著《清史稿艺文志拾遗》，增补书籍至54 880 种，至新修《清史》，杜泽逊主持编纂《清人著述总目》，著录清人著述 22.7 万余种②，数量极为惊人。其二，形式多样，不仅体现在文献的体裁体例方面，而且在语言方面，满文、蒙古文以及域外汉籍是清代文献的重要组成部分，在内容和思想性方面则跨越古代、近代，这些都反映了与其他历史时期相比，清代文献的多样性。其三，存藏分散，分布于世界各地的公私收藏机构之中。其四，系统性强③。这些特点既丰富了清代文献档案整理工作的内容，又增加了汇集整理和研究发掘的难度。呈现这些特点对深入研究清代文献档案、推动文献档案整理工作的进一步发展，是十分必要的。此外，整体而论，清代文献档案存世数量的丰富为清史研究提供了广阔的学术空间，二者之间可以互相求证、关联，使得对清代史事的研究更加细致入微，在研究方法和理论探讨方面也为学界创造了便利条件。还原百年清代文献档案的学

---

① 王锺翰.《清实录》与清史研究. 文史知识，1987（3）：54.

② 杜泽逊.《清人著述总目》前言//微湖山堂丛稿：上. 上海：上海古籍出版社，2014：298.

③ 关于清代文献的特点，还可参见戴逸先生的《谈清史研究》[文史知识，1983（3）：9-16]，他认为：“清史资料有三个特点，一是‘多’，各种史籍、档案、碑版、实物，数量庞大，浩如烟海。一个人无论怎样勤奋，穷毕生之力，也只能在清史资料这一浩瀚无际的海洋中，勘探其一个角落。二是‘乱’，许多原始资料未经整理，杂乱无章，缺少目录、索引和工具书，无现代化的检索工具和检索方法，使用不便。三是‘散’，许多资料分散庋藏在全国各地的图书馆、档案馆、博物馆、高等学校和科学研究机构中。有的保管不善，有的灰积尘封，借阅较困难。由于客观上的种种困难，要求研究者更应发奋努力，不辞辛劳，去大力搜集和掌握资料，才能取得显殊的成绩。”2004 年，在《清史〈文献丛刊〉〈档案丛刊〉总序》（光明日报，2004-07-20）一文中，戴逸进一步提出：“清代之史料，具有自身之特点，可以概括为多、乱、散、新四字。”并指出：“清代之文献档案为我国珍贵之历史文化遗产，其数量之庞大，种类之多样，涵盖之宽广，内容之丰富，在全世界之文献档案宝库中实属罕见。”

术历程，可系统归纳总结清代文献档案的特点与价值，并据以反思清代史学研究的特殊性，观照清史研究未来的学术发展空间。

再次，总结与回顾百年清代文献档案整理、出版以及研究的学术历程，有助于还原清代文献档案整理、出版的学术文化意义。正如周少川先生所言："探讨典籍在各个历史时期的形成和发展，分析典籍的内容特征和外部形式，阐述典籍的生产、收藏、整理和流传，无疑是研究中华文化诸多成就的重要课题之一。这对于我们进一步清理和认识中华民族的文化遗产，弘扬优秀的民族精神，也将具有重大的现实意义。"① 就本质而言，清代文献档案的整理、出版本身即是一种学术文化行为，它应社会历史文化发展的需要而生，是文化进步、学术昌盛的象征，其发展历程与各种学术文化运动及研究内容，乃至科学技术的进步有机地融合在一起，并在一定程度上影响和改变着学术研究的方向、内容以及方式方法。可以说，从某种意义上，清代文献档案的整理、出版与研究状况可视为学术发展的风向标，亦可作为学术发展程度的验证标准，甚至成为学术发展状态的里程碑。因而，对其发展历程的研究与追溯不仅有助于进一步推动文献档案整理、出版工作本身的发展，合理制订规划，寻求学术突破口，而且，从文献的角度追本溯源，对于深入分析清史学界动态、学术风格、研究趋向与特点等均有一定的参考和借鉴意义。此外，清代文献档案的学术研究，是整个清代史学研究的有机组成部分，这一点，一直未能得到学界的足够关注，在史学研究的大家庭中，文献档案研究的独立性、独特性以及基于清代特点的文献档案研究的整体性亟须全面揭示，以引起学界相应关注。

最后，探讨和分析现有问题，研究对策。清代文献档案的整理、出版面临着很多现实问题，比如整理、出版的规划性与学术研究实际需要的结合问题，影印出版与点校整理的协调发展问题，古籍数字化与文献档案的整体和个体研究的现实矛盾问题，文献档案整理的学科理论建设问题，文献档案自身研究的相对滞后问题，等等。这些问题的产生是百年清代学术发展历程的实际状况，是科技发展、时代进步与学术研究演进过程中的不协调变奏，也将是未来学术研究的突破口。学术在实践中发展，历史则赋予未来以启示。通过全面梳理百年清代文献档案整理工

---

① 周少川. 中华典籍与传统文化. 桂林：广西师范大学出版社，1996：前言 1.

作的历程，进一步思索上述问题，可为实际问题的解决提供更具体的、可操作的解决方案。同时，在文献档案的学术研究道路上，提供相关研究思路，探究可行性的研究方法，也是梳理百年学术历程的应有之义。

有鉴于此，中国人民大学清史研究所在承担教育部重点研究基地重大项目“百年清史研究史”时将“文献档案卷”设为单独的一卷，拟以文献档案的发掘、整理、出版及研究为线索，梳理清代史学发展的百年，以更全面地展示清代史学研究的相关内容，凸显文献档案的利用在学术嬗变过程中所起的作用和影响，并据此沉淀、思考文献档案本身乃至整个清代史学研究未来学术发展的问题，在梳理中思考，在反思后继续前行。

第二节　追溯：清代文献档案工作的百年历程

自 1911 年至今，清代文献档案工作的学术发展经历了百年，其间，按文献档案整理、出版以及研究的历史状况，可大致划分为民国时期（1912—1949）、改革开放前（1949—1978）与改革开放以来，形成有机发展的三个不同阶段。必须承认，清代史学研究百年历程开展的起点是从对清代文献档案的利用开始的，学术发展因新史料的发掘而起承转合，在山重水复之中寻找柳暗花明。追溯清代文献档案的百年学术历程，追思百年历程中形形色色的历史事件与历史人物，可以看出：这百年学界对清代文献档案的认识也经历了抢救、保护为先，抢救、保护与整理、出版相结合，抢救、保护与整理、出版及学术研究三结合的学术理路；百年学术历程是科技发展进步与整理、出版手段不断发展和完善，文献档案研究思路、方式方法与研究主题不断推陈出新、相互促动的历史过程；百年学术历程还是清代史学研究的实际发展需要与文献档案整理、出版的现实状况不断碰撞、交融和对话的历程。

首先，抢救、保护贯穿了百年清代文献档案学术发展史的始终。民国时期，抢救、保护的理念主要来自内阁大库档案的损毁事件以及大量文献流失海外的现实，有识之士为之心痛，为之奔走；改革开放前，对清代文献档案的抢救、保护主要体现在大型、基础性史料的整理、出版；改革开放以来，抢救、保护一方面体现在寻求整理、出版的方式方法以减少对原档、原本的消耗性使用层面，另一方面表现为各种稿本、抄本、地方文献等珍贵文本的发掘和整理。由于历史的原因，古籍在时间的流逝中始终处于自然的损耗状态，寻求合理的方式方法有效保存古籍是抢救、保护的核心主题，与此同时，在保护的基础上着力开展古籍的传播、研究与利用则是弘扬和传承中国传统文化的根本所在。结合上述两点，百年清代文献档案的学术发展史实质上是百年的抢救、保护的历史。在以抢救、保护为核心的百年历程中，学界关于清代文献档案的理念不断发展变化，一方面，随着时代的变迁各有其独特性，如民国时期反满革命的影响与对清王朝的故国眷恋同时并存，改革开放前民主革命的认知、反帝爱国的思潮与专业的学术旨趣共融，近年来各专门史研究领域的兴起所带来的文献研究地域化、专门化趋势和清代文献档案的整体性与系统性认知交织；另一方面，无论何时何地，全面、客观、科学地认识与利用清代文献档案则是学界历久弥新的永恒主题。

其次，清代文献档案的整理、出版手段的变化与技术性因素的发展密不可分。古籍的刊刻方式随着出版技术的飞跃性发展而大幅度跟进，先是西方传入的石印术以及珂罗版印刷取代传统的雕版与活字印刷，接着影印技术带动了一大批古籍影印本的出现，并使得影印与点校共同成为清代文献整理、出版的两种主要方式，随之，大规模的文字处理技术在电脑应用环节成为可能，巨量存贮与应用技术在古籍的整理、出版中大规模使用，数字人文的理念逐渐深入人心，一大批古籍数据库乃至关联数据库应运而生。技术的革新改变着传统的古籍整理方式与方法，同时也使得传统的研究路径备受考验，电脑技术的介入在引领学术研究新领域的同时，也对清代文献档案的学术研究如何在沿袭旧传统与适应新时代之间谋求生存与发展提出了新挑战。在新技术不断使用的百年，数量、速度和效率一度成为数字人文时代的主题，改变了相对应的学术研究的时间、范围、方式以至理念，与之相依相傍的，则是学界对端正的学术态度、严谨的学术理念以及科学的研究范式的长时段思考。e-考据学术理念的提出与学界的认可和吸纳，在逐步渗透并改变新时代学术研究方法的同时，亦使得人们对传统学术研究方法的价值与意义产生更关切的认知，而对作为数据库基本元素的清代文献档案而言，在数字人文时代如何借助新技术手段实现研究方式方法的新飞跃则作为焦点问题以及实践体验不断显现。数字人文概念的提出，大数据的利用，以及数量研究的空前规模与走向极致的细致，不仅对文献档案整理的传统定式提出挑战，也在以精微的关注展示其细节，从而使文献档案被再认识、再研究的广度和深度不断增强。

再次，百年历程是清代文献档案的独特价值不断凸显、不断被发现的历史进程。一代有一代之文献，在史料发掘与史学研究的过程中，清代文献档案的独特性不断被发现，而新发掘的文献档案往往成为学术研究的基础和动力，如巨量档案和文献令清代史学研究有别于其他朝代，问题研究的层面更为具体，学术探究的思路、方式方法可以宏观与微观具现，西学文献的发掘、满文文献的探析则使得传统史学研究别开生面，另辟蹊径。与此同时，文献档案的清代特性也使得其整理的方式方法、学术效应与其他朝代有所区别，全集的整理引入了档案成分，日记的整理和出版带动了基层历史人物研究与基层社会研究的兴起，清史资料的丰富推动了出版史、阅读史、书籍史等新文化史的研究。在不同主题、不同内容、不同性质的文献档案价值不断被发现的前提下，清代文献档案整体的系统性与宏观性特点一再引起学界的共鸣，全面发掘与系统认知的呼声此起彼伏，这不仅成为认识清代史学百年发展历程中不同焦点、思潮乃至研究范式的基本点，也不仅是清代文献档案学术发展的终极目标，还是整个清代史学研究发展的最终归宿，即在全面发掘清代文献档案的前提下，重塑最贴近于真实的清代历史。

最后，清代史学研究的实际需要是清代文献档案学术发展历程的魔咒，是促动和阻碍其发展路径的双刃剑。一方面，出于史学研究的需要，每一次学术理念的调整、思维观念的变化、学术领域的开拓，都意味着并实际上带来和引起清代文献档案整理、出版和研究在选题焦点、评价标准等方面的调整和变动，甚至可以说实际上的变革；但另一方面，与此同时，受制于史学研究需要的文献档案自身则日趋失去自我，陷身于学术发展的困境之中。来自清代政治、经济、社会、军事、文化、对外交流诸方面史料学的应用需要作用于清代文献档案的整理、出版和研究，相应导致了文献档案的整理、出版工作价值认定的狭隘化，整理项目内容和范围的限定化，学术研究的局部化和边缘化，以及事实上文献档案整理自身学术研究的合理性、合法性、学术性被严重低估，甚至遭到歧视。在史学研究的汪洋大海中谋生存，是清代文献档案工作的现实困境，也是制约其持续发展的严重桎梏。而整个清史学界对此一方面的认知尚处于初步的觉醒阶段，一方面，可以看到，学界各专门研究领域的学者均能积极参与和加入文献档案的整理队伍，一大批文献档案整理项目的实际整理者由以专门的古籍整理方面的学者为主的状况转化为文献学与历史学不同研究领域的学者合作甚至以研究者为主导的模式，这种状况的持续及发展会为文献档案的整理、出版，尤其是研究注入新鲜血液和发展动力，从而促动整个研究领域的大发展以及学术生态的革新；但另一方面，以文献档案的整理为基础，为契机，甚至为依托的观念和思想长期存在，大多数研究者仍然固执地坚持认为，文献档案的整理仅为手段、工具，而非最终的学术目标，甚至认为其本身的学术含金量严重不足。同时，从某种意义上说，不成熟、不专业、不科学的整理方式方法在损害着清代文献档案的本来面目，当这些不甚准确甚至有失偏颇的学术观点被提炼、吸收，无疑不仅造成对清代文献档案认知与理解的误区，甚至会使得清代史学研究走向歧途。

追溯清代文献档案整理、出版与研究的百年学术历程，从原则上说，是回归清代史学研究的基本点，从史料的发掘与利用角度总结百年学术历程的发展路径。在学术研究发展变迁的百年之中，思想和观点可能有时代的特点，体现出不同的趋向和意图，而文献档案的利用范式则是影响其产生转变的基本模式，史料利用及侧重可能各有其不同，但模式是定型的，以文献档案作为史料依据开启历史研究之门的基本方式亦从未曾改变。在百花齐放、百家争鸣的清代史学发展的百年学术历程之中，领域、问题、观点、范式可谓层出不穷，而理解的关键似乎永远是根部的土壤，即决定其存在空间和发展方向最根本的仍是文献档案的发掘，这是本卷研究内容的价值与意义所在。

第三节 追思：问题的发现与研究思路

通过梳理百年清代文献档案整理、出版及研究的历史发展脉络，我们看到这样的事实，一方面，大批文献档案的整理、出版给学界研究提供了便利条件；另一方面，文献档案自身的研究则远远落后于整理和出版。文献档案顺应学术发展态势而被发掘、整理和利用，而借助相应的学术研究，探究文献档案的特点、价值与意义的工作则在缓慢地进行，相应导致两方面主要问题的出现。就文献档案领域而言，其一，文献档案整理、出版的学术性长期以来被低估，甚至被忽略；其二，文献档案的学术研究进展缓慢，无法与清代史学研究保持同步。就这两个问题的实质而言，同为清代文献档案在清代史学研究的百年历程中发现自身和找寻自身的问题。就清代其他各领域的学术研究而言，对文献档案的模糊、不确切甚至错误的认识则直接导致了学术研究成果的讹误。

就历史发展进程而言，文献档案价值的还原屡经各种阻力，首先是反满革命的冲击和后续影响，清代文献档案经历了政治身份的转化，从政治定性转向学术定性，由清王朝的伴生品转为学界普遍认同的一般意义上的文献档案，并被视为清代学术研究走向成熟化发展的重要标志；其次是史料学观念的影响，由清史研究的史料的一般性认知转为具备独立研究价值和意义的研究对象，并形成相对独立的研究领域、范畴；再次是技术变革的影响，文献档案整理和出版技术手段的变化相应影响成果形式、内容和研究热点的变化；最后是清代史学研究领域热点的影响以及清代文献档案自身特点和价值的凸显等，结合不同时期的研究焦点，文献档案的整理和利用有不同的主题变化。清代文献档案就是在上述要素的促动之下，不断被发掘、整理和利用，产生相应的百年学术轨迹。

结合上述情况，本卷总结归纳了下述论题作为横向解析百年历程的切入点，以期有重点地揭示与还原百年清代文献档案学术研究的焦点问题和主要内容，并在回顾历史的基础上进行系列反思和深入总结。通过系统梳理清代文献档案整理、出版和研究的百年学术历程，结合其间影响学术变迁的各要素，本卷对清代文献档案百年学术史的整理，大体以时间为脉络，结合相应专题，分为下述内容。

一、时代与学术：清史文献档案工作的百年

时代的发展与学术的变化相辅相成，有一时代之变换，则有相应的学术嬗变。清代文献档案的整理、出版和研究与时代、学术的因应在百年的历史梳理中得以显现。笔者将清史文献档案工作的百年学术历程分为民国时期、改革开放前、改革开放以来三个历史时段，在此基础上系统梳理百年间重大历史事件、学术思潮、研究焦点等与文献档案的整理、出版和研究的学术关联。如清帝逊位、民国肇建的巨变对清代文献档案系统的巨大影响，以及民国学人在清算清室、珍视史料以及清史研究之间对清代文献档案的学术抉择；规划性的整理思路是新中国成立以来整个清代文献档案整理的基本原则，从历史实践来看，在浩如烟海的文献档案中阶段性地制订整理规划是可操作性极强的理念，但规划性地整理与规划性地研究和利用之间则难免存在裂痕，如果说整理规划已经形成学术自觉，而学术研究则尚处于学者自发状态，认识到这一点，当成为推进当今清代史学研究的立足点和出发点。笔者拟在百年的发展之中，系统呈现学术研究视域与思路的变化对文献档案利用的影响，侧重阐释文献档案的整理、出版与清代史学发展之间相辅相成的历史联系，在梳理历史发展脉络的基础上把握重要的学术事件、历史人物、问题焦点、学术主流、调整与转向，进而把握每一历史时段的特点，思考具体问题与相应对策。

二、情感、理智与学术：清史学界文献档案观三要素

思想决定实践，观念影响行为，在梳理清代文献档案百年历史发展脉络的同时，应该注意到，学界对文献档案的认知、态度以及由此而生成的文献档案观，作用于清代文献档案的整理、出版及研究的各个环节；并且，较之研究思路与方法的展开，不同学术领域的开拓、学术范式的形成，对文献档案的认识与认定要先行一步，故而，探究观念的嬗变是把握清代文献档案学术发展的主线索。

综合百年的历程来看，情感、理智与学术的发展形态是把握和认识学人有关清代文献档案观的立足点、基本点，并揭示出此观念转变的规律和趋向。情感交融是清史研究发展初期必然经历的历史阶段，随着清王朝统治大厦的瓦解，恋清与去清构成两种极端的情绪，表达着完全不同的所痛、所惜的情感，并据以形成立场、态度、任务、内容相异的文献档案整理行为和研究倾向。就历史发展而言，清代文献档案整体来说是有清一代的产物，在反满革命思潮影响之下，学界的观念如何从亡清的历史糟粕认知中觉醒，以理智客观的学术研究态度对之加以整理、出

版和研究，是情归于理的必然学术抉择。此外，在客观、科学的史学研究生态缓慢形成的过程中，在学科发展的平衡中，文献档案居于历史学、文献学、史料学、档案学的夹缝之中，学术生态如何影响文献档案的观念，并作用于相应的整理、出版和研究行为，同样值得深思。

三、凸显清代：清代文献档案的独特性

清代文献档案的丰富留存为整理、出版和研究奠定了丰厚的基础，同时也开启了独特的整理、出版和研究的思路。认识清代文献档案的独特性，并对之有针对性地采取整理方案与研究方法是在百年的学术研究历程中不断被践履的实践活动。在历朝文献档案中，清代文献档案的独特性如何得以被发现？从一般性的古籍普查、著录、编目到具体的整理实践及至专门的学术研究，这一问题被逐步澄清。而在系统认知其独特性的前提下，如何发挥清代文献档案的独特性？从文献学的角度，从有针对性地对清代的版本进行系统研究和发掘到据其特点采取不同的整理手段和方式方法，是该问题的一种直接回应，同时，在史料利用的过程中，据其特性予以不同层面的发掘，甚至据之形成研究范式则是深层的、间接的深度回应。应该看到，基于清代文献档案的丰富留存，学界对其独特性的全面认知仍任重而道远。本卷以《清实录》、清人全集、清人日记的编纂为契机，系统呈现清代文献档案系统的独特性，并进而探究其在所对应的具体的史学研究中发挥的特殊价值。

四、清史情结与文化传承：清史研究的两个目标

在清代史学研究的百年历程中，有两个要素值得深切关注：其一是文化传承的宏观历史任务，这一任务是有清一代历史延续和文化发展的主题，清代政治、经济、军事、学术、思想文化、历史地理、边疆、民族等诸多方面的历史实践验证了这一点，故此也成为研究清代史学的基本点和立足点，这是一个宏观的、根本性的历史任务，可以看出，文化传承的历史情结在学术研究的百年历程中贯穿始终；其二是纂修一部全面、真实的清史之作的具体的历史任务，从清朝灭亡开始至今，这一具体的历史任务一直是整个清史学界为之努力的方向，百年的学术历程以诸多学术领域不同学者的参与的方式，不同程度地接近并聚力于实现这一目标。可以说，两个要素分别从最宏观、最长远和最现实、最迫切两个不同层面为清代史学研究提出了最高目标与最低目标。其中，尤以清

史纂修与续修四库系列及四库学的兴起为典型个案，同为几乎完全跨越百年的文化工程，书写着清代文献档案的不朽的生命力，聚焦清史纂修的百年工程，也反映出文化传承的独特影响力。

五、技术的双刃：e-考据与大数据

文献档案是清代的历史遗存，其内容、形式稳定而不变，引起并促动其发生转变的除了主观的认知因素之外，技术手段是促进其变化的客观因素。可以看到，技术革新给文献档案的整理手段带来革命，传统的点校整理方式随着出版技术的变革不断经受着考验，在古籍的影印与传统点校整理方式之间存在着关联，也产生某种隔断，数字人文理念的演进同样给传统的古籍整理带来空前进步和莫大挑战，融合技术与时代是清代文献档案整理与出版的前路，也是必然要经历的过程性变迁。在以技术为核心要素梳理百年学术之时，技术的机械性与学术研究的弹性之间的矛盾日趋显现，在促动与被促动、发展与被发展的拉锯战中，既检验技术的适应性与可调适程度，同时也在考验学界的适应变化的能力与学术更新的频率，而清代文献档案的研究空间亦因此得以全面呈现。

六、百年寻踪：清代文献档案如何寻找自身

清代文献档案的整理、出版和研究整体上可看成文献档案寻找自我的百年，从发现清代文献档案的史料价值到认知其特点，发掘其特性，进而深入到文献档案研究的内里，实现其学术价值的再发现，是百年之中不断循环的学术系统。当然，这种循环面临着不断升级的考验，当学术研究处于初始阶段，对文献档案的发掘可能是粗浅的、片面的、不足的；当学术研究日趋发展，对文献档案的认识亦相应有所变化；而当学术研究走向深入，对文献档案的认识也逐步趋于全面。学术研究与文献档案层面的互动在不同的历史时代有不同的具体情况，有适应彼此节拍的舞蹈，也有快进与拖沓、激进与慢动作的不协调，这些相应与不相应的状态会影响到具体的研究问题的提出、解决，研究领域的拓展与发展，研究思路的拓宽与变换，研究方式方法的使用与变革。换言之，对清代文献档案的学术认知达到何种程度，比如全面到何种程度、系统到何种程度、准确到何种程度、深入到何种程度，都可以作为清代史学研究发展的阶段性标志。清代文献档案寻找自我的过程从来不是孤独的历史文献学内部的行进，而是覆盖整个清史学界的集体努力的行为。当然，更进一步的追寻，亦昭示出未来学术发展的方向。

上述六个方面，是在以文献档案的整理、出版和研究为主题对百年清代史学发展史加以脉络分析的基础上所进行的问题式梳理，并聚焦于如下五个问题：文献档案观问题，以反映时代与学术之关联；文献档案整理、出版的动力问题，以还原技术革新与学术发展之互动；文化传承与清史情结问题，以明确清代史学研究之最高理想与最低任务；清代文献档案之特点问题，以凸显清代史学研究的独特性魅力；清代文献档案的学术认知问题，以探究并追寻文献档案乃至整个清代史学发展的学术道路。对上述五个问题，本卷采取以个案研究的形式带动问题的发现与解析，以专题讨论的形式贯穿百年的历程，进而力求以点带面，在系统还原百年历史的过程中，探究与反思学术演进的理路，并借此提出问题，商榷现状，进而以文献档案的整理、出版和研究为契机思考和展示未来清代学术的可能性的发展方向。

百年，是历史发展进程中的一个较长时段，实质上超越自然人寿命范围内的认知，而清代文献档案则是历史遗存之中的汪洋大海，两者相结合，自然而然地构成了学术史探究中一个时间范围广、研究内容丰富、涉及领域宽泛、研究层次深入的浩瀚空间。五个问题的引入及实践是基于这一学术研究领域的必要抉择，当然也许只是探究这个学术空间的一种先期尝试，展露冰山之一角而已，权且抛砖，以待于来者。

第一章　时代与学术：清代文献档案工作的百年

不断汇集整理并以各种形式出版文献档案是中华民族的优秀传统。自先秦时期孔子整理六经起，历代递相传承，经久不息。汉代刘向、刘歆父子校理旧籍，隋唐时期开始设馆修史，宋代以降历朝都有大规模的征书、修书与刻书举措，辉耀古今的一些大型书籍的编纂往往是文献整理活动达到繁盛状态的标志，同时也是文化发展和学术鼎盛的象征，如宋代的《册府元龟》《太平御览》，明代的《永乐大典》，清代的《古今图书集成》《四库全书》，等等。从中华文明历史发展的漫长历程来看，王朝有更替，时代有盛衰，而文献档案的整理、出版和研究则绵延不绝，成为贯穿古今的文化联系纽带，并发展成为一项全民族的文化传承事业。

1911 年爆发的资产阶级民主主义革命辛亥革命，推翻了清朝的统治，结束了封建帝制，开启了民主共和的新纪元。1912 年 2 月 12 日，清室颁发退位诏书，宣告王朝统治结束。随着清帝退位，清王朝统治机构土崩瓦解，走向历史的幕后，而与之相反的是，有清一代 268 年的历史及其所形成的文献，尤其是档案，则被推向历史的前台，走入世人的眼中，并在清代史学研究不断发展的推动下日益完整、清晰地呈现出来。可以说，清王朝统治时期，官府藏书以及机密文书档案深藏宫禁之中，其读者群体局限于上层统治者，未能下及民间，而封建王朝体制的瓦解是文献档案解禁的重要契机，摆脱了皇权至上观念的左右和影响，清代文献档案开始较为完整地浮出水面。清王朝的统治成为历史，而清代史学研究则在现实中日益具现。当然，清帝逊位对文献档案的影响可以说是双重的：一方面，两百余年来藏之秘阁的清代文献档案正式与世人见面，从而使其以服务于帝王为第一位的功能产生了飞跃性的质变，为其相关的发掘和利用，真正实现向学术倾斜、为学术服务提供了条件；另一方面，褪去王朝统治和上层建筑底色的清代文献档案，面临着失去强大的政治庇护而流落民间的生存危机，获取社会各界人士的关注并保障其传承成为当时之急务。可以说，清代文献档案在百年的学术历程中经历了三步式调整：由政治回归学术，是解决清代文献档案生存危机的第一步；而学界的认知、维护、发掘和利用，则是实现服务学术的第二步；在学术发展中维持自身独立性并保持与学术的良性互动，则是清代文献档案立足学界的第三步。辛亥以来清史研究发展的学术百年，是清代文献档案解禁解密，并走向学术、服务学术的百年，也是其在独特性的日益体现中不断找寻自身、实现自我价值认定的百年。

时代与学术，是分析百年清史文献档案工作的两个重要方面。汪荣祖先生认为，所谓史学与世变，“犹如影形相随”①。时代不断影响和改变着学术生态，自然而然地对学人的理念产生影响。又如陈寅恪先生所言：“一时代之学术，必有其新材料与新问题。取用此材料，以研求问题，则为此时代学术之新潮流。治学之士，得预于此潮流者，谓之预流（借用佛教初果之名）。其未得预者，谓之未入流。此古今学术史之通义，非彼闭门造车之徒，所能同喻者也。”② 陈寅恪“把为学的材料的地位提升到能否进入学术前沿的必要条件”③，认为有了新材料，才能打开新领域，创造新境界。文献档案以史料利用的形式对学术施加影响和发挥作用。材料之新，不在于其产生的时间，而在于学界的发现以及认定。在不同历史时期，文献档案的利用价值有不同层次、不同程度的显现。在百年的长时段观察之下，可以看到，清史学界文献档案观的奠定受到时代发展和学术状况的影响，在不同的历史背景之下呈现出不同特性。尤其是清末民初，在反满革命、清帝逊位的历史环境影响下，学界的清代文献档案观有其历史的嬗变过程。而在经历巨大的社会变革之

---

① 汪荣祖．民国史学的发展//中国现代史专题研究报告：第9辑．台北：中华民国史料研究中心，1979：159.

② 陈寅恪．陈垣《敦煌劫余录》序//金明馆丛稿二编．北京：生活·读书·新知三联书店，2001：266.

③ 刘梦溪．陈寅恪的学说．北京：生活·读书·新知三联书店，2016：32－33.

后，学术思潮的涌动又成为促动观念变迁的新生因素。

本卷对百年历史的梳理按学界一般认识分为三个时段，即民国时期、改革开放前、改革开放以来。一一揭示其历史背景、整理与出版状况，以反映清代文献档案的整理工作如何以具体的情态因应时代的发展和学术的要求。宏观来看，如果说民国时期体现初始阶段的特点，改革开放前体现系统性整理思路的初步建构，那么改革开放以来则是学术思潮和科学技术发展，以及思想解放状态下清代文献档案整理的高潮，回顾并总结不同历史时期清代文献档案的发掘、整理、出版的历程，分析和探讨其与学术思潮、时代发展、出版技术革新等因素的关系，不仅有益于全面呈现清史研究的历程，也有助于推动当代的整理、出版和研究工作。

第一节　民国时期

1912 年，中国最后一个封建王朝——清朝寿终正寝，给中国社会带来了剧烈的震动。而有清一代，是中国古代传统封建社会发展的顶峰，是典籍文化传承发展的集大成时期。吸取清朝留下的历史经验教训，传承其宝贵的历史文化遗产，乃至抢救、保护并深入整理和研究清朝文献档案逐渐在民国学界、出版界达成共识，一系列整理、出版工作逐步开展，而科学、完整意义上的清代史学研究亦逐步进行。可以说，清代文献档案整理与出版是清史研究的重要内容，清史研究的次第开展有赖于学界对文献档案的系统整理。

民国时期是指 1912 年到 1949 年三十八年的历史时期。民国时期的中国社会处在一个新旧交替的转折点上，且距离刚刚覆亡的清朝不远，处于这个大背景下开展的对清代文献档案的系统整理，呈现出和以往不同的新特点，如商务印书馆、中华书局等一大批以整理、出版古籍为己任的现代出版机构应运而生，新式标点、分段、注释、导读等整理文献方法的出现，石印、铅印技术的普及，古籍影印的应用，等等。就在这一时期，《丛书集成初编》《四部备要》等大规模收录清代典籍的大型丛书编纂出版，清宫档案、太平天国史料等珍贵档案得到整理刊印，成绩斐然，嘉惠学林。

一、社会背景

民国时期，清代文献档案的整理、出版得到了初步发展，这是有其深刻社会背景的。

第一，抢救民族文化遗产，使文献档案化身千百的需要。民国出版大家张元济在《印行四部丛刊启》中说："自咸同以来，神州几经多故，旧籍日就沦亡，盖求书之难、国学之微，未有甚于此时者也。"① 自晚清鸦片战争以来，中国社会长期动荡不安，内忧外患接踵而至。进入民国，政局动荡，战争迭起，包括清代文献档案在内的无数珍贵典籍或在战火中化为纸灰，或遭劫掠而散佚，特别是珍贵古籍流散海外，对文化界的震动极大。此后又遭逢抗日战争，不少古籍毁于战火，涵芬楼秘籍就毁于日军的炮火之下。面对典籍散没的危急局面，整理、出版文献档案，使其得以化身千百，就成为当务之急。1927 年张元济在致傅增湘信中坦言："吾辈生当斯世，他事无可为，惟保存吾国数千年之文明，不至因时势而失坠，此为应尽之责。能使古书多流传一部，即于保存上多一分效力。"② "事关国脉，士与有责。"③ 民国时大量重印和选印清代文献，除一些需求量大的经、史、子、集常用书与小说、戏曲等通俗读物外，很多是流传少的珍本、孤本和编纂质量高、资料价值大的文献，抢救了一批珍贵善本。

第二，民国学人对清史的关注和研究，亟须原始文献档案的发掘和出版。清代是我国历史上最后一个封建王朝，距离民国较近，时人认识到要认识国情，许多问题追本溯源，都与清代的社会存在与历史有关，有必要从清朝的发展与覆亡历史中，吸取历史的经验和教训。辛亥革命后的第一个十年中，先后出版了汪荣宝和许国英《清史讲义》（1913 年商务印书馆出版）、刘法曾《清史纂要》（1914 年中华书局出版）、黄鸿寿《清史纪事本末》（1915 年上海文明书局出版）、陈怀《清史要略》

---

① 张静庐．中国现代出版史料：甲编．北京：中华书局，1954：351.

② 张元济傅增湘论书尺牍．北京：商务印书馆，1983：145.

③ 张元济书札．北京：商务印书馆，1981：2.

(1917年北京大学印本)、许国英《清鉴易知录》(1918年藻思堂刊本)、佚名《清鉴辑览》(1918年上海文明书局出版)等。但在史料利用方面，“大多是将《东华录》《圣武记》《国史列传》等当时易得之书，按照自己的观点，重新进行编纂，并予以通俗化，供给社会阅读，对清代的历史还没有进行深入的研究，缺乏有一定水平的学术著作”①。到20年代，清史研究有了进一步的发展，清史专家萧一山认为：“一部清史，就是一部中国近代史。”② 这激发了不少后来者对清史的高度关注和深入研究。日本学者稻叶君山所著的《清朝全史》被翻译到中国，对当时的学人触动很大。孟森、梁启超、钱穆、萧一山等学术前辈在清史的处女地上披荆斩棘，辛勤耕耘，为近代清史学的发展奠定了十分宝贵的基础。萧一山还完成了著名的《清代通史》，他自称“本书参考书籍，不下六七百种”，并利用了内阁大库档案，钩稽清代历史，取得了很大成绩③。学界对萧一山所著清史著作给予了高度肯定，其中史料利用因素为评价标准中重要构成，如李大钊认为其“取材宏富”，日本学者今西龙指出萧一山能将浩瀚的旧史料结合新史料，“详而且确”④。另外，社会对清朝历史的关注度很高，当时有关清史的小说如《清宫秘史》《清宫十三朝演义》《洪秀全演义》等，就广为流传，这就催生了一批出版机构整理、刊印清代文献档案，以满足巨大的社会需求。同时，民国时期是实证史学盛行的时代，受实证史学的影响，民国清史学界高度重视材料的搜集和整理。

第三，整理国故运动的影响。民国时期的学术思想异常活跃，“新思潮”“新文化”已蔚为风潮。其中20世纪20年代兴起的整理国故思潮，对古籍整理事业的推动甚大。1919年，胡适在《新思潮的意义》⑤一文中，提出了“整理国故”的口号，提出“研究问题，输出学理，整理国故，再造文明”的十六字整理国故方针。之后胡适又系统阐述了

① 陈生玺，杜家骥．清史研究概说．天津：天津教育出版社，1991：20.

② 萧一山．清史大纲．重庆：经世学社，1944：1.

③ “清代内阁档案自拨归国立北京大学整理后，余亦躬与斯役，批阅所及，取证滋多”，“本书参考书籍，不下六七百种，名目繁多，不便列载”(萧一山．清代通史．上海：商务印书馆，1932：叙例)。

④ 参见华东师范大学出版社2006年版萧一山《清代通史》诸序。

⑤ 胡适．新思潮的意义//胡适文存一集．合肥：黄山书社，1996：527-534.

“整理国故”的范围与方法：“第一，用历史的眼光来扩大国学研究的范围。第二，用系统的整理来部勒国学研究的资料。第三，用比较的研究来帮助国学的材料的整理与解释。”① 由于当时出版的古籍不能完全适应国文教育的状况，胡适还提出了一个基本的整理办法：“（1）加标点符号。（2）分段。（3）删去繁重的、迂谬的、不必有的旧注。（4）酌量加入必不可少的新注。（5）校勘用古本善本校勘异同，订正讹脱。（6）考订真假。（7）作介绍及批评的序跋，每书应有详明的序跋。”② 可以说，整理、出版古籍，是整理国故的基础和研究来源。整理国故的兴起是民国时期清代文献档案事业发展的学术诱因。

第四，现代印刷技术的引进与使用，促进了清代文献档案出版的快速发展。民国时期的清代文献档案出版，因印刷技术的革新，呈现出雕版印刷、木活字印刷、石印、影印、铅印等兼容并存的多元化形式。19世纪末传入中国的石印技术以其存真、效率高、成本低，逐渐被民国出版机构广泛采用，风行中国。“自清末传石印法，中国出版界遂开一新纪元。”③ 石印图书，“用机器将原书摄影石上，字迹清晰，与原书无毫发爽，缩小放大，悉随人意”④，使得国人极为惊讶羡慕，进而效仿。新印刷术在速度上更远胜雕版，“盖中国印书，一印则一纸一页。西国机器印书，一印则一纸数页也”⑤。民国时期许多民营出版机构、私人出版家和旧式书肆等大量运用石印技术，其中又以上海最为集中，例如上海扫叶山房在民国期间出版的14种丛书全部采用石印。影印是保持古籍、书画等原貌的最佳形式，在古籍文献的出版中使用最多，各类出版者以这种方式出版了大量清代典籍，其中商务印书馆影印了《四部丛刊》（初编、续编、三编）、“清三通”（《清朝通典》《清朝通志》《清朝文献通考》）等鸿篇巨制，上海博古斋和古书流通处出版清代古籍多采用影印。到了民国中后期，铅印在出版业中占据了统治地位。在装帧上，多有袭用线装者，其他则以平装为主。一些出版者还根据不同的读者需求出有不同装帧形式的本子，如《四部备要》既有古雅的线装本，

① 胡适.《国学季刊》发刊宣言//胡适文存二集.合肥：黄山书社，1996：13.

② 胡适.胡适文集.北京：北京大学出版社，1998：3608.

③ 叶德辉.书林清话　书林余话：卷下.长沙：岳麓书社，1999：294.

④ 张静庐.中国出版史料补编.北京：中华书局，1957：89.

⑤ 美华书馆述略.教会新报，1871，165：72.

也有实用的平装本。传统的雕版印刷和木活字印刷在民国时期清代典籍出版业中仍有一定市场，以私人出版家应用最为广泛，刻印的主要是古籍丛书。采用雕版印刷出版丛书的有100多家，除河南官书局、四川官书局、浙江图书馆、湖南丛书处等个别出版单位和上海蟫隐庐等少数书肆外，绝大多数都是私人出版家，其中包括刘承幹刻《嘉业堂丛书》（收录了清代所编《查东山年谱》《顾亭林先生年谱》等近20种文献）、张钧衡刻《适园丛书》（收录了包括瞿中溶《汉石经考异补正》、缪荃孙《东都事略校记》等在内的10余种清代文献）等影响较大的古籍丛书。总而言之，民国古籍出版在承袭传统印刷方式的同时，与时俱进，积极采用先进的印刷技术，而新技术的广泛采用大大提高了清代文献档案的印刷质量和效率。

二、总体状况

民国时期的古籍整理、出版所取得的成就巨大。据《民国时期总书目》《影印善本书目录（1911—1984）》《中国丛书综录》《中国丛书综录补编》《中国丛书广录》《中国近现代丛书目录》等6种大型书目所著录的民国时期古籍出版情况，并用《商务印书馆图书目录（1897—1949）》《中华书局图书总目（1912—1949）》① 等进行校正，民国时期共出版古籍26 859种②，以及《说郛》100卷、《续藏经》7 140卷。受到抗日战争和解放战争的影响，古籍出版主要集中在抗战前的20年时间。可以说，20世纪二三十年代，是我国古籍出版的高峰和辉煌时期。

具体到民国时期清代文献档案的整理、出版，根据《清史书目（1911—2011）》③ 所著录的民国书目，经、史、子、集四部共计1 715条，加上丛书类、档案类的365条，共计2 080条。（参见表1-1）需要注意的是，其中所著录的丛书348条，每一套丛书都收录了数量不等的清代文献书目，并且《清史书目（1911—2011）》所收不可避免有所

① 2010年国家图书馆出版社影印出版了20册《民国时期出版书目汇编》。《汇编》收录书目84家147种，囊括的出版机构，既有像商务印书馆、中华书局、世界书局、大东书局、开明书店这样的大书局，也收罗了像文通书局、上海中医书局、千顷堂书局、道德书局、明善书局这样的中小书局。

② 1986—1997年书目文献出版社陆续出版的《民国时期总书目》，收录北京图书馆、上海图书馆、重庆图书馆三馆所藏的中文民国图书，已达124 000余种。

③ 黄爱平．清史书目（1911—2011）．北京：中国人民大学出版社，2014．

遗漏，实际数量远不止此。所以，民国时期清代文献档案的整理、出版从数量上说是相当可观的。

表 1-1 《清史书目（1911—2011）》所著录的民国时期清代文献档案出版情况

	著录条目数	百分比
经部	70	3.37
史部	651	31.30
子部	111	5.34
集部	883	42.45
丛书类	348	16.73
档案类	17	0.82
总计	2 080	100

就清代文献档案的出版主体而言，以其主办者划分，主要有民营、国民党办、中国共产党办、教会及旧式书肆等，学校、机关团体及一些私人出版者等亦是出版力量之一。首先，民营出版机构是清代文献档案出版的主力军。民国时期，民营出版机构发展迅速，在出版业中占主导地位。据光绪三十二年（1906）上海书业商会出版的《图书月报》第一期，当时的民间出版机构，就有商务印书馆、启文社、开明书店、点石斋书局等。民国时期的民营出版机构以商务印书馆和中华书局最有代表性，出版了大量的清代古籍文献。如商务印书馆的《四部丛刊》（初编、续编、三编，1919 年开始刊行）、《四库全书珍本初编》（1933 年开始辑印）、《丛书集成初编》（1935 年开始印行），中华书局的《四部备要》（1920 年发售预约），世界书局的《国学名著丛刊》，等等。其次，除民营出版机构之外，私人出版者也是清代文献档案出版的重要力量之一。这些古籍出版者主要是一些藏书家、校勘家、版本目录学家，如陶湘、刘承幹等，以江浙为中心，遍布全国。这些人大多各有专长，且私家藏书丰富，如陶湘着力收藏清宫殿本，其中不乏珍本，为其古籍编辑出版提供了良好条件。私人出版者大多注重清代文献底本的选择和印刷的质量，刘承幹的《嘉业堂丛书》就是其中的精品。民国初期的旧式书肆，集中于上海、北京等地，也出版过一些清代古籍。例如，博古斋 1920

年据清张氏刊本影印清人张海鹏辑的《借月山房汇钞》135 种 283 卷，以及清人鲍廷博辑、鲍志祖续辑的《知不足斋丛书》220 种 829 卷；1921 年，又据嘉庆中张氏刊本影印《墨海金壶》196 种 775 卷；1924 年据清孙氏刊本影印《岱南阁丛书》16 种 148 卷。上海古书流通处 1924 年据清代陈履和刊本影印《崔东壁遗书》22 种 55 卷。

我国古代图书分为经、史、子、集四部分。笔者下面主要依据《清史书目（1911—2011）》，对民国时期清代文献档案出版的情况做一总体分析。需要说明的是，尽管《清史书目（1911—2011）》是目前关于百年清代文献档案出版情况最全的一部书目，但受限于主客观条件，也难免有所遗漏，但总体而言是能够反映出民国时期清代文献档案整理、出版全貌的。

1. 经部文献

经部收录儒家的经典及小学（文字、音韵的训诂）方面的文献，传统上分为“易类”“书类”“诗类”“礼类”“春秋类”“孝经类”“群经总义类”。经部是古代社会中的政教、纲常伦理、道德规范的经典文献，主要包括儒家的典籍，有儒学十三经：《周易》《尚书》《周礼》《礼记》《仪礼》《诗经》《春秋左传》《春秋公羊传》《春秋穀梁传》《论语》《孝经》《尔雅》《孟子》。

民国时期是承继晚清今文学风并重新检讨传统经典的时期，也是试着运用西方理论解释经典的时期。民国经学承晚清经学而来，又有创发性的发展。民国三十余年间经学历经国故运动、古史辨思潮、引进西方研究方法、马克思化等阶段，同时也有一些延续传统治学方式的学者。此一时期涌现了罗振玉、章太炎、王国维、刘师培、林义光、郑振铎、陈延杰、黄节、吴承仕、熊十力、钱玄同、傅斯年、胡适、陈柱、俞平伯、谢无量、郭沫若、顾颉刚、张西堂、闻一多、周予同等一大批经学研究者，清代经学是他们强烈关注的范畴，他们对清代经学的研究也直接推动了一批经学文献的整理、出版。

《清史书目（1911—2011）》将经部划分为四书、五经、小学、综论综考四大门类，共计著录民国时期书目 70 条（参见表 1－2），在经、史、子、集四部中数量是最少的。具体到四书、五经、小学、综论综考各部出版书目，从数量上说较为失衡，其中，小学类数量最多，综论综考次之，四书、五经数量较少。

表 1-2 《清史书目（1911—2011）》所著录的民国时期清代经部文献出版情况

	著录条目数	百分比
四书	2	2.86
五经	6	8.57
小学	50	71.43
综论综考	12	17.14
总计	70	100

具体而言，四书类只有商务印书馆分别于 1930 年、1937 年先后出版的《孟子正义》（清焦循撰）和《孟子字义疏证》（清戴震撰）；五经类著录 6 条，分别为《诗经原始》（泰东图书局 1924 年出版）、《诗经通论》（成都书局 1927 年出版）、《诗毛氏传疏》（商务印书馆 1930 年出版）、《诗广传》（太平洋书店 1935 年出版）、《礼记训纂》（中华书局 1936 年影印）以及《读易会通》（商务印书馆 1935 年出版）。小学部分，文字类《清史书目（1911—2011）》著录 46 条，主要集中在对《说文解字》的整理，包括索引、笺注、订补（参见表 1-3），除此之外，还出现了《文字蒙求》《助字辨略》等其他相关的文字类典籍；就出版地而言，上海的扫叶山房和商务印书馆数量较多。音韵类只有商务印书馆出版的《佩文韵府》（1937 年），训诂类则有商务印书馆出版的《经传释词》（1930 年）、《广雅碎金》（1936 年）以及上海国学整理社出版的《经籍籑诂》（1936 年），语法类有上海大东书局 1933 年出版的《古书疑义举例》（张蟲天标点），1939 年又由商务印书馆再版。

表 1-3 《清史书目（1911—2011）》所著录的民国时期清代文字类部分出版书目

书名	作者	出版机构（出版地）	出版年
汲古阁说文订	段玉裁	鄂官书处（武汉）	1912
说文段注订补	王绍兰	刘氏嘉业堂（吴兴）	1914
说文释例	王筠	扫叶山房（上海）	1915

续前表

书名	作者	出版机构（出版地）	出版年
文字蒙求	王筠	合川会善堂慈善会	1922
说文解字注	段玉裁	扫叶山房（上海）	1923
说文通检	黎永椿	扫叶山房（上海）	1923
说文古籀补补	丁佛言	商务印书馆（上海）	1924
说文解字段注考正	冯桂芬	金山高爕（金山）	1927
说文解字注笺	徐灏	中原书局（上海）	1928
说文通训定声	朱骏声	扫叶山房（上海）	1928
说文解字注匡谬	徐承庆	扫叶山房（上海）	1929
说文检字及补遗	毛谟	商务印书馆（上海）	1936
说文解字句读	王筠	商务印书馆（上海）	1936
助字辨略	刘淇	开明书店（上海）	1940

2. 史部文献

史部收录各种体裁历史著作，传统上分为正史、编年、纪事本末、别史、杂史、诏令奏议、传记、史钞、载记、时令、地理、职官、政书、目录、史评15类。

《清史书目（1911—2011）》将史部划分为笔记、编年（实录）、传记（年谱、日记）、典章制度、金石碑帖、方志地理（附书院志）、纪传（附补表、补志）、纪事本末、目录、史学批评、杂史、诏令奏议、资料汇编以及综论综考等14门类，共计著录民国时期书目651条，在经、史、子、集四部中数量上仅次于集部（883条），所占比重较大，也从一个侧面说明民国学人对清代史部文献的高度关注。中国历来就有关注史部的传统，清代朴学家所取得的史学研究成果极度丰硕。民国初年，史学研究受到了王国维、陈寅恪、陈垣、李济、顾颉刚等大批民国学者的重视，再次走向兴盛，于20年代进入高潮，并一直持续至三四十年代。之所以如此，除了有清一代学术积累及域外汉学影响外，知识分子的民族情节和近代持续不断的边疆危机等是主要原因。梁启超通观当时学术倾向，指出光宣后“最流行的有几种学问：一金石学，二元史及西北地理学，三诸子学”①。

具体到各部类数量，笔记（231条）、传记（124条）、资料汇编（71条）位列前三，目录（52条）、史学批评（49条）、方志地理（34条）等次之。（参见表1-4）

表1-4 《清史书目（1911—2011）》所著录的民国时期清代史部文献出版情况

	著录条目数	百分比
笔记	231	35.48
传记（年谱、日记）	124	19.05
资料汇编	71	10.91
目录	52	7.99
史学批评	49	7.53
方志地理（附书院志）	34	5.22
编年（实录）	23	3.53
纪事本末	19	2.92
纪传（附补表、补志）	11	1.69
典章制度	11	1.69
诏令奏议	10	1.54
金石碑帖	8	1.23
杂史	7	1.08
综论综考	1	0.15
总计	651	100

具体而言，清代笔记的出版数量相当可观，时间上涵盖了从清人入关至辛亥革命各个阶段的历史记载，内容和题材更是丰富多彩，包括：明清鼎革笔记，如《甲申朝事小纪》（1912年出版）、《甲申传信录》（1946年出版）等；清代文字狱笔记，如《庄氏史案》（1927年出版）等；出使笔记，如《奉使俄罗斯日记》（1940年出版）等；太平天国笔

① 梁启超．中国近三百年学术史．上海：上海古籍出版社，2014：27.

记，如《太平天国战史》（1911 年出版）、《太平天国战纪》（1913 年出版）、《太平天国轶闻》（1915 年出版）等；戊戌变法笔记，如《戊戌政变记》（1913 年出版）、《戊戌履霜录》（1912 年出版）等；辛亥革命笔记，如《中国革命记》（1911 年出版）、《辛亥札记》（1929 年出版）、《武昌革命真史》（1930 年出版）等；名人游记，如吴秋士的《天下名山游记》（1936 年出版）、盛大士的《溪山卧游录》（1936 年出版）等；野史笔记，如《清季野史》（1913 年出版）、《清朝野史大观》（1915 年出版）、《清代秘史》（1945 年出版）等。内容可谓包罗万象。

民国时期清代传记（年谱、日记）的整理、出版成绩也非常大。清代传记数量宏富，卷帙浩繁，年谱和日记是展现清人性格和学养的重要载体，也是研究清代人物及史实的第一手资料。例如，金梁通过搜集梳理李慈铭《越缦堂日记》、翁同龢《翁文恭公日记》、王闿运《湘绮楼日记》、叶昌炽《缘督庐日记》，编写出《近世人物志》。辛亥革命之后，一些记载清朝史实的年谱、日记得以刊刻面世。可以说，民国时期对清代人物的关注也直接推动了清人年谱、日记的整理、出版。就内容和体裁而言，既有自订年谱、自传式日记，也有学案体（如《宋元学案》《明儒学案》《清儒学案》）等。（参见表 1 - 5）

民国时期整理、出版的清代目录类文献为数也不少（52 条）。因目录可以按图索骥，张之洞《书目答问》屡次再版，深受出版社和读者的青睐。据《清史书目（1911—2011）》，《书目答问》先后有上海扫叶山房 1918 年、1922 年、1935 年及商务印书馆 1929 年等众多版本。另外，还出现了清代补史目录、藏书目录整理、出版的小高潮，补史目录方面出版了《补辽金元艺文志》《补五代史艺文志》《补元史艺文志》等，藏书目录方面出版了《述古堂藏书目》《孙氏祠堂书目》《文瑞楼藏书目录》等。现依据《清史书目（1911—2011）》，择要摘录相关书目。（参见表 1 - 6）

表 1 - 5　《清史书目（1911—2011）》所著录的民国时期清代传记类部分出版书目

书名	作者	出版机构（出版地）	出版年
戴东原先生年谱	段玉裁	中华书局（上海）	1912
国史儒林传叙录	缪荃孙	国粹学报社（上海）	1912

续前表

书名	作者	出版机构（出版地）	出版年
丁文诚公年谱	唐炯	文通书局（上海）	1913
八旗诗媛小传	震钧	扫叶山房（上海）	1917
慈禧传信录	沃丘仲子	崇文书局（武汉）	1918
当代名人小传	沃丘仲子	崇文书局（武汉）	1919
洪杨党魁石达开日记	石达开	世界书局（上海）	1924
崔东壁先生年谱	刘汝霖	文化学社（北平）	1928
清史列传		中华书局（上海）	1928
宋元学案	黄宗羲、全祖望	商务印书馆（上海）	1928
皇明遗民传	佚名	国立北京大学（北平）	1930
明儒学案	黄宗羲	商务印书馆（上海）	1931
段玉裁先生年谱	刘盼遂	清华学报（北京）	1932
求阙斋日记类钞	曾国藩	会文堂新记书局（上海）	1932
曾国藩日记	曾国藩	启智书局（上海）	1932
崔东壁年谱	姚绍华	商务印书馆（上海）	1933
胡林翼年谱	严树森	大陆书局（上海）	1933
历代名人年谱	吴荣光	商务印书馆（上海）	1933
国朝画征录	张浦山	神州国光社（上海）	1934
黄仲则年谱	黄逸之	商务印书馆（上海）	1934
畴人传	阮元	商务印书馆（上海）	1935
李恕谷先生年谱	冯辰	北平全民报社（北平）	1935
清学案小识	唐鉴	商务印书馆（上海）	1935
关中三李年谱	吴怀清	陕西通志馆（西安）	1936
洪杨党魁石达开日记	石达开	世界书局（上海）	1936
魏叔子年谱	温聚民	商务印书馆（上海）	1936
严幾道年谱	王蘧常	商务印书馆（上海）	1936
越缦堂日记补	李慈铭	商务印书馆（上海）	1936

续前表

书名	作者	出版机构（出版地）	出版年
清儒学案	徐世昌	文楷斋（北平）	1938
顾亭林先生年谱	张穆	商务印书馆（长沙）	1941
张文襄公年谱	许同莘	商务印书馆（重庆）	1944
石达开革命战时日记	石达开	甲申出版社（重庆）	1945

表 1-6 《清史书目（1911—2011）》所著录的民国时期清代目录类部分出版书目

书名	作者	出版机构（出版地）	出版年
书目答问	张之洞	扫叶山房（上海）	1918
书林清话	叶德辉	观古堂（湘潭）	1920
温州经籍志	孙诒让	浙江公立图书馆（杭州）	1921
西清古鉴	梁诗正等	云华居庐（上海）	1926
书目答问标注	张之洞	自强书局（上海）	1929
书目答问补正	张之洞、范希曾	南京国学馆（南京）	1931
通志堂经解提要	关文瑛	东亚印刷局（沈阳）	1934
述古堂藏书目	钱曾	商务印书馆（上海）	1935
孙氏祠堂书目	孙星衍	商务印书馆（上海）	1935
文瑞楼藏书目录	金星轺	商务印书馆（上海）	1935
补五代史艺文志	顾櫰三	商务印书馆（上海）	1936
士礼居藏书题跋记续	黄丕烈	商务印书馆（上海）	1936
宋史艺文志补	倪灿、卢文弨	商务印书馆（上海）	1936
补辽金元艺文志	倪灿、卢文弨	商务印书馆（上海）	1937
补三国志艺文志	侯康	商务印书馆（上海）	1937
补元史艺文志	钱大昕	商务印书馆（上海）	1937
通志堂经解目录	翁方纲	商务印书馆（上海）	1937
补后汉书艺文志	侯康	商务印书馆（上海）	1939
补晋书艺文志	丁国钧	商务印书馆（上海）	1939
郑堂读书记	周中孚	商务印书馆（北平）	1940
清代禁毁书目四种	英廉等	商务印书馆（北平）	1941
天地会文献录	罗尔纲	正中书局（重庆）	1943

3. 子部文献

子部收录诸子百家及释道宗教著作，传统上分为儒家、兵家、法家、农家、医家、天文算法、术数、艺术、诸录、杂家、类书、小说家、释家、道家 14 类。

《清史书目（1911—2011）》将子部划分为杂说杂纂杂录、宗教、医书、天文算法、儒家、农学、术数、类书、综论综考、兵家和资料汇编 11 门类，共计著录民国时期书目 120 条。具体到各部，则医书（53 条）、杂说杂纂杂录（27 条）和宗教（24 条）位居前三，天文算法（6 条）、儒家（4 条）、农学（3 条）等次之。（参见表 1－7）

表 1－7 《清史书目（1911—2011）》所著录的民国时期清代子部文献出版情况

	著录条目数	百分比
杂说杂纂杂录（器物、服饰、饮食、游艺等）	27	22.50
宗教（佛、道及其他宗教）	24	20.00
医书	53	44.17
天文算法（附西学）	6	5.00
儒家（汉学、理学、今文经学、经世）	4	3.33
农学（附水利）	3	2.50
术数	1	0.83
类书	1	0.83
综论综考	1	0.83
兵家	0	0.00
资料汇编	0	0.00
总计	120	100

民国初期是中国科学技术走向近代的关键时期，在短短的几十年间，几乎所有的学科和技术部门共同建立和发展了中国近代科学技术。辛亥以后，大批留学生陆续回国，宣传“科学救国”“实业救国”，并且身体力行，在民国初年的知识分子和学生中形成一股新的科学思潮。清代在天文算法、医学、农学等方面成就巨大，如何继承与发展清代所取得的成绩，成为民国时人关注的重点，也催生了一批清代子部文献的整

理、出版。以《清史书目（1911—2011）》著录最多的医部文献为例，民国医学处于新旧交替阶段，而清代则是医学的集大成时期，时人亟须从传统医学中借鉴经验，因此也直接推动了一批清代医学文献的整理、出版。（参见表1-8）

表1-8　《清史书目（1911—2011）》所著录的民国时期清代医书类部分出版书目

书名	作者	出版机构（出版地）	出版年
笔花医镜	江笔花	广益书局（上海）	1912
辨证奇闻	钱镜湖	锦章书局（上海）	1912
三指禅	梦觉道人	江东书局（上海）	1912
傅青主男科	傅山	江东茂记书局（上海）	1912
问斋医案	蒋宝素	石竹山房（上海）	1916
本草备要	汪昂	商务印书馆（上海）	1918
王氏医案绎注	王孟英	商务印书馆（上海）	1920
辨舌指南	曹炳章	大东书局（上海）	1921
本经逢原	张璐	锦章图书局（上海）	1925
寿世青编	李中梓、尤乘	锦章图书局（上海）	1925
四科简效方	王世雄	大东书局（上海）	1925
吴鞠通医案	吴瑭	世界书局（上海）	1925
谈龙录	赵执信	医学书局（上海）	1927
成方便读	张秉成	千顷堂书局（上海）	1933
医学心悟	程国彭	鸿文书局（上海）	1933
分经药性赋	潘宗元	中医书局（上海）	1934
王氏医案绎注	王孟英	商务印书馆（上海）	1934
血证论	唐容川	中国文学书局（上海）	1935
本草从新	吴仪洛	校经山房书局（上海）	1936
程杏轩医案	程杏轩	大东书局（上海）	1936

续前表

书名	作者	出版机构（出版地）	出版年
读医随笔	周澄之	大东书局（上海）	1936
女科切要	吴本立	大东书局（上海）	1936
寿世青编	李中梓、尤乘	世界书局（上海）	1936
胎产指南	单南山	大东书局（上海）	1936
望诊遵经	汪广菴	大东书局（上海）	1936
温热逢源	柳宝诒	大东书局（上海）	1936
吴鞠通医案	吴鞠道	大东书局（上海）	1936
辨证奇闻	钱镜湖	广益书局（上海）	1937
王孟英医案	王士雄	世界书局（上海）	1937
温热暑疫全书	周禹载	大东书局（上海）	1937
吴鞠通医案	吴瑭	世界书局（上海）	1937
笔花医镜	江笔花	广益书局（上海）	1938
谈龙录	赵执信	薛崇礼堂（成都）	1940
外科全生集	王洪绪	大东书局（上海）	1940
汤头歌诀	汪昂	春明书店（上海）	1943

4. 集部文献

集部收录历代作家一人或多人的散文、骈文、诗、词、散曲等的集子和文学评论、戏曲等著作，传统上分为楚辞、别集、总集、诗文评、词曲 5 类。

《清史书目（1911—2011）》将集部划分为别集、总集、小说、诗赋、文学批评、词曲和资料汇编 7 门类，共计著录民国时期书目 883 条，在经、史、子、集四部中数量上最多，所占比重最大，充分说明民国学人对清代集部文献出版的高度关注。具体到各部，则别集（520 条）、小说（176 条）和诗赋（63 条）位居前三，文学批评（48 条）、词曲（40 条）、总集（29 条）等紧随其后。（参见表 1－9）

表 1-9 《清史书目（1911—2011）》所著录的民国时期清代集部文献出版情况

	著录条目数	百分比
别集	520	58.89
小说	176	19.93
诗赋	63	7.13
文学批评	48	5.44
词曲	40	4.53
总集	29	3.28
资料汇编	7	0.79
总计	883	100

这里就民国时期清人别集的整理、出版做一说明。别集作为一种文献形式早已有之，清代别集，从内容构成来看，有文集、诗集和诗文集之分，单纯的文集较少，单纯的诗集数量最多，诗文兼收的别集介乎两者之间，往往是作家的全集。按照所收个人作品的数量，别集又可分为全集和选集两种形式。清人别集总量巨大，《清人别集总目》共收录清代 19 500 余人的别集 4 万余种①。对于清集的著录和介绍，前贤已做过许多工作，重要的如王重民等先生的《清代文集篇目分类索引》、张舜徽先生的《清人文集别录》、孙殿起先生的《贩书偶记》、雷梦水先生的《贩书偶记续编》、袁行云先生的《清人诗集叙录》等，特别是《中国丛书综录》《中国古籍善本书目》《中国历代诗文别集联合目录》《台湾公藏普通本线装书目书名索引》《日本现存清人文集目录》《皖人书录》《山东文献书目》《山西文献总目提要》的出版，为了解清人文集提供了非常宝贵的资料和线索。但具体到民国时期的清集整理、出版，尚有进一步开拓的空间。

根据《清史书目（1911—2011）》，民国期间，共有 500 余部清人全集得到整理、出版，取得了辉煌的成就。在新文化运动背景之下，白话文运动等文学革命如火如荼地开展起来，对文言文著作进行白话文翻译

① 李灵年，杨忠．清人别集总目．合肥：安徽教育出版社，2000.

成为应有之义，也是促进清人别集整理、出版的一个因素。从别集收录人物来看，具有明显的时代性，更多集中在晚清的历史人物，例如多家出版社曾多次出版《孙中山全集》《苏曼殊全集》等。

表 1－10 《清史书目（1911—2011）》所著录的民国时期清代别集类部分出版书目

书名	作者	出版机构（出版地）	出版年
湘绮楼文集	王壬秋	国学扶轮社（上海）	1910
湘绮楼文集	王闿运	广益书局（上海）	1914
方望溪文钞	方苞	文明书局（上海）	1915
浮生六记	沈复	文明书局（上海）	1915
新大陆游记	梁启超	商务印书馆（北京）	1916
姚惜抱墨迹	姚鼐	商务印书馆（上海）	1917
止园丛书	尹昌衡	商务印书馆（南京）	1918
止园丛书	尹昌衡	中华书局（上海）	1918
俞曲园书札	俞樾	启智书局（上海）	1919
章氏丛书	章炳麟	浙江图书馆（杭州）	1919
王弢园尺牍	王韬	文明书局（上海）	1921
四存编	颜元	四存学会（不详）	1923
亭林诗文集	顾炎武	扫叶山房（上海）	1923
音注方望溪文	方苞	文明书局（上海）	1924
日知录集释	顾炎武	锦章书局（上海）	1924
问字堂集	孙星衍	博古斋（上海）	1924
章氏丛书	章炳麟	古书流通处（上海）	1924
浮生六记	沈复	文明书局（上海）	1925
孙中山先生廿年来手札	孙文	述志公司（广州）	1927
谭嗣同集	谭嗣同	群学社（上海）	1927
陈天华集	陈天华	民智书局（上海）	1928
戴季陶讲演集	戴季陶	新生书局（上海）	1928
秋水轩尺牍	许思湄	华北书局（上海）	1928
妇人集	陈维崧	六艺书局（杭州）	1930

续前表

书名	作者	出版机构（出版地）	出版年
侯方域文	侯方域	商务印书馆（上海）	1930
范声山杂著	范锴	富晋书社（北平）	1931
侯方域文	侯方域	商务印书馆（上海）	1933
影梅盦忆语	冒襄	大东书局（上海）	1934
曾国藩诗文集	曾国藩	启智书局（上海）	1934
曝书亭集	朱彝尊	商务印书馆（上海）	1935
钱谦益文	钱谦益	商务印书馆（上海）	1935
潜揅堂文集	钱大昕	商务印书馆（上海）	1935
湘绮楼文集	王壬秋	大达图书供应社（上海）	1935
姚姬传全集	姚鼐	中央书店（上海）	1935
曾文正公文集	曾国藩	新文化书社（上海）	1935
郑板桥全集	郑燮	世界书局（上海）	1935
方望溪文集	方苞	中华书局（上海）	1936
方以智物理小识	方以智	文明书局（福州）	1936
胡林翼全集	胡林翼	大东书局（上海）	1936
鲒埼亭集	全祖望	商务印书馆（上海）	1936
音注吴挚甫文	吴汝纶	中华书局（上海）	1937
抱经堂文集	卢文弨	商务印书馆（上海）	1937
孙中山全集	孙中山	三民图书公司（上海）	1937
渔洋山人精华录	王士禛	商务印书馆（上海）	1937
苏曼殊全集	苏曼殊	亚光书局（上海）	1944
章氏丛书续编	章炳麟	薛天沛崇礼堂（成都）	1944
孙中山先生选集	孙中山	新华书店（延安）	1945
浮生六记	沈复	实用出版社（上海）	1946
石达开全集	石达开	经纬书局（成都）	1946
袁枚文选	袁枚	北新书局（上海）	1947

以中华书局出版的集部文献为例，民国时期整理、出版的情况如

下：《清朝文录简编》，全六册，32开，线装。《清诗评注读本》，上中下册，中华书局辑注，32开，1936年12月初版，1937年5月再版，1941年1月5版；全书分五古、七古、五绝、七绝、五律、七律等六类，选辑清钱谦益等诸家诗作共445首，有评论和注释，并附作者略传。《音注吴梅村诗》，清吴伟业著，中华书局辑注，32开，1936年8月初版，1940年2月再版，1941年1月3版；本书据王渔洋选本辑注，收诗作100余首，附作者小传及吴梅村诗揭要。《袁子才、蒋心余诗选》，清袁枚、蒋士铨著，王文濡选辑，32开，1937年3月初版，1941年1月3版。《赵云崧诗选》，清赵翼著，王文濡选辑，32开，1937年3月初版，1941年1月3版；内收五古、七古、五律、七律、五绝、七绝、七排等旧体诗100余首。《音注黄仲则诗》，清黄景仁著，中华书局辑注，32开，1937年3月初版，1941年1月4版；本书据蒋剑人选本辑注，按五古、七古、五律、七律、五绝、七绝等分类编排；诗后附注解，书前有揭要及作者小传。《音注舒铁云、王仲瞿诗》，清舒位、王昙著，中华书局辑注，32开，1936年8月初版，1941年1月3版；本书据蒋剑人选本辑注，共收诗58首，各家诗前有揭要及作者小传。《清文评注读本》，全四册，中华书局辑注，32开，1936年8月初版，1937年5月再版，1941年1月5版；内分论辨、序跋、书牍、赠序、传状、碑志等几类，每文有题解、作者简介及注释。《清代骈文评注读本》，上下册，中华书局辑注，32开，1937年3月初版，1939年11月再版，1941年1月4版；本书选收骈文50篇，有注释。《近代文评注读本》，上中下册，中华书局辑注，32开，1936年8月初版，1941年1月4版；本书分论辨、序跋、书牍、赠序、传状、碑志、杂记、颂赞、辞赋等几类，选晚清至民初之作家如林纾、薛福成、康有为、严复、章炳麟、郑孝胥等人的文章共135篇，文后附注释。

5. 丛书

丛书，古代也称为“汇刻”“丛刻”“全书”等，近现代又借用日本的称呼谓之为“文库”“大系”等。民国时期，古籍丛书的编辑出版是当时图书出版的重要组成部分。据上海图书馆编《中国丛书综录》《中国近代现代丛书目录》以及阳海清编《中国丛书综录补正》等丛书目录统计，民国时期出版的古籍丛书达800余种，占到同期丛书出版总量的1/8。民国的古籍丛书不仅在数量上有相当规模，而且总体上质量也是不错的。

民国时期古籍丛书的出版，按其编纂的方式可分为重印、选印和新编三种。民国时期重印的古籍丛书时间上从宋代到清代，以清人的书最多，总数达100余种。重印的古籍丛书大多是一些流传少的珍本、孤本以及编纂质量高的丛书，或需求量极大的经、史、子、集等常用读物。选印则是由于原本数量太大，或是部分已有传本无须再印，而只选取其中一部分进行编辑出版。其选择对象一般是一些影响较大、卷数较多的古代丛书，最有代表性的是《四库全书珍本初集》。还有一种是新编的古籍丛书，数量较大，占比较多，也最能体现当时的出版水准。就清代丛书的出版而言，《四部备要》《丛书集成初编》为其成就之首。

《清史书目（1911—2011）》将丛书划分为综合类、地域类、氏族类、专科类、辑佚类和民族类6类，共计著录民国时期书目348条。具体到各部，则综合类（218条）、地域类（54条）和氏族类（37条）位居前三，专科类（27条）、辑佚类（12条）紧随其后。（参见表1-11）

表1-11　《清史书目（1911—2011）》所著录的民国时期清代丛书出版情况

	著录条目数	百分比
综合类	218	62.64
地域类	54	15.52
氏族类	37	10.63
专科类	27	7.76
辑佚类	12	3.45
民族类	0	0.00
总计	348	100

从事清代古籍丛书出版的主要是如下几类力量：一是私人，主要是藏书家、校勘家、版本目录学家等，共有313家出版了400多种丛书。他们继承了清代辑印丛书的优良传统，非常注重底本的选择、校注乃至刻印，每一环节都力求完美。如吴兴藏书名家刘承幹拥有50多万卷藏书，刻印《章氏遗书》等丛书9种。二是书肆，民国前半期比较集中，主要是采用石印或影印的方法重印有清一代较有影响的丛书，如上海博古斋影印《拜经楼丛书》《岱南阁丛书》《士礼居黄氏丛书》《墨海金壶》

《守山阁丛书》等。三是新兴的民营出版企业，以商务印书馆和中华书局为首，出版了著名的三部大型古籍丛书《四部丛刊》、《四部备要》和《丛书集成初编》。

民国时期出版的清代古籍丛书中，除重印和部分选印的清代丛书外，很多都是新辑的。内容在传统四部外有了进一步开拓，特别突出的是地方丛书的编纂。民国时期先后编纂的地方丛书有40余种，如《扬州丛刻》《安徽丛书》《豫章丛书》《湖南丛书》《广东丛书》《辽海丛书》《山右丛书初编》《关中丛书》《云南丛书》《黔南丛书》等，范围有所扩大。个人丛书和各类专科丛书出版也很可观，如《章氏丛书》《太平天国丛刊》《清代笔记丛刊》《笔记小说大观》《清名家词》等。在汇集和校勘上都取得了较大成就，各具特色和价值。除汇集古代已有著作而成的丛书之外，还有汇集一些民国学人的著述而成的个人丛书，如缪荃孙《艺风堂读书志》、叶德辉《观古堂所著书》、刘师培《刘申叔先生遗书》、王国维《海宁王静安先生遗书》、陈垣《励耘书屋丛刻》等，汇集了一代学者的著述精华，学术价值极高。

民国时期，最具影响力的三部古籍丛书分别为：《四部丛刊》《四部备要》《丛书集成初编》，这三部丛书都收录了大量的清代文献，保存清代文献之功甚伟。

《四部丛刊》是由近代著名出版家张元济等人于民国八年（1919）倡议出版的一部综合性丛书，到民国二十四年（1935）共编辑出版了三编。初编收古籍323种（二十四史不在内），续编收古籍81种，三编收古籍75种，共收书近500种。《四部丛刊》以经、史、子、集为纲领，参以《四库全书》的次第。《四部丛刊》初编收书323种8 548卷（4种无卷数），计2 100册，采用新式印刷术影印，仅费时四年，全部完成。所用底本，除涵芬楼所藏外，又广收海内外公私藏书家所藏。据笔者统计，《四部丛刊》系列收录了若干清代文献，如续编收录的《大清一统志》560卷（清史馆进呈钞本）、《茗斋集》（海盐张氏涉园藏手稿刻本写本），三编收录的《天下郡国利病书（附顾亭林先生年谱一卷）》（昆山图书馆藏稿本）、《淳化秘阁法帖考正》（寿孙氏小墨妙亭藏原刊本），所据以影印的底本均是很好的版本。

《四部备要》由中华书局于民国十三年（1924）开始编辑出版，共出了五集，最后一集于民国二十年（1931）出毕，前后用时八年。五集共收书336种（一说是360种），“集经、史、子、集最要之书，大略备矣”①。《四部备要》各部所收集的古籍，充分显示了这部丛书强烈的实用性和普及性。全书五集，11 305卷，2 500册，均用聚珍仿宋版铅字排印刊行，字迹清晰，行款美观。《四部备要》对清代学者的笺注疏本的重视，为研究传播古代文化，尤其是为普通读者提供了极大的方便。总之，《四部备要》各部所收，都充分显示了这部丛书的实用性和普及性。在印刷上，《四部丛刊》重底本，都从原书影印，以免书经三写改鲁为鱼之讹。即使缩小，取便巾箱，必将原版大小宽狭准工部尺详载卷首，以存古书面目。而《四部备要》以实用、普及为重，因此采用聚珍仿宋版铅字排印，字体秀美，匀整清晰，便于诵读。据笔者统计，《四部备要》共收录清代文献（包括清人笺注整理的历代文献）总计126种，其中经部20种、史部20种、子部20种、集部66种。（参见表1-12）

表1-12　《四部备要》所收录的清代文献一览表

书名	作者	分类	书名	作者	分类
周易述 附江李二氏周易述补	惠栋	经部	尔雅义疏	郝懿行	经部
尚书今古文注疏	孙星衍	经部	经义述闻	王引之	经部
毛诗传笺通释	马瑞辰	经部	经义考	朱彝尊	经部
周礼正义	孙诒让	经部	说文解字注	段玉裁	经部
仪礼正义	胡培翚	经部	说文通检	黎永椿	经部
礼记训纂	朱彬	经部	小尔雅义证	胡承珙	经部
春秋左传诂	洪亮吉	经部	穀梁补注	钟文烝	经部
公羊义疏	陈立	经部	论语正义	刘宝楠	经部
孟子正义	焦循	经部	方言疏证	杨雄撰， 戴震疏证	经部
孝经郑注疏	皮锡瑞	经部	广雅疏证	张揖撰， 王念孙疏证	经部

① 校印《四部备要》缘起//张静庐. 中国现代出版史料：甲编. 北京：中华书局，1954：365.

续前表

书名	作者	分类	书名	作者	分类
明史	张廷玉等	史部	读通鉴论	王夫之	史部
明纪	陈鹤	史部	宋论	王夫之	史部
圣武记	魏源	史部	文史通义	章学诚	史部
国朝先正事略	李元度	史部	校雠通义	章学诚	史部
中兴将帅别传	朱孔彰	史部	廿二史劄记	赵翼	史部
水经注	郦道元注，王先谦合校	史部	韩非子	韩非撰，顾广圻识误	子部
山海经笺疏	郭璞注，郝懿行笺疏	史部	桓子新论	桓谭撰，孙冯翼辑	子部
历代地理志韵编	李兆洛	史部	潜夫论	王符撰，汪继培笺	子部
汉官六种	孙星衍	史部	榕村通书	李光地	子部
吾学录	吴荣光	史部	朱子原订近思录	朱熹、吕祖谦撰，江永集注	子部
历代帝王年表	齐召南撰，阮福续	史部	御纂性理精义	李光地等	子部
历代帝王庙谥年讳谱	陆费墀	史部	五种遗规	陈宏谋	子部
纪元编	李兆洛	史部	养正遗规 训俗遗规 从政遗规	陈宏谋	子部
历代职官表	永瑢等	史部	教女遗规 在官法戒录	陈宏谋	子部
历代史表	万斯同	史部	宋元学案	黄宗羲撰，全祖望补	子部
历代统纪表	段长基	史部	明儒学案	黄宗羲	子部
历代疆域表	段长基	史部	国朝学案小识	唐鉴	子部
历代沿革表	段长基	史部	国朝汉学师承记	江藩	子部
史通通释	刘知幾撰，浦起龙释	史部	困学纪闻注	王应麟撰，翁元圻注	子部

续前表

书名	作者	分类	书名	作者	分类
日知录集释	顾炎武撰，黄汝成集释	子部	樊川诗集注	杜牧撰，冯集梧注	集部
十驾斋养新录	钱大昕	子部	元遗山诗集笺注	元好问撰，施国祁笺注	集部
东塾读书记	陈澧	子部	铁崖古乐府注	杨维桢撰，楼卜瀍注	集部
本草经	吴普等述，孙星衍等辑	子部	亭林诗文集	顾炎武	集部
金匮玉函要略方论	王叔和编，徐彬注	子部	薑斋文集	王夫之	集部
历代长术辑要	汪曰桢	子部	南雷文定集	黄宗羲	集部
靖节先生集	陶潜撰，陶澍集注	集部	曝书亭全集	朱彝尊	集部
庾子山集	庾信撰，倪璠注释	集部	吴诗集览	吴伟业	集部
徐孝穆集笺注	徐陵撰，吴兆宜笺注	集部	渔洋山人精华录训	王士禛撰，惠栋训纂	集部
李太白文集	李白撰，王琦注	集部	更生斋集	洪亮吉	集部
王右丞集	王维撰，赵殿成笺注	集部	仪郑堂骈体文	孔广森	集部
李长吉歌诗	李贺撰，王琦汇解	集部	唐确慎公集	唐鉴	集部
玉谿生诗集笺注	李商隐撰，冯浩笺注	集部	定盦文集	龚自珍	集部
樊南文集详注	李商隐撰，冯浩编订	集部	巢经巢集	郑珍	集部
樊南文集补编	李商隐撰，钱振伦笺	集部	定山堂诗余	龚鼎孳	集部

续前表

书名	作者	分类	书名	作者	分类
珂雪词	曹贞吉	集部	大云山房文稿	恽敬	集部
湖海楼词集	陈维崧	集部	茗柯文编	张惠言	集部
弹指词	顾贞观	集部	养一斋诗文集	李兆洛	集部
纳兰词	纳兰性德	集部	戴东原集	戴震	集部
古文辞类纂	姚鼐	集部	述学篇	汪中	集部
续古文辞类纂	黎庶昌	集部	卷施阁集	洪亮吉	集部
骈体文钞	李兆洛	集部	古诗源	沈德潜	集部
六朝文絜	许梿	集部	今体诗钞	姚鼐	集部
经史百家杂钞	曾国藩	集部	绝妙好词笺	周密辑，查为仁、厉鹗笺	集部
十八家诗钞	曾国藩	集部	词选	张惠言	集部
玉台新咏	徐陵辑，吴兆宜注	集部	词综	朱彝尊	集部
古诗选	王士禛	集部	明词综	王昶	集部
饴山堂诗文集	赵执信	集部	国朝词综	王昶	集部
壮悔堂文集	侯方域	集部	国朝词综续编	黄燮清	集部
安雅堂诗集	宋琬	集部	国朝词综二集	王昶	集部
莲洋集	吴雯	集部	文心雕龙	刘勰撰，黄叔琳注	集部
敬业堂诗集	查慎行	集部	初月楼古文绪论	吴德旋撰，吕璜记述	集部
樊榭山房全集	厉鹗	集部	说诗晬语	沈德潜	集部
小仓山房诗文集	袁枚	集部	佩文诗韵释要	周兆基	集部
望溪先生文集	方苞	集部	词律	万树	集部
惜抱轩全集	姚鼐	集部	白香词谱	舒梦兰辑，谢朝徵笺	集部

《丛书集成初编》为商务印书馆所辑，原计划收书 6 000 种，于民国二十四年（1935）开始出书，到民国二十六年（1937）由于抗日战争全面爆发，日寇进犯上海被迫中断，结果只出了 4 000 余种。《丛书集成初编》为近代所出古籍丛书的集大成者，虽未按原计划出齐，但因内容丰富和分类科学，仍然深得读者和学术界的欢迎。这部丛书所收，从我国第一部综合性丛书南宋的《儒学警悟》起，至清末的各类重要丛书为止，共 100 部。全书分 10 大类：总类、哲学类、宗教类、社会科学类、语文学类、自然科学类、应用科学类、艺术类、文学类、史地类。

商务印书馆的《丛书集成初编》以铅字排印和影印相结合，并加以断句，突出了该书包容广博和重版本更重实用的风格。《丛书集成初编》收录了大量清代相关文献。具体而言，总类收录了清人钱大昭《补续汉书艺文志》（据《史学丛书》本排印）、翁方纲《经义考补正》（据《粤雅堂丛书》本排印）、全祖望《读易别录》（据《知不足斋丛书》本排印）、汪士钟《艺芸书舍宋元本书目》（据《滂喜斋丛书》本排印）等；版本方面收录了钱大昕《竹汀先生日记钞》（据《式训堂丛书》本排印），钱泰吉《曝书杂记》（据《式训堂丛书》本排印），钮树玉撰、王颂蔚辑《匪石日记钞》（据《滂喜斋丛书》本排印），等等；读书指南方面收录了卢文弨《群书拾补》（据《抱经堂丛书》本排印）、周永年《先正读书诀》（据《灵鹣阁丛书》本排印）、章学诚《校雠通义》（据《粤雅堂丛书》本排印）等；类书收录了沈廷文《广事同纂》（据《学海类编》本排印）；各科丛著收录了冯班《钝吟杂录》（据《借月山房汇钞》本排印）、黄与坚《论学三说》（据《学海类编》本排印）、陈鳣《对策》（据《式训堂丛书》本排印）；群经总义收录了《四书逸笺》（据《湖北丛书》本排印）、《健余先生读书笔记》（据《畿辅丛书》本排印）等；诸子丛钞收录了《遁翁随笔》（据《仰视千七百二十九鹤斋丛书》本排印）、《谲觚》（据《借月山房汇钞》本排印）、《菰中随笔》（据《海山仙馆丛书》本排印）等。从内容和题材，应该说《丛书集成初编》已经囊括了清代经、史、子、集四部的基本文献。

6. 档案

民国初年，清代内阁大库档案与殷墟甲骨、敦煌文书、汉晋简牍成为当时的重大发现。利用新材料、从事新研究成为当时学术热点，王国维《库书楼记》称："光宣之间，我中国新出之史料凡四：一曰殷虚之甲骨，二曰汉晋之简犊，三曰六朝及有唐之卷轴，而内阁大库之元明及国朝文书实居其四。"① 清代档案文献资料的整理则是开展清史研究的基础工作。

就民国时期档案整理、出版的主体而言，有故宫博物院、中央研究院历史语言研究所和以北京大学为代表的高等院校，范围包括清宫档案、太平天国史料等。其中又以故宫博物院的档案整理最为典型，成就最大。笔者按三类整理、出版主体逐一说明。

（1）故宫博物院

1924 年 11 月 5 日，逊帝溥仪被赶出了皇宫，随即清室善后委员会成立，系统点验、保管故宫文物工作陆续开展。1925 年 10 月 10 日故宫博物院成立，下设古物馆和图书馆，图书馆又分为图书和文献两部，沈兼士主持文献部事务。1928 年 10 月 5 日，故宫博物院设立专门的文献馆。故宫博物院从成立之日就展开清代文献档案的保护和整理。据不完全统计，新中国成立前，共编辑出版各类文献档案史料书刊达 54 种 358 册，约 1 200 万字②。

档案汇编是指按照一定的专题，将有关档案文件选编成册，在规定范围内使用或公开出版的资料。故宫博物院对清代档案的利用最为突出的成绩就体现在档案汇编。当时出版的档案汇编分为综合汇编和专题汇编。综合汇编主要有《掌故丛编》《文献丛编》《史料旬刊》等成果。专题汇编主要有 1925 年出版的《甲子清室密谋复辟文证》，1932 年出版的《清代文字狱档》、《清嘉庆朝外交史料》和《清道光朝外交史料》，1933 年出版的《清光绪朝中日交涉史料》、《清宣统朝中日交涉史料》和《清光绪朝中法交涉史料》，1937 年出版的《苏州织造李煦奏折》，1937 年至 1948 年出版的《清季教案史料》。特别值得一提的是《清代文字狱档》，该书是雍正、乾隆两朝文字狱原始材料的汇编，一共涉及 65 个案例，内容涉及从立案到最终结案，是研究清代文字狱的珍贵史料。

---

① 王国维. 观堂集林（外二种）. 石家庄：河北教育出版社，2003：582.

② 余三定. 故宫学：故宫研究的新阶段——郑欣淼先生访谈录. 学术界，2009（1）：226－241.

档案编译出版是指将外文档案翻译并进行编辑出版。清代我国对外交流频繁，形成了大量的外文档案。故宫博物院对部分外文档案展开了翻译，例如1932年王之相、刘泽荣编译的《康熙与罗马使节关系文书》。文献馆在整理档案时发现了满洲木牌，1935年出版《阿济格略明事件之满文木牌》。1936年编译出版的《故宫俄文史料：清康乾年间俄国来文原档》，收录清内阁蒙古堂所存清代康熙九年至乾隆二十二年（1670—1757）俄方来文23件。

档案编目，是指对档案进行著录、标引、组织、制作目录的工作，是档案管理中的一项重要内容。1934年，由张国瑞编辑的《故宫博物院文献馆现存清代实录总目》出版。1935年，由张德泽编辑的《清季各国照会目录》（4辑）、方甦生分类编辑的《清内阁库贮旧档辑刊》（6辑）出版。1936年编印了《内阁大库现存清代汉文黄册目录》和舆图目录《清内务府造办处舆图房图目初编》。值得一提的是，1947年故宫博物院文献馆、北京大学文科研究所、中央研究院历史语言研究所编辑出版的《清军机处档案目录》《清内阁旧藏汉文黄册联合目录》，前者为清军机处档册总目，后者为雍正、乾隆、嘉庆、道光、咸丰、同治、光绪、宣统各朝黄册目录，这两部档案编目是当时最有影响力的几个学术机构学术交流和合作的典范。

档案影印，就是将档案原件无差别、原封不动地复制出版的工作。故宫博物院1929—1930年影印了道光、咸丰、同治三朝《筹办夷务始末》。1932年整理内阁实录库档案时，出版清太祖实录两种：先发现《太祖高皇帝实录》，为乾隆四年（1739）纂修之本，当即排印出版；继而发现《清太祖武皇帝努儿哈奇实录十卷》，为崇德元年（1636）纂修之本，与前本互校，文句颇有出入，于是据清咸丰内府刻本印行。1935年，据清乾隆四十二年（1777）武英殿刻本排印了清雍正钦定撰录的《名教罪人》，同年宝应刘氏藏本《多尔衮摄政记》和《司道职名册》排印出版。1937年，影印了清咸丰元年（1851）内阁学士载龄、文启撰的《批本处现行事宜》。舆图方面，1932年将旧藏造办处的铜制《皇舆全图》提存馆中整理并就原版付印。另外，1929年编印《交泰殿宝谱》，1933年出版《重整内阁大库残本书影》。

故宫博物院成立后开展清宫所藏文物点查，就文献档案来说，需要按照其自身属性，确立类目，进行专门的清点、整理，故出现了数量众多的目录。同时故宫博物院在整理过程中坚持为学术服务的基本导向。“故宫博物院成立后，延聘陈垣、沈兼士等学界名流，在他们的倡导和支持下，开展档案文献整理、出版，为学术研究服务。档案作为第一手史料素来秘不示人，选辑出版后的价值不言而喻，古籍的出版更是以故宫特藏和版本稀见者展开。民国时期注重以新的史料研究新的问题，这些新材料的及时披露，就是对学术研究最好的支持与鼓励。”①

（2）中央研究院历史语言研究所

历史语言研究所（史语所）成立于1928年10月，傅斯年为首任所长。在该所成立之前，傅斯年等人就开始着手购买李盛铎手中的内阁大库档案，年底遂得购定。1929年9月，史语所成立“明清史料编刊会”，制订了《历史语言研究所第一组第二工作室规则》，并于当月开始整理工作。根据史语所工作报告，初步整理分为七步。第一步，去除档案上积存的灰尘；第二步，将揉搓折皱的档案逐页铺平；第三步，按照朝代或形式将档案初步分类；第四步，将已经分类的档案分别捆扎堆放；第五步，将破碎严重暂时无法整理的档案装入麻袋；第六步，将破碎较轻的档案装裱修理；第七步，抄录副本②。1930年10月，史语所将初步分类的档案，再按照年月日的顺序进一步细分。到1932年底，整理过的档案全部上架，重要档案编制出简明目录。

在整理档案的基础上，史语所逐步开展了档案的出版工作，遵循“不待整理完功，先分期刊行”③ 的方针，1930年9月开始出版《国立中央研究院历史语言研究所编刊明清内阁大库残余档案》（《明清史料》）甲编，共十册，主要是整理初期随时拣出的档案；1936年11月，《明清史料》乙、丙两编出版，各十册，辑录明清两代奏稿、敕谕、塘报、揭帖等，随编随录，不分门类。抗日战争全面爆发后，史语所被迫停止了出版计划。1948年，《明清史料》丁编内容编辑完毕，但直到1951年才最终面世。《明清史料》是近代学术史上出版时间最长的档案史料

① 陈祺．民国时期故宫明清档案文献的整理出版．历史档案，2014（1）：130．

② 中央研究院历史语言研究所十八年度报告//国立中央研究院十八年度总报告．1929．

③ 傅斯年，徐中舒．明清史料发刊例//明清史料：甲编　第1册．1930．

连续出版物，“供给近代史家以贵重的直接史料”①。

（3）北京大学等高等院校

北京大学是最早开始对明清档案进行整理的学术机构。北京大学研究所国学门成立于 1922 年，设有二室五会。北京大学曾向教育部请求承担整理内阁大库档案的任务。北京大学研究所国学门获取存放于历史博物馆的内阁大库档案，包括明清题本、报销册、揭帖、贺表、誊黄、金榜、起居注、实录等资料 62 箱 1 502 麻袋。北大还专门成立了“清代内阁大库档案整理会”，商订了整理方法，自 1922 年 7 月 4 日起开始整理这批档案。至 1924 年 9 月，整理工作暂告一段落，整理会改名为明清史料整理会，共整理档案 523 000 多件又 600 多册，出版了《清理清代内阁档案报告（要件）》、《嘉庆三年太上皇起居注》及《顺治元年内外官署奏疏》等档案史料汇编多种，为学术研究提供了大量的史料。这些档案的出版为研究清史提供了第一手资料，如顺治十二年（1655）封鄂硕之女董氏为皇贵妃诏书、康熙十四年（1675）立胤礽为皇太子诏书等，为澄清清史上的疑案提供了有力的证据。

此外，民国时期《清实录》和太平天国史料的整理、出版也颇值得重视。

《清实录》的整理、出版。1931 年，故宫博物院文献馆发现“清史馆存有实录稿本数种，其中有初纂修改本、重修本及清史馆、蒙藏院二处之补钞本。初纂及重修本的稿本，经故宫博物院文献馆整理后，除每种所用的纸张及格子等彼此多有不同外，就它的外形看，可以分为长形本与方形本两种”②。其中有一种题为《大清太祖承天广运圣德神功肇纪立极仁孝睿武端毅弘文定业高皇帝实录》，书凡四卷，红绫装，白鹿纸，朱丝栏，楷书，半页九行，行二十二字，无序、表、凡例、目录。文献馆将这些发现的清代实录，编成《故宫文献馆现存实录总目》一书予以详载，如对清史馆（前身为清国史馆）旧藏的十种实录做了著录：长形本六种；方形本计二种；清史馆补钞本一种，存太祖二册，太宗九册，世祖十二册，圣祖六册；蒙藏院补钞本一种，存世宗五册，高宗、仁宗、宣宗各四册。稍后，李德启编成《国立北平图书馆、故宫博物院

① 徐中舒．内阁档案之由来及其整理//明清史料：甲编　第 1 册．1930．

② 那志良．故宫博物院所藏的清实录．大陆杂志，1963，27（5）．

图书馆满文书籍联合目录》，于1933年出版，其《清太祖武皇帝实录》叙录言：“《清太祖武皇帝实录》，四卷四册，分装两函，红绫封面，白鹿纸，朱丝栏，楷书，每半页九行，行二十三或二十五字不等，无序、表、凡例、目录。”① 故宫博物院在整理实录和编纂叙录的基础上，将其中的汉文清太祖实录的多种版本印刷出版：1931年，故宫博物院铅印了《清太祖努尔哈赤实录》（10卷本），并石印了《清太祖武皇帝努尔哈赤实录》；1932年，该院又铅印了《清太祖武皇帝弩儿哈奇实录》（4卷本），并石印了《清太祖武皇帝努尔哈奇实录》②。就关外而言，1930年，辽宁通志馆石印了《满洲实录》，去掉满、蒙两种文字，只印了汉文内容。罗振玉很早就萌生了整理和出版《清实录》的意愿。还是在1917年时，他便给清史馆馆员柯劭忞写信，提出让清史馆负责出版全套《清实录》的要求，说如果清史馆不能出的话，他自己也会想办法出。最后，罗振玉借助日本和伪满洲国的力量，编印了《大清历朝实录》。在做这件工作的前后，他还于1933年以“奉天史料整理处”名义将康熙年间重修时的稿本《朱彝尊原纂太祖高皇帝实录稿本三种》（初修存7册，二修存5册，三修存卷一1册和卷三1册）影印出版。他认为这三种稿本是由内府流出的本子，其清代官方档案性质无疑。于是，将这三种稿本影印成《太祖高皇帝实录稿本三种》一书，线装四册，内分初、二、三修本三种。

太平天国史料的整理、出版。民国学人对太平天国运动高度关注，整理、出版了一批价值很高的太平天国档案史料。清朝军机处档案中保留的一批太平天国文献，曾公布在《文献丛编》上，以后又辑为《太平天国文书》，收录太平天国的书谕、禀文、信函及职凭等共十二件，大多是清廷的战利品，原存于军机处档案之中，以备他日编纂方略有所取材。为数虽不多，但对于其立国典章制度、政治军情略可考见一斑。时间最早的为太平天国戊午八年，即咸丰八年（1858），最晚的是同治元年（1862），其中六件为李秀成所发布。1929年北新书局出版了《太平天国有趣文件十六种》，该书收录了刘复从英国伦敦不列颠博物馆辑录

① 庄吉发.《清太祖武皇帝实录》叙录. 图书季刊，1970（1）.

② 谢贵安. 民国学者应用、整理和研究《清实录》初探. 四川师范大学学报（社会科学版），2013（1）：136－146.

的一批太平天国文书和清方文书。1932年萧一山在欧美各国考察时，在英、法等国图书馆和收藏机构发现了许多珍贵的太平天国史料，大多是当时国内罕见的孤本，于是广为抄录或影印，回国后再加以整理和编撰，1935年出版了《太平天国丛书》第一集、《近代秘密社会史料》、《太平天国诏谕》、《太平天国书翰》、《大英政府有关中国文书总目》（英文本）等书。这些珍贵史料的整理、出版，为后来的太平天国史研究奠定了重要基础，也奠定了他在太平天国史研究领域中极其重要的地位。后来北平研究院又分别于1935年和1937年影印了萧一山的《太平天国诏谕》和《太平天国书翰》二书，收录从英国辑录的天王诏旨五件、东王和西王的诰谕以及李秀成、谭绍光、洪仁玕等致英人书信十五件。1935年，王重民从英国剑桥大学图书馆辑录了国内未见的十种档案，编成《太平天国官书十种》。可以说，这些太平天国史料的出版为当时国内史学界的太平天国史研究注入了新鲜血液。

回顾民国时期清代文献档案的整理历程，可以看出，作为学术过渡阶段，这一时期的整理和研究实践完成了清代文献档案的角色转化任务，王朝属性的褪色和学术属性的赋予渐进发展。就前者而言，整理、出版的手段新旧交融；在技术层面，传统的雕版印刷与石印、铅印等新技术方法同时并存；在学术观念层面，传统的图书分类法、史观等在文献整理、学术定位等领域仍发挥影响，而新史学的兴起、西方图书分类方法等亦引导学界产生变革；在历史层面，怀恋清朝的遗老情怀与反满革命的激情在文献档案整理专题的选择、历史文献价值的评定以及具体史料的遴选等方面同时产生各种影响。就后者而言，辛亥革命以来，清史研究逐步开展，抢救、保护并深入整理和研究清代古籍文献亦逐渐在学界达成共识，以清代文献档案的实际研究带动、促成史学的发展和演进的观念逐步成为学界的主流思想。这是一个过渡的时代，也是一个开创的时代。

第二节　改革开放前

1949年之前清代文献档案的整理、出版和研究取得了一定成果，新中国成立后，党和政府对古籍整理事业给予了高度重视和巨大支持："古籍整理出版工作在整个新中国的出版事业中占有重要的位置，这项工作看起来似乎与现实联系不紧，但是它的兴衰起伏却与新中国文化事业的发展紧密相关，可以说是整个新中国出版事业的一个缩影。"① 改革开放前，清代文献档案的整理与出版在曲折中前行，回顾这一时期清代文献档案整理与出版的历程，总结其与清史研究的互动关系，或可为现今清代文献档案的整理、出版工作提供借鉴。改革开放前，清代文献档案作为引导和促进文化发展、繁荣的重要途径，得到了高度重视，并取得了一系列成果。

一、发展历程

早在 1938 年，毛泽东就曾提出："从孔夫子到孙中山，我们应当给以总结，承继这一份珍贵的遗产。"② 在《新民主主义论》中，毛泽东还提出："清理古代文化的发展过程，剔除其封建性的糟粕，吸收其民主性的精华，是发展民族新文化提高民族自信心的必要条件"③。总结、继承、剔除糟粕、吸收精华是新中国成立后进行古籍整理工作的指导思想，如 1962 年，齐燕铭指出："整理出版古籍是批判地继承文化遗产的重要一环。古代的文化我们要加以咀嚼、消化，然后才能融会贯通。对于古籍，要做到这一步，一个必不可少的过程是把它整理出版出来。"④ 在这样的方针政策指导下，改革开放前的古籍整理、出版事业在曲折中前行，大致经历了如下几个发展时期：

第一个时期是从 1949 年 10 月新中国成立到 1958 年 2 月古籍整理出版规划小组成立以前。新中国之初，北京、上海等地的出版社延续此前业务，有少量古籍出版。1951 年 3 月，人民文学出版社成立，《红楼梦》《儒林外史》等古典名著新整理本陆续问世，这是新中国最早整理、出版的清人著述。1954 年 2 月，中共中央宣传部部长兼政务院（国务院前身）秘书长习仲勋对国家出版总署关于成立古籍出版社的报告做了批示，指出，"为了保存与整理中国文化遗产，团结一部分学术研究工

---

① 杨牧之. 新中国古籍整理出版工作回顾与展望. 中国出版史研究，2018（1）：8.

② 毛泽东选集：第 2 卷. 2 版. 北京：人民出版社，1991：534.

③ 同②707－708.

④ 齐燕铭. 整理出版古籍是批判地继承文化遗产的重要一环//杨牧之. 古籍整理与出版专家论古籍整理与出版. 南京：凤凰出版社，2008：1.

作者，建立这样一个出版社是很必要的”①。“习仲勋对成立古籍出版社的批示，是新中国成立后党和国家领导人层面关于古籍整理工作的第一个批示”，“在新中国古籍整理史上具有开创性意义，为新中国古籍整理事业的发展奠定了重要基础；标志着我国古籍整理事业的开端，即自古以来特别是晚清以降由个体（或少数团体）所从事的古籍整理，已进入政府层面的有组织、有规划、有章法的阶段；体现了党和政府对中华优秀传统文化的重视和对古籍整理工作者的关怀；也反映出当时政治的清明和领导者的远见卓识”②。随着古籍出版社、文学古籍刊行社、古典文学出版社、文物出版社等相继成立，我国古籍整理、出版事业焕发活力。从新中国成立以来的出版书目来看，1955 年以后古籍出版工作发展较快，1957 年所出古籍达到近 190 种，其中出版的清代文献有不少，如经部有皮锡瑞《经学通论》、俞樾《古书疑义举例》、王引之《五种经传释词》等，史部有毕沅《续资治通鉴》、顾祖禹《读史方舆纪要》、刘锦藻《清朝续文献通考》、章学诚《文史通义》和《校雠通义》、钱大昕《十驾斋养新录》、王鸣盛《十七史商榷》等，子部有俞樾《诸子平议》、杨巩《农学合编》、赵学敏《本草纲目拾遗》、兰州大学图书馆《古今图书集成目录》等，集部有黄宗羲《明夷待访录》、《谭嗣同全集》、《孙中山选集》、《戴东原集》、喻守真《唐诗三百首详析》、吴楚材《古文观止》、钱谦益《列朝诗集小传》、龙榆生《近三百年名家词选》、曹雪芹《红楼梦》、吴敬梓《儒林外史》、蒲松龄《聊斋志异》等。由于缺乏统一规划，这一时期清代文献出版工作并不够系统，如此时所出版集部小说类典籍有 77 种，而所出版的经部典籍仅 20 余种，可见所出古籍以小说、戏曲所占比重较大，经部、史部等典籍并未有系统整理、出版。1957 年发生了反右派斗争，古籍整理、古文献研究以及专家学者都受到影响，“由于古籍整理的特点，即其与其他文化工作相比所具有的滞后性，这种负面影响也是相对滞后的。因为 1957 年出版的古籍图书是在一年前甚至几年前即列入出版计划和编校运作的，所以这一年古籍整理成果倒是十分突出。全年共出版古籍图书近 190 种，是新中国前 30

①　陈克寒关于建立古籍与汉字典籍编辑机构致习仲勋并中央宣传部的信//中华人民共和国出版史料（1954 年）．北京：中国书籍出版社，1999：135．

②　诸伟奇．曲折与前行：新中国前 30 年古籍整理历程．安徽史学，2017（2）：158．

年整理、出版古籍数量最多的一年”[①]。

第二个时期是从1958年2月古籍整理出版规划小组成立到“文革”发动之前。1958年2月，古籍整理出版规划小组成立，明确提出了“动员和组织有关力量，在十年至十五年之内，分期分批地把我国古代和近代以至‘五四’以前的主要学术著作有计划有系统地整理和出版”的目标。“古籍整理出版规划小组的建立，是新中国前30年古籍整理工作最重要的一件大事，它标志着我国古籍整理事业进入了一个有领导、有组织、有规划的崭新阶段。从此古籍整理出版工作有了全面的安排和统一的部署，计划性、目的性大大增强。”[②] 规划性整理源于古籍数量的庞大和学术研究的实际需要，如齐燕铭指出，要加强中华书局作为出版机构与学术界的经常性联系，“有了这种联系，可以了解学术界的情况，衡量整理出版的轻重缓急，认真地作到要啥出啥。我国古籍浩如烟海，如不从当前需要出发，出版的效果就不大。我们出书要推动学术研究，如有人讨论《庄子》，我们就出有关《庄子》的书；有人讨论陶渊明，我们就出有关陶渊明的书。有些偏僻的东西……一时没有用处或用处不大，就可以不出或缓出”[③]。在此期间，清代文献的整理、出版工作也有了长足发展，古籍出版数量增多，品种更加丰富，其中代表性的著作，如经部有皮锡瑞《经学历史》、刘文淇《春秋左氏传旧注疏证》、王夫之《周易外传》、张玉书《康熙字典》等；史部有王先谦《后汉书集解》、夏燮《明通鉴》、朱寿朋《光绪朝东华录》、周中孚《郑堂读书记》；子部主要集中于农学类和医学类典籍，如《授时通考》《古今图书集成医部全录》等；集部有《龚自珍全集》《林则徐集》等，严可均《全上古三代秦汉三国六朝文》、彭定求《全唐诗》等也在此时出版。此外，还有诸如朱士嘉《中国地方志综录》、陈乃乾《清代碑传文通检》、引得编纂处《三十三种清代传记综合引得》等嘉惠后人的工具书出版。

第三个时期是从1966年到1978年。1966年“文化大革命”爆发，新中国的古籍整理事业受到严重干扰，出版数量逐年下降，工作陷入停

① 诸伟奇．曲折与前行：新中国前30年古籍整理历程．安徽史学，2017（2）：160.

② 同①.

③ 齐燕铭．整理出版古籍是批判地继承文化遗产的重要一环∥杨牧之．古籍整理与出版专家论古籍整理与出版．南京：凤凰出版社，2008：2.

顿状态。据人民出版社原总编辑张惠卿回忆："1969 年 8 月，陈伯达在出版口一次会议上宣布：'出版社都要撤销，只留下人民出版社几十个人主要出版毛主席的书就行了。'"① 杨牧之也曾谈道，在"文化大革命"期间，"出书要以阶级斗争为纲，还要紧密配合现实的政治斗争。有什么政治运动或政治活动，赶快出本书配合一下"②。"文革"之初，"二十四史"及《清史稿》的点校工作也全面停止。1971 年，经毛主席、周总理特别批准，"二十四史"和《清史稿》的点校工作才得以恢复，并从全国高校和研究机构调集一大批专家学者，继续进行这项古籍整理工程。1977 年底，点校本《清史稿》出版，这是这一时期清代文献整理工作的重大成就。

值得注意的是，对清史研究来说，改革开放前实际上经历了一个认识转变的过程。"从清朝覆亡到上世纪 50 年代，全社会当然也包括学术界，对清代历史总体上评价是不高的。指责、批判、否定的比较多，而肯定其积极作用的则甚少。整个清朝的历史常常被全盘否定，一笔骂倒。"③ 60 年代以后，周恩来总理几次发表讲话，对清代历史进行客观评价，根本扭转了对清代历史一味贬低的状况，引导清史研究走向实事求是的轨道。这种观念转变，有助于清史研究的推进，也有助于推动清代文献档案的整理和出版。

总体而言，改革开放前，大陆地区清代文献档案的整理、出版工作在起伏中获得发展，取得了一定的成就。在港台地区，尤其是台湾地区，清代文献的整理、出版工作发展迅猛，出版了许多重要的史料和文献，尤其是许多大部头丛书的整理、出版，为学者利用典籍提供了便利。

二、总体状况

有清一代，一度文化繁荣、学术昌盛，加之去今未远，给后世留下了极其丰富的文献档案史料。面对数量如此众多的清人著述，改革开放

---

① 张惠卿. 周总理和 1971 年全国出版会议：纪念周总理诞辰一百周年//张惠卿. 如烟往事文存. 上海：上海人民出版社，2012：282.

② 杨牧之. 出版改革与古籍整理出版工作//古籍整理出版丛谈. 扬州：广陵书社，2005：3.

③ 李文海. 论清史研究与清史纂修的良性互动//朱诚如，王天有. 明清论丛：第 10 辑. 北京：紫禁城出版社，2010：1.

前的清代文献档案的整理、出版工作在前人基础上继续前进，并将文献档案整理、出版工作与清史研究紧密结合，不断深化了文献档案整理和出版的内容，为改革开放前的清史研究奠定了坚实的文献基础。

1. 经部文献

清代经学发达，经学名家辈出，经学著作丰富多彩，改革开放前，大陆地区出版界受“破四旧”“打倒孔家店”等影响，经学研究和文献出版低迷，清代经部文献的整理、出版数量不多。综观出版状况，这一时期所出典籍以皮锡瑞、王夫之、戴震、俞樾等经学家的名作为主，又以中华书局为主要出版单位。另外，与当时汉字拼音化运动及文字改革密切相关，20 世纪五六十年代，文字改革出版社出版了为数不少的语音类文献，如王炳耀《拼音字谱》、沈学《盛世元音》、卢戆章《一目了然初阶》及《中国字母北京切音合订》、王照《官话合声字母》及《官话字母读物》、田廷俊《拼音代字诀》、郑东湖《切音字说明书》、刘世恩《音韵记号》等。文字改革出版社 1956 年成立于北京，是当时中国文字改革委员会直属的专业出版社，出版了大量有关文字改革理论、史料和一般语言文字的专著，以及有关文字改革方面的普及性书刊。这些文献的出版，对于完成汉字简化、推广普通话、制定和推行《汉语拼音方案》的文字改革任务，提供了重要的参考资料。可以看出，此时经部文献的整理重点在于名家名作，并且积极为当时的改革服务，充分体现了古籍出版的文化价值和社会价值。

台湾地区在这一时期出版了少量经学著作，如广文书局出版的王筠《说文解字句读》、桂馥《说文解字义证》、徐灏《说文解字注笺》、谢启昆《小学考》等著作。

2. 史部文献

史部典籍的整理、出版对于清史研究有非常重要的意义，改革开放前清人所著史部典籍的整理、出版取得不少成果，这些高质量整理本的出版，本身已成为当时清史研究的重要组成部分，笔者仅择其要者加以介绍。

（1）纪传、编年、纪事本末类清人著述的整理、出版

改革开放前，大陆地区共计有 20 余种纪传、编年、纪事本末类清人著述被整理、出版，这些著作成为清史研究的基本史料。

纪传体史书的整理、出版。《明史》和《清史稿》的整理、出版是这一时期古籍整理、出版的重大成果。《明史》的整理最初由郑天挺主持，主要由南开大学历史系明清史研究室负责，1966 年以前完成了点校初稿。1971 年整理工作重启，在初稿的基础上做了修订补充，王毓铨、周振甫用力较多，最终点校本于 1974 年春出版。《清史稿》整理工作也采取了先标点整理后排印的形式，整理重点在标点、分段上，主要由启功、王锺翰、孙毓棠、罗尔纲、刘大年、吴树平等学者主其事，吴树平、何英芳对标点稿做了编辑整理工作，1977 年正式出版。此外，如王先谦《后汉书集解》、温睿临《南疆逸史》、林国赞《三国志裴注述》、吴士鉴和刘承幹《晋书斠注》等也在此时整理、出版，对于各断代史的研究具有重要参考价值。

编年体史书的整理、出版。毕沅《续资治通鉴》、夏燮《明通鉴》、徐鼒《小腆纪年附考》、朱寿朋《光绪朝东华录》、蒋良骐《东华录》是此时整理、出版的重要编年体史书。《续资治通鉴》由容肇祖标点，聂崇岐负责校勘，于 1957 年由中华书局出版，考正讹误、遗漏、衍文、颠倒、重复等问题大小 2 400 余条，为学界提供了重要的参考史料。夏燮以《明史》和《御撰资治通鉴纲目三编》两书记载为主要史料，兼采《明实录》、《明会典》、《大明一统志》、王世贞《弇州史料》、朱国祯《皇明大事记》等官私文献数百种，编成《明通鉴》，并附《考异》考证史料记载异同，中华书局 1959 年将此书重新整理、出版。1957 年到 1958 年，中华书局还先后出版了王崇武点校的徐鼒《小腆纪年附考》及《小腆纪传》（附补遗），这两部书是研究南明史的重要史料。朱寿朋《光绪朝东华录》、蒋良骐《东华录》等史料也分别在 1958 年、1980 年整理、出版。

纪事本末体史书的整理、出版。清人编修了大量纪事本末体史书，改革开放前共整理、出版了 6 种：李铭汉《续通鉴纪事本末》、计六奇《明季北略》、谷应泰《明史纪事本末》、杜臻《粤闽巡视纪略》、高士奇《左传纪事本末》、李有棠《金史纪事本末》。举例而言，谷应泰《明史纪事本末》，赖家度主持点校，中华书局 1977 年出版。此书用八十个专题，分述明朝一代大事的始末，起于“太祖起兵”，止于“甲申殉难”。中华书局整理本参校各本，并增附《明史纪事本末补遗》及彭孙贻《明史纪事本末补编》，使得此书内容更为丰富。

(2) 杂史、笔记类史籍的整理、出版

关于清人所著杂史及笔记，新中国初期也陆续整理、出版过若干种，但数量不多。就杂史而言，出版了屠寄《蒙兀儿史记》、赵士锦等《甲申纪事（外三种）》、郑达《野史无文》、鹿完天《庚子北京事变纪略》等。就笔记而言，中华书局曾出版“清代史料笔记丛刊”系列，在20世纪50年代末出版了刘献廷《广阳杂记》、法式善《陶庐杂录》、陆筠《海角续编》、梁廷枏《夷氛闻记》、萧奭《永宪录》及《永宪录续编》、福格《听雨丛谈》、刘禺生《世载堂杂忆》、谈迁《北游录》、李斗《扬州画舫录》等，由于种种原因，在1960年以后的近20年中，清人笔记的整理、出版中断，直到1979年开始又整理、出版了钱泳《履园丛话》、昭梿《啸亭杂录》等。这些笔记史料的整理、出版对于清史研究具有重要的参考价值，如刘献廷《广阳杂记》多记明末佚事和清初官制，所记明清之际的史事、人物诸条，多有可取；萧奭《永宪录》取材于邸抄、朝报、诏谕、奏折等史料，用编年体记载了康熙六十一年（1722）至雍正六年（1728）之间的历史；《听雨丛谈》则详于八旗风俗及官制、科举的记载。这些笔记大大充实了清史研究的资料库。除此之外，20世纪五六十年代，还整理、出版了不少有关近代史的笔记类史料，如梁启超《戊戌政变记》、郭嵩焘《英轺纪程》等；值得一提的是，1980年，由钟叔河主编的“走向世界丛书”开始由湖南人民出版社出版，当年出版了徐建寅《欧游杂录》、康有为《欧洲十一国游记》、李圭《环游地球新录》，这套丛书展示了近代中国人士考察西方的历史，成为20世纪末较有影响力的一套笔记史料。

(3) 方志地理类文献的整理、出版

方志地理类文献的整理、出版，主要集中于两个方面。一是清人所著历史地理专著的整理、出版，如顾祖禹《读史方舆纪要》、洪亮吉《十六国疆域志》、王谟《汉唐地理书钞（附麓山精舍辑本六十六种）》、沈曾植《蒙古源流笺证》、徐崇立《西域舆地三种汇刻》，以上五种都在新中国初期整理、出版。二是以方志为主要内容的地方文献的整理、出版，尤其是北京地区地方史料和方志的整理、出版成果丰富。从1960年到1964年，北京出版社组织出版了一套北京史料，共整理、出版地方文献 18 种，其中清人著述有顾炎武《昌平山水记　京东考古录》、朱一新《京师坊巷志稿》、孙殿起《琉璃厂小志》、孙承泽《天府广记》、吴长元《宸垣识略》、励宗万《京城古迹考》等；另外，各地方也出版了不少地方文献，如青海出版的杨应琚《西宁府新志》、黑龙江出版的杨步墀《吉林方正县志》等。

（4）其他各类史料的整理、出版

史部文献类型丰富，限于篇幅，以下择改革开放前整理、出版的重要清人著述，按典章制度类、传记年谱类、金石目录类、史学批评类加以总结介绍。

改革开放前整理、出版的清人编著、辑佚的典章制度类典籍有：姚彦渠《春秋会要》、徐复《秦会要订补》、刘锦藻《清朝续文献通考》、龙文彬《明会要》、杨晨《三国会要》、徐松《宋会要辑稿》等。

改革开放前整理、出版的清人著传记年谱类文献有：罗尔纲《忠王李秀成自传原稿笺证》、黄钟骏《畴人传四编》、徐世昌等《清儒学案》、蔡上翔《王荆公年谱考略》、汤斌等《孙夏峰先生年谱》、顾栋高《司马太师温国文正公年谱》等，1960 年还出版了杨希闵《十五家年谱丛书》。此时还有几部关于清代人物的工具书出版，如陈乃乾《清代碑传文通检》、引得编纂处《三十三种清代传记综合引得》、房兆楹和杜连喆《增校清朝进士题名碑录（附引得）》等。

改革开放前重新整理、出版的清人著金石目录类文献有：孙庆增《藏书纪要》、赵宗建《旧山楼书目》、姚觐元等《清代禁毁书目（补遗）清代禁书知见录》、叶德辉《书林清话（附书林余话）》、倪灿等《宋史艺文志补》、钱谦益《绛云楼题跋》、黄虞稷等《辽金元艺文志》、李慈铭《越缦堂读书记》、邵懿辰《增订四库简明目录标注》、周中孚《郑堂读书记》、莫友芝《宋元旧本书经眼录》、范希曾《书目答问补正》等。

改革开放前整理、出版的清人著史学批评类文献有：章学诚《文史通义》及《校雠通义》、钱大昕《十驾斋养新录》、王鸣盛《十七史商榷》、王夫之《读通鉴论》、浦起龙《史通通释》等。

这一时期，台湾学者对《清实录》的整理、出版，为清史研究提供了大量珍贵史料。

3. 子部文献

1954年，中华书局重印了世界书局的《诸子集成》，这套书汇集了清代学者校勘、注释子书的重要成果，此外还出版了俞樾《诸子平论》《诸子平议补录》，这也是校释诸子的重要著作。除此之外，改革开放前对清人著述子部文献的整理、出版重点放在农学、医学类典籍上。

(1) 农学古籍的整理、出版

新中国的农业古籍整理、出版工作是从20世纪50年代中期开始的。1956年，先后出版了汪曰桢《湖蚕述》、梁章钜《农候杂占》、杨巩《农学合编》、倪倬《农雅》、鄂尔泰等《授时通考》等多部农学著作。1959年，根据古籍整理出版规划小组的统一规划，农业出版社制订出包括二百种书的《中国古农书丛刊选题计划（草案）》，实际上到“文革”前出书约50种，其中清人著作有包世臣《郡县农政》、杨屾《豳风广义》、清代民间流传的《牛经切要》、傅述凤《养耕集》、吴邦庆《畿辅河道水利丛书》等。

(2) 中医古籍的整理、出版

1954年《关于改进中医工作问题给中央的报告》提出要出版中医中药古籍，包括整理编辑、翻印古典的和近代的医书，这对推动改革开放前中医古籍的整理、出版工作起到积极的推动作用。又由于医学类典籍切实有用，受意识形态和阶级斗争影响较小，医书整理、出版在此时获得长足发展，伤寒、儿科、妇产科、方剂、外科、本草、诊法、内经、养生等方面的著述被大量整理、出版，以人民卫生出版社、上海科技出版社、上海卫生出版社、商务印书馆等单位整理、出版的典籍数量为多，如1956年前后，人民卫生出版社影印出版了一批中医古籍，皆取较好刻本，削去原版框、版心，用拼接影印的方法缩印，开本多以小16开为主。此时整理、出版的中医典籍大多成为80年代后新的整理本所依据的底本。

台湾地区对子部典籍的整理关注较少，出版种类不多，此时出版的重要子部典籍为《经世文编》以及《道藏辑要》。

4. 集部文献

清人集部著述成果丰富，表现在：其一，清人自著别集的大量涌现；其二，对前人著述的校注和辑集。以下择要介绍。

(1) 别集、总集类文献的整理、出版

清人别集数量众多，改革开放前尤其是“文革”之前的整理、出版工作主要集中于热点人物的著作，如《谭嗣同全集》《大同书》《新学伪经考》《孔子改制考》《康有为诗文选》《陈确哲学选集》《秋瑾集》《严复诗文选》《龚自珍全集》《洪秀全选集》等。对于清人辑注的前人别集也有出版，如王琦《李太白全集》、陶澍《靖节先生集》、赵殿成《王右丞集笺注》、仇兆鳌《杜少陵集详注》、杨伦《杜诗镜铨》、朱鹤龄《李义山诗集》、王琦等《三家评注李长吉歌诗》、钱谦益《钱注杜诗》、冯集梧《樊川诗集注》、陈熙晋《骆临海集笺注》等。1978 年开始，上海古籍出版社开始编辑出版《清人别集丛刊》，先后出版了周亮工《赖古堂集》、孙枝蔚《溉堂集》、朱彝尊《腾笑集》、纳兰性德《通志堂集》、黄鹭来《友鸥堂集》、朱鹤龄《愚庵小集》、汪懋麟《百尺梧桐阁集》、顾汧《凤池园集》、陈梦雷《闲止书堂集钞》、金人瑞《沉吟楼诗选附广阳诗集》、金农《冬心先生集》、方文《嵞山集》、曹寅《楝亭集》、唐孙华《东江诗钞》、汪懋麟《百尺梧桐阁集遗稿》共 15 种，自此清人别集的整理、出版开始蓬勃发展。60 年代，还出版了两种工具书《清人文集别录》和《清代文集篇目分类索引》，这两种书已成为研究清人别集的重要工具书。

清人纂辑的总集文献数量众多，在改革开放前重新整理、出版的典籍主要有《唐诗三百首详析》《六朝文絜》《古文观止》《古诗源》《历代诗话》《全上古三代秦汉三国六朝文》《宋词三百首笺注》《全唐诗》《词综》《千家诗》《近三百年名家词选》，在这些典籍中，又以《唐诗三百首》《古文观止》所出版本和数量最多。

(2) 戏曲小说类文献的整理、出版

清代戏曲艺术发展迅猛，改革开放前古典戏曲的整理、出版成绩很大，洪昇《长生殿》、孔尚任《桃花扇》等名著被屡次出版。此外，《古本戏曲丛刊》从第三集开始收录清人著作，共收录清代戏曲文献 82 种，多为稀见的清人戏曲作品，这是当时戏曲文献整理的重要成果。

清代是古典小说的极盛时代，改革开放前的古籍整理、出版事业就是率先从古典小说的整理、出版开始进行的，《红楼梦》《儒林外史》等名著的整理本先后出版。这一时期小说类文献的主要出版单位有尚古山房、通俗文艺出版社、人民文学出版社、古籍刊行社、上海文化出版社、中华书局、上海古籍出版社等单位，诸如《聊斋志异》《红楼梦》《儒林外史》等热门作品被多次出版，其中出现了一批校勘精良，至今仍有很大影响的整理本，如 1963 年出版的《聊斋志异会校会注会评本》历来为学界称道，该书不仅校勘精良，还将相关注释、评语汇为一编，可称为《聊斋志异》的重要整理本。此时许多小说的稀见版本也被影印出版，如 1962 年影印甲戌本《脂砚斋重评石头记》，1974 年影印铸雪斋抄本《聊斋志异》，1974 年影印卧闲草堂本《儒林外史》，等等。对于晚清时期小说的整理，主要集中于对四大谴责小说的整理，此外阿英选编的《晚清文学丛钞》收录晚清小说作品 20 余种，对研究晚清小说具有重要参考价值。

（3）文学批评类文献的整理、出版

有清一代，涌现了数量众多的诗话、词话、文论、曲论等文学批评类文献，可以说清代是中国古代文论集大成的时代，改革开放前，许多重要的文学批评类文献得到整理、出版。就诗学而言，有王夫之《清诗话》《楚辞通释》、赵翼《瓯北诗话》、袁枚《随园诗话》、丁晏《曹集铨评》、叶燮《原诗》、方东树《昭昧詹言》、施鸿保《读杜诗说》、王士禛《带经堂诗话》、沈德潜《唐诗别裁》《明诗别裁》《清诗别裁》、张景星《宋诗别裁集》《元诗别裁集》、梁启超《饮冰室诗话》等；词学方面，有王国维《人间词话》、张宗《词林纪事》、万树《词律》、陈廷焯《白雨斋词话》、周济《介存斋论词杂著》、况周颐《蕙风词话》、沈雄《古今词话》；文论方面，有陈鸿墀《全唐文纪事》、刘大櫆《论文偶记》、吴德旋《初月楼古文绪论》、林纾《春觉斋论文》；戏曲方面，中国戏曲出版社出版了《中国古典戏曲论著集成》，收录与戏曲有关的清人著作 20 余种，如高奕《新传奇品》、李渔《闲情偶寄》、黄周星《制曲枝语》、毛先舒《南曲入声客问》、黄图珌《看山阁集闲笔》、徐大椿《乐府传声》、笠阁渔翁《笠阁批评旧戏目》、李调元《雨村曲话》《剧话》、焦循《剧说》《花部农谭》、梁廷枏《曲话》、黄旛绰《梨园原》、王德晖等《顾误录》、刘熙载《艺概》、支丰宜《曲目新编》、姚燮《今乐考证》等。

5. 丛书

丛书体裁自宋元形成以来，经过明代的发展，至清代进入鼎盛时期。清人编纂的丛书，在数量、质量和规模上都超越前人。民国时期，许多清人纂辑的丛书被重印。在 20 世纪五六十年代，大陆地区整理、出版的重要丛书有：唐容川《中西汇通医书五种》、郑振铎《玄览堂丛书》、章炳麟《章氏丛书续编》、王云五《国学基本丛书》、沈家本《枕碧楼丛书》、郑尧臣《龙溪精舍丛书》、徐乃昌《积学斋丛书》《鄦斋丛书》、刘承幹《嘉业堂丛书》《求恕斋丛书》《嘉业堂金石丛书》等。在台湾地区，丛书整理、出版的成果非常丰富。据庄芳荣《丛书总目续编》，1949 年至 1973 年，台湾重印古籍丛书 423 种，代表性的有《四库全书珍本丛书》《丛书集成简编》《百部丛书集成》《丛书集成续编》《四部丛刊续编》《近代中国史料丛刊》《中国方志丛书》《中国历代名人年谱汇编》《书目类编》等。丛书的整理、出版，为学术界提供了大量简便易取的学术资料。

6. 档案

新中国成立以来，对清代档案的编纂公布进入了一个新时期。在大陆地区，明清档案馆（故宫博物院明清档案部，均为今中国第一历史档案馆前身）在 50 年代末编有《义和团档案史料》《戊戌变法档案史料》《清代地震档案史料》《宋景诗档案史料》《关于江宁织造曹家档案史料》《李煦奏折》等；中国科学院历史研究所第三所（今中国社会科学院近代史所）编有《锡良遗稿》和《刘坤一遗集》；中国科学院上海历史研究所筹备委员会（今上海社会科学院历史研究所）编有《上海小刀会起义史料汇编》；上海社会科学院经济研究所经济史组编有《荣家企业史料》；北京大学历史系编有《盛宣怀未刊信稿》《义和团运动史料丛编》；此外还有《中外旧约章汇编》《吴煦档案中的太平天国史料选辑》《十九世纪美国侵华档案史料选辑》《故宫俄文史料》《筹办夷务始末》等档案汇编出版。对孔府档案的挖掘整理工作也值得一提。孔府档案是中国历史档案中的一个独特系统，现存曲阜孔府档案自 1534 年以来从未中断，档案数量近万卷，约 25 万件。1956 年，在郑振铎、单士元等人直接推动下，学者对孔府档案进行了初步的集中清理，登册编号，并建立专库保管。1978 年，中国社会科学院历史研究所、曲阜师范学院与曲阜县文物管理委员会等单位组成了曲阜孔府档案史料编委会，对孔府档案资料进行统一校点，在 1980 年整理、出版了《曲阜孔府档案史料选编》。

在台湾地区，整理、出版了《回民起义》、《明清史料》、《海防档》、《李秀成亲供手迹》、《中国近代货币金融史资料》、《矿物档》、《中法越南交涉档》、《四国新档》（英国档2册，俄国档1册，法国档、美国档、办理抚局档1册）、《旧满洲档》、《袁世凯奏折专辑》、《年羹尧奏折》、《宫中档光绪朝奏折》、《宫中档康熙朝奏折》、《中美关系史料》（分嘉庆、道光、咸丰朝与同治朝两种）、《清季中日韩关系史料》、《清代准噶尔史料初编》等档案资料汇编。

三、整理、出版的方法

改革开放前出版的清代文献大多经过整理加工，较之原来的版本，更便于时人及后人阅读利用，具体而言，当时所采用的整理、出版方法有影印出版、点校整理、资料汇编三种方式。

1. 影印出版

影印出版是古籍整理的重要方法，它能较快捷地保存和抢救古籍，能使许多稀见文献化身千百，为学界准确快速地提供原始史料。改革开放前，出版界利用这一方法整理、出版了大量珍贵清代文献，其中许多版本的学术价值已获学界公认，成为重要的学术参考资料。

就当时影印出版的方法来说，主要有仿真影印和拼版缩印两种。仿真影印着眼于使古籍中的善本、孤本化身千百，能够以本真面目永存世间，如文学古籍刊行社1955年影印出版的蒲氏手稿本《聊斋志异》，宣纸线装，全4册，初印仅有50部。拼版缩印着眼于使珍稀版本或卷帙浩繁的文献以翻检便捷的形式再现，为广大读者提供阅读的便利，改革开放前缩小并页影印的古籍有《四库全书总目》《全上古三代秦汉三国六朝文》《古本戏曲丛刊》等，许多已成为研究者案头常备典籍。

兹仅以1965年影印出版的《四库全书总目》为例略述改革开放前古籍影印出版的特点。一是影印出版的古籍有符合学术规范的前言、精心编制的索引，或附录相关资料。1965年版《四库全书总目》前有出版说明，后有书名及著者姓名索引，附录有《四库撤毁书提要》《四库未收书目提要》。二是附有校记。此版《四库全书总目》以错误较少的浙江杭州本作底本，同时又参校殿本和粤本，制作了《四库全书总目校记》附在书后。三是用顿号和句号点断。此书由王伯祥断句，便于阅读利用。正是由于合理先进的影印理念以及严谨的工作态度，此版《四库全书总目》成为学术精品。

2. 点校整理

点校整理有多种类型，比如简单断句，并不做校勘；又如全式标点，并做多版本的校记；又如以校勘为主，汇成集校。点校整理古籍既要求工作者具有古代汉语、传统文化以及某个专业的广博知识，又要求有态度严谨、实事求是的工作作风。新中国成立以来，清代典籍的点校整理工作显著。

举例而言，此时出版的一些清史典籍，如《清史稿》等，都经过精审的点校整理。其他如《晚明史料丛书》《清代史料笔记丛刊》《近代史料笔记丛刊》等一系列的清史研究资料，也都经过点校整理排印出版，为学者使用提供了极大的便利。

《清史稿》的点校整理是这一时期的重大成果。此书为集体攻关的大型项目，工作中延聘名家，博采众长，取得了很好的效果。点校整理的第一步是选定工作本。经过深入比较审核，以“关外二次本”为工作本。选定工作本后即开展点校工作，据王锺翰回忆：此书最初的分工是罗尔纲先生点校本纪，由吴树平先生协助；志则先由启功先生一人负责，后来孙毓棠先生转来参加；表由吴树平先生一人负责；列传部分先由刘大年、孙毓棠两先生点校。启功先生和王锺翰先生因事迟到了两个月。启功先生负责志的点校。王锺翰先生参加最多的则是列传的点校①。可见，参与整理标点的都是公认的史学名家，众专家分工协作，有力地保证了点校的质量。在工作中，工作人员以工作本为基础，对《清史稿》三种版本篇目不同的地方，都加有附注并录其异文，附载于有关卷页之后。《清史稿》的点校整理工作与当时的“二十四史”整理工作同时开展，在这一系列的工作中逐步形成了一套科学的点校整理古籍的方法和范式，并为后人所遵循。

3. 资料汇编

改革开放前，新编清代史料汇编种类诸多，现按其性质简介如下。

（1）综合性的清代史料汇编

如郑天挺主编、南开大学历史系明清史研究室编辑《明清史资料》，

---

① 王锺翰.《清史稿》点校之经过//王锺翰清史论集：第3册.北京：中华书局，2004：1926.

所收资料分为21个专题，各专题下分原始资料、论文选编、论文索引等，大部分专题附有大事年表；又如中国社会科学院历史研究所清史研究室编《清史资料》，刊载1644年至1840年间稀见的档案、文书、契约、奏疏、书札、日记、笔记、碑刻等原始资料；再如《近代史资料》，1954年由中国科学院历史研究所第三所创刊，刊载1840—1949年中国近代历史上政治、经济、文化、外交、军事、民俗风情、社会生活等各方面的史料，其中有档案、函电、日记、著述稿本、回忆录、访问记、调查报告、照片、拓片等原始资料，还有年表、统计表及资料考证著作，以及有关中国近代史的外文资料的译文，在改革开放前已出版41期。此外如杨松、邓力群原编，荣孟源重编的《中国近代史资料选辑》，中国人民大学中国历史教研室编辑的《中国近代史参考资料》，中国史学会主编的《中国近代史资料丛刊》，等等，也属于综合性资料汇编。

（2）关于农民战争的资料汇编

农民战争是改革开放前清史研究的热点，此时编辑出版了大量此类史料汇编，如谢国桢编《清初农民起义资料辑录》，所收资料以《清实录》《清史稿》《明清史料》《文献丛编》为主，并参考方志、文集、笔记以补其不足。其他如北京大学文科研究所与北京图书馆编《太平天国史料》、白寿彝编《回民起义》、金毓黻等编《太平天国史料》、乔志强编《曹顺起义史料汇编》、罗尔纲《太平天国史料考释集》、汪世荣编《捻军史料丛刊》、太平天国历史博物馆编《太平天国史料丛编简辑》等，都是研究清末农民战争的史料汇编。在这类史料汇编中，尤以关于太平天国运动的史料最多，兹不赘述。

（3）关于辛亥革命的史料汇编

有中国史学会主编《辛亥革命》、中国人民政治协商会议湖北省委员会编《辛亥首义回忆录》、张国淦编《辛亥革命史料》。除此之外，如《云南贵州辛亥革命资料》《广西辛亥革命资料》《广东辛亥革命史料》《内蒙古辛亥革命史料》《辛亥革命在广西》《辛亥革命江苏地区史料》等，记载了辛亥革命在各地的情况。

（4）清末反抗外来侵略的资料汇编

中国史学会主编《鸦片战争》《中法战争》《中日战争》等资料是研究清末抵抗外来侵略的重要史料。其他如《葡萄牙侵占澳门史料》《三元里人民抗英斗争史料》《湛江遂溪人民抗法斗争资料选辑（1898—1899)》等重点介绍了各地反抗外来侵略的斗争历程。

（5）其他专科类史料汇编

除了以上各类史料，改革开放前还出版了不少专科类的史料汇编，其中经济史料所占比重较大，如《旧中国公债史资料（1894—1949)》《中国近代经济史统计资料选辑》《帝国主义与中国海关》《中国近代工业史资料》《中国近代国民经济史参考资料》《中国近代手工业史资料》《清实录经济资料辑要》《上海钱庄史料》《中国近代对外贸易史资料》等。此外，中国体育运动委员会运动技术委员会整理了一套《中国体育史参考资料》，这是研究中国体育发展史的重要参考资料。

此外，值得一提的是《近代中国史料丛刊》。这是台北文海出版社 1966 年 10 月以来陆续出版的中国近代史资料丛书，由历史学家沈云龙担任主编。该丛刊现已出版三编，分别是：《近代中国史料丛刊》、《近代中国史料丛刊续编》和《近代中国史料丛刊三编》，各有一百辑。该丛刊所收录的史料包括档案、奏疏、政书、笔记、日记、函牍、电文、年谱、诗文集、经世文编、传记（碑传）等，内容广泛且丰富，对研究中国近代史具有重要价值。这是台湾出版的规模最大的一套中国近代史料丛书。该丛书内容极其广泛，反映了社会的各个方面，但其中不乏重要史料。但因所收面广，也有一些史实不确、观点荒谬的内容。

以上诸多史料的编印，极大地推进了清史研究工作的开展和清史研究人才的培养，为改革开放前的清史研究打下了坚实的基础。

四、文献档案整理、出版与清史研究之互动

从以上可以看出，改革开放前学界对清人著述的整理、出版做了大量有意义的工作，取得了巨大的成绩，这些成果被改革开放前的清代史学研究充分利用。以下结合清代史学研究的发展历程，探讨清代文献档案整理、出版与清史研究的相互关系。

1. 清史研究的主要内容

“1949 年，中华人民共和国宣告成立，面对当时复杂、严峻的国内与国际形势，强调阶级斗争、区分意识形态、反对外来干涉、维护国家统一在当时具有重要的现实意义。五六十年代的清史研究正是在这一背景下展开的。”① 在这一环境下，清史研究的热点主要集中在以下几个方面。

（1）对太平天国运动、义和团运动、辛亥革命等运动的研究

1951 年 1 月 11 日，《人民日报》刊发社论《纪念太平天国革命百周年》，提出太平天国运动是中国农民革命战争的最高峰，由此带动了大批学者从事农民起义研究。除了对晚清的太平天国、捻军、回民起义、义和团运动的研究与史料刊布外，明末清初的农民起义、清代中叶的白莲教起义等均受到重视。辛亥革命更被视为中国人民反抗封建主义和帝国主义的重要事件，成为研究热点。

（2）对清前中期经济形态问题的研究，主要围绕资本主义萌芽而进行

1954 年，邓拓《论〈红楼梦〉的社会背景和历史意义》一文论及《红楼梦》产生的社会背景时，谈到了资本主义萌芽，为资本主义萌芽问题的大讨论拉开了序幕。对资本主义萌芽的讨论，极大地促进了对清代文献的整理。为了寻找资本主义萌芽的相关史料，广大学者对明末清初丝织业、棉纺业、矿冶业、农业、商业、手工业等方面的有关资料进行了全面梳理，并开展了明清区域经济的研究，取得了丰富的成果。

（3）对各相关领域重点问题及重要历史人物的研究

新中国成立以来，清史在中国历史上的重要性越来越为学界重视，清代的政治、军事、社会、经济、民族关系、学术思想等方面都成为学界关注的内容，各领域的重要人物首先成为学界关注重点，如顾炎武、王夫之、黄宗羲、洪秀全、曾国藩、宋景诗、武训、李秀成、谭嗣同、黄遵宪、林则徐、张謇、孙中山、袁世凯等，都成为当时研究重点。

（4）中外关系史的专题研究

在改革开放前的国内外环境下，帝国主义侵华史几乎成为中外关系史的代名词。此时出现的诸多中国近代史专著，大多对国内反侵略斗争着墨颇多。《帝国主义与中国政治》《帝国主义侵略西藏简史》《十九世纪末叶帝国主义争夺中国权益史》等有关中外关系的专著也大量出现，探讨与日本、美国、俄国、德国各国关系的专著大量涌现，各类研究著作共有 60 余种。

---

① 钞晓鸿，郑振满. 二十世纪的清史研究. 历史研究，2003（3）：151.

2. 清代文献档案整理、出版与清史研究的互动

从改革开放前清史研究论著书目和清代文献档案整理、出版书目来看，清史研究与清代文献档案整理、出版在相互作用中表现出螺旋发展的态势，学术繁荣促进了整理、出版发展，整理、出版发展又为学术研究提供了更多的资料，两者的互动机制表现明显。

（1）清史研究的发展极大地促进了清代文献档案整理、出版的繁荣

改革开放前整理、出版的清代文献档案数量众多，固然与清人著述总量庞大有关，但也与清史研究的兴起关系密切。20世纪前叶，萧一山、孟森、郑天挺等学者大大拓展了清史研究的领域，为新中国成立以来的清史研究奠定了坚实基础。新中国成立后由于史学研究指导思想的转变，清史研究也出现了新变化，清代在中国历史发展中的地位和作用获得充分肯定，对清代政治制度、经济发展、民族政策、外交关系、科技文化等方面的研究全面展开。由于学术研究方法和研究重点的转变和深入，清代文献档案整理、出版也向纵深发展。首先，从内容来看，基本史籍史料的整理工作成绩较为显著，正史、笔记、档案、文集等资料的整理、出版较多，这些出版成果在全部整理成果中所占比重较大，而且整理方法、整理工作的功力和水平较1949年之前有很大发展，值得充分肯定。不可否认，这些史料的重新整理、出版正是得益于清史研究的崛起和深入，学界对清代文献档案的需求正是这些史料重新出版的强大推动力。其次，从清代文献档案整理的质量来看，此时出版的许多清代文献档案的水平已获得学界充分肯定，如，以《清史稿》为代表的一系列文献档案的出版，已成为新中国成立以来古代文献档案整理、出版的精品，这些成就的取得也恰与清史研究水平的提高有重要关系，正是由于当时大批清史研究专家的积极参与，将学界研究成果与文献档案整理工作相结合，大大提高了清代文献档案整理的质量。

（2）从清代文献档案整理、出版的选题来看，清史研究的热点和方向对清人著述的整理、出版有导向作用

清史研究对文献档案整理、出版的导向作用较明显地体现在资料汇编的整理编纂上。对比清史研究重点与清代文献档案汇编的选题，两者之间的相关度非常大。就农民运动而言，其既是清史研究热点，也是文献档案整理、出版热点，改革开放前出版了大量有关清代农民战争的文

献档案史料，如《忠王李秀成自传原稿笺证》《太平天国野史》《太平天国起义记》《太平天国史料》《回民起义》《太平天国》《捻军》《宋景诗史料》《太平天国史料译丛》等40余种文献档案史料。又如围绕资本主义萌芽这一问题，出版了大量的经济类史料汇编。这些史料的整理、出版，反映了研究热点对史料整理、出版的引导作用。

（3）改革开放前，清代文献档案的整理、出版在出版数量和种类上获得长足发展，对清史研究产生了反哺作用，在一定程度上推动了学界对清史研究的深入及大众对清代历史文化的了解

清帝逊位以后，民国学术界对清代文献档案的反思和整理获得迅猛发展，一系列文献档案得到重新整理和出版。新中国成立以后，由于学术研究指导思想和出版方式的变化，清代文献档案的整理、出版发展进入了新的发展时期，尤其是"文革"结束以后，许多重要文献得到重新整理，标点本和横排印刷本大量涌现，为阅读和使用清代文献档案提供了便利。大量清代文献档案的整理、出版，使得清史研究可用的文献档案较之以前更加简便易得，这极大地推广和普及了清代历史文化，并在一定程度上促进了清史研究的发展进步。

总体看来，改革开放前，清史研究和清代文献档案整理、出版在相互影响中互相促进，规划性的古籍整理活动从普及性文献档案的大量出版、基础史料的广泛提供到专题史料的侧重整理诸方面，这为培养清史研究人才、推动史学研究进展提供了各种便利条件。但是，也应该看到，受到时代氛围的影响，清史研究和文献档案整理、出版受到政治环境与意识形态的明显影响。无论是在出版选题或是整理过程中，还是在研究方法或是学术观点上，经常会有政治化标准。如钱伯城曾提到20世纪五六十年代出版界对曾国藩的态度："一个大汉奸大刽子手，怎么可以出版他的文集！那个时候连曾国藩的名字也犯忌，也不许提。我记得很清楚，1954年郭绍虞先生《中国文学批评史》准许重印出版，我做责任编辑，里面有一节是讲曾国藩的文学批评理论的，他全部给删掉了。我同他商量，是不是改写一下。他考虑再三，还是小心为上，删了。陈望道先生的《修辞学发凡》，也是我做责任编辑。其中举例，凡有曾国藩的也都删了。以后便成了一条不成文法，只要引用曾国藩的话，一律照删。"① 曾

① 第三次全国古籍整理出版规划会议发言摘要. 中国典籍与文化，1992（2）：18.

国藩、李鸿章等清代历史上有争议的历史人物的相关文献档案的价值被低估或忽视。又如，受到极左思潮影响，1962 年翻印台湾 1961 年影印甲戌本《石头记》，出于政治因素，把胡适补写并在补写处加盖私印的地方全部挖去胡适痕迹，以书中他处同字字形补入，由此看出，古籍整理和学术研究受到政治、文化等社会因素的极大影响。“除了政治运动的干扰之外，主要还是由于当时人们对马克思主义唯物史观的认识水平普遍较低，简单化、公式化、功利化的倾向比较严重。教条主义对当时政治和学术活动都产生了不利影响，严重阻碍了历史研究，留下的教训是非常惨痛的、深刻的，这也提醒我们要不断深入地学习唯物史观，永远坚持改革开放。”[①] 幸而，当时已有许多有识之士认识到这些问题，并力所能及地进行各种改变，正因如此，改革开放以来，古籍整理、出版事业发展迅速，逐步沿着科学健康的方向发展。

第三节　改革开放以来

1978 年，党的十一届三中全会召开，中国进入改革开放的新时代，古籍整理、出版工作也出现了新的转机，许多“文革”前已经整理定稿而未及付印的古籍陆续出版，这是整理、出版工作复苏的信号，以后出书逐年有所增加。这一阶段出版的清代文献典籍有焦循《孟子正义》、蒋良骐《东华录》、昭梿《啸亭杂录》等。虽然出版的种类较少，但是政策改变带来的积极影响却已显现，此后清代文献档案的整理、出版工作走向正轨并获得蓬勃发展。

改革开放以来，在国家的统一领导和大力支持下，高等院校和科研院所、图书馆、出版社等机构互相依托协助，特别是国家清史纂修工程的启动，极大地推动了清代文献档案的整理、出版。清代文献的整理、出版工作经历了巨大的变化，从 80 年代的恢复期，到 90 年代的发展期，再到 21 世纪初的重要机遇期，涌现了一大批清代文献档案整理成果，推动了清史研究的不断深入和发展。

---

① 戴逸. 新中国 70 年来的中国古代史研究. 历史研究，2019（4）：5.

一、发展历程

1. 20 世纪 80 年代

20 世纪 80 年代，全国掀起了文化热，人们的史学研究热情也日益高涨。清史研究队伍扩大，一批研究单位和出版单位投入到清代文献档案整理、出版的工作中来，如中国人民大学清史研究所、中国社会科学院历史研究所清史研究室、中国第一历史档案馆、北京图书馆（今国家图书馆）、故宫博物院、中华书局、上海古籍出版社等等。1981 年 9 月 17 日，中共中央发布《关于整理我国古籍的指示》，明确指出："整理古籍，把祖国宝贵的文化遗产继承下来，是一项十分重要的、关系到子孙后代的工作。"同年，国务院恢复古籍整理出版规划小组，并由小组主持制定《古籍整理出版规划（1982—1990）》。古籍整理、出版与研究的密切关系得到进一步的阐释，如李一氓提出："我认为，所谓规划，简单的就是这么一条：我们搞古籍整理不能走国粹主义的道路，不是为了整理而整理。……标点也好，注释也好，笺释也好，翻译也好，此外还有很多工作要做，最后还要落到学术研究上去。"① 1983 年，全国高校古籍整理工作委员会成立。有了国家出版规划、研究整理人才、出版单位这三个推动力，清代文献档案的整理、出版进入了恢复期。

（1）点校整理

主要包括日记、别集、笔记、小说和资料汇编。人物研究是清史研究的重要内容之一，而日记和别集是人物研究的重要资料，因而点校整理名人日记和别集成为首要工作。日记方面，中华书局策划《近代人物日记丛书》，有计划地整理、出版了《王韬日记》《李星沅日记》等，地方上则以湖南人民出版社的《郭嵩焘日记》和西北大学出版社的《荣庆日记》等为代表。别集方面，中华书局策划《近代人物文集丛书》，有计划地整理、出版了《魏源集》《谭嗣同全集》等；地方上则以岳麓书社的《曾国藩全集》和上海古籍出版社的《康有为全集》等为代表。同时，其他有关人物研究的资料也有整理、出版。如史料笔记，中华书局策划《清代史料笔记丛刊》，有计划地点校整理了一批清代史料笔记，如《池北偶谈》《竹叶亭杂记》《枢垣记略》等。北京古籍出版社、上海

① 李一氓. 整理古籍要落实到研究上去//杨牧之. 古籍整理与出版专家论古籍整理与出版. 南京：凤凰出版社，2008：7.

古籍出版社、广陵古籍刻印社也都组织点校整理、出版了内容各异的史料笔记，各有特色。

小说方面，清代小说繁盛，此时期对于小说的点校整理十分突出，出版单位以各省市人民出版社、文艺出版社及文学出版社为主要力量，内容丰富，重复出版的较少。齐鲁书社点校整理、出版了独具风格的《清代笔记小说丛刊》，满足了广大读者的需要。资料汇编方面，数量丰富，以经济史和政治史为主，尤其是重大历史事件的史料汇编。其他关于秘密社会、民间信仰、外交、教育等，均有若干种出版。其中，中国社会科学院历史研究所清史研究室编的《清史资料》，提供了鸦片战争前的大量原始资料，推动了清代文献档案资料的整理和清史研究。而中国社会科学院近代史研究所《近代史资料》编辑组编的《近代史资料》提供了鸦片战争以来的部分清史资料。各省政协文史委员会也整理、出版了各省的文史资料，为清史研究开拓新的研究领域提供了史料支持。而江苏古籍出版社出版的大型清代诗歌纪事文献《清诗纪事》，也为诗歌研究史提供了丰富史料。

此外，在方志地理方面，1981 年，中国地方史志协会成立。全国在重修地方志的同时，也开展了清代地方志的点校工作，但是数量较少。在专科文献的整理、出版方面，以各省市科学技术出版社、人民卫生出版社、中医古籍出版社和中国书店为依托的医学类文献档案大量出版，一枝独秀。这在一定程度上也体现了大众对医学文献的需求。

（2）影印整理

古籍影印方便快捷，对促进文献的流通和使用，起了重要作用。这一时期以丛书的影印为主，虽然影印的数量不多，但不乏一些重要的影响较大的丛书。其中，台湾地区的成果较多，代表性的有：新文丰出版公司出版的综合类丛书《丛书集成新编》《丛书集成续编》、文海出版社陆续出版的《近代中国史料丛刊续编》《近代中国史料丛刊三编》、台湾商务印书馆推出的《景印文渊阁四库全书》，明文书局出版的《清代传记丛刊》等，这些丛书史料价值高，内容丰富，深受研究者喜爱。其中《景印文渊阁四库全书》影响最广，至今仍是学者研究的重要资料。大陆地区，学界利用和关注较多的有中华书局影印出版的《丛书集成初编》《清实录》、湖南人民出版社出版的“走向世界丛书”等。此外，有关医学、佛教、文学等的专科丛书也有若干种影印出版，但数量较少。

（3）注释今译

注释主要针对部分总集、诗赋、词曲等，数量不多。注释形式有补注、选注、辑注、笺注、校注、译注等。以《唐诗三百首》《古文观止》为代表。

此外，1985年，全国图书馆文献缩微复制中心（以下简称“缩微中心”）成立，开始将部分清代文献、档案制成缩微胶卷，这也是在当时的技术条件下一种重要的抢救、保护清代文献档案的措施。

总的来说，由于新时期的清史研究开始起步，出版规划也刚刚开始，整理方式也较为简单，以点校整理为主，影印为辅，注释今译的文献也并不多。虽然成果并不丰富，但初步解决了清代文献“荒”的问题，提供了一些较常用的文献。清代文献档案的整理、出版开始逐渐走上正轨，清史研究也逐步发展。

2. 20世纪90年代

改革开放以来，中国经济发展迅速，学术发展与文化交流也日益繁荣。文化和学术需求带动了文献档案的整理和出版，政府的规划和支持也是重要因素。1992年，国务院颁布实施《中国古籍整理出版“八五”重点规划》。1993年，古籍整理出版规划小组更名为国家古籍整理出版规划小组。1996年，《中国古籍整理出版“九五”重点规划》颁布实施。1999年，新闻出版总署组建全国古籍整理出版规划领导小组。同年5月，第三次全国古籍整理出版规划会议在北京召开，中共中央总书记、国家主席江泽民为大会题词：“整理出版古籍，继承祖国优秀的文化遗产，为建设有中国特色的社会主义服务”。这一时期，在国家出版规划的指导下，出版了一批高质量的清人别集，一批清代的善本、珍本、孤本以及具有较高学术价值的丛书，一批具有较高学术质量的古籍普及读物等，清代文献的整理、出版进入了发展期。

（1）点校整理

仍然以日记、笔记、别集、小说和资料汇编为主。日记方面，中华书局《近代人物日记丛书》又出版了《翁同龢日记》《郑孝胥日记》等；地方上则有广陵古籍刻印社的《盛宣怀日记》、岳麓书社的《曾纪泽日记》等。笔记方面，中华书局《清代史料笔记丛刊》又出版了《蕉轩随

录　续录》《浪迹丛谈　续谈　三谈》等；地方上除了北京古籍出版社、上海古籍出版社、广陵古籍刻印社之外，山西古籍出版社、上海人民出版社也有一些特色的笔记出版。别集方面，一些重要人物的全集继续点校整理，中华书局的《近代人物文集丛书》又出版了《文廷式集》等，成果不多；相比而言，地方出版社成果显著，如岳麓书社的《船山全书》、浙江古籍出版社的《黄宗羲全集》、河北人民出版社的《张之洞全集》等。小说方面，以《红楼梦》、四大谴责小说、笔记小说、演义小说等为主的古典小说（如《东周列国志》《隋唐演义》《儒林外史》等）的出版呈现井喷状态，具体表现为部分小说每年都有多个版本，出版单位五花八门。资料汇编方面，数量上相对于 80 年代有所下降，仍然以政治史、经济史为主，其他关于法制史、对外关系史、教育史、人物传记等，均有若干种出版。此外，在专科文献的整理方面，以各省市科学技术出版社、人民卫生出版社、中医古籍出版社和中国中医药出版社为依托的医学类文献的整理、出版仍然占据主要地位。

（2）影印整理

仍以丛书为主，影印的数量不多。综合类丛书方面，上海书店于 1994 年出版《丛书集成续编》，所选丛书流传稀少，实用性强，学术价值较高；新文丰出版公司于 1997 年出版《丛书集成三编》；文海出版社继续出版《近代中国史料丛刊三编》。随着“四库学”的兴起，一批相关文献得以整理、出版，如齐鲁书社 1997 年出版的《四库全书存目丛书》、北京出版社 1997 年出版的《四库禁毁书丛刊》、北京图书馆出版社 1997 年出版的《文渊阁四库全书补遗》等，这些资料都极具收藏和研究价值。地域与专科丛书方面，上海书店、江苏古籍出版社、巴蜀书社三个出版单位开始影印出版《中国地方志集成》，其中包含大量的清代地方府县志、乡镇志。上海古籍出版社也影印出版了《浙江通志》《广东通志》《湖南通志》等省志。随着地方文献大量整理、出版，清代地方史、区域社会史的研究迅猛发展，特别是徽学研究成为一大热点。有关医学、宗教、文学等的专科丛书也有若干种影印出版，如河北教育出版社 1996 年出版的《历代笔记小说集成·清代笔记小说》。这一时期，清代的善本、珍本和孤本影印工作开始崭露头角。1992 年，全国公共图书馆古籍文献编辑出版委员会正式成立，办事机构设在缩微中心，这推动了公共图书馆古籍文献的影印出版工作。其中，湖南图书馆、湖北省图书馆、辽宁省图书馆等所珍藏或秘藏的善本、稿本、抄本，大多为首次影印面世，极具史料价值，如《晚清洋务运动事类汇钞五十七种》《金毓黻手定本文溯阁四库全书提要》《吴大澂手批本弟子箴言》等。

（3）古籍注释

主要以总集、诗赋、词曲为主。形式趋于多样化，相对80年代有所增加。总集中，《唐诗三百首》《古文观止》《宋词三百首》是注释今译的重点。相较于80年代杂乱于经、史、子、集诸文献中的注释今译现象，这一时期，一批质量较高、可读性强的文史类译注丛书陆续出版，如巴蜀书社的《古代文史名著选译丛书》，中有涉及较多清代人物及重大事件的诗文选译《戊戌六君子诗文选译》《中法中日战争诗文选译》，译注者多为高校学者专家，质量较高；黄山书社精心选编注释的《清代笔记小说类编》，通俗易懂，普及性强。

值得一提的是，这一时期，除了传统的文献档案整理方式之外，古籍数字化开始发展，最具代表性的是迪志文化出版有限公司和上海人民出版社合作于1999年出品的《文渊阁四库全书》电子版，为文史研究者提供了检索的便利。

总的来说，这一时期，在国家古籍整理出版规划的指导下，清代文献档案的整理、出版进一步注重与学术研究相结合，为学术研究提供文献档案资料。同时也出版了一系列的普及读物，服务大众阅读，传播传统文化。而且新的文献档案整理、出版方式也开始显现。随着学界对清代文献档案资料的逐步综合利用，有关清代政治史、社会史、经济史、学术文化史、边疆民族史等方面的研究稳步向前发展。但是总体上比较缓慢，高质量的成果较少，难以满足日益扩展的清史研究和大众阅读的需要。

3. 21世纪以来

新世纪以来中央领导对古籍整理、出版事业都倾注了极大关怀。2003年8月12日，在中共中央政治局第七次集体学习时，中共中央总书记胡锦涛指出："当今世界，文化赖以发展的物质基础、社会环境、传播条件发生了深刻变化。我们要深入研究新形势下我国文化建设面临的新情况新问题，善于在更加开放的环境中建设中国特色社会主义文化。我们要发扬与时俱进的时代精神，坚持古为今用、推陈出新，大力发扬中华文化的优秀传统，大力弘扬中华民族的伟大精神，使中华民族的优秀文化成为新的历史条件下鼓舞我国各族人民不断前进的精神力量。”[①] 十八大以来，中共中央总书记习近平就文化繁荣问题发表了系列讲话，指出：“不忘本来才能开辟未来，善于继承才能更好创新。”[②] 我们要坚持马克思主义的方法，采取马克思主义的态度，坚持古为今用、推陈出新，有鉴别地加以对待，有扬弃地予以继承，取其精华、去其糟粕，用中华民族创造的一切精神财富来以文化人、以文育人。对待传统文化，我们既不能片面地讲厚古薄今，也不能片面地讲厚今薄古，更不能采取全盘接受或者全盘抛弃的绝对主义态度。古籍整理和出版作为继承和弘扬中华传统文化的重要手段，广受关注。

进入 21 世纪，国家连续推出古籍整理出版“十五”“十一五”“十二五”“十三五”规划。2000 年 7 月，新闻出版总署与全国古籍整理出版规划领导小组联合颁布实施《国家古籍整理出版“十五”（2001—2005 年）重点规划》。2006 年 2 月，《国家古籍整理出版“十一五”（2006—2010 年）重点规划》颁布实施。2011 年 4 月，《“十二五”时期国家重点图书、音像、电子出版物出版规划》颁布实施，其子规划“古籍整理出版规划”共 85 个项目，提出“十二五”期间及以后 10 年国家古籍整理出版脉络和重点任务的五大工程：组织实施基础性古籍目录出版工程，整合古籍资源，总结古籍整理成果，对近百年古籍整理图书进行梳理，推出《古籍整理经典书目》，引领、示范、遏制粗制滥造重复出版的现象；组织实施散失海外中文古籍珍本回归工程，根据《海外中文古籍总目》，有计划复制影印国内没有或稀见的重要古籍，使之发挥重要的研究作用，重点抓好《域外汉籍珍本文库》甄选；组织实施出土文献整理工程；组织实施社会档案整理、出版工程，系统整理历代社会政治、经济、文化等方面的第一手档案资料，如清水江文书、徽州文

① 始终坚持先进文化的前进方向 大力发展文化事业和文化产业. 人民日报，2003-08-13 (1).

② 把培育和弘扬社会主义核心价值观作为凝魂聚气强基固本的基础工程. 人民日报，2014-02-26 (1).

书、开滦煤矿档案史料等；组织实施古籍数据库工程。

2016年，古籍整理出版“十三五”规划开始实施。国家新闻出版广电总局副局长吴尚之表示，“十三五”期间，总局和全国古籍整理出版规划领导小组将始终坚持把多出精品力作作为古籍整理、出版工作的中心环节，着力推动学术研究和普及推广，抓好基础性出版项目、出土文献、散失海外古籍、社会档案和古籍数字化等五大重点工作。在基础性整理、出版项目方面，要结合国家古籍普查的成果，继续加强对现存古籍文献的梳理；在《中国古籍总目》的基础上，适时启动《中国古籍总目提要》的项目论证工作；抓好点校本“二十四史”及《清史稿》修订、《中华大藏经续编》等古籍重大出版工程，继续加强基本古籍文献的整理。在散失海外古籍整理、出版方面，要加快《海外中文古籍总目》项目推进力度，尽快摸清散失海外中文古籍的整体情况；进一步加强与海外古籍存藏机构的交流和合作，做好相关出版项目的统筹力度，加强出版单位的分工合作，系统影印出版散失海外的珍稀古籍文献。在社会档案方面，除了目前古籍规划和资助已经重点关注的安徽徽州文书、贵州清水江文书、山东曲阜孔府档案、四川南部县衙档案外，还应继续深入挖掘民间契约文书、县衙官府档案、商业科技档案等古代文献资料，积极探索科学完善的整理、出版方法，有力推动相关学科研究的发展。在古籍数字化建设方面，要通过政策引导和资金支持，有效盘活古籍整理、出版资源，推进跨地区、跨产业链、跨集团、跨企业的资源重组，在“十三五”期间内基本建成整合30亿字规模的国家级古籍整理、出版数字平台，实现规模化、集约化和专业化运营。

就清代文献档案的整理、出版来说，国家清史纂修工程组织整理、出版了一系列标志性成果。2003年，国家清史纂修工程正式启动。2009年，中华书局、国家图书馆出版社、中国人民大学出版社、社会科学文献出版社、上海古籍出版社、上海辞书出版社、岳麓书社、齐鲁书社、浙江古籍出版社、巴蜀书社等10家出版单位组成清史纂修工程出版联合体，致力于打造清史出版品牌。国家清史纂修工程启动之后，为了整理并出版高质量的清代文献档案，清史编纂委员会投入巨大人力、财力，用于文献档案之搜集、整理、出版，并成立文献组、档案组，具体负责清代文献档案整理工作。著名历史学家戴逸先生曾简要概述其工作宗旨，即："一以供修撰清史之用，提高著作质量；二为抢救、保护、开发清代之文化资源，继承和弘扬历史文化遗产。"① 随着国家清史纂修工程的不断推进，清史研究进入快速发展期，新领域、新视野、新方法不断出现，研究队伍也日益扩大，全国的清史研究热情也十分高涨，这无疑推动并加快了清代文献的整理、出版。可以说，清代文献的整理、出版进入了一个重要机遇期。

（1）点校整理

成果显著，特色分明。日记、笔记、别集、小说、资料汇编仍然占主要地位，其中名人日记、别集的整理是重点。日记方面，一些具有重要史料价值的日记整理、出版，如浙江古籍出版社 2004 年出版的《恽毓鼎澄斋日记》、吉林文史出版社 2004 年出版的《薛福成日记》、黄山书社 2010 年出版的《慎宝轩日记》等。笔记方面，中华书局的《清代史料笔记丛刊》又出版了《养吉斋丛录》《艺风堂杂钞》等，并出版了《近代史料笔记丛刊》，涉及部分清代文献，如《崇陵传信录》《东游纪程》等。而北京古籍出版社、广陵书社、文听阁图书有限公司也有一些新的笔记出版。别集方面，一大批名人别集陆续得到整理、出版，如齐鲁书社 2010 年出版的《郝懿行集》、岳麓书社 2010 年出版的《陶澍全集》等。除此之外，一些著名政治人物的别集得到重新整理，内容更加全面丰富，补充了大量第一手材料，如中国人民大学出版社 2007 年出版的《康有为全集》、武汉出版社 2008 年出版的《张之洞全集》、安徽教育出版社 2008 年出版的《李鸿章全集》等。其中《张之洞全集》策划整理长达 20 年，所收文献比河北版的《张之洞全集》多 3 473 件，对研究张之洞和晚清史具有重要史料价值。最具代表性的是《李鸿章全集》，该书由顾廷龙、戴逸主编，是目前内容最完备的李鸿章全集，为李鸿章和晚清史研究提供了大量的第一手资料。小说方面，出版社五花八门，《红楼梦》、《儒林外史》、四大谴责小说、《隋唐演义》等书仍然大量出版，甚至一年有十多个出版社出版，质量参差不齐，改编、改写增多，重复出版严重。在资料汇编方面，数量较 90 年代有所增加，重大政治事件、经济、教育、外交、人物传记等专题资料汇编继续得到整

---

① 戴逸．国家清史编纂委员会《档案丛刊》《文献丛刊》总序//涓水集．北京：北京出版社，2009：472.

理、出版，史料新编和文献集成是这一时期的亮点，如湖北人民出版社2006年出版的《辛亥革命史资料新编》、天津人民出版社2010年出版的《中国荒政书集成》等。

此外，在方志地理方面，一批地方志特别是县志点校出版，推动了地方史的研究。在专科文献的整理方面，以各省市科学技术出版社、人民卫生出版社、中医古籍出版社和中国中医药出版社为依托的医学类文献的点校出版仍然占据主要地位。其他诸如术数、杂说杂著、蒙学等专科文献也有所整理、出版。在丛书方面，笔记小说的点校整理较为突出，如上海古籍出版社2007年出版的《清代笔记小说大观》收录了《履园丛话》《茶余客话》等20种具有较高文史价值的清代笔记小说，精选底本进行点校整理，方便实用。

西学文献方面，中华书局2013年出版的由黄兴涛、王国荣编的《明清之际西学文本：50种重要文献汇编》是目前点校整理量最多的西学书籍汇刊。明清之际，西方天主教传教士在来华过程中出版了大量的中文著作。这些著作涉及神学、教育学、伦理学、逻辑学、语言学、心理学、哲学、美术学、文艺学、地理学、历史学、天文学、物理学、医学、数学（主要是几何学）、植物学和动物学等众多学科，是各个学科史追根溯源必须涉及的内容，在中西文化交流史、清代思想史和学术史上，都具有不容忽视的价值。该书的点校整理、出版有助于推动明清之际中西文化交流史的研究。

（2）影印整理

这一时期，影印成果最为突出。主要是珍稀史料、丛书和资料汇编的影印。在珍稀史料影印方面，为抢救、保护文化遗产，一些稀见文献和珍贵的善本、稿本、抄本成为影印的重点，成果十分丰富。稀见文献的代表有齐鲁书社2001年出版的《四库全书存目丛书续编》，所收多为稀见的珍本秘籍，具有较高的史料价值；广西师范大学出版社分别于2007年、2010年出版的《北京师范大学图书馆藏稀见清人别集丛刊》《南开大学图书馆藏稀见清人别集丛刊》，所收大多从未刊行，有的更是海内孤本，具有极高的文献价值；国家“十一五”重点图书出版规划项目“著名图书馆藏稀见方志丛刊”，由国家图书馆出版社出版，收录南京图书馆、上海图书馆、复旦大学图书馆、中国人民大学图书馆等多家图书馆所藏的清代稀见方志，极具史料价值；缩微中心于 2008 年出版的《晚清珍稀期刊汇编》，是研究晚清政治、经济、文化等方面不可多得的第一手资料。珍贵的稿本、抄本、善本方面有：海南出版社 2000 年、2001 年出版的《故宫珍本丛刊》，所收以故宫博物院珍藏的孤本、秘本为主，既为学术研究提供珍贵史料，又保存了文化遗产；北京图书馆出版社于 2002 年出版的《稿本清代人物史料三编》，为清代人物研究提供了珍贵的一手资料；广东人民出版社分别于 2007 年、2009 年、2010 年出版的《清代稿抄本》《续编清代稿抄本》《三编清代稿抄本》；国家图书馆出版社于 2009 年出版的馆藏善本《赵凤昌藏札》，为研究晚清史提供了极为重要的史料；天津古籍出版社于 2009 年出版的《天津图书馆藏清代别集善本丛刊》；国家图书馆出版社于 2010 年出版的《国家图书馆藏钞稿本乾嘉名人别集丛刊》，为清代学术史研究提供了珍贵资料；上海辞书出版社于 2011 年出版的《清代云南稿本史料》。此外，缩微中心影印出版的抄本《皇清奏议》《钦定宗室王公功绩表传》《清国史馆奏稿》《清会典馆奏议》等，所收多为海内孤本，具有珍贵的史料价值。

在丛书影印方面，一批大型综合类丛书和专科、地域丛书大量影印。大型综合类丛书的代表有：上海古籍出版社于 2002 年出版的 1 800 册《续修四库全书》，是继《四库全书》之后的又一大型丛书，对总结乾隆中期至辛亥革命前的学术文化成果具有重要意义；上海古籍出版社于 2003 年出版的《影印文溯阁四库全书四种》；商务印书馆于 2005 年出版的《文津阁四库全书》，另外还有《文津阁四库全书·清史资料汇刊》；文听阁图书有限公司于 2010 年起出版的《晚清四部丛刊》，收录道光二十年（1840）以来的晚清四部著作，为晚清史的研究提供了丰富的史料。专科丛书的代表有：学苑出版社于 2005 年出版的《清代学术笔记丛刊》，基本上囊括清代学术笔记的精华，其中绝大部分为首次影印出版；广陵书社于 2007 年出版的《清代地方人物传记丛刊》，有助于清代的人物研究和地方史研究；北京图书馆出版社出版的“清人年谱系列”，包括《清初名儒年谱》、《乾嘉名儒年谱》和《晚清名儒年谱》，为清代学术史研究提供了重要史料。地域丛书的代表主要是上海书店出版社、江苏古籍出版社等出版的《中国地方志集成》，接续 90 年代的影印出版工作。

在资料汇编方面，随着清史研究的扩展与深化，有关政治、经济、边疆、民族、地方社会、人物传记等的资料汇编成为影印的重要内容。政治专题的资料汇编有：北京图书馆出版社于2005年出版的《清末民初宪政史料辑刊》，是研究清末民初宪政史的第一手资料；北京图书馆出版社于2006年出版的《清代方略全书》，为了解清代二百多年军政大事提供了丰富史料；大象出版社于2008年出版的《清代缙绅录集成》，将清华大学图书馆馆藏缙绅录原貌影印，为研究清代政治特别是官制提供了珍贵资料；香港蝠池书院出版有限公司于2004年出版的《清代各部院则例》，并出资策划《清代吏治史料》（线装书局，2004）以及《清代吏治史料续编》（线装书局，2011）。经济专题的资料汇编有《清朝孚惠全书》《清代漕运全书》等。边疆、民族专题的资料汇编有：学苑出版社于2001年出版的《清代治藏法规全编》；线装书局于2003年出版的《清代边疆史料抄稿本汇编》（含少数民族地区）；中华书局于2005年出版的《清代蒙藏回部典汇》，是一部大型的清代边疆史料汇编，内容丰富，史料价值高；缩微中心影印出版的《中国边疆史志集成》（收录《内蒙古史志》《新疆史志》《东北史志》《西藏史志》《海疆史志》等），其中多为清代文献，为了解和研究清代边疆地区的历史提供了翔实的资料；吉林文史出版社于2009年出版的《清代东北边疆满语地名资料编目集成》；香港蝠池书院出版有限公司影印出版的《中国边疆行纪调查记报告书等边务资料丛编》（初编、二编）、《中国边境史料通编》（续编），为清代边疆史、边境史提供了丰富的资料，具有重要的现实意义。人物传记专题的资料汇编有：广陵书社于2007年出版的《清代科举人物家传资料汇编》，是一部收录清代科举人物及其家族主要人员传记资料的大型工具书；天津图书馆历史文献部汇编、齐鲁书社于2009年出版的《三十三种清代人物传记资料汇编》，被称为“真正应学术界的要求而编辑出版的一部非常实用的人物总传丛书”①。

此外，大型文献资料汇编的影印出版也成为这一时期的一大特色，代表性的有：上海古籍出版社于2010年影印出版的800册《清代诗文

① 杜泽逊. 清人传记资料的渊薮：评《三十三种清代人物传记资料汇编》. 古籍整理出版情况简报，2009（7）.

集汇编》，填补了学术界此前尚无清代断代诗文总集整理、出版的空白，对整理、保存和传承清代学术文化意义重大；国家图书馆出版社于2010年出版的《清文海》，是20世纪80年代立项的全国古籍整理项目，是一项大型清代文章总集，反映了清代社会文化全貌，史料价值丰富。

（3）注释今译

可以简要概括为高、重、热。高，即高质量的普及读物，如凤凰出版社2011年出版的《古代文史名著选译丛书》，其中清代部分有《顾炎武诗文选译》《黄宗羲诗文选译》《姚鼐方苞诗文选译》等十余种。该丛书每种都由提要、原文、注释、译文四部分组成，每一部分的作者都是顶级专家学者，因此质量高，可读性强。

重，即重复出版的多。这一时期，《唐诗三百首》《宋词三百首》《古文观止》等书的注释今译本层出不穷，不仅一年多个版本，而且每年都有不同的出版社在出版，形式也多种多样，有注析、赏译、注评、注译、评注、新注等，这就造成了大量重复出版。

热，即国学热。如蒙学类文献《弟子规》、名人文集类文献《曾国藩家书》成为热门读物。

这一时期，随着科技的发展，多地开展了数字化图书馆的建设，各制作公司也积极参与到古籍数字化的市场当中，清代文献档案的电子化成果也十分丰富，代表有北京爱如生数字化技术研究中心开发的《中国基本古籍库》、中国第一历史档案馆和北京书同文数字化技术有限公司合作完成的《大清历朝实录》《大清五部会典》、北京籍古轩图书数字技术有限公司出品的《中国数字方志库》、上海图书馆《全国报刊索引》编辑部推出的《晚清期刊全文数据库（1833—1911）》等，这些都为清史研究提供了既丰富又方便检索的史料。

此外，《申报》的数字化工作取得了重要进展，《申报》是中国近代创办最早、存续时间最长和最具影响力的中文日报，被称为中国近代百科全书，具有极高的史料价值。北京爱如生数字化技术研究中心自2010年起，历经三年，研制完成《申报数据库》，包括镜像和线上两种出版方式，A、B、C、D、E共5个型号。该数据库数据完整，所收《申报》含上海、汉口、香港版共27 534个期号，首尾相连；在提供全部影像的同时，并提供全部录文，包括新闻、副刊专刊增刊特刊、广告，无一缺漏。制作精良，所有影像扫描精度均达到 300dpi，清晰可辨；全文采用四字节 Unicode 国际编码的七万字大字库手工录入，错误率控制在万分之三左右，并通过持续改进，将整体错误率降低到万分之一以下，部分数据达到零错误率。使用便捷，可从多个层面进行毫秒级检索；可以一站式完成阅读、批注、下载、打印等整理研究工作；支持多语言 Windows 平台，适用广泛。对于渴望挖掘《申报》蕴含的丰富信息但却苦于篇幅浩瀚无从下手的研究者，《申报》数据库的出现无疑是个福音。

总的来说，这一时期，清代文献档案的整理、出版工作成绩突出，不仅出版数量多、出版范围广，而且高质量的作品迭出，可谓多点开花、层出不穷，体现了新世纪的发展特点。首先，国家清史纂修工程的开展对清代文献档案整理、出版起了巨大的推动作用。孙家正在《清代诗文集汇编》出版座谈会指出，“几年来，清史编委会在这方面做了大量工作，现已整理各种文集、诗集、日记、笔记、谱牒等约 8 亿字”①，这一数字是十分惊人的。“截至目前，清史工程已对数十万件档案进行了数字化整理，出版档案丛刊 20 种 889 册、文献丛刊 75 种 2 454 册，超过 20 亿字的规模。”② 文献档案整理以全集、日记和资料汇编为主，整理方式以影印为主，点校为辅。可见，清代文献档案的整理和出版是国家清史纂修工程的一项重要工作。同时，清史编纂委员会还组织专家制定了文献整理的通则，确定了标点、校勘、影印的相关规定，保证了文献整理的质量。在档案整理方面，据统计，“自 2004 年正式批准立项到 2006 年底，中国第一历史档案馆共申报了 13 批 20 个清代档案立项项目，涉及档案约 200 万件。现已经国家清史编委会批准 17 个立项，总计约 160 余万件档案。内容包括：军机处录副奏折、宫中朱批奏折、军机处电报档、军机处随手档、内阁题本、内阁满文寄信档、军机处满文熬茶档、灾赈档、雨雪粮价及收成分数折单等”③。新修《清史》采

① 《清代诗文集汇编》出版座谈会在北京举行. 新华网，2010－01－25.

② 戴逸. 新中国 70 年来的中国古代史研究. 历史研究，2019（4）：6.

③ 胡忠良. 契机、实践与思考：国家清史工程清代档案整理主题实践活动及其启示. 中国档案，2007（7）：17.

用新的体裁体例，其中图录的增加是一大特色。而清代文献档案相对于之前，很重要的一个特点是保存了大量的“画图”[①]。为此，国家清史编纂委员会不仅影印出版了部分图书馆馆藏的清代图录，如《水道寻往：天津图书馆藏清代舆图选》《北京大学图书馆藏清代彩绘地图》《旧粤百态：广东省立中山图书馆藏晚清画报选辑》《苏州大学图书馆藏清代人物图像选》等，还建立了清史图像数据库。

其次，清史研究的领域不断扩大，研究课题日益细化和深化，对于文献档案的需求也不断增加。特别是那些与现实密切相关的研究领域，急切需要大量的文献档案资料。这一时期，有关边疆、民族、地方社会、人物传记资料的大量整理、出版也说明了这一点。同时，为了方便学者对资料的使用，有必要开展对清代文献档案的系统化整理，《清代诗文集汇编》《清人著述总目》等便是其中的重要代表[②]。

再次，在国家清史纂修工程和国家古籍整理出版规划的统一部署下，各研究机构、图书馆、出版社对清代文献档案的整理、出版表现出极大热情，团结协作，取得了丰富的成果，在抢救、保护清代文献档案、推动清史研究方面做出了重要贡献。尤其是在抢救、保护清代文献档案方面，国家图书馆出版社和缩微中心贡献最为突出。国家图书馆出版社一直致力于清史资料的影印出版，已整理、出版了清代史料 200 余部，包含子目 8 000 余种，其中包括清代档案、清代传记谱牒类文献、清代专题类的资料汇编，涉及清代的政治、军事、经济、中外关系、边疆史地等多个方面[③]。缩微中心自 20 世纪 90 年代以来，便致力于清代珍贵文献的影印工作，据笔者粗略统计，该中心已出版的 200 余种古籍文献影印书目中，涉及清代文献档案的近 100 种，而且影印工作还在继续。

最后，一批新的数字科技公司和文化出版公司成长起来，为清代文献档案整理、出版发挥了一定的作用。如北京书同文数字化技术有限公司自成立以来便专注于历史文献档案的数字化工程，自主开发了数字化

---

① 关于清代“画图”的相关介绍，可参见：刘潞，郭玉海．清代画图与新修清史．清史研究，2003（3）：11－18。

② 陈桦．文献整理与清史编纂．清史研究，2010（1）：151－156．

③ 影印出版：保护利用古籍的最佳选择——从国家图书馆出版社经验看历史文献影印出版．光明日报，2011－01－12（07）．

《康熙字典》《大清光绪新法令》等产品，并承接了中国第一历史档案馆馆藏明清档案数字化一揽子工程等。香港蝠池书院出版有限公司自2004年开始涉足文献档案的整理与出版，已经影印出版了一批有关清代政治史、边疆民族史的珍贵文献档案。

二、经验与反思

经验主要有：

第一，清代文献档案整理、出版工作离不开国家的统一规划和大力支持。自20世纪80年代全国古籍整理出版规划颁布实施以来，清代文献档案整理工作逐渐走上正轨，很多清代文献档案的出版被纳入国家古籍整理出版规划当中，并获得全国古籍整理图书奖、优秀古籍图书奖等多项奖励。之后更得益于国家清史纂修工程的开展，国家对清史研究在财力、物力、人力上给予了大力支持，推动了清代文献档案整理、出版的大发展。

第二，离不开各研究机构、出版社、图书馆的通力合作。一些大型文献档案整理项目最能体现这一点，如《清代诗文集汇编》《清代缙绅录集成》《故宫珍本丛刊》等。

第三，离不开清史研究的深入与拓展。文献档案整理与学术研究是相辅相成的，文献档案的整理和出版为学术研究奠定了坚实的基础，而研究的不断深入又带动了文献档案的不断发掘和整理、出版。20世纪80年代至今，清史研究已经取得了跨越式发展，除了传统的政治史、军事史和外交史研究不断深入外，社会生活史、思想文化史、边疆民族史、医疗卫生史、环境史等领域的研究日益拓展，带动了相关专题文献的大量整理、出版。专题资料汇编的形式便于利用，可以继续推进，如地方志中的专题资料整理汇编。

第四，离不开清史研究工作者的辛勤劳动和奉献精神。清代文献档案浩瀚，且较为分散，因而整理耗时长，如果没有对学术研究的热情和信念是难以坚持的。如南开大学古籍与文化研究所编的《清文海》（106册），自20世纪80年代立项，到2010年出版，历经近30年，整理、出版过程的艰辛可想而知。又如赵德馨主编的《张之洞全集》（12册，1 200余万字），于1987年开始筹划，足迹遍及大江南北，广泛搜求资料，二十年如一日，为的是为学界提供一个较为完备的版本。

第五，离不开对新技术和新整理、出版方法方式的探索。信息时代的科技手段为清代文献档案的整理、出版提供了新的发展方向。文献档案电子化逐渐成为一种新趋势，一些专题文献档案的数据库正在建设当中，这给学术研究带来了新的研究契机。如黄一农提出的“e-考据”概念，引起了文史学界对电子资源的较大关注。影印、点校、注释今译这三种传统的文献档案整理、出版方法并不是单一的，还可以相互并存。如《清文海》，便是将底本和点校本一同影印，既保留了点校成果，又保存了古书的原貌。

不足主要表现在：

第一，清代文献档案整理、出版的理论总结还不够。回顾三十年的清代文献档案整理、出版历程，涌现出了众多优秀的成果，但是并未有专门的文章对清代文献档案整理、出版的要求、方法和理论做出一定的总结和阐释，这是不利于清代文献档案整理、出版的长远发展的。

第二，随着清史研究的日益发展，部分文献档案的整理、出版未能跟上研究的步伐，与学术研究的需要存在差距，应当予以重视。如海疆史的研究，“文献、资料、档案的欠缺已经成为海疆史研究中的‘瓶颈’问题”①。此外，晚清史、边疆民族史的研究中仍有较多文献档案资料亟待整理、出版。

第三，普及读物的整理、出版仍需加强。注释今译方面比较乱，重复较多，质量参差不齐，质量仍有待提高。

第四，文献档案数字化的资源利用与共享问题。由于文献档案数字化成本较高，大部分数字化成果需要购买才能得以利用，这就限制了利用的群体，难以达到共享的目的。又如早期制作的缩微胶卷，受使用条件的限制，利用率也不高。

正如唐刘知幾所言：“何者而称不朽乎？盖书名竹帛而已。向使世无竹帛，时阙史官，虽尧、舜之与桀、纣，伊、周之与莽、卓，夷、惠之与跖、蹻，商、冒之与曾、闵，俱一从物化，坟土未干，则善恶不分，妍媸永灭者矣。苟史官不绝，竹帛长存，则其人已亡，杳成空寂，而其事如在，皎同星汉。用使后之学者，坐批囊箧而神交万古，不出户

① 李国强. 新中国海疆史研究 60 年. 中国边疆史地研究，2009（3）：63.

庭而穷览千载。”[①] 文献档案的留存、发掘与史学研究相依相傍，从未分离。系统梳理辛亥革命以来百年清代文献档案整理、出版的历史进程，可以看出：第一，清代文献档案的整理、出版是汇聚成清史研究洪流的重要力量，在民国时期，文献档案在清史编纂和清史研究中的应用成为评价史学发展程度的标准之一；改革开放前，文献档案的整理、出版则是推动清史研究走向发展、不断进步的促动力量；改革开放以来，特别是进入 21 世纪，随着数字人文时代的到来，文献档案在史学研究的大潮中仍将持续发挥引领学术走向繁荣的历史作用。第二，文献档案与史学研究的互动是百年学术历程中不断得到强化的主题，学术发展因文献档案等新史料的加入而探究新问题，发现新思路，拓展新局面，同时，史学发展的需求亦对文献档案的整理、出版提出新要求，并推动整理、出版与学术紧密结合，探索新方式，总结新方法，孕育新理念。

① 史通：卷十一　史官建置第一. 上海：上海古籍出版社，2015：275.

第二章 情感、理智与学术：清史学界文献档案观三要素

所谓清史学界文献档案观，笔者用以泛指清史学界对清代文献档案的普遍认知和看法，其具体内容有广义和狭义之别。广义而论，是指学术界普遍承认的对清代文献档案的一般性认识。狭义而言，清史学界文献档案观有其具体性特征，会因特定的时代、特定的群体、特定的学人，甚至某一学人特定的学术发展阶段而有所区别，故又可视为具体历史条件、背景下的具体个人的具体学术认识。就研究内容来说，清史学界文献档案观涵括学界对清代文献档案整体价值的认定，学术研究和利用的范围、焦点、转向及重心变化，以及相应引起的直接针对文献档案的整理、出版和研究的学术发展态势和走向等诸多方面。无论是广义的还是狭义的，清史学界文献档案观在百年之中不断发展变化是不争的事实。

宏观而论，清代文献档案，从文献学的角度来说，就其范围和内容而言，指有清一代形成的文献典籍与文书档案，但实质上清代文献档案的情况比较特殊，因清朝入关前以及清帝逊位后都分别形成部分文献档案，故在实际研究过程中，时间范畴相应会有所延展。清代文献档案承载的历史内容极其丰富，反映了清代政治、经济、军事、社会、思想、文化、艺术、边疆、民族等诸多方面。就其价值而言，清代文献档案记述了清代历史发展的轨迹，反映了清人社会文化生活的风貌，堪称清代史学研究的源泉，其是客观存在的历史遗留，也是宝贵的中华民族文化遗产。而就科学的史学研究来说，“详细地、全面地占有历史资料，才能对资料本身作去伪存真、去粗取精、由此及彼、由表及里的分析，揭

示历史的真相。某一种史料，只能反映某一历史事件的某一侧面，或某种表相，据此而得出的结论，很难反映历史的本质"①。今天看来，这些关于清代文献档案的宏观界定已成为学界共识，但梳理百年历史则可以发现，这一理念是自辛亥以来不同历史时期时代发展和学术理念互相影响和碰撞后累积的结果，学界的清代文献档案观有其历史的嬗变过程，并且，历史上诸多因素的影响迄今仍以不同方式和表象而存在。

微观来看，清代文献档案按专题、内容、文献体裁体例、档案形式等不同的分类方式可区分为不同的类别，各类文献档案均有其特质；所有的清代文献档案又可分为各自不同的个体文献、个体档案，每个个体均有其独特性、特异性；并且，因时代差异，因学者个体理解之不同，对清代文献档案的认知相应产生差别。故而，微观而具体的清史学界文献档案观可谓千姿百态，各有千秋，且存在发展、变化的历时性特点。

观念是指引学科发展的航向标，历时性的梳理则使得透视学界的清代文献档案观的细微变化成为可能。宏观的清史学界文献档案观标志了百年的发展道路，微观的具象化的文献档案观则展示了百年历程之中的情态，二者相结合，梳理出清史学界文献档案观发展的学术道路。通过历史脉络的梳理和历史时段的回顾与反思，可以看出，影响学界文献档案观的三个要素：情感、理智与学术。

情感是史家认知结构的组成部分②，是以感性形式为表现的主体对客体的体验认知。如章学诚所言："凡文不足以动人，所以动人者气也；凡文不足以入人，所以入人者情也。"③ 恩格斯认为："在社会历史领域内进行活动的，是具有意识的、经过思虑或凭激情行动的、追求某种目的的人"④。情感大概属于决定历史认识的非逻辑因素，在史学研究所

---

① 冯尔康. 清史史料学. 沈阳：沈阳出版社，2004：5-6.

② 如刘泽华认为："史家的认知结构，大致包括四个方面的内容：第一，历史观；第二，认知环境；第三，史家的知识构成与思维能力；第四，史家的情感与性格等个性因素。"（师道师说：刘泽华卷. 北京：东方出版社，2014：255）刘泽华将情感视为史家的个体因素，但笔者认为，从清代史学发展的百年情态来看，史学界对清代认识的变化有集体的情感倾向的转变，故将其视为影响学界认知判断的群体性因素。

③ 章学诚. 文史通义校注：卷三　内篇三：史德. 北京：中华书局，1985：220.

④ 马克思恩格斯选集：第4卷. 3版. 北京：人民出版社，2012：253.

形成的体验中，短时期发挥作用，并随着学者“气平而情正”① 的理性自律而趋于沉寂。台湾学者杜维运认为：“气平情正，是史学家走向客观忠实的坦途。”② 但不容置疑的是，情感确实曾在百年清史发展史中占有一席之地，在清王朝崩溃瓦解的历史进程中，在反满革命洪流的影响下，恋清与去清成为两种情绪化的极端体现，而救亡则是其间较为理智的学术表达。客观求实的态度与主观上的任情褒贬总是存在着斗争。在清代史学研究中，情绪化浓厚的历史时代显然已成为过去，但局限于某种程度的情绪化的文献档案观也许还会在个体学者的研究中以偶然出现的方式不断存在。

理智，是情感的另一端，是理性和智慧的综合表达，是富有逻辑、能够克制、保持宽容的情怀。从理智到学术，则是观念发展的质的飞跃。凸显理智重要性的时代也已成为过去，但理智与情感的较量在史学家个体的学术空间中仍然会若隐若现。学术，本卷用以专指研究清代历史所涉及的各系统专门的学问，对清代文献档案的研究所涉及的文献学和档案学领域是其中之一，笔者拟用学术概念展现清代文献档案的专门研究所面临的学术生态以及存在价值。

在1912年以来的百年之中，民国时期可谓清代文献档案整理、出版与研究的特殊时代。其特殊性一方面表现在文献档案的整理、出版与形成同时在进行，溥仪宣告退位之后，仍保留小朝廷的部分活动，故文献档案的形成与修纂还在一定时间范围内存在，比如起居注、实录的修纂还在进行之中，小朝廷的文书档案也在不断形成；另一方面表现在去清未远，王朝统治的影响，尤其是文化方面的影响还长期存在。此外，反满革命的呼声高涨，在一定程度上亦影响到学人的心态。而科学的研究态度、客观的学术立场则深植其中，成为民国清史学界文献档案观的亮点。处于清史学界文献档案观发展初始阶段的民国，可谓理智与情感交融，学术则夹杂其中，呈现出复杂的情态。谢贵安梳理了民国学者应用、整理和研究《清实录》问题，认为民国学者由于政治态度和学术素养不同，在《清实录》的应用、整理和研究上面，形成了不同的群体及

① 清人章学诚认为，“夫文非气不立，而气贵于平”，“文非情不深，而情贵于正”（文史通义：卷三 内篇三：史德. 北京：中华书局，1985：220）。

② 杜维运. 中国史学与世界史学. 北京：商务印书馆，2010：165.

各自特色，“清史馆馆员们抱持的清遗老立场，使他们在对待《清实录》上不出传统窠臼，偏重应用而缺乏甄别；孟森的革命背景和北大教授身份，使他对《清实录》纂修中的改修粉饰问题批评有加；方甦生和徐中舒的科学立场和中立态度，则使他们用近代学术方法整理《清实录》，并作出公正评价”①。

清代史学研究的进程不断推进发展，而其变化的规律则正如白寿彝先生所言：“中国史学的发展也是从低级形态到高级形态，从最简单的关系到比较复杂的关系。不同时期的史学一方面受所处时期历史条件的制约；另一方面也有接受前代传统的相对独立性。”② 情感的影响在某一限定时间内会影响甚至支配学人的活动，但毕竟属于特定情态下的短时行为，学术的发展总是在客观赢得上风的前提下向前演进。在新学替代旧学、理智战胜情感之后，影响学界文献档案观的核心要素转为学术本身。一方面，学界研究对象、研究方式影响到对文献档案的具体利用；另一方面，受学科分类以及学科体系创建的影响，清代文献档案的研究处于清史、历史文献学、史料学与档案学的夹缝之中，跨界意味着边缘，基础意味着冷门，得以生存但寒门冷落的状况代表着学界的态度，又势必影响其发展。

第一节　恋清、去清与抢救：反满革命的跨时代影响

清代史学研究的兴起与中国现代学术的起源几乎同步，均发生在清亡以后，正值王朝灭亡的阵痛之后痛定思痛的反思期。易代，在中国传统史学之中对历史真实性的书写而言总体上是一个利大于弊的时段。一方面，易代修史的模式已经足够成熟，自唐太宗贞观三年（629），史馆

① 谢贵安. 民国学者应用、整理和研究《清实录》初探. 四川师范大学学报（社会科学版）：2013（1）：136. 笔者赞同文中所论民国学者群体的复杂性，文中对不同派别特点的分析与比较亦对本卷有所启迪。但因本卷着眼于辛亥以来的百年，并架构在有清文献档案的整体考察视野之下，故在分类原则和类别归属方面与谢文不尽相同。

② 白寿彝. 谈史学遗产//史学遗产六讲. 北京：北京出版社，2003：4.

修史制度正式确立，唐修《晋史》，五代修《唐史》，宋修《五代史》，元修《宋史》，明修《元史》，清修《明史》，相沿而不断。另一方面，正如元代史学家陶宗仪所说："世隔而后其议公，事久而后其论定。故前代之史，必修于异代之君子，以其议公而论定也。"① 易代如同一个巨大的时空冷却器，时间的沉淀、空间的凝固，同前代逐渐产生时空距离，用以克服造成史学研究中种种失误和主观的各种因素。但 20 世纪初的易代毕竟与众不同，并非此前的朝代更易，并非完成封建王朝体制的巨大变革，而是代之以民国，与此前之时代直接断裂。在此之外，易代后的百年虽已足够长，但相较而言，不免显得过于短暂。因而，尽管现代学术已经发生并不断发展，情感的影响却不可谓不在。从去清未远，到去清未久，到去清渐久，再至未来的去清已久，清史学界必然要经历由主观情感转入客观研究的历史时段。应该说，学人清代文献档案观的变化首先与情感相关，而受情感影响至深的研究时段当然是民国时期。

民国时期是历史上又一个天翻地覆的时代，清王朝的崩溃瓦解不仅是一个朝代的句号，也标志着整个封建王朝体系的终结，代之而兴的新政权则面临着军阀割据、列强窥伺、民生凋敝等一系列问题，故而，整个社会在新旧交替的状态下呈现出不同的人群架构，最具极端心态的当然是眷恋故国的清遗老和宣扬反满革命的革命派，恋清与去清②，成为两大群体的代表性心态，不仅表现在个人行迹、社会行为方面，而且其文化活动也相应沾染此一特征，在对清代文献档案的情感表达以及学术行为方面，二者显然有不同的取径。在两种极端的情绪之外，还有有鉴于民族文化遗产萧条零落、流失海外而扼腕痛心，进而专注于以传承文化为己任的第三种情感——以抢救、保护文献档案为目的的救亡思想。

一、恋清及其表达方式：遗老的贡献

所谓"遗"有主动和被动的双重性，遗老的存在首先表现为被动，即为已经灭亡的清王朝所遗，但就心态选择及社会归属方面，又有主动性，即所谓遗世而独立。客观的为世所遗与主观的遗世而独立合二为一

① 陶宗仪. 南村辍耕录：卷三. 上海：上海古籍出版社，2012：35.

② 恋清与去清，本卷用于表示在情感上与清朝的关联，前者强调对清朝的怀旧与依恋之情，后者则聚焦清亡以后离清渐远的情感距离。

的条件则是以遗老而自称的亡国遗臣忠于亡清的情感。如郑孝胥向孟森述及其选择遗老身份的原因在于："世界者，有情之质；人类者，有义之物。吾于君国，不能公然为无情无义之举也。共和者，佳名美事，公等好为之；吾为人臣，惟有以遗老终耳。"① 对亡清的有情与有义无疑是恋清情绪的表达，遗老作为社会人群本就是朝代灭亡之时情绪极端化的一种产物②。在为时所遗、为世所遗的时代氛围中保持独立人格，寻求文化寄托，则是清遗老的一种历史选择和文化选择。为此，感性与理性的矛盾错综而交织，但起决定作用的是情感而非理性的判断。即此而论，在清代文献档案的抢救、保护、整理、研究环节，遗老的贡献在表象上无疑是情绪化的，是恋清情结的具体表现，而在实质上则表现为具有学术推动意义的，抢救、保护传统文化遗产的实践行为。这种受情绪影响的学术行为无疑带有双重特征，既受情感的促动，为非理性行为，又融入了具有客观和实效的理性因素。清遗老的文献档案整理活动代表性人物为罗振玉、金梁、刘承幹、王国维四人。

罗振玉（1866—1940），浙江上虞人，初名宝钰，后改名振玉，字叔言、叔蕴，号雪堂、永丰乡人，晚号贞松老人、松翁。罗振玉在清末曾大力提倡西学，清光绪二十二年（1896）在上海办农学社。次年创办《农学报》。二十四年（1898）办东文学社，培养日语翻译人才，介绍西方、日本工农业技术及自然科学知识。但在政治理念上罗振玉一直是保皇派，他反对康有为、梁启超的变法运动，强调维护皇权，主张在维持王朝政治体系的前提下通过发展实业挽救危机，实现富国强兵。罗振玉在清政府充任多职，他于二十六年（1900）应张之洞召，至武昌任湖北农务局总理兼农务学堂监督。二十八年（1902）任南洋公学虹口分校监督。次年入两广总督岑春煊幕，参议学务。三十年（1904）受端方委托，创办江苏师范学堂，任监督。三十二年（1906）被调入京，在学部

---

① 郑孝胥日记：第3册. 北京：中华书局，1993：1356.

② 学界研究清遗老的文章很多，大体上多从理性角度分析遗老的精神世界或社会选择，但笔者认为，科学和理性恰恰与遗老率性的情感冲动不相吻合，过度强调理性抉择实际上无法破解遗老的矛盾行为，当死而不死，不当生而生，矛盾选择的背后实际上充满了感性因素的作用。当然，在清遗老的精神世界中不乏感性与理性的矛盾交织，但必须承认，促动他们做出立场选择的第一要素则是感性，而非理性。故对遗老文化行为的研究应以感性为主，结合理性加以思考。

充二等谘议官。宣统元年（1909）补参事官，兼京师大学堂农科监督。辛亥革命爆发后，罗振玉以清室“遗臣”自居，与王国维等避居日本。1919 年，罗振玉从日本回国，组织东方学会，提倡保存封建文化。1924 年，受溥仪召，入直南书房。1925 年，与日本人密谋将溥仪送往天津。“九一八”事变后，罗振玉与日军筹划成立伪满洲国，1932 年任伪满洲国临时赈务督办，次年任伪满洲国监察院院长。1940 年 6 月，罗振玉病逝于旅顺。

罗振玉是民国时期的著名学者，他学识渊博，但政治思想迂腐，食古不化，恪守旧制，反对民主革命，忠于清室。他“在传统文化方面表现出高于同时代人的造诣，在政治态度方面却坚持以清朝遗老的身份处世”①。罗振玉一生喜好搜集、整理古代文物、史料，在古文字、古文化、古器物的研究方面著述甚富。他的文献档案整理活动主要表现为三个方面：

其一，保护和整理研究敦煌文献。宣统元年（1909），罗振玉看到法国汉学家伯希和所获敦煌写卷，得知藏经洞仍有数千卷文书，遂力促学部电令查封石室，将所余藏书悉数解送京师，使这批宝藏于宣统二年（1910）秋运抵北京，并入藏于京师图书馆。对于流散的敦煌文献，他留心购存，所得文书及海外藏卷照片，大多收入《鸣沙石室佚书》《鸣沙石室佚书续编》《鸣沙石室古籍丛残》《敦煌石室遗书三种》《贞松堂西陲秘籍丛残》《敦煌石室碎金》《敦煌零拾》《沙州文录补》《敦煌石室遗书》《佚籍丛残初编》《石室秘宝》等书中。罗振玉避居日本期间，对所搜集的甲骨、彝器、敦煌文物等进行整理研究，他与王国维合撰《流沙坠简考释》，出版《殷虚书契考释》，另撰有《雪堂校刊群书叙录》《补唐书张议潮传》《瓜沙曹氏年表》等多种敦煌学论著。

其二，发起成立东方学会。1919 年，罗振玉寓居天津期间，有感于“异学争鸣，斯文将坠”，遂联合其他清遗老，以保持封建文化为宗旨，创东方学会。“会中拟设四部：一、印刷局，以传布古籍；二、图书馆，以收集古籍；三、博物馆，以搜集古器；四、通信部，与国内外学者通音问、相切磋。”②

① 杨群. 中华民国史：第 9 册. 成都：四川人民出版社，2006：396.

② 罗振玉. 集蓼编//罗振玉学术论著集：第 11 集. 上海：上海古籍出版社，2010：68.

其三，对清代文献档案予以保护和整理。罗振玉眷眷恋清，以刊印古籍文献为己任。罗振玉在 35 岁到 70 岁的 35 年（1901—1936）中编刊的古籍丛书有：《玉简斋丛书》《宸翰楼丛书》《永慕园丛书》《云窗丛刻》《吉石庵丛书》《海东古籍丛残》《雪堂丛刻》《四时嘉至轩丛书》《嘉草轩丛书》《雪堂金石丛书》《东方学会丛书》《六经堪丛书》《殷礼在斯堂丛书》《百爵斋丛刊》《楚雨楼丛书》《鸣沙石室佚书》《鸣沙石室古籍丛残》《敦煌遗书》《史料丛编》《明季辽事丛刊》等。其中不乏清人著作，如《玉简斋丛书》第二集收录钱曾《也是园书目》、徐乾学《传是楼宋元本书目》、彭元瑞《知圣道斋书目》等。他还特意搜集刊印了许多学者生前未曾付梓的作品，如王念孙、王引之《高邮王氏遗书》《昭代经师手简》、孙怡让《契文举例》、纽树玉《匪石先生文集》、翁大年《古兵符考略残稿》、丁俭卿《颐志斋集》等。

罗振玉亲身参与的与清史研究相关的最重要、最直接的文献档案活动则是对内阁大库档案史料的保护和整理。罗振玉一生曾两度保护内阁大库档案。清末，因内阁库房倒塌需要加以修葺，库房中存藏的书籍档案被移出，至宣统元年（1909），清廷批准大学士管学部事张之洞的请求，将移出的库藏书籍设立京师图书馆保管，其余库藏档案焚毁。罗振玉时任学部参事，亲见档案之珍贵价值，为之痛惜，遂与张之洞商量，使其免焚毁之劫。这是罗振玉第一次保护内阁大库档案。民国建立后，将内阁大库档案存放于历史博物馆筹备处，1921 年，因教育部与历史博物馆经费短缺，以 4 000 元的价格把 15 万件档案卖给北京的同懋增纸店，罗振玉听闻后大为痛心，于 1922 年以 3 倍价格将档案购回。这是罗振玉第二次以个人之力保护内阁大库档案。之后罗振玉雇人整理内阁大库档案，并印行了《史料丛刊初编》，后因财力有限而终止。后选留 6 万件，其余大部分以16 000元价格卖给藏书家李盛铎。罗振玉自留的档案，于 1934 年运往旅顺，1936 年交奉天图书馆，1952 年归故宫博物院档案馆。

亲身参与整理和刊行清代内阁大库档案，向学界揭示其价值，是罗振玉在清代档案方面最具眼光、最突出的学术贡献。在友人的协助下从 1924 年至 1936 年编辑影印出版了《史料丛刊初编》22 种、《清太祖实录稿》3 种、《史料丛编》2 集、《皇清奏议》68 卷、《皇清奏议续编》4

卷，还有《大库史料目录》6编等。这些资料的整理、出版震动了国内外学术界，傅斯年在给蔡元培信中述及："其中无尽宝藏，盖明清历史，私家记载，究竟见闻有限，官书则历朝改换，全靠不住，政治实情全在此档案中也。且明末清初，言多忌讳，官书不信，私人揣测失实，而神、光诸宗时代，御虏诸政，《明史》均阙，此后《明史》改修，《清史》编纂，此为第一种有价值之材料。罗振玉稍整理了两册，刊于东方学会，即为日本、法国学者所深羡，其价值重大可想也。"① 郭沫若认为："罗振玉的功劳即在为我们提供出了无数的真实的史料。他的殷代甲骨的搜集、保藏、流传、考释，实是中国近三十年来文化史上所应该大书特书的一项事件。还有他关于金石器物、古籍佚书之搜罗颁布，其内容之丰富，甄别之谨严，成绩之浩瀚，方法之崭新，在他的智力之外，我想恐怕也要有莫大的财力才能办到的。"②

罗振玉对清代文献档案的认识与他对清王朝的情感密切相连。早在清季，罗振玉就认识到典籍所面临的严峻危机，他认为："燕都自明季甲申之变，宫中文物一时都尽。我朝治平垂三百年，以康乾之隆盛，复为搜聚，天府之藏遂驾明季而上之。海桑以后，宫禁稍疏，间有一二为宵小窃出者。不逞之徒遂谓禁篽所藏乃历代留传，非一姓所有。又因一二流出之物，遂谓为不能保存。盖甲子之变，彼辈生心久矣。当道顾瞢然如睡。"③ 从典籍存藏的历史来看，王朝兴则典籍盛，王朝衰则典籍毁，罗振玉由典籍之兴废忧患王朝之盛衰，还是有一定的前瞻意识的。并且，他还认识到历史文物在文化传承方面的重要价值，指出："古人不能见我之所见，而古人所见，至于今日，散佚转徙之余，我之所不得见者亦多矣。即出于我之同时，而好事家之秘藏与夫舶载以航海外者，又不知几许。凡是者，虽未即澌灭，亦与澌灭等耳。念之滋惧……艺术者，非供耳目之近玩已也。狭而言之，为学者游艺之助，以考见古人伎巧之美，制作之精。广其义言之，则三古以来之制度文物系焉矣。凡载籍之阙遗，文质之递嬗，人才之兴替，政俗之隆污，莫不于是觇之。其所

---

① 傅斯年. 为购明清档案事致蔡元培书//傅斯年. 出入史门. 杭州：浙江人民出版社，1998：95.

② 郭沫若. 中国古代社会研究. 北京：人民出版社，1977：自序.

③ 罗振玉. 集蓼编//罗振玉学术论著集：第11集. 上海：上海古籍出版社，2010：68-69.

关至重要而为体至繁赜。”[①] 典籍的重要性与文化传承的千秋责任联系在一起，故典籍事业至重。

但另一方面，罗振玉的遗老情结与恋清心态，使得他未能完全地将清代的文献档案与文献典籍的千古之存藏完全整合，在个人情感的影响之下，文献典籍被其视为清室一家一姓所拥有的“三百年宝藏”[②]，抢救、保护文化典籍的实际行为则被其视为向清王朝尽忠尽节的政治表现。服务于一姓的遗老观念在历史进程中暴露出极大的局限性和矛盾，在日期间，罗振玉曾为解决生计问题大量售卖名贵书画，斥巨资买入的内阁大库档案也曾因经济原因部分出手转让，“他叹息中国的古物流失国外时，都将自己置之度外，只看到他人的作为，而不见自己的身影”，“罗自以为他是在儒教的最高道德原则下，对清朝和中国文化尽忠，而没有觉悟到他行为中之不理智之处，也不知他在尽忠的过程中所损伤的，不但是他所痛恨的民国，而且也是全体中国的文化遗产”[③]。情绪化的文献档案观使得罗振玉救护清代文献档案的呼声和行为局限于一定时间、一定范围，最终服务于挽救王朝命运的短视目的，进而使得其文献档案的实际行为产生纠结，甚至矛盾，无法形成一贯。

金梁（1878—1962），浙江杭县（今属余杭）人，满洲正白旗人，瓜尔佳氏，字息侯，号小肃，别号瓜圃老人、瓜圃居士、一息老人等。光绪三十年（1904）进士。历任京师大学堂提调、内城警厅知事、民政部参议、奉天旗务处总办、奉天新民府知府、奉天清丈局副局长、奉天政务厅厅长、洮昌道尹等职。1912 年中华民国成立后，金梁以清朝遗老自居，念念不忘复辟，但同时在民国政府任职。1916 年 5 月至 1917 年 5 月任奉天政务厅厅长。1917 年 5 月至 1918 年 10 月任奉天洮昌道尹。1923 年奉清逊帝溥仪之召入宫，被委任为“镶红旗蒙古副都统”。1924 年春又被委任为紫禁城小朝廷的“内务府大臣”，屡次上书逊帝溥仪提出复辟对策和建议。后任清史馆校对。1927 年清史馆馆长赵尔巽去世后，利用代馆长柯劭忞不管事的机会，与另一遗老袁金铠包办《清

① 罗振玉. 贞松老人外集：卷一：艺术丛编序//罗振玉学术论著集：第 10 集下. 上海：上海古籍出版社，2010：790.

② 罗振玉. 集蓼编//罗振玉学术论著集：第 11 集. 上海：上海古籍出版社，2010：69.

③ 周明之. 近代中国的文化危机：清遗老的精神世界. 济南：山东大学出版社，2009：84.

史稿》校刻事宜，按照遗老的观点、立场对原稿进行大幅度删改后付印 1 000 部，并将其中 400 部运往关外。1931 年“九一八”事变后投敌，任日伪奉天地方维持会委员，后任伪满洲国奉天博物馆馆长、伪满洲国奉天通志馆总纂等。1945 年伪满洲国覆灭后逃到上海，未受惩处。1949 年后迁居北京。1962 年 12 月 27 日在北京去世。

金梁在清代文献档案整理方面的贡献主要在于整理、出版《满洲老档秘录》，这是清史研究领域第一部满文档案的编纂成果。“金梁出身满族权贵之家，忠君思想浓厚。清朝灭亡后，他深感痛苦……是他决心组织人翻译满文老档的思想基础。但是，作为奉天旗务司（处）总办兼管盛京内务府办事处事务，可以随意出入盛京宫殿，又为组织人翻译满文老档提供了便利条件。”① 1916 年，金梁在沈阳故宫崇谟阁发现了乾隆朝重抄的满文老档，据《满洲老档秘录》自序记载：“盛京故宫旧藏满洲老档一百七十九册，分纪天命、天聪、崇德朝事，多三朝实录、《开国方略》、《东华录》所不载，见所未见，闻所未闻，诚三百年来之秘史也。原本为无圈点体满文，其字近蒙古，与通用满洲文字不同，翻译至难。经满汉文学士十余人之手，费时二载，今始脱稿。当分编百卷，以卷帙过多，校刊非易，遂择要摘录，名曰《满洲老档秘录》，亦曰《满洲秘档》，先付缮印。此不及全书二十分之一，以索观者多，聊快先睹云尔。戊午中秋瓜圃老人金梁。”② 金梁遂组织 10 余名满汉文学士对满文老档进行翻译，于 1918 年上半年完成满文老档的全部翻译工作，根据翻译的内容形成了《满洲老档秘录》，分上下两册，于 1929 年出版。“金梁是满文档案编纂的第一人”，“开创了对清代所存留的满文档案编纂的先河”③。《满洲老档秘录》的出版，为研究清朝入关前历史，提供了十分可信的资料，对满族历史文化研究亦有贡献。

金梁出身满族世家，对清王朝充满依恋之情。辛亥革命发生后他始终以复辟清王朝为己任，在日本侵占东北并成立伪满洲国后，他曾一度隐居天津，出于恋清意识，以整理旧时日记、笔记，纂述历史为工作内容。“辛未秋，东事起，余孑身至津，闭户养疴，不问世事，谣诼颇多，

① 佟永功. 述崇谟阁《满文老档》//满学研究：第 4 辑. 北京：民族出版社，1998：152.
② 金梁.《满洲老档秘录》序//满学研究：第 4 辑. 北京：民族出版社，1998：181.
③ 赵彦昌，黄娜. 论满文档案编纂的历史沿革. 东北史地，2012（5）：69.

是是非非，皆置不辩。惟书画旧藏，残稿零札，未及携带，长日无聊，殊难遣闷，偶返故都，检旧箧，得昔年日记数册，皆光宣间所笔记，遂择有关朝章国故者，撮录成编，题曰：《光宣小记》。”① 恋清的情绪在“深夜幽思，耿耿不寐”的状态下借助整理旧时史料得以发泄，因不忍清代历史湮没，金梁还利用参加《清史稿》编纂的机会积累史料，陆续编写了《清帝外纪》《清后外传》《清宫史略》《道咸同光四朝佚闻》等一系列与清史有关的史籍。

但另一方面，金梁对清代史料的抉择去取在恋清情绪自发发挥作用的前提下，亦有一定的考辨和独立认识。金梁的著作之中，《近世人物志》是利用晚清四大日记——翁同龢的《翁文恭公日记》、李慈铭的《越缦堂日记》、王闿运的《湘绮楼日记》、叶昌炽的《缘督庐日记》排比整理而成的史传。金梁在前言中指出了清人日记作为史料的重要作用：“欲考人物，仅凭正传，既嫌过略；兼述野史，又虑传误。皆不必尽为信史也。昔校清史，深感其难，光宣列传，力矫斯弊，乃采及近人日记，终为史例所限，亦不能尽如我意也。近年所出名人日记，如翁文恭、李越缦、王湘绮、叶缘督诸家，为时所重，足与曾文正日记并传。其中知人论世，发潜搜隐，实可补正史所不及。”② 在利用日记史料的过程中，金梁注重选择史料精华，他是利用日记的行家里手，“他在开始选材时，曾对为数众多的清人日记进行筛选，去粗取精，去伪存真，经仔细考订之后才决定是否录取”③。可见，受恋清情绪影响的清朝遗老，其文献档案观亦不乏学术性的一面。

刘承幹（1882—1963），吴兴县人，原籍上虞，字贞一，号翰怡。其家世营丝业，为南浔首富。清光绪三十一年（1905）秀才，候补内务府卿衔。其祖父刘镛，学徒出身，后经营湖丝，获利达银千万两，被称为南浔“四象”之首。其父刘锦藻，清光绪二十年（1894）进士，编有《续清文献通考》，清末任浙江全省铁路公司副总经理。刘承幹因伯父刘安澜无子，过继给其为嗣。刘镛去世，刘承幹又以长孙继承祖业。宣统年间因连续在各地灾赈中捐银三万多两，累获分部郎中、四品卿衔、四

---

① 金梁. 光宣小记. 上海：上海书店出版社，1998：自叙.

② 金梁. 近世人物志. 北京：北京图书馆出版社，2007：叙 1.

③ 孔祥吉. 清人日记研究. 广州：广东人民出版社，2008：66.

品京堂，故友人习惯称他为“京卿”。1914 年沈曾植任《浙江通志》总纂时曾聘其为分纂。1920 年至 1921 年任清史馆名誉纂修。刘承幹在政治上属守旧派，与聚集于上海的清遗老来往密切，组织“淞社”，定期雅集。1911 年携家定居上海，1963 年病逝沪上，终年 82 岁。

刘承幹酷爱藏书，为清代典籍的保存做出了卓越贡献。辛亥革命前后，社会动荡，许多藏书家收藏的典籍大量流出，他不惜巨资大批购进，收有甬东卢氏抱经楼、独山莫氏影山草堂、仁和朱氏结一庐、丰顺丁氏持静斋、太仓缪氏东仓书库等十余家的藏书，从而成为藏书巨擘。刘承幹自称藏书历时 20 年，费银 30 万两，得书 60 万卷。他自谓“弱冠即喜治乙部之书”[①]，有丰富的古籍版本知识，有一定的鉴别能力和水平。1920 年，刘承幹于刘氏家庙旁“购地二十亩，斥金十二万”，构筑藏书楼，1924 年落成。因 1914 年曾捐献巨款助清皇陵植树，溥仪赏以“钦若嘉业”九龙金匾，遂将藏书楼命名为嘉业堂。刘氏所藏的清代典籍包括翁方纲手纂的《四库全书提要》原稿 150 册，从国史馆抄录的《清实录》与《清史列传》等。吴士鉴在一封致缪荃孙的信中说：“姚仲实函及翰怡上馆长书，均已代交。刘、张二君赠以名誉，于馆中征借书籍，大有裨益。”[②] 可见，刘承幹的藏书在《清史稿》纂修过程中发挥了一定作用，而史馆任职的优越条件也大大扩充了刘氏藏书。

除保存文化典籍外，刘承幹还刻印古籍，编制书目。他采纳新型图书馆运作方式，面向社会和学者借阅。刘承幹以 10 年之力，先后投资 20 余万元，刊刻《嘉业堂丛书》《吴兴丛书》《求恕斋丛书》《留余草堂丛书》《希古楼金石丛书》《景宋四史》《章氏遗书》《嘉业堂金石丛书》《嘉业堂藏书目录》《嘉业堂明善本书目》《嘉业堂钞本书目》等书籍 130 余种，多无偿赠送学者，嘉惠士林。

刘氏刻印的古籍，有不少曾被清廷列为禁书，如屈大均《安龙逸史》《翁山文外》、蔡显《闲渔闲闲录》、李清《三垣笔记》等。刘承幹本人心中存有浓厚的恋清情结，却不避讳地刊印清代禁书，这是刘承幹文献档案观极为矛盾的一面，但却是其恋清心态的至为明显的一种表

① 刘承幹．晋书斠注：序//续修四库全书：第 275 册．

② 吴士鉴．致缪荃孙//郑逸梅，陈左高．中国近代文学大系：第 9 集第 23 卷　书信日记集一．上海：上海书店出版社，1992：221．

达。鲁迅在《病后杂谈》一文中说："对于这种刻书家，我是很感激的。""他对明季的遗老很有同情，对清初的文祸也颇不满。但奇怪的是他自己的文章却满是前清遗老的口风。""以明遗老之仇的满清的遗老自居，却又引明遗老为同调，只着重在'遗老'两个字，而毫不问遗于何族，遗在何时，这真可以说是'为遗老而遗老'。"① 鲁迅发现了刘承幹的矛盾行为，但未曾破译其渊源。在《求恕斋丛书》的自序中，刘承幹解释了原因，他提及，作为清遗老与明遗民有着相似的心态："自辛亥而后，政柄骤移。故家旧族，抱其先业，寄寓沪滨，忧伤憔悴，无可发泄，则托迹嵇、阮，以沉冥自遣。视明季诸贤，固无以异也。"② 即通过刻明遗民之旧籍，以抒发清遗老之情怀，恋清情绪之影响使得政治立场有本质区别的二者在丛书的刊刻方面得以和谐共存。刘承幹可谓是满怀遗老情绪整理清代文献史料的代表，恋清的情绪、遗老的情怀诉诸刊刻清代文献的事业之中。同为遗民，刘承幹尊重并以明遗民为楷模，但在政治立场选择方面，他则完全站在明遗民反面，两种情绪无法分离，构成了内在的矛盾，情感的影响不可谓不明显。

王国维（1877—1927），近代学者、词人、文学评论家。浙江海宁人。初名国桢，字静安，一作静庵，一字伯隅，晚号观堂。早岁从学罗振玉，后留学日本，通多国文字，究心自然科学与哲学等，受尼采、叔本华等哲学、美学思想影响。光绪末年，王国维曾执教于苏州师范学堂，后充学部图书馆编译、名词馆协修。辛亥革命爆发，他东渡日本。归国后，充溥仪南书房行走。后主讲清华大学国学研究院。民国十六年（1927），王国维自沉于颐和园昆明湖。

王国维是民国时期学术史上的领军人物，他与梁启超、陈寅恪、赵元任号称清华国学研究院的"四大导师"，是中国新学术的开拓者，连接中西美学的大家，在文学、美学、史学、哲学、金石学、甲骨文、考古学等诸多领域均成就卓著。陈寅恪盛赞王国维的学术成就"几若无涯岸之可望、辙迹之可寻"③。对清代文献档案事业来说，王国维推动了清代内阁大库档案的发现与研究。"王国维与内阁大库所藏档案文献的

① 鲁迅．且介亭杂文．沈阳：万卷出版公司，2014：103－104．
② 刘承幹．求恕斋丛书：自序．民国刻本．
③ 陈寅恪．金明馆丛稿二编．上海：上海古籍出版社，1980：219．

情结，源于清朝遗老罗振玉。光绪二十四年（1898），王国维在罗振玉创办的东文学社学习日语和英语，两人从此相识。1906 年，罗振玉奉命调任学部参事，王国维也离开就职的苏州师范学堂一同北上，进入学部任总务司行走等职。1923 年春，经大学士允升引荐，王国维开始充任逊帝溥仪的南书房行走，有幸得窥大内所藏。所有这些经历，引发了王国维对‘大内档案’的关注，陆续推出《内阁大库书之发见》《库书楼记》《最近二三十年中中国新发见之学问》三篇要文。”①

《内阁大库书之发见》与《库书楼记》主要记述了光绪三十四年（1908）内阁大库档案迁出大内待焚的内中情由以及经罗振玉提议移存至京师图书馆，放置于国子监南学的前后经过。在前文中，王国维对内阁大库文献档案的整体情况进行了初步介绍，分为古籍、目录、档案和地图四类②；后文则详细介绍清末内阁大库的保存情况："内阁典籍厅大库为大楼六间，其中书籍居十之三，案卷居十之七。其书多明文渊阁之遗，其案卷则有列朝之朱谕、敕谕，内外臣工之黄本、题本、奏本，外藩属国之表章，历科殿试之大卷，其他三百年间档册文移，往往而在，而元明遗物亦间出其中。"③ 王国维还回顾了罗振玉抢救档案的经过，感叹"国家与群力所不能为者，竟以一人之力成之"，高度赞扬了罗振玉检校、编录、择要印行的学术行为。

应该承认，王国维与罗振玉在保护内阁大库档案上，观点是一致的，在清王朝无力挽救危机，甚至无法保藏所存聚的文献档案之时，于情于义，深感痛惜，故以个人之力加以承担，这是同为清遗老的恋清情感的自然流露和具体表达方式。当然，王国维的情感之中亦融合了学术的审视，他以珍视文献档案的态度一再提出"焚烬可惜"④，但又认为，"独内阁文书，除宋元刊写本书籍入京师图书馆外，其余十三年之间几毁者再，而卒获全者，虽曰人事，盖亦有天意焉"⑤。对典籍罹劫却得以存藏的所谓的天意，王国维这样解释："余谓此书濒毁者再，而参事再存之，其事不可谓不偶然。固非参事能存之也，国朝祖宗圣德神功之

---

① 伍媛媛. 王国维与清代内阁大库档案. 中国档案，2019（5）：86.

② 王国维考古学文辑. 南京：凤凰出版社，2008：99－100.

③ 王国维. 观堂集林（外二种）. 石家庄：河北教育出版社，2003：582.

④ 同②99.

⑤ 同③.

懿，典章制度声名文物之盛，先正讦谟远猷之富，与夫元明以来史事之至赜至隐，固万万无亡理。天特假手参事以存之耳。”① 清王朝的祖宗圣德与典籍自身的生命力被结合在一起来解释偶然之中的必然，这大概是王国维作为清遗老恋清情绪的委婉表达。前者体现遗民立场，后者则蕴含学者情怀。

清末民初，西学大范围传入中国，史学界受西方科学主义思潮的影响，更重视直接史料，注重实证的研究，进而更为看重档案的原始证据价值。在这一转型中，以安阳甲骨档案、敦煌文书经卷、西北汉晋简牍、内阁明清档案为突出代表的原始文献档案史料的发掘，让中外学术界为之震撼。近代史家抓住这一历史契机，对档案史料的学术价值和学术功能形成了突破性认识。1924 年 4 月，王国维到清华任教，暑假期间，为留学生做了题为《最近二三十年中中国新发见之学问》的报告。他认为：“自汉以来，中国学问上之最大发现有三：一为孔子壁中书，二为汲冢书，三则今之殷墟甲骨文字、敦煌塞上及西域各处之汉晋木简、敦煌千佛洞之六朝及唐人写本卷、内阁大库之元明以来书籍档册。此四者之一已足当孔壁、汲冢所出，而各地零星发见之金石书籍，于学术有大关系者，尚不与焉。故今日之时代，可谓发见之时代，自来未有能比者也。”② 从而对内阁大库档案的价值加以充分肯定。在王国维看来，有关清代的档案，包括清宫的夷务始末记，近代外交史资料，华北及东北、西北的史前遗存，东北的满洲老档，英、法、德、波斯、西班牙、葡萄牙各国传教士及学者有关元明清三代之记载，都是极具价值的文献宝藏，为近世史料之新发现，有助于学术的蕴蓄滋养。王国维对明清档案价值的肯定和未来学术发展的预测高屋建瓴，体现出超前的学术视野。

恋清情绪最集中表达的大本营当然是以遗老为主体的清史馆，修纂过程中文献档案利用的原则和标准无疑也含有丰厚的忠清色彩，如金兆藩强调“当以遍考官书为第一义”，“当以甄采群籍为第二义”③；吴士

① 王国维. 观堂集林（外二种）. 石家庄：河北教育出版社，2003：583.

② 王国维. 最近二三十年中中国新发见之学问. 学衡，1925，45.

③ 金兆藩. 拟修清史略例∥许师慎. 有关《清史稿》编印经过及各方面意见汇编. 台北：中华民国史料研究中心，1979：79.

鉴认为，纂修本纪，“当以史馆历朝本纪为依据，复以圣训、实录、方略互证之，删繁就要，准诸前史体例”①，因与文献档案本身的整理与研究无直接关联，在此不赘述。

当清王朝成为历史的背影，怀恋故国的情感缠绵不去，为此整理和刊刻清代文献档案成为遗老们寄托怀抱的方式和手段，或借此消磨时日，甚而借之沽名钓誉。受怀旧及眷顾心理的影响，他们普遍重视文献档案的价值，不忍其流散、湮没，并在整理、出版和研究的基础上对其价值予以初步的发掘和评估，这些行为，成为民国时期清代文献档案学术研究史的重要内容，并为未来的发展奠定基础。在遗老们起伏不定的心绪之中，清代文献档案俨然成为清王朝的化身，保护、整理、出版与研究均含有忠清的角色认同、政治立场与历史责任。应该看到，受立场观念影响，遗老们的情绪表现为沉痛、惋惜和期待，并以忠清为依归，以个体意识与遗老的群体意识为主。情绪化的恋清情结固然开启了清代文献档案整理的发展道路，但却限制了研究内容、范围和深度、广度，故其对文献档案的价值观未能全面、具体、详细地展示出来。

二、去清与其文献态度：革命派的抗清历史记忆

所谓“去清”，与恋清相对，聚焦于清亡以后离清渐远的情感距离。革命派出于反清需要，对清代文献采取去清朝化的态度，在某种程度上视官方文献而不顾，偏重抗清、反清文献的整理和研究，以回溯抗清历史记忆的方式去除清朝印象。明清之际的抗清与反清的历史在有清一代曾经成为史学研究的禁区，因清朝统治者的忌讳以及文网密织，尤其是乾隆朝之后，清初的南明史书多在被禁之列。嘉道之后，文网渐弛，禁令渐开，部分史籍开始重见天日。晚清，中华民族经历了鸦片战争以来的种种屈辱，遭遇空前危机。民族危机与强烈的救亡意识交织在一起，站在清遗老政治选择对立面的革命派，其文献档案观在情感上以去清为目的，以反清历史文献的整理和发掘为内容，表现出鲜明的态度。

陈去病（1874—1933），江苏苏州吴江同里人，字佩忍，号巢南、垂虹亭长。因读“匈奴未灭，无以家为也”，比清为匈奴，比己为霍去病，遂易名“去病”。他早年支持维新运动，1903 年赴日后开始接触革命派，参加同盟会，宣传革命。回国后组织黄社、秋社、南社等革命性

---

① 朱师辙. 清史述闻. 北京：生活·读书·新知三联书店，1957：186.

社团。南社是一个在中国近代史上产生过重要影响的资产阶级革命文化团体，是中国近代文学史上规模最大的文学社团。南社受孙中山先生领导的同盟会的影响，取“操南音，不忘本也”之意，鼓吹资产阶级民主革命，提倡民族气节，反对清王朝的腐朽统治，为辛亥革命做了非常重要的舆论准备。

文献整理是陈去病文化活动的重要内容，从1890年开始陈去病开始有意识地搜集文献，文献整理行为贯穿其一生。“虽然不同时期，出于不同的目的，陈氏的文献整理侧重点会有所不同，但可以说，文献整理贯穿陈氏的一生，成为他一项重要的文化活动。”① 如杨天石先生所言：“清末宣传革命有两大流派。一派以民约论、天赋人权论等西方资产阶级民主主义为武器，一派则以儒家的‘夷夏大防’和明清之际的历史为武器，陈去病是后一派的代表人物。”② 在宣传革命过程中，陈去病以南明史籍为工具。早在1903年，他辑录《陆沉丛书》，收录满人入关暴行，以激发反满情绪，达到革命宣传效果③。《江苏》杂志宣传该丛书时，明确指出：“中国亡国二百六十年以来，我民族鼾鼾大睡，神经瞢瞀。近数年间，土地被割弃，同胞被残杀，刺冲剧烈，乃始欠伸。不知我中国亡国时候，我民族所身受、所目睹之酷烈痛苦之状，据耆老之传闻，野史所记载，方之今日俄、美于黑龙江、于檀香山焚杀华人之惨，有过之无不及也。某君集亡国时烈士大夫身受目睹之著述，汇为一编，每种首列绘图，并加眉批，或辨驳，或引证考据，或申明其义，或吊唁其惨，无语不感发国民之心，激起民族之思想，绘图尤足动人。所印无多，幸速购之。”④

“自《陆沉丛书》出版之后，陈去病一直潜心研究明清之际的历史，大量收集明末文人和抗清志士的著作。”⑤ 1903年，陈去病还汇集整理了王夫之、黄宗羲、顾炎武的文集，合成《三大儒正气集》，1905年和1906年辑成《吴长兴伯遗集》和《吴赤溟先生遗集》，1907年陈去病辑

---

① 赵霞. 陈去病研究. 保定：河北大学出版社，2013：18.

② 杨天石. 辛亥革命时期的陈去病//吴江文史资料：第3辑. 1984：23.

③ 当时陈去病计划出版《陆沉丛书》十册，先辑《建州女直考》《扬州十日记》《嘉定屠城记》《忠文殉节记》四册。

④ 《江苏》1903年第6期《陆沉丛书》广告宣传语。

⑤ 同②19.

《明遗民录》。这些文献的整理工作都在民国建立之前。陈去病的文献整理有明确的反清色彩，但受情感影响的学术行为难免有所倾向。“在反对清朝统治的斗争中，明清之际出现过大量义勇之士，他们临危不惧，临难不苟，大义凛然，表现了可贵的品格。陈去病大力表彰他们，借旧人激励新人，这对当时的资产阶级民主革命显然是有益的。但是，明朝和清朝一样是封建统治，明遗民的指导思想主要是封建的忠君观念，他们既反清，也反对李自成的农民起义。对此应该有所分析，不宜全盘肯定，一概歌颂。”① 陈去病整理编纂的《清秘史》“一定程度上正是利用了读者的阅读好奇心，借助于野史这一古老外衣填充新内容，来达到煽动革命的效果。有的地方不免有丑化清廷之嫌，一改明代私修当代史‘野史不野’的特点，将此类作品的功利性发挥到了极致，并与他所辑录的《明遗民录》相互呼应，以求达到最好的宣传效果。这本身的确已经超出了资料收集、以史为鉴等方面的修史、编史原因，不属于正规的史学建设范畴，只能算是一种出于特定目的考虑的文献整理活动，陈去病将这一行为彻底工具化，使《清秘史》也真正成为特定时代的产物”②。以政治行为的立场从事文献整理和史学研究的相关活动，是辛亥前时代色彩的集中体现，也是学术研究不够成熟和独立的具体表现。

辛亥革命发生前后，是反满革命情绪高涨的时代，为宣传革命，革命党人表彰历史上，特别是明末清初那些曾经反对满人入侵、誓死抗清，或者是具有一定民族气节，不愿与清朝统治者合作的人物，作为反满斗争的宣传工具。在这种思潮影响下，大量曾遭清廷查禁的明清之际史籍，被重新翻印，流传开来③。南明史籍的发掘成为南明史研究的先声，因为，“当南明的课题在二十世纪前期再度提上历史研究日程以后，人们发现如同研究十七世纪即明亡清兴之际所有课题一样，对南明那十八年的研究，也必须从清理基本史实做起”④。

1905 年 1、2 月间，邓实、黄节等人在上海成立国学保存会，以“研究国学、保存国粹”为宗旨，标志着晚清国粹派崛起。国粹派在反

---

① 杨天石. 辛亥革命时期的陈去病//吴江文史资料：第 3 辑. 1984：22.

② 赵霞. 陈去病研究. 保定：河北大学出版社，2013：29－30.

③ 王春瑜. 明清史杂考. 北京：商务印书馆，2016：101.

④ 朱维铮. 走出中世纪. 增订版. 上海：复旦大学出版社，2009：132.

满革命派的队伍中独树一帜，“在政治上是资产阶级革命派的一翼，主张排满革命，在学术上，大力鼓吹民族主义，并以研究和评论历史作为其重要阵地”[①]，从传统学术中汲取革命宣传的资料营养，故明清之际的历史记忆成为反抗清王朝腐朽统治以及宣传革命正义性的历史资源。国学保存会会章规定：“入会毋须捐金，惟须以著述，或自撰，或搜集古人遗籍，或钞近人新著，见赠于本会者，即为会员。”[②] 而会员所捐书籍尤以明清之际史籍为多。“邓秋枚等人在提倡国学、保存国粹的具体活动中，实具有浓厚的爱国主义、民族革命思想，他们又都参加南社，并与光复会有密切联系，他们对于明末遗老的民族大节，备极推崇。”[③] 国学保存会是一个拥有报社、图书馆、印刷所的具有相当实力的文化实体，它同时发行两种刊物，即《国粹学报》与《政艺通报》，二者皆由邓实主编，至1911年9月停刊，历时七年之久。国学保存会还设有藏书楼，发行《国粹丛书》《国学教科书》，并设立神州国光社，出版《神州国光集》等。正如谢国桢所言：“当清之季年，邓秋枚、黄晦闻、刘师培等创立神州国光社，翻印旧籍，鼓吹革命，编《国粹学报》及《国粹丛书》，影印明季野史不下数十种。”[④]

邓实（1877—1951），广东顺德人，字秋枚，别署枚子、野残、鸡鸣、风雨楼主。他从青年起，便崇拜顾炎武，“喜为经世通今之学”。与黄节、章太炎、马叙伦、刘师培等创立国学保存会、神州国光社，出版《风雨楼丛书》和《古学汇刊》，主编《国粹学报》，在知识界产生过较大的影响。他关心时局，“凡阅国内外月报、旬报、时报至百余种，钞辑成书”，至数百卷之多。弟兄二人，寒夜读书，每及“当世之故”，常慷慨悲歌，饮酒起舞，期期以报国自许[⑤]。邓实平生提倡旧学，留心并致力于珍本古籍的收藏，所藏多秘籍，以清廷禁毁书为多，藏书处取“风雨如晦，鸡鸣不已”之意，命名为“风雨楼”，藏书多达20余万卷，

---

① 陈其泰. 中国史学史：第6卷　近代时期（1840—1919）. 上海：上海人民出版社，2006：307-308.

② 国学保存会简章. 国粹学报，1905（1）.

③ 陈铭枢. “神州国光社”后半部史略//陈铭枢纪念文集. 北京：团结出版社，1989：92.

④ 谢国桢. 增订晚明史籍考. 上海：上海古籍出版社，1981：15.

⑤ 柳亚子. 南社纪略. 台北：文海出版社，1975：3.

并编撰有《风雨楼书目》。光绪三十一年（1905），邓实与章太炎等人在上海创办了“国学保存会藏书楼”，收藏大量珍本古籍。该藏书楼刚开办时有书 6 万余卷，集合邓实、黄节、刘师培 3 人所捐图书作为基本藏书。藏书楼于 1906 年 10 月正式对外开放。办藏书楼的宗旨是：庋藏古今载籍，搜罗秘要图书，以供该会会员及会外好学之士观览。邓实亲自参与藏书楼的管理，对书籍逐一检阅、编号、分类，装订和修补破损的图书；完成了重新编目工作，撰写《国学保存会藏书志》。1932 年因经费短缺关闭，藏书最后由他捐献给复旦大学图书馆。

邓实翻印古籍，为的是鼓吹革命。他看到当时旧本古籍经历兵燹，文物散佚，国学沦亡，忧心不已，“从来兵戈之起，书籍之遭其厄独甚”①。1911 年，邓实刊刻《风雨楼丛书》50 册、《风雨楼秘籍留真》10 册，皆为影印各名家手写稿本，如顾苓、孙承泽、朱彝尊、王芑孙等人的手写稿本。1912 年，在缪荃孙赞助支持之下排印出版《古学汇刊》，共收书 61 种，旨在“发明绝学，广罗旧闻，故所刊录专主经史杂记之有关系而足资考订者，欲使读者得此足以增益见闻，助长学识”。其中不少珍贵文献，如钱大昕《经典文字考异》为钱氏未刊之书，李清《三垣笔记》为清代禁毁之书。“邓实清醒地认识到，在风起云涌的清末，整理古籍躲到象牙塔是没有出路的，只有结合现实，为火热的社会政治服务，这门古老学科才能焕发青春，充满活力。”②

程演生（1888—1955），安徽怀宁人，谱名存材，字源铨，又字总特，别号天柱外史、寂寞程生。1909 年肄业于安徽高等学堂，后留学英、法、日等国，在法国获博士学位。回国后，先后在杭州华严大学、北京大学、暨南大学、安徽第一师范学校任教。在北大任教期间，参加新文化运动，与沈尹默、陈独秀、王星拱等共同组织大学俱乐部，还参与编辑《新青年》杂志。五四运动中，积极支持学生的爱国运动，与高一涵、王星拱等散发陈独秀、李大钊印制的《北京市民宣言》，斥责北洋军阀政府的卖国行径。北伐后，出任外交部特派员，赴法国、土耳其、阿富汗、比利时等国考察教育、政治、经济。新中国成立后，任上

① 邓实．古学汇刊：序例．

② 程明．邓实与古籍整理//中国历史文献研究会．历史文献研究（北京新二辑）．北京：北京燕山出版社，1991：375．

海市文史馆馆员。

程演生在巴黎法国国家图书馆看见北京圆明园图80幅，经与该馆多方协商，最终得以将图全部拍照带回国内，这是圆明园海外史料的首次回归，为后人探知圆明园原貌提供了第一手资料。1932年4月，程演生接任安徽大学校长，并兼安徽通志馆副馆长。他广搜乡邦文献，与馆长江彤侯编印《安徽丛书》6期计71种著作，使明清以来新安学派的著作得以流传。抗战爆发，程演生身陷“孤岛”，蛰居租界，与李季、王独清共同编纂《中国内乱外患历史丛书》（后改名《中国历史研究资料》）出版发行。

此外，1911年到1912年由商务印书馆排印出版的《痛史》包括30种南明史籍，对当时的青年起到了宣传鼓舞反清的启蒙作用。《痛史》的整理、出版，由孙毓修主持辑印并负责校勘，这是商务印书馆辑印的第一部古籍丛书。孙毓修（1871—1922），江苏无锡人，清末目录学家、藏书家、图书馆学家，字星如，一字恂如，号留庵，自署小渌天主人。清末秀才。因屡试不中，放弃科举，学习英文和各种西学，并决心从事著译。光绪三十三年（1907）入上海商务印书馆编译所，得到张元济赏识。后出任涵芬楼负责人。1919年主持影印《四部丛刊》，先后出版了《四部丛刊初编》《四部丛刊续编》《四部丛刊三编》。著有《永乐大典考》《事略》《江南阅书记》《四部丛刊书录》《中英文字比较论》《中国雕版源流考》等。1911年10月，武昌起义爆发，商务印书馆迅速推出一系列配合辛亥革命的书籍，如《大革命写真画》《革命纪念明信片》等，“孙毓修辑编的古籍丛书《痛史》，则以揭示历史真相的形式，为辛亥革命助威呐喊”①。孙毓修以“乐天居士”署名作《痛史》序：“慨自烈皇殉国，轴覆枢翻；闯逆攻都，海飞山走。痛东迁之聚散，萍水三朝；览南渡之兴亡，莺花一笑。值中邦之多难，来外族之凭陵。扬州惨史，周余有垂尽之伤；江上孤城，父老皆登陴而哭。等衣冠于涂炭，易桑梓为龙荒。二百六十余年以来，谈者犹觉动容，闻者不无余痛。何怪当年，西台恸哭，人恋故主之恩；南烬再燃，群奉前王之统；匹夫烈妇，蹈鼎镬而如饴；义士荩臣，奋干戈而不屈者乎！而天方授楚，谋用不臧。劫后遗民，或黄冠沦隐，结月泉汾上之盟；或石室吟哦，纂踏海

① 柳如城．孙毓修评传．上海：上海人民出版社，2011：200．

吁天之录。其志弥苦，其思也哀。今寻温睿临《逸史》之所引与杨凤苞《秋室》之所记，综其目录，奚翅数百。而禁网久锢，散佚太半，山巅水涯，转辗匿存，仅得之于腻尘残蠹、钞胥鲁鱼之中者，能不宝若洪畴、珍逾壁简也？此类之有汇刻，《荆驼逸史》导其前，《明季稗史》踵其后。然未尽者实多，兹向收藏之家冥心搜访，得若干种。悉先民匿井之心史，亦人间未见之秘书。若夫鼎革以后，文字之狱屡有所闻。禁制太甚，牴牾不免。凡此记载，俱甚秘密，今并刊行，俾不泯没。作者其有忧患，读者能无不平？颜曰《痛史》，称其实也。辛亥十月，乐天居士。”①

孙毓修强调“痛”字，颇为贴切。这与辛亥革命时期强烈的民主思潮相吻合。“各书皆从私家抄本录出，详记明末清初遗闻逸事。从前并无印本，洵为三百年来唯一之秘书。现特精校付印，以饷海内。”②《痛史》共 20 种 31 册，线装排印。在辛亥革命和抗战时期，《痛史》产生了重要的学术影响，柳亚子认为《痛史》“内容与《荆驼逸史》及《明季稗史初编》绝少重复，缘此书所辑，皆二百余年来未刊之书，足称瑰宝”③。

1928 年陈铭枢出资盘下神州国光社，出版重点改为社会科学和文艺译著，出版的较有影响的书有 1936 年的《中国内乱外祸历史丛书》。蔡元培在总序中说明编纂该丛书的目的：“自中华民国成立，中国国民党之民族主义，以渐普及，凡清代所指目为违碍之书，转为有志者所偏嗜。程演生先生有鉴于是，乃与诸同志组织中国历史研究社，所研究之范围，固当甚广，而首先注意者，则亦为蕴蕴已久之书。多方搜辑，已得三百余种，乃编为《中国内乱外祸历史丛书》而印行之。主持印务者，仍为神州国光社，衣钵相嬗，良非偶然。方今学者，处国难严重之期，切民族自决之望，得是书以增其刺激，其于中国之将来，必大有影响无疑也。”④ 该书共有《庚子国变记》《三朝野记》《倭变事略》《列皇小识》《避戎夜话》《东南纪事》《虎口余生记》《甲申传信录》《信及录》

① 乐天居士. 痛史. 上海：商务印书馆，1911：序.
② 百八十年阴阳历对照表. 上海：商务印书馆，1912：插页广告.
③ 柳亚子. 怀旧集. 上海：上海科学技术文献出版社，2015：174.
④ 中国内乱外祸历史丛书. 上海：神州国光社，1936：总序.

《扬州十日记》《东行三录》《三湘从事录》等十二册，出版后大受好评，其中绝大部分为南明史料。

抗日战争时期，南明史料的搜集整理和研究成为爱国学者表明誓死抗战决心的文化实践行为。柳亚子（1887—1958），江苏吴江人，谱名慰高，号亚子。青年时代参加同盟会，积极从事民主革命活动，又创立南社以文字鼓吹革命。辛亥革命后任《天铎》《民声》《太平洋》等报刊主笔，新中国成立后，当选为中央人民政府委员、全国人民代表大会常务委员会委员。对方志编纂工作也颇多建树。民国十八年（1929）应聘江苏通志编纂委员会委员，二十一年（1932）又任上海市通志馆馆长，主持《上海通志》之编纂。虽因日军侵华而中断，但出版上海方志刊物颇多，如《上海市通志馆期刊》《上海市年鉴》《上海掌故丛书》《上海研究资料》等。《上海市通志馆期刊》内容甚广，包括上海市之历史沿革、政治、外交、租界、金融、社会事业、教育、学术团体、出版刊物诸项。《上海市年鉴》内容，除特载及大事概要外，有土地、人口、天时、气象、党务（国民党）、行政、司法、外交、军事、财政、租界、金融、教育、交通、工商业、农林、渔牧、学艺、宗教、社会事业、名人录等，共二十余项。柳亚子《上海市年鉴（1935年）·叙》云："上海市通志馆，实以科学方法研究地方史料之首创者"，实为公允之评价。

1937年，日军全面侵华，爱国诗人柳亚子决心以死相抗。他认为，中国所面临的历史命运与南明历史有诸多相似之处，为砥砺全民、表明誓死抗战的决心，他把自己在上海的居所命名为"活埋庵"，闭门谢客，撰写《南明史纲》。1939年10月，他写遗书给子女，内称："余以病废之心，静观时变，不拟离沪。敌人倘以横逆相加，当誓死抵抗。成仁取义，古训昭垂。束发读书，初衷俱在。断不使我江乡先哲吴长兴、孙君昌辈笑人于地下也。"① 他着力搜集史料，凡有关南明史事之书，有见必录，网罗吴江人著述千余种，收藏南明史料甚富，编有《南明史料书目提要》。

柳亚子对南明史料的研究，受到唯物史观的影响，在《我的南明史料研究经过》一文中，他指出："中国旧时的史籍，严格讲起来，是不能称为历史的。偌大的二十五史，也不过是史料而已。所以，我不敢僭

① 两写遗嘱//李海珉. 柳亚子. 南京：《江苏文史资料》编辑部，1999：108.

称研究南明历史，而只称为研究南明史料。我理想中万一将来能够研究成功的结果呢，也还是一大堆史料。不过想把史料整理得完备一些，以便当代具有唯物史观学识的历史学家作为参考时方便一些，也就达到我的目的了。”①

柳亚子是因阅读南明野史产生撰写《南明史纲》的兴趣，又为撰史而大量阅读和研究南明史料，从而积累了大量关于南明的史籍，他在郑振铎计划影印的《晚明史料丛书》之外，计划编印出版《南明史料丛辑》，专为修纂南明史服务。“现在想起来，西谛先生所计划影印的《晚明史料丛书》如果成为事实，实在应该加上‘珍本’两字，称为《晚明史料珍本丛书》，才能名副其实，因为这些都是天壤间稀有之本呀。但在我的理想中间，却还应该有一部《南明史料丛辑》出来，以南明为范围，不涉甲申北都之变；且只求实用，不讲珍秘与否。”② 根据柳亚子的设想，该书共五辑，分别录入明清之际私修史书，如第一辑含《罪惟录》《南疆逸史》《小腆纪传》，并附录《东南纪事》《西南纪事》《永历实录》《劫灰录》，第二辑含《甲乙事案》《圣安皇帝本纪》《思文大纪》《天南逸史》《行在阳秋》《也是录》《求野录》《弘光纪年》《隆武纪年》《永历纪年》《鲁纪年》《鲁春秋》《南明野史》等，而以《小腆纪年》列在最后。第三辑含《赐姓始末》《郑成功传》《台湾外记》《台湾纪事本末》《台湾郑氏始末》等。“这五辑，当然不是严格的分别，不过稍示一个轮廓罢了。内容也尽有可以商量的余地，不必拘泥。印刷的形式，则参照神州国光社出版的《中国内乱外祸历史丛书》，分段落，加标点。这部《南明史料丛辑》的编印，和南明纪年以及南明史的写作，如果完成，就是我研究南明史料最后的目的了。”③ 柳亚子以史料整理带动史学研究，是比较科学的研究方法。

1941 年 11 月，柳亚子在《大风》月刊发表《一年来对于南明史料的工作报告》，介绍了关于南明史料整理的进展情况，《南明史纲初稿》开始发表，而整理屈大均《皇明四朝成仁录》的具体工作也在进行之中。柳亚子在整理该书的过程中，使用不同版本细致对勘，并根据谢国

---

① 柳无忌. 柳亚子文集. 上海：上海人民出版社，1994：292.
② 同①308.
③ 同①308－309.

桢抄写的目录重定传文次序，以复旧观，他还据底本删去重复，恢复原书行款书法。

应该看到，去清作为时代的旗帜曾经号召、鼓舞了学界探究和从事明清之际反清文献档案整理、出版的热情，并产生了文献档案整理、出版与研究的双重实践成果，为清代文献档案的传承与清代史学的发展奠基，但是，“辛亥革命前革命党人对明史、南明史的研究，并非是明史学人研究历史，而是政治家研究历史，浅尝辄止”，“辛亥革命时期，革命党人正是为了反清的需要去‘观察以往’，按照他们自己的‘模样’去重新‘铸造’古人的，从而模糊了一部分历史真实，为历史研究埋下不少钉子”①。受情绪影响，国粹派的文献档案观以政治宣传为指导原则，客观上限制了文献档案的范畴，而在抗清与反清历史记忆中寻求革命火种的方式也在一定程度上模糊了史籍的界定，造成不够严谨、不够客观的状况。

应该承认，去清是一种态度，更是反满革命的呼声。如果说恋清更大程度上是一种怀旧的情感，去清则是一种反向作用的情感；如果说前者过于倾向爱，后者则过于倾向恨。对于已经灭亡的清王朝，情感上的接近与远离恰好构成相对立的两种情绪。无疑，情绪化态度会影响到学者的倾向与转变。受情绪左右的两种观念难免会在实际的学术行为中产生矛盾之处，比如，鲁迅对《四库全书》的态度和行为也有相类似的微妙之处，仔细研读鲁迅著作、书信发现，以 1934 年为界，鲁迅对《四库全书》《四库全书总目》的批评态度发生了明显转向，从最初的对古籍善本的学理探讨转向寓“古”讽“今”的批评，批评《四库全书》由最初从学术研究的立场注意其是“钦定”，到后期受国民政府文网禁令的影响而放大为“满清暗杀中国著作”的态度，同时鲁迅的中国小说研究、古籍序跋等文字和论述又充满了《四库全书总目》的风格。“大约鲁迅内心里是接受和学习《四库全书总目》的，这方面除了前文提及的古籍序跋中明显利用《四库全书》比照、校刊的例证外，鲁迅的小说研究受《四库全书总目》的影响来得更为深远。”② 鲁迅的个案体现了反

---

① 王春瑜. 明清史杂考. 北京：商务印书馆，2016：106.

② 骆耀军. 鲁迅对“四库”评价的转向：以《四库全书》《四库全书总目》为中心. 中国海洋大学学报（社会科学版），2017（3）：126.

满革命派学者在学术研究中所面临的现实矛盾，他们受传统文化的熏陶以及旧式教育的影响，但同时又受革命思想的引导，与旧时代决裂，故其本应客观的学术研究在情绪和政治态度之间摇摆，其研究结论自然也受其影响，并有所转变。就清代文献档案而言，情绪化的选择性研究与尊重文化传承、强调客观真理的科学态度合为一体，成为民国时期重要的学术景观。

三、抢救与保护：文化传承的声音

在恋清与去清的两种极端情感之外，还存在着一种虽有情绪化的表现，却相对客观、冷静，因而也更为恒久存在的情绪，即出于对传统文化的珍惜而奋身抢救的文化情感，可以说，以抢救性保护为目的进行相应的搜集、整理与刊刻是民国时期清代文献档案学术发展史的主题之一。这种抢救性保护一方面源于随着国势日衰文物典籍沦丧的实际状况。历代文物典籍被法、英、日等国明抢暗偷，如英国人莫理循收藏了在中国史学上具有重要价值的大量材料，包括中国海关报告、与中国有关的领事报告书等等，但是，在腐败的北京政府统治下，国内却没有机构主持收购。最后，莫理循文库被日本人岩崎久弥购得。另一方面，自晚清鸦片战争以来，中国社会长期动荡不安，内忧外患接踵而至。进入民国，政局动荡，战争迭起，包括清代文献档案在内的无数珍贵典籍或在战火中化为纸灰，或遭劫掠而散佚。此后又遭逢抗日战争，不少古籍毁于战火，涵芬楼秘籍就毁于日军的炮火之下。典籍大量流失海外，对文化界的震动极大。沈兼士在《筹画北京大学研究所国学门经费建议书》一文中指出："窃惟东方文化自古以中国为中心，所以整理东方学以贡献于世界，实为中国人今日一种责无旁贷之任务。吾人对于从外国输入之新学，曰我固不如人，犹可说也；此等自己家业，不但无人整理之，研究之，并保存而亦不能，一听其流转散佚，不知顾惜，如敦煌石室之秘籍发见于外人后，法、英、日本均极重视，搜藏甚夥，且大都整理就绪，中国京师图书馆虽亦存储若干，然仅外人与四家割弃余剩之物耳；又如英人莫利逊文库，就中收藏中国史学上贵重之材料极多，中国亦无相关机关主持收买，遂为日人岩崎氏所得，近闻已嘱托东京帝国大学文学部整理研究，不久当有报告公布。以中国古物典籍如此之宏富，国人竟不能发挥光大，于世界学术界中争一立脚地，此非极可痛心之事耶!”① 故而，搜集、整理、保存和传播中华文化成为学界的共同历史重任。

抢救民族文化遗产，传承历史文化，以刊刻的形式令文献档案化身千百，成为部分出版界人士的理念。张元济（1867—1959），浙江海盐人，号菊生。中国近代著名的出版家、藏书家、目录学家，民国时期出版机构商务印书馆的重要领导人。光绪三十三年（1907），出于保护民族文化遗产的责任感，张元济曾经在陆心源皕宋楼藏书准备出售日本人之时大力劝阻，尽力筹款，但未能成功，心痛不已，终身引为遗憾，他在给缪荃孙的信函中沉痛地说：“丙午春间，皕宋楼书尚未售与日本，元济入都，力劝荣华卿相国拨款购入，以作京师图书馆之基础，乃言不见用，今且悔之无及。每一追思，为之心痛。”② 时局动荡、国事衰微的晚清民国时期，张元济以出版为事业，“保吾国数千年之文明，不至因时势失坠”。张元济在与众多学者联名刊发的《印行四部丛刊启》中说：“睹乔木而思故乡，考文献而爱旧邦，知新温故，二者并重。自咸同以来，神州几经多故，旧籍日就沦亡，盖求书之难、国学之微，未有甚于此时也。”③ 面对典籍即将衰竭的危急局面，整理、出版文献档案，使其得以化身千百，就成为当务之急。张元济深感抢救典籍“事关国脉，士与有责”④。在《宝礼堂宋本书录序》中，张元济说：“余尝言一国艺事之进退与其政治之隆污、民心之仁暴有息息相通之理。况在书籍，为国民智识之所寄托，为古人千百年之所留贻，抱残守缺，责在吾辈。”⑤ 为此，张元济进入商务印书馆后，十分重视古籍特别是善本书的搜购，并建立涵芬楼加以庋藏。民国时大量重印和选印清代文献，除一些需求量大的经、史、子、集常用书与小说、戏曲等通俗读物外，很多是流传少的珍本、孤本和编纂质量高、资料价值大的文献。清代文献的再版，抢救了一批珍贵善本。

19 世纪末 20 世纪初的海外访书热是抢救、保护典籍的另外一种举

---

① 沈兼士学术论文集. 北京：中华书局，1986：362.
② 张元济书札. 北京：商务印书馆，1981：1272.
③ 张静庐. 中国现代出版史料：甲编. 北京：中华书局，1954：351.
④ 同②2.
⑤ 张元济诗文. 北京：商务印书馆，1986：280.

措。“民国初年，有一大批中国学人往海外访书，其中较有成绩的是张元济、傅增湘、董康、王古鲁、孙楷第、向达、王重民、郑振铎、姜亮夫等人，他们对中国文献典籍的搜集、保存、研究及刊刻出版等，都做出了巨大贡献。”① 就清代相关文献而言，主要是太平天国史料和明清之际天主教传教士汉文文献。太平天国史料多藏于英、法、德等国图书馆，王重民先生说：“近十余年来，东方学子争研太平天国史事，欧洲所藏，次第发现。……程演生先生携回东方语言学校所藏，北京大学印为《太平天国史料》第一集。俞大维先生携回普鲁士国立图书馆所藏，罗鸿涛先生据以编入《太平天国诗文钞》。萧一山先生携回大英博物院所藏，国立编译馆汇辑为《太平天国丛书》。”② 王重民本人 1934 年被派往巴黎法国国家图书馆协同伯希和整理敦煌卷子，直至 1939 年，他在此期间走访了柏林德国国家图书馆、罗马梵蒂冈图书馆、英国的伦敦博物馆和剑桥大学图书馆，1935—1936 年他先后发表《记巴黎图书馆所藏太平天国文献》《柏林访书记》《记剑桥大学图书馆所藏太平天国文献》，剑桥大学图书馆所藏三十三种文献被影印出版。其中，太平天国官书是我国历史上唯一的农民起义军自己发行的文献，程演生编辑的《太平天国史料》是太平天国官书流传于国内的开始。“总计天国印行的官书，程演生所辑八部，张元济著录九部，萧一山所录二十二部，除其重复，共得二十六部，合王重民所编十部，以及国内图书馆所藏和各地的发现，共有四十二部。”③可以说，这些赴海外搜寻回的史料对早期太平天国史的研究起了重要推动作用。

明清之际天主教传教士汉文文献，多藏于意大利、梵蒂冈、法国等地，“王重民旅欧五年，于巴黎、梵蒂冈及欧洲其他主要城市图书馆的收藏十阅八九，辑编了一部《欧洲所藏明清天主教士译著联合目录》”④。此外，零星的清代文献海外访得还有张元济于日本访书期间，得到内藤湖南所赠海内孤本《溃痈流毒》重录本，“此书系中国鸦片战

① 王余光. 中国现代文献学家海外访书的成就. 图书情报工作，2004 (3)：6.

② 王重民. 冷庐文薮. 上海：上海古籍出版社，1992：747.

③ 陈恭禄. 中国近代史资料概述. 北京：中华书局，1982：103.

④ 李培文. 清末民初中国学者的海外访书活动及其成就. 中国典籍与文化，1999 (3)：114.

争时期文献汇编，国内早已失传"①，该书后收入"中国近代史资料丛书"第一种《鸦片战争》。民国时期的海外访书为文献档案的搜集、整理以及清代史学研究的不断拓展奠定了基础，并且，时至如今，海外访求清代文献档案仍然是搜集、整理、出版和研究的重要途径，是弥补清代史料存藏分散，部分重要史料不齐全、不完整等缺陷的必要方法。

如果从情感的角度来分析，痛惜民族文化遗产颠沛流离、亡佚失传，故不遗余力加以搜集、整理、出版以促进其传承的行为仍包含了情感，只是较之前两者，更能突破时间、空间和具体历史环境的局限，放眼于更为亘古久远的民族文化传承的历史使命。必须指出的是，情感的分析只是基于民国时期社会变动的前提，强调在情感的促动之下所产生的相应文献档案整理、出版行为及思想，并不意味着上述三者迷失于情感之中，完全失去理智的控制，而只可理解为学术思想史研究背景之下的一种情感分析。三种情感之中，恋清与去清都有时代性，随着百年历程的次第展开，清王朝的背影渐趋远去，遗老消失，革命的氛围剧减，两种极端的情感逐渐消减，在史学界中即便有零星出现，也弱化和转化为对所研究文献、史料、问题、人物的不可避免的爱与憎。但救亡与传承的情感则具有跨时代性，甚至历久而弥新，在时代发展的今天，利用现代技术手段抢救、保护清代文献档案，不仅供学界利用，而且供整个社会共享，已经成为共识。在抢救、保护传统文化为时代主题的今天，清代文献档案的整理和出版已经与新时代塑造民族文化自信的历史任务合为一体。

第二节　情归于理：学术思潮的影响与冲击

情感因素与时代变迁关联密切，在王朝体制崩溃、新旧交替、反满革命思想高涨的时代，清代史学的研究难免经历研究群体情绪化的阵痛，而当情绪的宣泄逐渐消歇时，从感性回归理性，则不仅是学术发展

① 柳和城．书里书外：张元济与现代中国出版．上海：上海交通大学出版社，2017：82.

的客观要求，同时也是情绪表露之后个体学人自然而然的选择。从前面对恋清与反清的极端情感梳理之中，亦可以看出，尽管清遗老与反满革命派的文献档案观受到某种带有倾向性的情绪操控，或呈现以恋清为主的黍离麦秀之思，或诉诸以去清为态度的扼腕痛惜之恨，但不同社会群体在清代文献档案的整理、出版和研究过程中具有理性的行为与追求学术发展的声音仍然绵延其中，只是缺少情绪的沉淀，未能形成持久的动力而已。大浪淘沙，经过时间与空间的淘洗和沉淀，无论怎样，情归于理终成为学术演进的必由之路，并经由深受民国学术影响的晚近学人的学术实践而最终完成回归理性之途。

在情归于理的学术演进路途中，清代文献档案与史学发展的关系尤为值得关注。提及文献档案与民国学术发展之关系，王国维曾说："近世学术之盛，不得不归诸刊书者之功。"① 学术的发展，离不开文献档案的整理和出版；学人的塑造，离不开文献档案的孕育。而民国学者中，凡致力于文献档案之整理研究者，莫不有巨大之贡献，甚至往往成为学界之翘楚，如民国学术巨匠陈寅恪，"由于寅恪先生掌握的治学工具多于其他人，有机会接触清廷档案、满洲老档、敦煌石室等新史料，在后'五四'时代的学者群中，他的研究常常孤明先发，完全合于他所说的'得预于此潮流'之'预流'的标准。现代学术史上，很少有另外的学者，能够在资料的占有方面与寅恪先生相比肩"②。以辛亥革命为主体的清末民初的历史更替是 20 世纪初的时代巨变，在革命发生的前后，与之相关的各派力量对清代文献档案予以不同层面的侧重与诠释，故而，这一时期的清代文献档案观呈现出多元性变化的复杂格局。大体而言，影响其时学界观念并主导文献档案的整理、出版和研究行为的主要有以下因素。

一、整理国故思潮及其影响

民国时期的学术思想异常活跃，"新思潮""新文化"已蔚为风潮，其中 20 世纪 20 年代兴起的整理国故思潮，对古籍整理事业的推动甚大。1919 年，胡适在《新思潮的意义》③ 一文中，提出了"整理国故"

---

① 王国维. 观堂集林（外二种）. 石家庄：河北教育出版社，2003：568.

② 刘梦溪. 陈寅恪的学说. 北京：生活·读书·新知三联书店，2016：33.

③ 胡适. 新思潮的意义//胡适文存一集. 合肥：黄山书社，1996：442.

的口号，提出“研究问题，输出学理，整理国故，再造文明”的十六字整理国故方针。之后胡适又系统阐述了“整理国故”的范围与方法：“第一，用历史的眼光来扩大国学研究的范围。第二，用系统的整理来部勒国学研究的资料。第三，用比较的研究来帮助国学的材料的整理与解释。”① 由于当时出版的古籍不能完全适应国文教育的状况，胡适还提出了一个基本的整理办法：“（1）加标点符号。（2）分段。（3）删去繁重的、迂谬的、不必有的旧注。（4）酌量加入必不可少的新注。（5）校勘用古本善本校勘异同，订正讹脱。（6）考订真假。（7）作介绍及批评的序跋，每书应有详明的序跋。”② 整理国故与国粹派在目的上有明显的不同，国粹派提倡国学研究，目的是发扬国光，而整理国故则是要区别“国粹”“国渣”，对传统文化予以重新评估，进而再造文明。“现在有许多人自己不懂得国粹是什么东西，却偏要高谈‘保存国粹’。若要知道什么是国粹，什么是国渣，先须用评判的态度，科学的精神，去做一番整理国故的功夫。”③ 1918 年，蔡元培在《〈北京大学月刊〉发刊词》中指出，要用西方科学的方法整理国故：“非徒保存国粹，而必以科学方法，揭国粹之真相。”在态度上，整理国故派显得更为客观。“国粹学者虽在研究中能保持较为客观的态度，但终究抱有‘国粹’的成见，这使得他们更多地看见‘国故’的正面形象，而理智上倾向于倡导‘国粹’。而‘整理国故’运动，是将‘国故’当作客观研究的材料给予批判，‘国故’不是倾慕的对象，所以强调不抱成见。”④ 20 世纪 20 年代兴起的整理国故运动，从某种意义上可以说是以科学精神为引导，对中国传统史料进行整理和研究的先导，“由于多数中国学人耳熟能详的治学对象只有国故，整理国故实际已成为‘科学’在中国的主要落脚地”⑤。

此后在胡适的推动下，整理国故运动勃然而兴，甚至得到了欧美留

---

① 胡适.《国学季刊》发刊宣言//胡适文存二集. 合肥：黄山书社，1996：13.

② 胡适. 新思潮的意义//胡适文存一集. 合肥：黄山书社，1996：442.

③ 同②.

④ 朱发建. 20 世纪上半叶中国史学“科学化”问题研究. 长沙：湖南师范大学出版社，2016：144.

⑤ 罗志田. 国家与学术：清季民初关于国学的思想论争. 北京：生活·读书·新知三联书店，2003：332.

学生的积极响应。梁启超认为，整理国故之方式可以分为四种，即读本式整理、索引式整理、结账式整理和专史式整理。所谓读本式整理，“即是整理所有最著名的古书，使成为普通读本，使一般人能读能理解”，具体整理方法则包括校雠、训诂、标点、分段和介绍五种；索引式整理“如以绳索钱，使能提纲挈领”；结账式整理要结合自古迄今各家聚讼；专史式整理是就各种性质类似的古书，纂集起来作为一种专史①。可以说，整理、出版古籍，是整理国故的基础和研究来源。整理国故的兴起是民国时期清代文献档案整理事业发展的学术诱因。1930年洪业任教燕京大学，积极响应胡适“整理国故”的号召，因其中西会通的学术背景，故能始终秉持以科学的实证方法整理中国古代典籍，编纂引得丛刊，嘉惠学林。在整理国故运动中，洪业逐渐明确提出自己的史学理论和史学方法，客观上促进了史学的现代化。

二、史界革命与野史侧重

20世纪初兴起的新史学，呼唤史学革命，成为促动清代文献档案观变化的又一学术要素。梁启超在《中国历史研究法》一文中曾提出：“质而言之，旧史中无论何体何家，总不离贵族性，其读客皆限于少数特别阶级——或官阀阶级，或智识阶级，故其效果，亦一如其所期，助成国民性之畸形的发达。此二千年史家所不能逃罪也。此类之史，在前代或为其所甚需要。非此无以保社会之结合均衡，而吾族或早已溃灭。虽然，此种需要，在今日早已过去，而保存之则惟增其毒。”② 梁启超所倡导的“史界革命”是以改造旧史体，尤其是以改造正史体系为前提，故对官史的抨击不遗余力。1922年，顾颉刚在《中学校本国史教科书编纂法的商榷》一文中亦提出：“总要弄清楚每一个时代的大势，对于求知各时代的‘社会心理’，应该看得比记忆各时代的‘故事’重要得多。所以我们应当看谚语比圣贤的经训要紧，看歌谣比名家的诗词要紧，看野史笔记比正史官书要紧。为什么？因为谣谚野史等出于民众，他们肯说出民众社会的实话，不比正史官书、贤人君子的话主于敷衍门面。”③ 受此影响，注重私史和野史成为部分学者评定清代文献的

① 梁启超．再谈谈整理国故．晨报副镌，1924-02-25.

② 梁启超．中国历史研究法．上海：上海人民出版社，2014：31.

③ 顾颉刚．中学校本国史教科书编纂法的商榷．教育杂志，1922，14（4）.

标准和原则，如鲁迅所言："历史上都写着中国的灵魂，指示着将来的命运，只因为涂饰太厚，废话太多，所以很不容易察出底细来。正如通过密叶投射在莓苔上面的月光，只看见点点的碎影。但如看野史和杂记，可更容易了然了，因为他们究竟不必太摆史官的架子。"①

侧重野史是相对于长期以来官史占据史学研究主体的一种变革，以批判官史为先声，以侧重野史为口号，客观上促进了对清代民间所修史书的重视以及整理。"值得一提的是，野史汇编行为在民国建立之后逐渐向理性回归，如民国四年（1915）黄鸿寿所著《清史纪事本末》，编写取材自《十一朝东华录》，自满洲初起至宣统让位，成书八十卷；民国六年（1917）商务印书馆出版徐珂所编纂《清稗类钞》，作者广搜博采，仿清人潘永因《宋稗类钞》体例编辑而成，全书共分九十二类，一万三千五百余条，对于研究清史很有参考价值；民国九年（1920）成都所刊佚名辑《满清野史》则收录资料一百种，成书共约二百万字，自清代建国前至宣统逊位三百年间的内政、外交、军事、经济以及文化无不包罗，是一部价值很高的清代史料专辑。这些作品规模宏大，且具备史料编纂的严肃态度，已经不需要背负特定时期的政治使命，而是回归到了对一个已逝王朝的理性审视。"②

梁启超和鲁迅的看法极大地影响了谢国桢。1927 年，谢国桢清华大学国学研究院毕业后，到天津梁启超居所饮冰室教授其子女读书，饮冰室丰富的藏书，使他对晚明史籍产生了兴趣。1928 年，谢国桢应聘到北平图书馆工作，先后完成《清初三藩史籍考》《晚明流寇史籍考》《清开国史料》等史籍考证研究成果，在此基础上，进一步完成了一代史学名著《晚明史籍考》。谢国桢治史，强调野史的价值和功用。"先生治史甚忌空谈理论而重史料，尤重史料中的野史笔记。他所辑录的史料专集中所搜集的大多是野史笔记上的内容，因此也就格外具有价值。"③谢国桢明确指出："我感觉到一部二十四史虽然不能说全部都是谎言，但是官修的正史，都是站在统治阶级立场上，除了记载朝章制度、帝王

① 鲁迅. 忽然想到//鲁迅杂文全编：上. 西安：陕西师范大学出版社，2006：321.

② 赵霞. 陈去病研究. 保定：河北大学出版社，2013：30.

③ 商传. 晚明史籍考//仓修良. 中国史学名著评介：第 4 卷. 济南：山东教育出版社，2006：133－134.

将相、政治沿革、官吏的升沉而外，其记社会经济情况、朝野遗闻、劳动人民创造历史和生产财富的事迹，那就微乎其微……因之要明晓明清两朝的社会状况、经济基础以及科学技术的发明、学人的辈出、人民所创造的伟绩，则只有依赖于野史笔记中所记载的资料，从其中去伪存真、披沙拣金了。”①

侧重野史当然有其局限性，一方面客观上造成了史书范围扩大化和概念淆乱的弊端，但另一方面也客观上促成了文献档案领域平等观念的引入，成为引导学界深切思考、归于理性的重要因素。

三、客观、独立的实证史学观与情归于理的史学实践

进入民国，史学逐渐走向专门化。以 1917 年北京大学史学门建立为标志，现代史学发展有了实质性的进步。史学方法，作为衡量现代史学专业化的重要目标，在五四前后得到较为普遍的关注。在史学实践中，一方面，史料整理得到前所未有的重视，“民国时期几乎所有大学的历史系都开设了与史料搜集、史料考证、史料整理等内容相关的课程”②。另一方面，学界纷纷借助史料，以客观、独立的实证态度进行史学的撰写与研究。清代文献档案的重要性及其价值在史学实践中日益凸显，而清亡所造成的情感冲击则日益淡化，清史学界的文献档案观走向情归于理的学术轨道。

清代文献档案的价值首先表现于清史的纂修实践。如前所述，民国时期不少学者以各种方式参与了清史的纂修，或入史馆，或以私人之力纂修。而检验修史成绩的重要标准无疑是对文献档案利用的态度和具体展现在史书层面的具体史料的突破。萧一山的《清代通史》之所以得到普遍赞誉，因其利用清代文献档案，钩稽清代历史，取得了很大成绩。“但是在辛亥革命之前，史家鉴于清室文字禁祸之盛，私家既不敢撰国史，而辛亥革命以后国史馆又复疲缓无力不能撰成一代通史，于是国人企望最殷的近世史竟无全书，有之则自萧一山始。萧氏以一人之力独任三百年大事之重，著《清代通史》……详述三百年大事之始末因果，有条理，有断制，参考各书与清代档案极夥，取材既富，编选亦精，诚不

① 谢国桢. 明末清初的学风. 北京：人民出版社，1982：序言.

② 李孝迁.《史学原论》在民国的传播与影响//汤勤福. 历史文献整理方法与史学方法论. 合肥：黄山书社，2008：240.

作为现代史界唯一巨作。”①

前辈清史学人的研究，以客观、实证为出发点，清亡所带来的情绪影响在史学研究的实践中回归理性。孟森（1869—1938）的清史研究成果，主要在于清先世源流考定、满洲名称考辨、八旗制度考实、雍正继统考证、清初史事人物考辨等，对明清史的研究有着较深远的影响，被史学界誉为我国近代清史学派的开山祖。孟森对史学研究有着较为客观公正的立场，他认为：“有清易代之后，史无成书，谈故事者，乐数清代事实。又以清世禁网太密，乾隆间更假四库馆为名，术取威胁、焚毁、改窜，甚于焚书坑儒之祸。弛禁以后，其反动之力遂成无数不经污蔑之谈。吾曹于清一代，原无所加甚其爱憎，特传疑传信为操觚者之责，不欲随波逐流，辄于谈清故者有所辨正。偶举一事，不惮罗列旧说，稍稍详其原委，非敢务博贪多，冀折衷少得真相耳。”② 而就清史的学术研究而言，选择全面而完整的史书作为史料至关重要：“清未有史也，而有《史稿》，《史稿》为辛亥革命后政府所修。若以革命为易代之限，则《清史稿》与史有同等效力。然革命后同为民国，而政府之递嬗，意义有不尽同。故前一期政府之所修，又为后一期政府之所暂禁。今犹在审查中，卒蒙弛禁与否未可知。要之，吾辈今日之讲清史，犹未能认《清史稿》为勒定之正史也。则于史学上，无一定之史书可作根据。”③ 孟森肯定中国自古以来的修史传统，并认为，以清代历史上所形成的史料修史，必能完成清代正史的纂修工作。他提出：“清之于史，自代明以来，未尝一日不践有史之系统。中国史之系统，乃国家将行一事，其动机已入史，决不待事成之后，乃由史家描写之。描写已成之事，任何公正之人必有主观，若在发动之初，由需要动议，由动议而取决，由取决而施行，历史上有此一事，其甬动至确定，一一留其蜕化之痕迹，则虽欲不公正而不能遇事捏造，除故意作伪之别有关系者外，国事之现象，如摄影之留真，妍媸不能自掩也。有史之组织，清代明时未尝间断，故有史之系统未尝差池。民国代清，独未尝留意此事，及今而

① 周容. 中国近代史学//李孝迁. 中国现代史学评论. 上海：上海古籍出版社，2016：23.

② 孟森. 心史丛刊. 沈阳：辽宁教育出版社，1998：序.

③ 孟森. 清史讲义. 长春：吉林人民出版社，2013：3.

始议保管档案。保管档案，乃抱残守缺之事，非生枝发叶，移步换形，而皆使之莫可逃遁之事也。中国有史之系统，严正完美，实超乎万国之上。由科钞而史书，由史书而日录，而起居注，而丝纶簿，清代又有军机处档。具此底本，再加种种之纂修，实录又为其扼要，分之而为本纪，为列传，为方略，为各志各表，史已大备。”①

傅斯年对清史的认知，也带有客观性，当他谈及清代朴学的功用之时，指出：“我希望有人在清代的朴学上用功夫，并不是怀着甚么国粹主义，也不是误认朴学可和科学并等，是觉着有几种事业，非借朴学家的方法和精神做不来，这事业就是：（1）整理中国历史上的一切学问。中国学问不论哪一派，现在都在不曾整理状态之下，必须加一番整理。有条贯了，才可给大家晓得研究。（2）清朝人的第一大发明是文字学，至于中国的言语学，不过有个萌芽，还不能有详密的条理。若是继续研究下去，竟把中国语言的起源演变发明了，也是件痛快事。（3）中国古代的社会学正待发明。”②

朱希祖的南明史料研究，反映了实证史学研究驱动学者从情感回归理性的过程。朱希祖的研究除带有一定程度的反满革命的针对性之外，含有利用南明史料的研究来阐扬民族大义、激发民族精神的理念。朱希祖（1879—1944），民国时期著名的南明史学者，字逖先，浙江海盐人。1905年赴日本东京早稻田大学学习历史，并师从章太炎学习《说文》、音韵之学。1909年回国，任教于嘉兴第二中学。1911年辛亥革命爆发，被推为海盐县知事。不久，入浙江省教育厅担任公职。1913年入京，受聘担任北京大学教授，兼国史馆编纂。之后专任北京大学中国文学系和史学系主任。1926年转至清华大学、辅仁大学任教，两年后重返北大，任史学系主任，并发起成立中国史学会。1930年任中央研究院研究员。两年后南下广州，任中山大学文史研究所主任。1934年赴南京，任中央大学史学系主任。抗战爆发后随校迁往四川，后任国史馆筹备委员会总干事、考试院考选委员会委员。1944年病逝于四川巴中。著有《明季史料题跋》《伪齐录校补》《伪齐国志长编》《伪楚录辑补》《新梁书艺文志》《汲冢书考》《战国史年表》《杨幺事迹考证》《中国史学通

① 孟森. 清史讲义. 长春：吉林人民出版社，2013：3-4.
② 傅斯年. 清代学问的门径书几种//傅斯年文选. 成都：四川文艺出版社，2010：103.

论》等。

朱希祖对南明史书格外看重，认为："盖读此等书者，皆有故国河山之感，故能不数年间，兴复旧物，弘我新猷。"① 他深痛国难严重，欲将南明史研究作为鼓舞士气、救亡图存的舆论工具，从而加紧搜集资料，加大研究力度，发表了大量文章，以实现振兴民族精神、拯救国难的心愿。此外，由于记载明朝尤其是南明历史的书籍，在清朝屡遭禁毁，存留者极少，加上后来为逃避禁毁而对书名和内容大肆篡改，造成许多研究障碍。朱希祖历尽艰辛，多方搜购，每得一书，详加校勘、考证，辨别真伪，以求恢复历史真相。他将多方搜求的史籍详加校勘和考订，在20世纪二三十年代撰写关于明季史料及其他书籍的题跋共82篇，发表于《北大图书部月刊》《图书月刊》《文史杂志》等期刊上，这些论文和一些未刊稿后来由中华书局整理为《明季史料题跋》一书，于1961年出版，其中关于明季史籍的题跋六十八篇，对研究明末清初的历史具有非常重要的价值。朱希祖治史亦秉持独立的思想精神，他在《〈弘光实录钞〉跋》一文中指出："余于南明史事，凡东林、复社中人所撰著，必当推察至隐，不敢轻于置信。读史者当以至公至大之见，衡其得失，勿徒震于鸿儒硕学而有所蔽焉。"②

汤象龙、罗玉东、梁方仲等一批青年从搜集资料和整理史料入手，选抄整理有关近代财政经济第一手资料，从1930年至1937年卢沟桥事变爆发，在长达七年之中，抄录故宫及北京大学所藏档案不下12万件，以利用史料进一步研究历史，发现历史规律，进而做出科学判断。1936年罗玉东出版的《中国厘金史》，是迄今我国研究厘金史的最大最完整的一部专著。因史料翔实，出版之后的半个世纪中，在该研究领域始终保持着引用率最高的记录，后续新著未能出其范围。汤象龙撰写出版了《清季五十年关税收入及其用途》，后历时18年，在30年代所抄录的档案和整理的史料以及制成的统计表格基础上，出版了《中国近代海关税收和分配统计（1861—1910）》。

另外，"1936年郑（天挺）先生发表了《杭世骏〈三国志补注〉与

① 初版本朱希祖先生序//谢国桢．增订晚明史籍考．上海：上海古籍出版社，1981：1099.

② 朱希祖．《弘光实录钞》跋//明季史料题跋．沈阳：辽宁教育出版社，1998：33.

赵一清〈三国志注补〉》这篇有影响的文字，解决了清代遗留下来的一个疑案。清代学者赵一清所作《三国志注补》与友人杭世骏的《三国志补注》有雷同之处，因被后人疑为抄袭。郑先生通过系统的校勘考证，证明赵书所征引文献，多于杭书七八倍，雷同者也少，从而证明赵一清是清中叶的学者，而非文抄公。此文在当时的重要刊物北京大学《国学季刊》第五卷四期以首篇刊载，引人注目。随后他影印了赵书，在该书序里，他总结了赵书的十项优点，认为它仅次于晋裴松之的《三国志注》。1936 年发表的《张穆〈㐆斋集〉稿本》，对稿本中的三类文字加以校勘比较，证明稿本中有何秋涛、何绍基的批注，后之刻本与此稿本多有不同，有依'二何'之意见改正者，亦有付刻时未能尽从者。以上二文反映出郑先生在清代文献学与学术史上的造诣"①。

在文献档案整理实践之中，学界的理性一面也有所展示。比如 20 世纪 30 年代当商务印书馆影印《四库珍本丛书》时，当时官、商界主张要按照原式原样印钦定本，而学界的袁同礼、赵万里、蔡元培、傅增湘、李盛铎、陈垣、刘复（半农）等主张用善本替代，双方就是从文献学的版本角度出发看问题。当时商务印书馆的张元济主张《四库》自《四库》，善本自善本，二者并行不悖，反对在影印《四库》之时掺用善本；孟森发表《选印〈四库全书〉平议》一文，认为："今日教育部有选印《四库全书》之举，海内学人议论蜂起，颇能抉摘《四库》真相。愚以为清代毁书公案，至此而将大显，其选印之标准，所以有彼此之争，乃又一义也。"② 从《四库全书》编纂的历史过程探究《四库》影印的选择底本问题，回溯到历史层面探析争议，实质上体现出学界已摒除清代钦定文献姓官姓皇的一面以及该性质所带来的情绪影响，理性地回归学术。

总体来说，民国时期的清史研究被视为"不古不今之学"。在这一阶段，清史的重要性尚未得到学界的普遍认识，在历代王朝断代史中的地位也没有得到承认，从事清史研究的学者较从事其他断代史研究的学者人数少。如汪荣祖所言："近代史学的昌明光大，大致根据三个基础：

① 常建华. 郑天挺先生与 20 世纪的清史研究. 安徽史学，2019（4）：6.

② 孟森. 选印《四库全书》平议//宋原放. 中国出版史料（现代部分）：第 1 卷下册. 武汉：湖北教育出版社，2004：484.

学院化、专业化与独立化。学院化使历史研究人才集中、资料集中，不再是政教之附庸或贵族之余兴；学院化自然促进专业化，使历史研究由专人负责，渐成为精细的科学研究报告，不再是教训式空谈式或纯描绘式的叙述；学院化与专业化之后，历史学乃趋向为严密而精致之学问，随着近代学术独立之潮流，以及客观原则之要求，史学逐步摆脱非学术因素的干扰，尤其是政治因素的干扰，乃成独立自主之学问。”“回顾民国史学，无可怀疑的，已走上学院化、专业化与独立化之途，但道途并不是平坦的，故‘三化’之基础并不是稳固的。基础不稳，建筑更难，这也许就是民国史学犹未能光大高明的原因。”①在清史研究尚不明朗的整体状况之下，对文献档案的学术认知亦处于情归于理的过渡阶段。

第三节　走向现代：深受史料学影响的清史学界文献档案观

如果说恋清与去清代表着清史学界文献档案观的初期状态，情归于理的抉择属于过渡状态，那么，在现代学术发展的影响下，清史学界文献档案观的主要特点为深受史料学的影响。所谓史料学，可从宏观和微观的角度加以分类，“一类研究搜集、鉴别和运用史料的一般规律和方法，可称为史料学通论；另一类研究某一历史时期或一史学领域史料的来源、价值和利用，可称为具体的史料学”②。具体的史料学对清代文献档案观的形成、发展及现状产生着深远影响。

在 20 世纪，实证对史学发展的影响很大，王国维曾说：“凡事物必尽其真，而道德必求其是，此科学之所有事也；而欲求认识之真与道理之是者，不可不知事物、道理之所以存在之由与其变迁之故，此史学之

---

① 汪荣祖. 民国史学的发展//中国现代史专题研究报告：第 9 辑. 台北：中华民国史料研究中心，1979：159.

② 陈高华，陈志超. 中国古代史史料学. 北京：北京出版社，1983：1－2.

所有事也。”① 求真务实，是史学的根本任务和特征。而史学研究者探寻各种问题，离不开各种史料，尤其是原始史料，史学对史料有天然的需求。那么，什么样的史料才最能适应史学求真目的的要求呢？梁启超认为：“治科学者，无论其为自然科学，为社会科学，罔不恃客观所能得之资料以为其研究对象。而其资料愈简单、愈固定者，则其科学之成立也愈易，愈反是则愈难。”② 客观的、简单的、固定的资料，在史学科学化的初始时代，得到了学人的重视；史料的普遍性重要价值，获得学界的公认。在某种意义上，可以说，中国史学的发展在初期整体上都受史料学观念影响至深。

关于史料重要性的最典型的观点，即所谓“史学便是史料学”，持这一观点的主要代表人物是傅斯年。他说：“历史学不是著史：著史每多多少少带点古世中世的意味，且每取伦理家的手段，作文章家的本事。近代的历史学只是史料学，利用自然科学供给我们的一切工具，整理一切可逢着的史料。”③ 他甚至认为：“史学便是史料学：这话是我们讲这一课的中央题目。史料学便是比较方法之应用：这话是我们讨论这一篇的主旨。”④ 并提出如何整理史料，即让史料说话：“一分材料出一分货，十分材料出十分货，没有材料便不出货。”⑤ 这种以史料代替历史的观点，虽然受到许多学者的批评，但是确实曾在史学研究初始阶段发挥了重要的作用，并且直接影响到 20 世纪初期清代文献档案的整理成果。

史料派对史料的重视促成了抢救和整理内阁大库明清档案，并在整理工作中培养了一批专家和学者。清代内阁大库所藏明清档案内容丰富，涉及明清两代的政治、外交、军事、财政、水利、商贸、文教、民族、宗教、法律等诸方面内容，是历史研究极为宝贵的原始资料。清朝灭亡以后，内阁大库档案无人管理。民国初年，教育部官僚甚至将其当作废纸，以 4 000 元卖给造纸商人。后罗振玉以 12 000 元回购，但因资金拮据，又于 1924 年以 16 000 元的价格将一部分卖给了著名藏书家李

① 王国维.《国学丛刊》序. 国学丛刊. 1911 (4): 1.
② 梁启超. 说史料//中国历史研究法. 上海：上海人民出版社，2014：38.
③ 傅斯年. 历史语言所工作之旨趣. 中央研究院历史语言研究所集刊，创刊号，1928.
④ 傅斯年. 史学方法导论//傅孟真先生集：中编丁种. 台湾，1952：3.
⑤ 同③.

盛铎。李赁屋贮藏档案，但无能力整理，而且存藏条件简陋，档案损毁严重。当时，日本、法国的一些所谓汉学家纷纷欲出重金求购。1925年春，傅斯年得知档案处境后，极为焦虑。他向时任中华民国大学院院长的蔡元培求援，得到蔡元培的允准后，以18 000元的价格购回。傅斯年还聘请了一批专家整理档案。1929年9月，以著名历史学家徐中舒为首的“明清史料编刊会”成立，会员有陈寅恪、朱希祖、陈垣等人，都是史学造诣精深的专家学者。明清档案的整理成为当时学界盛事，为清史研究奠定了坚实的史料基础，并开拓了广阔的研究前景。应该说，对史料的重视与珍视促成了学界保护和整理内阁大库档案的盛举。

1922年，沈兼士主持北京大学研究所国学门，当他得知教育部和历史博物馆要变卖一大批明清内阁档案，就立即致函教育部请求将尚存历史博物馆（尚未运往纸店）的档案拨归他们保管、整理。在陈垣、蔡元培的大力支持下，北京大学研究所国学门接管了这批档案，共计62箱另1 502麻袋（历史博物馆仍留了小部分），内容包括大量的题本、奏销册及明代兵部题行稿、明清实录、圣训、史稿等档案。为此，北京大学研究所国学门专门成立了“清代内阁大库档案整理会”，并决定从这年暑假起，由沈兼士负责，开始着手整理这些杂乱的明清档案。他们边整理，边宣传，在北京大学25周年校庆（1923年5月）时，研究所国学门专门举办了明清档案整理工作展览。北京大学研究所国学门档案整理会的明清档案整理工作于1924年告一段落，从庞杂的明清档案中发现了许多珍贵的史料，共整理出52.32万件和200多册档案，并先后刊印了《清理清代内阁档案报告（要件）》《清九朝京省报销册目录》等档案汇编和清册。

沈兼士本人对清代档案的价值予以客观肯定，他所在的研究所国学门开展近代史研究时，就十分侧重公家档案①。在《方编〈清内阁库贮旧档辑刊〉序》一文中，沈兼士指出：“北京大学国学门闻罗叔言斥货赎内阁大库档案，有慨于心，因与马叔平、陈援庵、朱易先诸君共谋以劫余归于研究所，此为学术机关整理档案之嚆矢。溯民国二十余年间，北京大学之于研究国学，风凡三变：其始承清季余习，崇尚古文辞；三

---

① 沈兼士学术论文集. 北京：中华书局，1986：343.

四年之后，则倡朴学；十年之际，渐渍于科学，骎骎乎进而用实证方法矣。以为向来文士尽信书之弊，当有以矫之，故研究所国学门于古代研究，则提倡考古学，注意古器物之采集；于近代研究，则侧重公家档案及民间风俗。持此纵横两界之大宗新资料，以佐证书籍之研究，为学者辟一新途径。良以档案为未加造作之珍贵近代史料，固等于考古家之重视遗物遗迹也。”①

他还提出：“档案是修史取材的大宗来源，可以说是没有渗过水的史料。关于某一问题的档案（如明末边事、清代文字狱），搜聚起来，固然可贵。即是平凡普通的材料（如题本中之各省债务案及争产案）统计起来，也可以解决许多历史上重要的问题。作史者有了这些原料，加上专家判断的识力、组织的技术，便可称为一篇佳构，向来修官书往往嫌恶档案繁重，除直接可用者外，大半弃置不顾，那是很可惜的。”②

陈垣也是一位在明清档案整理方面做出了突出贡献的学者。1931年辅仁大学开学时沈兼士致辞，赞扬陈垣的明清档案整理之功绩：“从前鄙人办北京大学国学研究所的时候，曾纠合多数学者，共同担任此种重大的工作，那时陈援庵校长就是中间一个最努力的；当时我们见到中国近代史最重要的材料就是清代的内阁档案，也就请陈先生指导整理；现在一般人都知道档案之价值，便是那时所开的风气。”③ 1929 年 5 月，陈垣先生受邀为燕京大学现代文化班做题为《中国史料急待整理》的讲演。这次讲演由翁独健记录整理，记录稿以《中国史料的整理》为名发表在《史学年报》1929 年第 1 期上。陈垣先生强调了中国史籍和档案急待整理，提出了整理史料的具体方法。这篇文章是继王国维《最近二三十年中中国新发见之学问》后又一篇启迪学界重视古籍、档案、文物等整理研究的力作，在当时产生了极大影响与作用④。此外，陈垣受教育部委托，主持了对文津阁四库书的清点，详细统计了架数、函数、册数和页数，简要梳理了《四库全书》编纂的过程，并对其中一些重要问题做了开创性的研究。他撰写了《四库人名录》《四库书名录》等工具

---

① 沈兼士学术论文集．北京：中华书局，1986：343．

② 同①373．

③ 肖伊绯．民国学者与故宫．北京：故宫出版社，2016：123．

④ 梁继红．陈垣先生与明清档案文献整理．文献，2012（2）：188－196．

书，作为研究阅读所需要的参考；又撰写了《四库全书考异》《编纂四库全书始末》，是学界研究《四库全书》的奠基人。

著名清史专家郑天挺先生于 1922 年加入北大的“清代内阁大库档案整理会”，使用档案资料研究多尔衮，1936 年 3 月他利用启本档案写作了《清世祖入关前章奏程式》，指出世祖未入关前，臣工言事均称“启”，入关后则称“奏”。自顺治元年（1644）五月多尔衮入北京，以迄世祖迁都，当时章奏皆上之多尔衮，称多尔衮为王上，官员于多尔衮自称臣，上书称启，称多尔衮之言为令旨。郑天挺结合档案整理成果所提供之史料，开展学术研究，培养了一代清史学人。

新中国成立后，以提供利用史料为前提开展清代文献档案的整理、出版工作一度成为文献整理工作的主导思想。1950 年 5 月郑天挺任北大史学系主任和文科研究所明清史料整理室主任，专门从事档案整理，主编出版了《明末农民起义史料》（开明书店 1953 年版）、《宋景诗起义史料》（中华书局 1954 年版）。他在《明末农民起义史料》序中详细介绍了清内阁大库档案的由来和整理工作，是了解清朝档案史料的重要参考文献。50 年代，南开大学同全国一样学习苏联的教学经验，进行教学改革。史料学是学习苏联课程而设立的专门化课程，郑先生于 1954 年首次开设史料学课程，其八项内容中有清史的修纂与清史的史料、清史史料的研究、史料的辑录工作。郑先生还指导南开大学历史系师生辑录《清实录经济资料辑要》（中华书局 1958 年版），是学习、研究清史的重要资料集，开启了将《清实录》这部三四千万字大书进行专题资料汇编的整理古籍方式，这种整理、利用《清实录》的方式影响至今。

郑先生专门探讨了清朝档案的利用问题，1966 年他在中央档案馆明清档案部做《清史研究和档案》的报告，讲解了清代的历史档案及整理状况，强调“离开档案无法研究历史”，“历史档案是原始资料的原始资料，应该占最高地位”，号召“以整理历史档案带动清史研究”，还谈了历史档案的特点和利用档案需注意的问题。比如，过去整理档案时将满文和汉文分开，割裂了档案的整体性；分类方法过于主观，不够科学；整理和研究工作都是从兴趣出发；整理时从文物观点出发多，从历史观点出发少；等等。① 该文对利用档案研究清史做了很好的说明。

① 郑天挺. 清史研究和档案//郑天挺. 清史探微. 北京：商务印书馆，2017：462-479.

新中国成立后的古籍整理工作以为学界提供史料为指导原则，而清代文献档案颇受重视。李一氓自1981年9月国务院恢复古籍整理出版规划小组到1990年始终主持工作。在1983年3月古籍整理出版规划大会上，李一氓指出："清人大部分著作没有经过整理，特别是没有印行过的稿本，为数更多了，这些著作与近代和现代中国的文学、史学、哲学和其他经济、政治、军事等都有直接关系，所以整理清人著作，具有更大的现实意义。"① 中华书局赵守俨也认为："明清两代，去今未远，给我们遗留下极其丰富的史料。这些史料不仅数量多，而且所反映的历史现象，无论在深度或广度上，均非前代所能比拟。如何分别不同情况，进行整理选编，使它能够充分发挥作用，为史学工作者参考利用，这是明清史研究者应负的责任，也是关系到促进研究工作发展提高的重要问题。任何研究工作，都必须首先详细占有资料，然后才谈得上进行科学分析，因此史料整理也正是研究工作的重要组成部分。"② 为此，古籍整理工作最开始的任务是为学界提供基础性的文献档案史料，一些大型的基础文献得到整理和出版。比如二十四史当中与清史密切相关的《明史》和《清史稿》陆续整理、出版。《明史》的整理工作是在郑天挺主持下，由南开大学历史系明清史研究室承担，1966年以前完成了点校初稿，本纪部分并已定稿若干卷。1971年，又在初稿的基础上做了修订补充，这一阶段的工作以王毓铨、周振甫用力较多，点校本于1974年出版。"这是自《明史》乾隆四年（1739年）刊行以来二百多年间，唯一的一次全面整理，这项工作为今天的史学工作者提供了方便。"③《清史稿》536卷，由罗尔纲、孙毓棠、启功、王锺翰等人加以点校，由中华书局出版。1959年初，中华书局整理、出版了夏燮的《明通鉴》（100卷）、谷应泰的《明史纪事本末》（80卷）、《清代起居注册》、《清史列传》（80卷），中华书局有计划地组织出版明清史料笔记丛刊，希望把史料价值较高的笔记陆续刊印，以广流传。

以史料学的观点看待文献档案的整理在学界影响甚广。郑天挺建议

---

① 李一氓纪念文集. 北京：中华书局，2002：140.

② 赵守俨. 建国以来明清史料的整理概述//明清史国际学术讨论会论文集. 天津：天津人民出版社，1982：1133.

③ 同②1135.

“研究问题应作到深、广、新、严、通五个字”，其中“广”，“要求详细占有材料，还要广泛联系”；“新”，“要求不断提出新资料、新问题、新见解，核实新资料，解决新问题，证明新见解”①。杨向奎在《曲阜孔府档案史料选编·前言》中提出：“解剖这个典型，对研究中国封建社会，特别是封建社会后期的政治、经济、思想、宗法关系等各个方面，均具有重要意义。”② 冯尔康《清史史料学》一书的观点更加具体，他认为：“历史文献是历史的见证，研究历史文献的史料学是历史学的最主要的辅助学科。没有历史资料无从去说明历史，没有史料学便没有历史研究，也就没有历史学。”③ 因而，“详细地、全面地占有历史资料，在科学的思想指导下分析材料，从中得出客观事实所固有的结论，是历史研究的基本方法、科学的方法，而占有资料是这个方法的必要组成部分，是历史研究的第一步工作”④。冯尔康指出：“史料学的任务是阐明史料的来源、价值和利用方法。历史资料是一定社会关系的产物，无论史料的内容还是形式，都是由每一个时代的社会经济关系、生产关系、政治制度和思想意识的观点决定的，因此必须对它进行科学的鉴别和说明，以便正确地利用，这就需要由史料学来完成这个任务。”⑤ 谈到史料学与其他相关学科的关系，冯尔康认为，史料学与历史文献学、目录学、史源学以及历史学的关系密切：“史料学与这些学科在把握史书的基本情况这一点上是相同的，换句话说，它的研究范围包含这些学科的内容，但是它又有自身的不同于这些学科的特点，它以把握图书的基本情况为出发点，以阐明其史料价值和利用方法为任务和归宿。而古典文献学、目录学、史源学都没有史料批判的任务。史料学说明历史文献，以此为历史研究服务，它是历史学的一个辅助学科。历史科学要阐明人类历史的进程和发展规律，不用说这是史料学所不能完成的使命。所以史料学把它自身视作为历史学服务的学科，而不是历史学本体。”⑥ 安

---

① 郑天挺. 漫谈治史//乔默，江溶. 怎样学习和研究历史. 北京：中国青年出版社，1985：2.

② 杨向奎. 曲阜孔府档案史料选编. 济南：齐鲁书社，1980：前言 1.

③ 冯尔康. 清史史料学. 沈阳：沈阳出版社，2004：序言 1.

④ 同③4.

⑤ 同③19.

⑥ 冯尔康. 清史史料学. 沈阳：沈阳出版社，2004：序言 22.

作璋在《中国古代史史料学》中提出："史料学和历史文献学的研究领域，在大量的层面上是相互重合的，毋宁说，历史文献学的研究内容，几乎都可概括在史料学的研究范围之内。事实上，现实人们对史料概念的理解，其涵盖面也较文献的概念更广、更宽。特别是在专业历史工作者看来，我们汗牛充栋的古代历史文献，其实都不过是经过编纂的史料，它们既是史料的三大部类之一——文字史料的主体，也是全部史料的主体。"①

张舜徽先生在 1980 年发表《关于历史文献的研究整理问题》，阐述了历史文献学学科的研究任务，认为："研究历史文献的任务，主要是对那些保存下来了的和已经发现了的图书、资料（包括甲骨、金石、竹简、帛书）进行整理、编纂、注释工作，使杂乱的资料条理化、系统化，古奥的文字通俗化、明朗化，并且进一步去粗取精，去伪存真，条别源流，甄论得失，替研究者们提供方便，节省时间，使之不走弯路错误，这便是研究、整理历史文献的重要职责。"②

学人普遍重视清代文献档案，但多以之为史料，国内清史研究专家受史料学的引导，在史料搜集整理的实践中不断成长。1963 年夏秋，中国哲学社会科学学部（今中国社会科学院）历史研究所的八位同志，在杨向奎教授的率领下，到山东曲阜县文物管理委员会，对其所藏的孔府档案做了为期四个月的查阅和研究工作，后编纂《曲阜孔府档案史料选编》，杨向奎指出："这些内容丰富而具体的档案，是剖析孔府的第一手材料。像这样的封建贵族地主的第一手私家档案，在中国为仅有，在全世界也不多见。"③ 王锺翰在学术研究之初，即注重史料工作，他"继承我国史学优秀传统，十分重视基本史料的研究，对清代各类官私史籍、档案、碑帖、文契，如卷帙浩繁的明清实录、朝鲜实录、满文档册、清四通、五会典、《清史稿》、《清史列传》皆曾倾注过大量精力，这在清史界是不多见的"④。"1979 年，先生辑录的《朝鲜李朝实录中的

① 安作璋. 中国古代史史料学. 福州：福建人民出版社，1994：62.

② 张舜徽. 关于历史文献的研究整理问题//中国历史文献研究会. 中国历史文献研究集刊：第 1 集. 长沙：湖南人民出版社，1980：2.

③ 曲阜孔府档案史料选编. 济南：齐鲁书社，1980：前言 1.

④ 李鸿彬. 文章成一家 桃李满天下：介绍我国著名清史与满学专家王锺翰先生//庆祝王锺翰先生八十寿辰学术论文集. 沈阳：辽宁大学出版社，1993：645.

女真史料选编》由辽宁大学历史系刊印，为《清初史料丛刊》第七种，此书有不少资料为孟森、吴晗两先生的书中所未收，对研究明代女真史和清朝开国史具有重要价值。”① 1987 年，中华书局出版了王锺翰先生独力点校的《清史列传》，全书 80 卷，分为 20 册，附人名索引，460 余万字。在点校过程中，王锺翰先生查阅了大量的文献档案资料，进行了认真比勘，在每卷末写有校勘记，据统计，有 2 000 余条，可称校勘精审之作。

前辈学者重视史料并认同史料本身也是一种研究。白寿彝先生认为：“资产阶级的学者把过去的一切历史著作都叫作史料，说我国过去只有史料而没有历史，这是很片面的看法。当我们利用前人已有的成果时，这些成果都可成为我们进行研究的史料。但就过去某些史学著作跟原始史料的关系来说，他们有的是整理了原始史料而做出了有系统有体系的历史著作，有的也进行了对历史的某一部分或某一专题的研究。他们是怎样进行研究的，他们曾经达到了怎样的结论，这是我们应该关心并进行研究的，这对于我们今天进行同一问题或有关问题的研究是有帮助的。我们不应该把前人的研究成果简单地看作史料，而应该看作值得研究的观点或意见。”②

在史学研究的实践中，史料与其他要素的古今结合亦得到前辈学者的认定。清史专家戴逸先生指出：“历史科学的本质特点是依靠大量、确凿的史料进行研究。花大力收集、考订、梳理史料，实事求是地进行分析，才能深入探索历史人物的思想、行为和心态，理解他们的处境、困难以及他们的判断、决策和采取的措施。”③ 他认为：“作为一个历史工作者，脑子里要经常考虑一下事情，主要是四件事：一个是材料，一个是思想，一个是文采，一个是品德。我觉得搞历史、治历史的人应该注意这些。搞历史要有大量的、丰富的、准确的材料，我们搞了一辈子历史，花在材料上的功夫非常多，因为历史材料浩如烟海，看都看不完，你很多精力都投入到材料中，去看材料、找材料、抄材料。这可能

---

① 李鸿彬. 文章成一家 桃李满天下：介绍我国著名清史与满学专家王锺翰先生//庆祝王锺翰先生八十寿辰学术论文集. 沈阳：辽宁大学出版社，1993：641.

② 白寿彝. 谈史学遗产//白寿彝. 史学遗产六讲. 北京：北京出版社，2003：24.

③ 戴逸.《李鸿章全集》序言. 清史研究，2008（1）：2.

是每一位历史科学工作者都有的体会。勤奋治学，很多精力都花在材料上。有了材料才能够筑起辉煌的科学殿堂，没有材料就是空谈。"① 他强调："科学研究必须重视资料，重视知识信息，历史学家要掌握丰富的第一手资料。我们的研究是从事实出发，对事实材料进行归纳、分析、综合，抽引出规律，而不是从概念或定义出发，也不是单凭头脑玄想。没有丰富而确凿的材料，就不能进行科学的概括。资料对于研究者来说，犹如水对于鱼、空气对于鸟一样。离开了水，鱼就不能游动；离开了空气，鸟就不能飞翔；离开了资料，研究就不能进行。辉煌的科学之果是在坚实的资料的树干上结出来的。"②

戴逸在《20世纪中国史学的特征》一文中，总结了20世纪史学发展的特征，认为第六大特征为，"近百年历史学新史料大批发现质量之高，数量之多，是前所未有的"，"史料的发现、整理、考证关系到历史学的盛衰，近百年历史学所以兴旺发达除了历史观方法论原因外，大量新史料的发现是一个重要原因"，"故宫明清档案公开于众推进了明清史近代史研究，使中国历史档案学得以诞生"，"20世纪在史料的发现和整理方面是得天独厚的丰收的世纪。这是本世纪历史学兴旺发达人才辈出的一个重要原因"③。

学界对史料的普遍重视是清代文献档案提升学术地位并持续发展的动力源泉，但是，从史料学的观点出发看待清代文献档案有双重影响，一方面，清代文献档案的整理和史料鉴别与利用被提高到历史学研究的高度来看待，为此，文献档案的抢救、保护、整理、出版工作得到学界的普遍重视，产生了大量的整理成果；但另一方面，文献档案的整理和出版以服务于历史学的研究为代价，相应抵消了文献档案实际价值的评估，当史料价值成为评定文献档案价值的唯一标准或重要标准时，一大批清代文献档案的文献价值被忽略甚至低估，同时也带来文献档案整理工作不受重视的后患。为此，历史文献学界部分学者大声疾呼，"历史文献学绝不是史料学"，"历史文献学是史料学的基础，前者强调对历史

① 戴逸. 治史四要素. 安徽史学，1996（1）：1.
② 戴逸. 资料 思想 文采 道德. 历史教学，1996（10）：15.
③ 戴逸，20世纪中国史学的特征. 中国特色社会主义研究，2000（1）：30.

文献的具体考辨和整理，后者则强调历史文献在具体研究工作中的史料和实用价值”①。

对史料整理的轻视客观上给清史研究带来了一些实际问题，李燕光在20世纪80年代末指出清史研究的不足：“三十年来，清史研究取得了进展，奠定了编写综合性的清史的基础。1965年有关科研单位建议筹备清史馆，1978年开始制定编纂清史的规划。与此同时，在清史研究工作中，也出现过许多缺点错误。史料的整理受到忽视，国内的资料编辑公布，国外的资料翻译出版，都不能适应科学研究的需要。”② 赵守俨谈1980年前明清史料整理状况的时候，认为：“过去史料整理之所以做得不够，1966年以后学术工作的完全停顿固然是一个主要原因，但并非唯一的原因。长期以来形成的对史料整理的轻视，以及在一段时间里人们的思想顾虑，也都是重要因素。在粉碎‘四人帮’以前，如果致力于史料的整理考订，不但会劳而少功、劳而无功，还会被说成是以史料代替史学，搞繁琐考据。出版界对于整理、出版野史笔记，也是疑虑重重，举棋不定，因为这些书内容庞杂、琐细，甚至还有些怪力乱神或其他不健康的记载。多出这类书，多出为专家所需要的书，唯恐犯方向性的错误，这就是元明和清代两套史料笔记出版中辍的症结所在。”③

如果将清代文献档案的学术价值仅仅定位于学界研究所需之史料，无疑意味着其必然是人文学科历史学的基础性学科，既为基础，其学术研究性就会相应被低估。学界有不少学者有这样的观点：文献档案整理的成果仅为学术研究提供史料之用，甚至点校整理的成果如不能保证质量，则不如不整理。这种观点不免失之偏颇。首先，清代文献档案本身即构成了研究主题，是清代文化发展的重要层面，可以其研究充实其他领域的研究成果，甚至在文献档案的细微环节验证学界观点的准确性。其次，文献档案的整体性不容忽视，学术利用意味着对整个清代文献档案系统的分解，细节上有对某部分文献档案内容的分解，如不能对文献

① 曾贻芬，崔文印．中国历史文献学．北京：学苑出版社，2001：15．

② 李燕光．清史经纬．沈阳：辽宁大学出版社，1987：9．

③ 赵守俨．建国以来明清史料的整理概述//明清史国际学术讨论会秘书处论文组编．明清史国际学术讨论会论文集．天津：天津人民出版社，1982：1153-1154．

档案的整体内容和价值予以充分研究和认定，某些研究结论会变得狭隘甚至产生谬误。最后，以学术主导文献档案的整理、出版需要与时俱进，产生转变，文献档案不能永远受制于学术发展的主流，而应转化为引导学术发展的利器，被动受制会相应影响学术发展的活力，史料的引入才是促动学术拓展的源泉。比较有意思的是，在目前的历史学学科体系构建之中，史料学的地位大大下降了，甚至未能列入二级学科，而历史文献学则与其他几个学科一起，共同构成了历史学的整个学科体系。这样的学科体系构成似乎在说明文献学与史料学的不同，但另一方面，如学界不能改变现有的对清代文献档案的观念，文献学的境遇则甚至远不如史料学。冲出史料学包围，探究清代文献档案自身的价值，真正实现“有用之用”，改变学科基础性质的现状，清代文献档案的未来还有漫漫征途。

第四节　新时代的发展与困局

宏观理论综合是学术走向更高层次发展的要求和体现。学科建构是学术发展走向成熟的重要标志，也是维系和促进学术发展的必要依托。任何一种学术的发展，必须植根于自身学科体系的构建，这是维持其长足发展的基础。清代文献档案的整理、出版和研究工作要想真正实现学术发展的历史性飞跃，所依靠的力量除了清史研究的深入拓展之外，无疑还是要依托本源学科，即历史文献学的发展。从目前历史学科研究生招生和培养目录来看，历史学作为一级学科，下有六个二级学科：史学理论与史学史、历史地理学、历史文献学、专门史、中国古代史、中国近现代史。六个二级学科之中，文献整理、出版与研究和历史文献学、史学史的关系更为密切，而历史文献学则可视为文献所依托的本源学科[①]。从民国以来学术发展的历程来看，可以说，文献档案整理、出版的学术历程促成了古文献学学科体系的构建，而学科体系则为文献档案

① 档案所依托的本源学科为档案学，是与历史学相并列的一级学科，因此部分探讨的是百年清代史学的发展，故档案整理与档案学的关系不列入讨论范畴。

的学术生命注入了新的活力。

20世纪的文献学概念建构，可视为古籍整理、学术发展的要求和产物。正如周少川等所言："自1911年至今的百年间，中国学术界和文化界开展的古籍整理运动，是一场在文字语言、整理手段乃至刊印方式都绝然有别于古人的、史无前例的学术文化运动。古籍整理的实践又催生了古文献学学科。二者相互影响，相得益彰。"①

一、"文献学"概念的提出与历史演进

"文献学"一词始见于梁启超《清代学术概论》："全祖望亦私淑宗羲，言文献学者宗焉。"1920年，梁启超第一次提出了文献学即历史学的概念："明清之交各大师，大率都重视史学——或广义的史学，即文献学。"② 这一概念的提出，"扩大了古代'文献学'的研究范围，是指古籍整理的所有学问，包括对古代所有史料的研究，其分支有历史学、文字学、社会状态学、古典考释学、艺术鉴评学等"③，使20世纪中国文献学研究走向了更广阔的领域。"此外，梁氏指出的文献学的研究方法、原则、标准以及文献学研究的意义等，对20世纪中国文献学的发展具有重要的指导作用。因此，梁启超的'文献学'概念的提出和阐释，标志着中国'现代'文献学的萌芽。"④

郑鹤声、郑鹤春著《中国文献学概要》，1930年商务印书馆出版，这是第一本以文献学命名的理论著作，其将文献学界定为："结集、翻译、编纂诸端，谓之文；审订、讲习、印刻诸端，谓之献。叙而述之，故曰文献学。"⑤ 其后陈垣、陈寅恪、顾颉刚等史学家在文献考据的实践工作中，为历史文献学的研究扩展了范围，充实了内容。"著名史学家陈垣先生在开展史学研究的同时，集前人及自己文献考据的实践经验，用科学方法系统总结为各门具有法则和范例的、可供传授、便于研习、操作和成长的专学，其中尤其是校勘学、避讳学、史源学等最为典

① 周少川，陈祺．百年古籍整理事业与古文献学的历史性发展．淮北师范大学学报（哲学社会科学版），2011（4）：17-21.

② 梁启超．中国近三百年学术史．长春：吉林出版社，2017：79.

③ 彭树欣，等．多维视野下的梁启超研究．西安：电子科技大学出版社，2014：21.

④ 同③22.

⑤ 郑鹤声，郑鹤春．中国文献学概要．上海：上海古籍出版社，2001：1.

范，从而不断扩展了历史文献学的学科内容。”①

20 世纪 80 年代以后，历史文献学迎来了发展的高峰。在白寿彝、张舜徽、刘乃和等前辈学者的努力建构之下，解决了历史文献学的基本概念、学科理论以及研究任务、学术发展空间、各分支学科的定位等问题。

1981 年和 1982 年，白寿彝先生发表了《谈历史文献学》和《再谈历史文献学》两篇文章②。白先生从宏观理论角度构建了文献学的框架，述及文献学的基本理论、发展历史和分支学科的建立，他认为历史文献学的学科内容可分为理论、历史、分类学和应用四个部分，其中理论部分包括：历史和历史文献的关系、历史学和历史文献的关系、历史文献作为史料的局限性、历史文献的多重性、历史文献和相关学科等问题。

1982 年中州书画社出版了张舜徽先生所著《中国文献学》，这一著作标志着文献学科走向成熟。在“前言”中张先生指出：“文献学的范围，包罗本广。从过去两千年间的中国学术家来看问题，不独刘向、刘歆父子校书秘阁是整理文献；即如郑玄遍注群经，也是整理文献的部分工作；司马迁写成一百三十篇五十二万六千五百字的大著作，也是他整理文献的丰硕成果。”③ 张舜徽接受了梁启超的“广义的史学即文献学”的观点，其文献学的内容广泛，包括五大内容：一、文献学和文献的基本概况的介绍；二、整理古代文献的基础知识和基本工作；三、古典文献整理的成果；四、中国文献学简史；五、今后文献整理的工作和任务④。

刘乃和先生从历史文献的繁富、历史文献的作用、历史文献学研究的意义、历史文献学的研究内容和文献学发展史等方面，阐述了学科的专业知识和主要理论问题。其后，张大可先生在《中国文献学》中指出：“马克思主义思想传入后，在唯物史观指导下的文献研究领域，繁

① 周少川，陈晓华．中国历史文献学学科建设的思考∥周国林．历史文献研究：总第 22 辑．武汉：华中师范大学出版社，2003：1.

② 二文见《白寿彝史学论集》（北京：北京师范大学出版社，1994）第 507～521、558～560 页。

③ 张舜徽．中国文献学．上海：上海古籍出版社，2005：1.

④ 同③.

琐堆砌资料的旧注体系为简明的白文新注体系所取代，这是当代古籍整理的一大特色。文物考古学的发展，打破了文献只限于文字资料的旧含义，文物及历史遗迹都可经研究整理转化为文字记录的特殊文献资料。20 世纪，正是由于文献数量的急剧增加、研究方法的更新、眼界的扩大以及唯物史观理论的指导，推动了文献整理工作的开展以及理论的总结。”① 他对文献学的历史界定提出了不同看法：“文献学是为各种文化学术研究、各门学科提供翔实可靠的历史文献资料的，这一性质和目的决定了文献学在历史学大系中是历史研究的基础学科，它统属于历史学，是历史学的一个重要分支。长期以来，在中国旧学者中，把文献学与历史学等同起来，或者颠倒过来，认为文献学包含历史学，梁启超的认识与论述就是一个典型例证。在 20 世纪 80 年代的历史文献学专著中，仍有人赞同此论。例如前文所引张舜徽的《中国文献学》就提出文献学的最高任务是编撰《中华人民通史》巨著。”② 张大可先生辨析了历史学和历史文献学之间的关系，指出：“历史学和历史文献学具有不同的界域。历史文献学的对象即认识客体，乃是自古迄今形成的历史文献。而历史文献总是有一定的文字、图符或音像内容，并被一定的制作技术和载体固定下来的可感知的存在物。历史学的对象即研究客体，乃是先前人类社会的客观发展过程”，因而，“研究对象，即认识客体的不同，这是历史文献学与历史学分别作为独立学科而不得混同的根本原因所在。历史学研究的是人类社会的发展过程，不言而喻，它的内容和范围比历史文献学博大，是历史学包容历史文献学，而不是历史文献学包容历史学”③。

经过数十年的学科发展，目前来看，文献学界普遍认同的文献学概念为：“从广义来说，一切文献都是历史文献。这是因为历史泛指一切事物的发展过程，包括自然界的变迁和人类社会活动的历程，凡是过去的均可称为历史，当然，所有对过去的历史知识和信息的记录也都属于历史文献的范围。”④ “从广义的历史文献的概念出发，历史文献学是对

---

① 张大可文集：第 10 卷. 北京：商务印书馆，2013：19.
② 同①19 - 20.
③ 同①20.
④ 黄爱平. 中国历史文献学. 北京：中国人民大学出版社，2010：6.

历史文献的载体形式、内容类别、典藏传播、整理利用以及历史发展进行研究，进而探索其特征和规律的学问。具体言之，主要研究古今文献的形态，文献形成发展的历史，文献的整理，文献的鉴别，文献的分类与编目，文献的内容与特色，文献的收藏，文献的阅读，文献的检索，文献的传播，文献的利用，等等。其任务在于为各种学术文化研究提供翔实的资料，尤其要为历史学的研究建立坚实可靠的史料基础。”① 在历史文献学的断代发展历程之中，黄爱平先生尤其强调清代文献学的地位，她认为：“清代是中国历史文献学发展最为兴盛的历史时期”，“统治者大力提倡稽古右文，大规模整理典籍，编纂图书，以《四库全书》为代表的一大批官修书籍的编纂，既促成了学术风气的转换，也造就了全社会重视典籍文化的氛围。许多学者竭毕生精力，从事文字、音韵、训诂、校勘、辑佚、目录、版本、考证的研究，并以经学为中心，旁及小学、史学、金石、地理、天文、历算以及诸子百家，对中国两千多年以来的文献典籍进行了大规模的整理，对中国古代的传统文化进行了全面总结。历史文献学也由此而发展到前所未有的鼎盛时期，取得了辉煌的成就”②。

从无到有的建设是中国历史文献学发展的飞跃，同时也是清代文献档案作为其中一个断代分支获得发展动力的保障。有了自己所归属的学科，并以此为基础，拓展研究范畴，扩充研究内容，充实研究目标，构建研究理论，清代文献档案作为清史研究之中所应具有的学术的一面才能予以充分体现。可以肯定，历史文献学的发展带动了清代文献档案的整理、出版与研究工作。比如，在历史文献学学科理论体系构建中，清代文献档案的历史被视为非常重要的内容，在各类教材以及学术研究中得到应有的关注；清代文献档案的个案研究呈现兴盛局面，每年的学术研究成果中均有大量的相关专题；此外，清代文献档案整理历程的学术关注度亦在逐步增强。我们相信，在整个学科发展的大背景之下，这一研究领域会迎来一个发展的春天。

二、历史文献学学科发展的劣势与不足

整体来看，“21 世纪以来，我国的古籍整理和古文献的研究呈现可

① 黄爱平. 中国历史文献学. 北京：中国人民大学出版社，2010：6－7.

② 同①316.

喜的局面。国家启动了古籍保护计划，《中华大典》《儒藏》《清史》《中华再造善本》《中国古籍珍本丛刊》编纂等重大文化工程全面开展，出土文献的研究、数字化技术的运用、域外汉籍的搜求和出版，古籍整理和古文献研究取得举世瞩目的成就。与此同时，历史文献学研究拓展了新的领域，学科建设不断推进”①。但学科建设之中，也存在不少问题。

第一，在学科建设的实践层面，历史文献学的人才培养面临着课程体系欠缺的现实难题。有学者指出，“历史文献学是历史系的不能承载之重”，1959 年魏建功先生为北京大学古典文献专业设计的课程体系，包括三大板块，古代语言文字方面有古代汉语、文字学、音韵学、训诂学、《说文解字》专书等，古文献和古文献学方面包括目录学、版本学、校勘学、古籍专书讲读等，古代历史文化方面包括中国通史、中国文学史、中国哲学史、中国文化史等，此外还安排实习课，强调基本技能的训练，贯彻古文献学实践性的特点。而上述课程很难由历史系开设，故而，吕友仁认为：“从历史文献学学科所应设置的课程以及它所需要的师资来看，历史文献学实在是历史系的不能承载之重。”② 据此，吕友仁先生提出两条建议：其一，将设在历史系的二级学科历史文献学与设在中文系的二级学科古典文献学合并为一个一级学科，称为古籍整理研究，下属的二级学科包括汉语言文字学、经学、古典文献学、中国传统文化、敦煌学等；其二，转变观念，恢复“文史不分家”的传统，尤其是要转变历史文献学属于历史系一家的狭隘观念，建立历史文献专业至少涉及中文、历史两系，甚至涉及所有文科系的“大历史”观念。

第二，历史文献学学科体系淆乱不清。“比如在国家教育部规定的学科体系中，一级学科中的中文学科有中国古典文献学专业，历史学科有历史文献学专业，图书馆、情报与文献学有文献学专业，都是二级学科”，“直至目前，从上到下，对这三个二级学科的学科特点及专业内容没有统一的认识和标准，基本上是由各校自定，因此在相应的三级学科设置、课程安排、教材编写与选用等方面都存在不少问题”，“各地在教

---

① 周少川. 21 世纪以来历史文献学学科建设的内涵与发展向度. 枣庄学院学报，2019（7）：1.

② 吕友仁. 历史文献学是历史系的不能承载之重：历史文献学学科建设刍议. 中国历史文献研究会第二十六届年会论文.

材编写和选用上也出现了不妥当和重复的现象”①。冯浩菲认为：“要改善目前我国文献学研究和学科建设方面存在的以上问题，最重要的是做好文献学的分级分类工作”，认为应该将文献学当作一门独立的学科门类，与哲学、法学、历史学、文学等并列，即文献学下属中国古典文献学和现代文献学两个二级学科②。学科升级固然是解决学科发展现状的思路，但关涉环节较多，一时难于实现，故亦有学者提出较为妥当的做法：将历史文献学定位为历史学的分支学科。周少川认为：“对于历史文献学的学科定位，历来有一种不太妥当的看法，将其看作历史学的辅助学科。按照张舜徽等先生所言，历史文献自可理解为古代文献。由于古代文献是历史研究的基础和根据，因此，研究古代文献的历史文献学自然是历史学学科体系的组成部分，它与历史学有着内在的、密不可分的逻辑联系，而不是外在的辅助关系。从历史学学科体系的组成标准来看，即有以客观历史为研究对象的世界史、中国史、经济史、文化史等学科，也有以历史学本身为研究对象的史学史、史学理论等学科，而历史文献学则是以历史资料为研究对象的学科。综上所述，在目前‘文献学’还未能成为一级学科的情况下，无论从历史文献学与历史学的渊源关系而言，还是从现行学术管理体制规定的学科体系而言，将历史文献学定位为历史学的分支学科应是比较妥当的做法。”③ 刘玉才《古典文献学的定义、知识结构与价值体现》一文对文献学的基本理论做了探讨。文章从当前文献学定义分析入手，将这些定义归类为传统类定义、综合类定义和现代类定义。作者认为文献学定义的纷乱歧出，实际是文献学在目前学科体系中定位不清的直接反映。作者主张在不改变现行学科体系的前提下，明确前述三个二级学科各自的知识结构，特别是核心知识的组成。具体而言，就是通过知识分层的方式，划分出各自的核心层面、一般层面和专题层面知识，以及背景知识④。

第三，历史文献学自身理论建设的问题。历史文献学的突出特点，在于综合性、基础性和实践性。“所谓综合性，是指中国历史文献学研

---

① 冯浩菲．我国文献学的现状及历史文献学的定位．学术界，2000（4）：118.

② 同①.

③ 周少川．21世纪以来历史文献学学科建设的内涵与发展向度．枣庄学院学报，2019（7）：3.

④ 刘玉才．古典文献学的定义、知识结构与价值体现．文献，2010（3）：41－46.

究的对象、领域以及所运用的理论、方法既涉及历史学，也涉及古典文献学，同时又与文字学、音韵学、训诂学、年代学、历史地理学以及古代文学、中国哲学史、科技史等有着密切的联系。”“所谓基础性，是就历史文献学在历史学的结构体系中所处的基础地位而言的。”“所谓实践性，是说历史文献学是一门强调实践讲求致用的学问。无论整理还是研究历史文献，都是实践性很强的工作，如版本、目录、校勘、辨伪、辑佚等都需要长时期的动手实践和经验积累，方能得其门径而取得成就，而整个历史文献学学科也正是在长期的历史文献工作实践和经验积累的基础上逐步形成的。”① 从学科自身特点来说，历史文献学理论本身就具有“理论形成的滞后性”②，如洪湛侯先生所言：“我国的文献整理工作与文献学理论的发展，很不协调。历代以来，文献整理工作成绩很大，而理论建树却相差很远。现在能够看到的文献学理论，好像具有开创期的风貌，各学科之间，本学科各专题之间，参差不齐，普遍存在不够平衡的现象。”③ 而“理论结撰的随意性”使得历史文献学学科体系内部理论欠缺问题愈发严重：“历代学者鲜少注意到历史文献学的学科独立性问题，于是在理论总结方面多以零散的形式保存在文集、校勘记、书信、序跋等中。”④ 在学科理论建设方面，“自白寿彝先生提出历史文献学应包括的四部分内容之后，很多历史文献学专著都将学科理论、学科历史、专业知识作为学科体系的基本组成部分。目前看来，这种结构还是合理的，但是各部分之中的具体内容仍然值得讨论”，故而，周少川认为：“首先，要改变文献学科轻视理论建设的偏见。”“从根本上讲，文献学研究的实践，如果没有理论总结，就不可能有本质的、规律性的认识和系统化的传承，也不可能有持续的创新发展。”⑤ 如何发展理论研究？周生杰提出两点看法，其一，“做好相关史料的研究工作”，他认为，“史料是研究的基础，是研究得以深入的保证，因而在各

① 张子侠．关于中国历史文献学基本理论的几点认识．安徽大学学报，2005（4）：111.

② 周生杰．刍议历史文献学理论的基本特点与研究方法．淮北师范大学学报（哲学社会科学版），2011（2）：8.

③ 洪湛侯．中国文献学新编．杭州：浙江大学出版社，2004：427.

④ 同②.

⑤ 周少川．21世纪以来历史文献学学科建设的内涵与发展向度．枣庄学院学报，2019（7）：3.

种学科研究中，史料研究应该走在前面”，“史料浩如烟海，但迄今还没有专门性研究，这与本学科的发展是十分不相匹配的。有了史料研究作为基础，历史文献学理论研究才能持续发展，更上台阶，才能‘反哺’其他分支学科，进一步带动历史文献学研究的 全面提升”。其二，“重视文献学家的研究”。周生杰指出：“文献理论的形成，是千百年来许多文献学家经验的积累与升华，是经过不断总结、不断深化、不断补充、不断完善的过程。”①

在提升历史文献学研究学术性方面，周少川提出，要尊重历史文献学学科产生发展的历史特点，从古籍整理实践中求方法、寻理论。他认为：“历史文献学学科发展的另一个重要向度，就是要遵循学科发展的规律，从实践中来到实践中去，将文献学的学术研究、学科建设和古籍整理的实践密切结合起来。历史文献学在 20 世纪 80 年代得到确立和发展，缘于当时兴起的古籍整理高潮急需人才培养和理论、方法的指导；而反过来看，历史文献学的学科知识和内容则是千百年来古籍整理经验和方法的学理总结和升华。”② 此外，他还指出，拓宽学术研究视野亦为发展之取径，要注意如下几个结合：“传世文献研究与出土文献研究的结合”，“文献学研究与社会史、文化史的结合”，“文献学研究与学术史研究的结合”，“文献学研究要与社会发展的实际需要结合”，“文献学研究要注意纸质文献和电子文献的结合”③。五结合之中，就清史研究与文献学的关系而言，与社会史、文化史以及学术史的结合更为关键。“文献的产生、聚散，文献学的发展是与社会发展、历史文化发展密切相连的，因此，文献学史的研究如能与社会史、文化史的研究相结合，会相得益彰，有利于加强文献学史研究的分量。”④ “文献学研究只有和经学史或其他学术史结合，才能清楚地看到历代文献校注、考辨所反映的时代精神，才能深刻说明文献学研究在中国学术史和文化史上的重要

---

① 周生杰. 刍议历史文献学理论的基本特点与研究方法. 淮北师范大学学报（哲学社会科学版），2011（2）：9.

② 周少川. 21 世纪以来历史文献学学科建设的内涵与发展向度. 枣庄学院学报，2019（7）：4－5.

③ 周少川. 新世纪古文献学研究的交叉与综合. 文献，2010（3）：24－26.

④ 同③24.

地位和影响。”①

除了历史文献学自身在发展过程中应注重理论总结和学术研究的自身调适之外，呼吁学界转变对历史文献学的专业歧视，正视古籍整理的学术性和研究价值也很有必要。早在20世纪90年代，匡亚明就明确指出：“整理的最终目的，是为研究服务，是要通过研究总结出合乎客观规律的科学结论。”从顺序来看，先整理，弄清楚、弄准确古代的文献资料，然后进行研究，去粗取精，去伪存真，由此及彼，由表及里，得出一个科学的结论。“整理和研究看来好似两项工作，而实质上二者是不可分的”。因为，“整理中间有研究”，标点、校勘等看起来是技术工作，实际上要有大量的学术研究作后盾；整理工作者同时是研究工作者，前言、出版说明都是研究成果②。只是在学术日益发展的今天，久已达成的共识逐渐被忽视，甚至被遗忘。不能正视或正确看待古籍整理的学术性会造成人人可以从事古籍整理的误区，质量低劣、错讹满纸的不合格的古籍成果大量出现，“有不少整理者对古籍整理的常识知之甚少，亦无点校古籍的实践经验，更不愿意花大力气调查各种版本，在对版本源流摸索不清的情况下，往往随意确定一个版本为底本，或者貌似花了功夫做过调研，但所确定的底本并不可靠，导致其整理工作一开始就是失败的工作”③。必须充分认识到，古籍整理是一项需要坚实的文献学基础知识功底的工作，需要从事此项工作的人员能够交叉运用文字、音韵、训诂、目录、版本、校勘、辑佚、辨伪等多方面的知识，还要改变观念，给古籍整理工作应有的学术定位。

历史文献学的发展困境在于，理论建设薄弱，研究范围长期不能确切界定，学科发展实际受制于历史文献学与古典文献学之间的领域分割，在史学史、史料学的夹缝之中谋求生存和发展，学科定位不明确，长期以来的基础性学科的定位观念与学界日益兴起的以基础带动学术的研究思路相矛盾。现实困境还包括，历史文献学的基础性工作，即古籍的整理与出版为整个学术界所忽视，其学术价值和地位被长期低估，现

---

① 周少川．新世纪古文献学研究的交叉与综合．文献，2010（3）：26.

② 匡亚明．认真整理出版古籍　弘扬优秀传统文化//杨牧之．古籍整理与出版专家论古籍整理与出版．南京：凤凰出版社，2008：23-24.

③ 漆永祥．当前古籍整理诸问题刍议：兼谈对《文献》杂志的小建议．文献，2019（5）：45.

状是新中国成立以来建立的多个古籍研究所被合并，发展不尽如人意，古籍整理项目以及研究成果不被认为是学术研究成果，古籍整理和研究方面的专家学者长期受到不公正的待遇。清代文献档案学所面临的困局与整个历史文献学的困局是相同的，改变命运，突破困局，也许不能仅靠学界的认同，还需要学者更加重视理论研究和学术研究能力及素质的培养，在清代文献档案的学术研究中进一步提升其价值，改变学界观念，挽救自身命运。

清代文献档案从民国时期以来，经历了与王朝分裂的阵痛，在恋清与去清的两种极端情绪中回归理性，并在史料学获得普遍重视的学术背景下走向现代。随着历史文献学学科构建走向成熟，接续发展、改变困境，是新时代文献学发展的重要命题，同时也是清代文献档案学发展的历史任务。在整理、出版和研究同步进行的过程中，深度发掘清代文献档案的特点，并据其特点开展相应的理论研究，总结其编纂的历史性特征，探究其一般规律，从学术的高度定义其研究成果，仍任重而道远。

第三章　凸显清代：清代文献档案的独特性

这里所谓的独特性，用以特指清代文献档案区别于其他历史时期文献档案的特征。时代的发展，王朝的特色，百态纷呈的历史事件，无疑会使得文献档案具体记述的范围、内容、方式方法都有其特异性，而每一部文献、每一份档案均是特殊的个体，这一点又不言而喻，应该说，这些独特性都是指具体的独特性。鉴于个体的特异性与文献档案的数量成正比，可以说数不胜数，而微观的具体化研究无法反映清代文献档案的整体特点。故而，本章所指或所研究的独特性，是指宏观整体上可以感知的清代文献档案的独特性。与中国传统社会其他历史时期形成的文献档案相比，清代文献档案整体上最独有的特征主要有两方面：其一是系统性，其二是数量的丰富性。

系统性首先是清代文献档案的一大特征。“一般而言，历史档案对同类事物的记载是连续的，对某一事件的记载是有始有终的。同源档案的责任者可能前后不同，但是基于同样的职责，所形成的档案文件必然是密切相连的，反映的是连续的历史过程。特别清代，公文奏报处理制度十分健全，对于某一事件，虽经多人办理，但在中央集权之下最后必然总汇于皇帝及中枢机构，所有零碎的、片段的记录最终连缀在一起，反映出该事件发生、发展直至终结的全貌。……现存清代中央级档案73个全宗，机构包括了清朝中央各职能衙门，内容包括了举凡清朝国家政治、经济、文化、军事、外交等各方面制度举措之宏观大端，也反映了从皇帝起居到百姓生计、社会生产、民俗风化、刑名案件之详细景象，涵盖了清朝从肇兴到衰亡的全部历史。档案史料的这种系统性、全面性，在纂修一代通史、全史中是尤为重要的。”① 当然，清代文献也能体现出显著的系统性特征，比如，实录、起居注的纂修年复一年，帝复一帝，次第相连；康熙、雍正、乾隆、嘉庆、光绪五朝会典的纂修一脉相承②；各部则例、学政全书、律例不断续修③；方略、通志的纂修彼此相通；清人诗文之间的酬答互有因缘；序跋等文字也彼此之间互有呼应；等等。

各文献之间，各档案之间，不同文献档案之间，也各自构成系统。比如，清人在公务之中形成的档案与私人身份所形成的文献可以构成研究历史人物的文献档案系统，某一官僚机构的档案与该机构官员所形成的文献也可构成研究机构运作的文献档案系统，总之，这种按专题所构建的文献组合、档案组合或是文献档案组合都可反映出系统性的特征。其他朝代固然也有此类现象，但清代文献档案的数量无疑更加能够确保系统关系的形成。这种系统性在学术研究实践中有不同程度体现。性质差别较大的文献可以进行比勘，性质较为近似的文献则可以对读。比如，翁心存与翁同龢日记构成父子日记文献系统，翁心存日记起于 1825 年，止于 1862 年，翁同龢日记起于 1858 年，止于 1904 年，“父子日记之中有三年多的重叠时间，而整个时间跨度是 80 年，历经道、咸、同、光四朝。……从某一侧面来看，翁氏父子有意无意中以‘日记’撰写了‘清祚衰落之际’的历史”④。在文献的具体研究过程中，系统性的一面更加展露。如清代日记中的诗文，“可视为草稿或者第一稿，其选定刊刻时，会斟酌改动，甚至删削，通过对比日记与诗文集的刊本，可以看出作者的斟酌修订，这对于追踪研究其文艺观的发展变化非常有意义”⑤，同一作者的日记与其诗文集可系统联系。各种文献之间、档案之间的系统性既为清史研究提供便利，又事实上造成相应的难度。知其一而不知其

---

① 邹爱莲. 档案整理利用在清史纂修中的地位和作用. 社会科学战线，2006（5）：162.

② 杜家骥. 略谈清朝会典的编纂及其利用问题//朱诚如，王天有. 明清论丛：第 9 辑. 北京：紫禁城出版社，2009：589－605.

③ 朱赛虹. 清代官修政书续修特点探析//朱诚如，王天有. 明清论丛：第 4 辑. 北京：紫禁城出版社，2003：412－426.

④ 徐雁平. 从翁心存、翁同龢日记的对读探究日记文献的特质. 南京大学学报（哲学·人文科学·社会科学版），2013（3）：123.

⑤ 张桂丽.《越缦堂日记》整理与研究刍议. 南昌师范学院学报，2016（1）：113.

二，见其一而不见其二，都会或多或少地造成研究结论失之偏颇甚或走向错谬。

清代文献档案远胜前代，数量上的丰富性是清代文献档案的又一特点，无论是整体上的数量，还是某一类文献的留存数量，都是惊人的。“清史资料之多，超过以前任何朝代，既有巨量汉文书籍、档案、契据、谱牒，又有满文、藏文、蒙文、彝文、傣文等民族文字材料，还有英文、德文、法文、葡萄牙文、日文等外文资料，以及众多的宫殿园林城镇和文物，确是汗牛充栋，浩如烟海，穷毕生之力，亦难读其什之一二。”① 清代文献档案的丰富数量给学人带来的最大影响就是，很难估测史料的边际，并进而对其进行完整、科学的描述和价值分析。比如，清代笔记，数量远超前代，但究竟如何，难以估测，为此，来新夏先生仅就经眼近四百种笔记撰写随录，揭示其特点和使用价值，并认为：“清代笔记既有较长发展的历史基础，更有大量的储存可供开采，可惜相沿为传统观念所宥，视笔记为丛残杂书，使它长期遭受漠视。即使有读者，也不过以之作遣兴谈助，而真正作为史源大量采撷者，尚不多见。这笔遗产究其蕴藏量若何，一时尚难做出近似估计。”② 而戴逸先生更明确地提出：“我们研究上古的历史，资料虽然也是很多的，但只要勤勉从事，每个朝代的史料大体上可以读完。只有清史资料，无论怎样勤奋阅读，也只能浏览很小的一部分，犹如在汪洋大海中航行，只能窥测它的一个涯角。章学诚早就有‘书籍至后世而繁’的感慨，提出要‘惜分阴’，‘爱日力’，学习要付出‘十倍百倍之功’（《文史通义·假年》）。清史研究资料的杂乱繁多是我们必定会遇到的困难，但这一困难，也正好是清史研究者的得天独厚之处，它拥有极为丰富的原料，供人可以广泛地采集，处处有新资料和新课题，取之无尽，用之不竭，给勤奋好学者提供了广阔的用武之地。”③

巨量的清代历史遗存不仅给学界带来福利，也造成困扰。比如，就清代文学研究中清诗的数量问题，张寅彭提出：“本人治清代诗学有年，

---

① 白寿彝. 中国通史：第 10 卷　中古时代·清时期. 2 版. 上海：上海人民出版社，2015：1.

② 来新夏. 清代笔记与《清人笔记随录》//国家清史纂修工程出版中心，吉林省社会科学院《社科战线》编辑部. 清史纂修研究与评论. 上海：上海古籍出版社，2012：222.

③ 戴逸. 加强对清史的研究. 南开学报，1982（5）：13.

深感最需要认真对待的，是文献数量特别巨大这一有别于历代的基本的'物理'特点。从前陈寅恪先生选择专治隋唐史，就曾考虑到明清史料过量的问题。现在我辈才学不如陈先生，却不得不直面这个横亘于前的难题，能不慎之又慎乎！"他进一步具体说明："这个问题的性质当然不止于研究态度端正与否而已，主要还是在于数量直接关系到认识的准确程度，亦即结论的科学性。举例来说，研究者的头脑中如果没有现存清代诗学著作多达 800 种以上这个数量概念，如果没有读过至少 500 种以上的经历，那么就不太可能认识记事类和诗法类著作在清代的数量优势及其重要性，当然也就无从建立起清代诗学论评、本事和谱法三者并重的大势判断。尤其是大量记事类著作所反映出的作诗、品诗越来越依赖于'今典'的新现象，没有充分的阅读是不可能感受到它在当时的普遍性的。诸如此类'质'变的新认识，显然都有待于'量'的积累支撑，方才能够达成。"① 数量多是清代文献档案的优势，但也会造成相对被动和尴尬的局面。邬国平认为："清诗从时间上说在历代诗歌中离现代读者最近，数量也最多，可是现代读者了解清诗的甚少，更令人尴尬的是，人们在对清诗了解很少的情况下，又几乎普遍持有清诗价值不高的先入之见。"②

清代诗学的研究经验几乎适用于史学研究的各个领域，在文献档案数量积累未能达到一定程度的情况下，很难完成研究题目的具体开展，就此而论，清代史学研究在史料发掘和积累方面需要更多的时间。比如，"今人研治晚近历史，常常遭遇资料易得而难求其全的尴尬，由此引发一系列令人困惑的难题，并直接关系到研究的高下优劣与得失成败"，桑兵认为，如缩小研究范围，则难免以偏概全，专门化导致圈子越来越小，细分化也无法解决史料边际无从把握的困惑，片面强调新资料新问题，又可能造成事倍功半。而对研究者而言，面临两难境地，"一方面，因为条件限制，掌握资料的难易程度相去甚远，学人实际上处于不对等状态，坐拥书城者可以足不出户，而选题几乎无拘无束，否则是四处奔波，所治范围还须严格界定"，"另一方面，垄断资料导致对资料的迷信，由此产生两种看似相反而实相同的偏颇"，"一

① 张寅彭. 重视清代文献数量的因素. 苏州大学学报，2005（2）：56.

② 邬国平. 清诗的优势与研究. 苏州大学学报，2005（3）：58.

是所谓灯下黑"，"二是只看自己拥有的秘笈，不与其他相关资料相互参证"①。

文献档案数量多的优势引导学术研究采取必要的解决方案。比如，在研究中注意分阶段定任务，按部就班，依次进行，把整体研究分解为局部进行。"文献量特别巨大这一事实，使得研究界无论个人还是全体，对于文献的全面把握都需要潜心经历一段不短的过程。所以在目前的阶段，先将整个清代分成几个时期，逐期进行研究，似乎较为适当。""清代最初两个时期即顺、康、雍的百年间所存的诗学著作的数量，就已经超过宋代而接近明代的现存数了。乾隆以后更是逐期递增。因此清代大抵每五六十年间提供的诗学文献之量，就已经超过明、倍于宋等历时300年左右的大朝代了。显然，先进行分期研究，将庞大的总量按'时期'为单位切割开来，这样缩小下来的'量'就便于掌握了，也较易于保障每一种材料能够分别得到最大程度的关照。这以后再进入更为概括的有清一代诗学的整体研究阶段，量多的难题也就得以缓解了。可见这种先分期后总结的研究程序，同样是文献数量巨大这一因素制约的结果。当然，如果先选择一些人物做彻底的个案研究，那就更为切实可行了，如蒋寅对于王士禛的研究等。"②

在研究方法上，学界也不得不思考相应的对策，在相当长的清史研究发展历程中，在数量浩繁的清代文献档案中如何抉择去取是考验清史学人能力、智慧、学养甚至学术风格的重要参考指数。如何龄修认为，在清史史料的研究和运用上，历来有三种传统，或称三派："以孟森先生为代表，主要是精读正史，分析、比较正史的记载"，称为"正史派"；"以朱希祖先生为代表，主要是重视野史、笔记、稗乘所提供的史实"，称为"野史派"；"以李光涛先生为代表，主要是运用档案、契约文书进行研究"，称为"档案派"③。何龄修认为，造成这种现象的原因是，"清史资料汗牛充栋，任何勤奋的清史研究工作者穷毕生之力，都只能研读其中很小的部分"，"在研究的'个体小手工业'时代，前辈学

① 桑兵. 晚近史的史料边际与史学的整体性：兼论相关史料的编辑出版. 历史研究，2008（3）：177.

② 张寅彭. 重视清代文献数量的因素. 苏州大学学报，2005（2）：56-57.

③ 李尚英. 关于清史研究的三重证//朱诚如，王天有. 明清论丛：第1辑. 北京：紫禁城出版社，1999：441.

者被迫探索用自己的方法，试图解决这个矛盾，以完善自己的研究"①。

另外，因清代文献档案数量众多，在还原历史过程的研究中学界也会遭遇一系列问题。如果仅对历史事件或事物的来龙去脉加以整理，则变成了简单的史料堆积和排列，研究性无法完全体现，故重问题、重思想、重方法成为学界的风尚。档案记载与文献记载的重合、矛盾与冲突也是在史学研究中易于造成误区的问题，档案具有原始记录性，被认为是学术研究的利器，但有些档案也有完整性不足、形成的历史背景存疑等缺陷，片面注重档案证史有时也可能影响研究结论的准确性。在史学研究中，合理地进行文献档案史料的抉择去取仍然是清史研究的重要命题。

清代文献档案的丰富留存为整理和研究奠定了丰厚的基础，同时也开启了独特的整理、出版和研究的思路，下面以《清实录》、清人全集、清人日记的编纂为契机，系统呈现清代文献档案系统的独特性，并进而探究其对清代史学研究的特殊价值。

第一节　百年来《清实录》的整理、出版与清史研究②

《清实录》是清朝官修的编年体文献，以帝王为中心详尽记载了有清近三百年的用人行政和朝章国故，卷帙浩繁，记载详备，内容丰富，是研究清代政治、经济、军事、外交、文化、民族、边疆诸方面历史内容的重要参考资料。清帝逊位，标志着君主权威的实录的整理、出版乃至研究成为可能，并且，自辛亥以来的百年间，与清史研究的百年学术

---

①　李尚英. 关于清史研究的三重证//朱诚如，王天有. 明清论丛：第1辑. 北京：紫禁城出版社，1999：441.

②　学界论及《清实录》的整理、出版及学术研究，相关论著主要有：张本政. 略论清实录及其整理问题：《清实录东北史资料辑》前言. 学术研究丛刊，1983（3）：1－6. 邵鸿.《清实录》江西资料汇编. 南昌：江西人民出版社，2005. 杨立红，朱正业.《清实录》研究概述. 中国史研究动态，2008（3）：12－17. 谢贵安. 清实录研究. 上海：上海古籍出版社，2013。以上在此方面均有涉及，但或重实录研究，或重文献整理，而以辛亥后百年为时限，并将文献的发掘、整理、出版与清史研究相结合分析论述的成果尚未见。

历程相同步，《清实录》的影印整理与分类汇编整理的成果迭出，与《清实录》的学术研究一道成为百年清史研究学术史极具特色的精彩内容。

有清一代历朝实录包括《满洲实录》《太祖实录》《太宗实录》《世祖实录》《圣祖实录》《世宗实录》《高宗实录》《仁宗实录》《宣宗实录》《文宗实录》《穆宗实录》《德宗实录》《宣统政纪》十三部，总计 4 000 余卷、4 000 余万字，是我国现存卷帙最大的一部实录①。追溯渊源，《清实录》整理、出版与研究的历史以辛亥为起点，绵延至今。概而论之，自辛亥以来，《清实录》的整理、出版与研究大致可以分为三个阶段。其一，1912 年到 1949 年的民国时期；其二，改革开放前；其三，改革开放以来。

一、民国时期《清实录》的编纂、整理、出版

《清实录》在有清一代史部文献中享有特殊地位，在皇权森严、统治稳固的时代，《清实录》的编纂乃至流通均局限在特定范围之内，主要供历代君主御览以资借鉴，或供史官查阅以为史事记述之规范，故传播范围极其有限，“实录从未刊布，只缮写若干部藏在京师（北京）、盛京（沈阳）两地的宫禁里，能够读到它的人极少”②。清帝逊位，民国肇建，《清实录》由宫禁之内供皇帝御览的资政之书而逐渐转化为清史研究之资料。其转化之过程与环节，恰与清王朝的历史变迁以及学界借此开展的清代史学的研究相仿佛。

1. 最后两部实录的编纂

1912 年清帝逊位之后，实录的编纂并未因此而告终，有清最后两部实录《德宗实录》和《宣统政纪》的编纂尚在进行之中。《德宗实录》的编纂始于宣统元年（1909）二月③，成稿则在民国十年（1921）④。另

---

① 这里所指实录不含蒋良骐与王先谦等之“东华录”，仅指清朝官方主持纂修的实录体文献。

② 清实录. 北京：中华书局，1985：影印说明. 实录修成后，用汉、满、蒙三种文字各抄成五套，分藏于北京的皇史宬、乾清宫、内阁实录库（存两套）和沈阳的崇谟阁。内阁所存两套，其中一套专供皇帝调阅。藏于北京和盛京两宫的版本比较系统的共有六种，即小黄绫呈审本、乾清宫本、皇史宬本、盛京崇谟阁本、内阁副本和国史馆抄本。实录不轻易示人，除内阁及史馆诸臣，外人概莫能见。

③ 《宣统政纪》卷八：“宣统元年二月壬子，以恭修《德宗景皇帝实录》，派大学士世续为监修总裁官；大学士那桐、张之洞，尚书陆润庠、溥良为总裁官；侍郎唐景崇、瑞良、郭曾炘、熙彦，署侍郎王垿，内阁学士麒德为副总裁官；侍郎恩顺为蒙古总裁官。”

④ 据《德宗景皇帝实录》序所云：“阅十有一年而成书，凡五百九十七卷。”

据谢贵安《中国史学史》，“至民国十年（1921），《德宗实录》稿本完成，总计597卷。1924年11月25日，冯玉祥将溥仪逐出紫禁城，溥仪先栖醇王府，后辗转至天津张园，实录的纂修在动荡中进行。至1927年，《德宗实录》正本最终告成，并被缮成两份”①。据谢贵安研究，《宣统政纪》“是在《清德宗实录》稿本完成的癸丑年（民国二年，1913）十二月十九日之后，接着于甲寅年（民国三年，1914）正月十九日开始修纂的”②。德宗实录馆的清朝遗老仿照实录体修纂的宣统皇帝的实录，因已至民国，遂以《宣统政纪》命名。民国年间最后两部实录的编纂与溥仪小朝廷的命运一样，举步维艰地维持。一方面，皇权虽已褪色，但借修实录以张扬皇权，显示统治威严的观念在上至溥仪下至部分官员乃至学者心目中仍然根深蒂固；另一方面，因为时过境迁，至高皇权地位的变迁严重波及实录的修纂，影响到其效率和质量，两部实录虽然陆续得以完成，但史料堆砌严重，错讹无从校正，稿本特征明显，与此前修纂完成的较为成熟的实录无法相提并论。

2. 实录的传抄

清代实录的版本除了宫藏本外，很少有其他抄本，这与明代实录的版本情况有所不同。明代前期，实录的秘藏及管理十分严密，但自嘉靖后，特别是神宗时，内阁大臣开始将内阁副本挟带出宫传抄，形成各种抄本，在晚明书市上公开叫卖。据统计，明朝统治时期实录曾经出现三次抄录活动：一次是在万历十六年（1588），另一次是在万历二十二年（1594），最后一次在万历二十四年（1596）。经过这三次大规模的抄录活动，实录广泛地传到了民间，出现了“家藏户守”的局面。明朝末年甚至出现了公开销售实录抄本的现象，每部售价高达五万缗。清代这种情况并不存在。《清实录》的流传于世，一是在乾隆朝蕉园焚草制度形成之前，太祖、太宗和世祖三朝实录的各种稿本流出宫去，甚至远播日本。方甦生在《清实录修改问题》一文中说，雍正朝取前三朝实录重加校订，“至乾隆四年告成后，仿前明例，举康熙旧本，焚之蕉园。惟康熙修纂三朝实录，未尝焚稿，故顺治所修两朝旧本，仍存阁库；而康熙

---

① 谢贵安. 中国史学史. 武汉：武汉大学出版社，2012：456.

② 谢贵安. 清实录研究. 上海：上海古籍出版社，2013：225. 谢贵安此说据《宣统政纪》卷一前附载的工作日程辑录。

未定之稿流落人间。说者执传钞之稿本，以较校订本，遂谓：'乾隆朝善改旧修实录。'"[①] 二是清朝灭亡后连绵不断的战乱造成清代实录外传，先是北洋军阀的混战，接着是日本入侵，后来是解放战争，使清代实录的不少版本，或流落民间，或被掠日本，或被带到中国台湾。这些流散各地的版本，后来又在大陆和台湾被分别影印成各种本子。

民国年间，真正意义上的实录的抄本是在《清史稿》纂修过程中，遗老刘承幹入史馆抄出的本子。1914 年，因清史馆出现财政危机，刘承幹得以出资雇"灾官"（即候补官），入清史馆抄录《清实录》《清史列传》等。刘承幹抄本《清实录》的状况不能详细得知，但据罗振玉记载，刘承幹的抄本"讹夺甚多，无从勘正"[②]。这种大规模的抄写极为考验抄匠的功夫，出现错讹在所难免。据说，刘承幹也曾有意凭借个人之力刊行，但因财力不允许而未果。《嘉业堂藏书志》记有《皇朝实录》五十六册（旧钞本），含《太祖实录》十卷二册、《太宗实录》六十五卷二十二册、《世祖实录》一百四十四卷三十二册，康熙十一年（1672）巴泰奉敕修[③]，这些当为其时抄录本的残余。

无论怎样，民国时期清代实录的系统传抄有了可能，且首见系统的成果，这是受辛亥巨变直接影响，《清实录》的皇权烙印渐趋淡化的体现，由代表君主尊严、阅读使用范围极窄的特殊文献而逐渐转化为历史学、文献学领域内的一般文献，《清实录》的功能发生了翻天覆地之变。

3. 实录的影印

民国时期民间最早发起影印实录倡议的是罗振玉。据罗继祖《伪满影印〈清实录〉缘起及其挖改》，早在罗振玉避居日本京都时就蓄愿印《清实录》，并写信与柯劭忞商量："鄙意能节省馆用，先将实录史稿由史馆早日刊行，此上策也。否则如下走者，虽转徙余生，生计将绝，而

---

① 方甦生. 清实录修改问题. 辅仁学志，1939，8（2）：134。实录的传抄除上述情形之外，"东华录"在某种程度上也可称为清代实录的传抄本，但一来其规模小，与实录无法相提并论，二来其传抄者除了抄录之外，还仿照实录进行了一些创作，故这里略去不谈。另外，据陈康祺《郎潜纪闻二笔》卷十三载："何子贞太史在国史馆，每日手钞十页，录《东华录》所不载而事有关系者，约五十字。曾文正日记谓为敏而好学。太史所钞，不知今尚存否。"说明国史馆官员借机抄录实录者大有人在，只是规模和时间均有限。

② 罗振玉. 与柯凤荪学士书//贞松老人遗稿甲集. 上海：上海书店出版社，1996：65.

③ 嘉业堂藏书志：卷二 史部. 上海：复旦大学出版社，1997：243.

天良未泯，愿尽斥鬻所藏长物，出私资印行……愿首为之倡，并愿为之奔走鸠集。”①。

罗振玉影印《清实录》之初衷是为了存信史，阐扬皇权圣政，他说：“玉避地六年矣，迩来抱病逾年，仅存一息，不复措意于人间事，惟尚有一事极不能忘，则二百余年之信史是也。近年沪上书坊为射利故多印行短书稗史，往往毁谤圣政，污及宫廷，以逢迎社会，虽有识者不复一顾，而流传方来，未必不滋人口实。”②

据此，1918 年前后③，罗振玉建议由史馆早日刊行《清实录》，作为挽救人心、阐明清朝圣政的努力。但由于《清史稿》尚在纂修过程之中，罗的建议并没有得到史馆总裁赵尔巽的首肯，故而，首次影印《清实录》的倡议未果而终。

实录的影印真正付诸实施，始于 1930 年夏。辽宁通志馆编辑通志，利用《清实录》作为参考史料，认为其记载翔实，为一代巨制，于是准备影印出版，但因为资金不足，只委托东北大学印刷厂把《满洲实录》影印问世。1932 年辽海书社曾出版《宣统政纪》，1935 年，又据奉天通志馆影印本印《满洲实录》。

其后，伪满洲国在成立两年后尚未得到世界各国承认的形势下，出于其政治上的需要，由“满日文化协会”倡导，日本关东军出面与郑孝胥、罗振玉“协商”，由东京单式印刷公司印刷，大藏出版公司出版，于 1934—1937 年完成了《大清历朝实录》（包括《满洲实录》和《宣统政纪》）一书的影印工作。以罗振玉为代表的伪满政府学者，“在清内阁大库档案的整理以及《清实录》整理研究上，与民国学者形成对立，特别是利用《清实录》的整理、出版和研究，塑造伪满政府继清而续的合法性，为伪满政府张目”④。

此次实录的影印无疑也掺杂了政治因素在内，有识之士称之为“文化侵略”：“沈阳通讯：最近日人又委托所谓满日文化协会，影印原藏东三省博物馆内之《清朝实录》，其用意，无非在唤起东北人对于旧清之

① 罗振玉. 与柯凤荪学士书//贞松老人遗稿甲集. 上海：上海书店出版社，1996：64.

② 同①63.

③ 罗振玉避居日本在 1912 年，六年后当在 1918 年。

④ 谢贵安. 民国与伪满在《清实录》整理及研究上的学术竞争. 人文杂志，2019（3）：100.

观念，并消失其对于中国之意识而已。”① 而日本方面又有复杂的想法：“当日伪满当局（实际是关东军司令部），他们生怕溥仪和清朝发生联系后把伪满建立变成清朝复辟。但‘满日文化协会’既已提出要印《清实录》，‘协会’是文化事业机关，又未便公然阻止，于是设下几道难关来支吾。”②

影印之前，日本方面曾派人对《清实录》逐卷检查，凡对日本不利的记述，均命装裱与缮写人员做了挖补与窜改，如将“倭”字改为“日”字，将“日本悖理违法”改为“日本干涉朝鲜”，等等。突出地表现在《德宗实录》及《宣统政纪》内，有几百处被挖补。该书影印了三百部（但有缺页、错页及重复之处），分赠一些国家及伪满洲国重要人物，余数存于沈阳故宫文溯阁，由奉天图书馆保管。1949 年后，由东北图书馆（1955 年 10 月改名“辽宁省图书馆”）接收。

“伪满通过《清实录》的整理、出版和研究，以证明伪满是大清的正统，而民国学者通过整理、出版和研究《清实录》，似乎也想以证明隆裕太后签署‘清帝退位诏书’后中华民国是清朝的合法承传者，有资格、有责任为故朝整理史籍，清理其遗产。”③ 1932 年，故宫博物院秘书长李宗侗宣布了刊印整套《清实录》的计划，但因经费拮据未能实现，只得继续零星刊印，1934 年刊印了《清世祖实录稿本残卷》（《文献丛编》1934 年第 20 辑）。1934 年，北平文殿阁书庄铅印发行《满洲实录》（《国学文库》第九编）。1937 年，北平图书馆出资影印了董康、孟森二人在北平书肆发现的《清世祖实录》的初纂本。“虽然缺乏经费，但并不缺乏精神，民国学术界展开了对《清实录》的考证和研究。”④

总的来说，民国时期对《清实录》整理、出版的最大贡献在于转变了清王朝统治时期《清实录》的功能，使其由服务统治者的政治功能逐渐转化为作为历史文献的社会功能和文化功能。这种转变在民国时期持续进行，故而真正利用《清实录》研究清代历史的成果并不多见。民国时期的清代历史的撰写多未使用《清实录》作为史料，如早期汪荣宝的

---

① 文化侵略工作：影印《清朝实录》. 黑白半月刊，1935，3（3）：25.

② 罗继祖. 伪满影印《清实录》缘起及其挖改. 古籍整理出版情况简报，1986，158.

③ 谢贵安. 民国与伪满在《清实录》整理及研究上的学术竞争. 人文杂志，2019（3）：103.

④ 同③107.

《清史讲义》[①]，另外有陈怀《清史要略》、吴曾祺等《清史纲要》、刘法曾《清史纂要》、黄鸿寿《清史纪事本末》等。较多使用《清实录》为史料的，为《清史稿》。另外，孟森《明清史讲义》中清史部分也利用了《清实录》。

《清实录》的研究几乎与清代史学同时起步。民国时期，清史馆在纂修《清史稿》过程中首先对该史料加以应用，学者的研究兴趣主要集中于实录版本以及史料使用价值的论定方面，这与实录在此一时期的编纂、传抄和影印出版密切相关。最早的研究成果是罗振玉《清太祖皇帝实录稿本三种序》（奉天史料整理处 1933 年印）。此外，还有吴相湘《清世祖实录三种不同的节本》（《大公报·史地周刊》1935 年 7 月 26 日）、赵士炜《实录考》（《辅仁学志》1936 年第 5 卷第 1—2 期）。1937 年，孟森著有《读清实录商榷》、《康熙重修太祖实录跋》、《清世祖实录初纂本跋》（《大公报·图书副刊》1937 年第 167、174 卷），方甦生著有《清太祖实录纂修考》（《辅仁学志》1938 年第 7 期）、《清实录修改问题》（《辅仁学志》1939 年第 8 期），金毓黻著有《历代实录考略》（《经世》1939 年第 37 期），孙守任著有《满洲实录图纠谬》（《经世日报·经世副刊》1946 年第 60 期），等等。这些研究成果一方面表现出民国学界对实录的浓厚兴趣及对其史料价值的肯定，如金毓黻提出，“近有人倡议景印清朝实录，此诚名山不朽之业，不胜日夕引领者也”[②]。另外，清代实录由皇室秘藏转为与公众见面，对学界是一种震动：“中外学者得睹巨制，皆引为殊遇。”“实录之系于修史，岂不大哉?”[③]“实录之可贵，殊过于正史。”[④] 故而，实录的全貌、版本以及纂修等问题激发了学界的研究兴趣。另一方面，时至民国，部分学者已客观展示出一般性史学研究的中立立场，对实录的窜改以及内容不实等问题直接进行批评，如方甦生即认为，《清实录》史料失实处太多，主张重修，这是由民国学者独特的社会阶层特色及由此形成的对清代实录的

---

① 该书本为汪荣宝 1904—1906 年在京师译书馆教授历史学的讲义，由京师学务处于 1906 年印行，名为《本朝史讲义》，其使用史料有魏源《圣武记》、薛福成《庸盦笔记》和日本出版的《支那汇报》等。后商务印书馆于 1913 年出版，名为《清史讲义》。

② 金毓黻.《满洲实录》序. 黑白半月刊，1935，3（4）.

③ 金毓黻. 中国史学史. 北京：商务印书馆，2017：137.

④ 同③138.

不同的学术旨趣所决定的。“民国时期，对实录的研究有明显的时代特色和阶层倾向。作为清遗民的清史馆馆员及伪满罗振玉等，采用《清实录》史料编纂《清史稿》，或直接整理该实录早期版本，以达到为旧朝存史的目的。与清遗民相反的是北大孟森这样的共和派史家及其学生吴相湘，对清廷篡改和修饰《清实录》的行为表达了强烈不满和激烈批评，同时又广泛应用其中可信的史料。持中立立场的是信奉科学观念和近代方法的史语所徐中舒和故宫博物院方甦生等年轻学者，他们对《清实录》的改修和价值，通过实证给予客观的评价。”① 总的看来，民国时期对《清实录》的整理带动了相关的研究。

二、改革开放前《清实录》的整理、出版和研究

《清实录》自有了影印本，便日益引起学界广泛关注。新中国成立伊始，发掘实录史料、开垦文献资源的努力成为学界共同的目标。对许多读者来说，《清实录》卷帙浩繁，不易卒读，且文献资源丰富，可供从不同角度发掘。为此，新中国成立以来就一直有学者从事将《清实录》中的某一方面的资料单独辑出，分类汇总成编，以利学人的工作。吴晗早在三四十年代，便发凡起例，独辟蹊径，从《朝鲜李朝实录》中辑出了中国史资料，这项成果应该说对《清实录》的分类汇编整理很有启发。从大型资料源《清实录》中辑录二次文献，从中编辑专题性和区域性资料专辑的工作是新中国成立后到改革开放前《清实录》整理和研究的核心内容。

“1959 年，南开大学历史系编辑出版了《清实录经济资料辑要》一书，这当是此类著作的嚆矢。”② 该书率先从《清实录》中选出有关农业、工业、经济、财政等原始材料汇编成册。较早出版的《清实录》史料汇编还有《清实录经济史资料（顺治—嘉庆朝）》，其“编辑说明”强调：“我们这一工作，早在一九四九年新中国建立之初就已开始。当时北京大学法学院成立了一个中国经济史研究室，《清实录》《东华录》经济史资料的选编是它的一项中心工作。当时的目的，是为了自己教学和研究上的需要，还没有想要出版。那时我们在经济系开设了中国近代经济史的课，研究工作也以近代为主。所以资料选录是从发生第一次鸦片

① 谢贵安. 清实录研究. 上海：上海古籍出版社，2013：2.

② 邵鸿.《清实录》江西资料汇编. 南昌：江西人民出版社，2005：序言 1.

战争的道光朝（一八二一 — 一八五〇）《宣宗实录》开始。”[①] 另外，内蒙古少数民族社会历史调查组、中国科学院内蒙古分院历史研究所合编《达斡尔、鄂温克、鄂伦春、赫哲史料摘抄（清实录）》，其“前言”称：“我们为便于史学界研究达斡尔、鄂温克（《清实录》中称为‘索伦’）、鄂伦春、赫哲四个民族的历史，在中央和地方民族研究部门的重视和支持下，在中央民族学院部分下放锻炼的师生的协助下，1959年苦干七个月，将《清实录》中有关上述四个民族的记载资料摘抄下来，并按《清实录》的顺序编排整理出版。”[②] 早在1962年，广西壮族自治区第二图书馆（今广西壮族自治区图书馆）金石声提议辑录《清实录》中的广西资料，得到当时区党委常委刘毅生同志的支持和广西壮族自治区通志馆莫乃群、林克武、吕集义等正副馆长的赞同，便由通志馆牵头，自治区通志馆和自治区第二图书馆组织力量进行这一工作，参加的还有自治区档案馆、文史馆等。后因“文革”开始，这一工作遂告停顿[③]。此外，1963年，青海人民出版社出版了《明实录清实录撒拉族史料摘抄》，亦为此一时期的重要实录整理成果。新疆民族研究所1978年出版的《清实录新疆资料辑录》，则是“一九七三年冬至一九七四年夏摘出来的”[④]。

受“文革”影响，此一时期部分文献整理成果在70年代末80年代初方面世。就《清实录》的研究而言，在大陆基本处于沉寂状态，唯一的研究性成果是陈象恭《谈清实录和清史稿》（《历史教学》1957年第1期），简要介绍了《清实录》伪满影印本及几个单行本，其研究思路与民国时期学者注重版本和史料价值的论述相仿佛，未见更多创新。

而这一时期，台北华文书局于60年代将伪满影印本缩印出版。台湾地区《清实录》的研究成果主要有吴相湘的《清德宗实录本纪的正本》（《大陆杂志》1951年第12期）、李光涛的《清太祖实录与沈阳旧

① 陈振汉，等. 清实录经济史资料（顺治—嘉庆朝）. 北京：北京大学出版社，1989：编辑说明1.

② 内蒙古少数民族社会历史调查组，中国科学院内蒙古分院历史研究所. 达斡尔、鄂温克、鄂伦春、赫哲史料摘抄（清实录）. 呼和浩特：内蒙古人民出版社，1962：前言1.

③ 该成果于1988年由广西人民出版社出版。

④ 清实录新疆资料辑录. 乌鲁木齐：新疆民族研究所，1978：说明.

档》(《大陆杂志》1956 年第 5 期) 和《清世祖实录与沈阳旧档》(《大陆杂志》1956 年第 6 期),版本对照以及对实录内容和史料价值的论定仍是此一时期的研究核心。

总体来看,改革开放前《清实录》的整理、出版和研究仍然呈现出以整理带动研究,整理为主、研究为辅的状况,而民国时期因社会阶层认识不同而产生的《清实录》研究的问题意识仍然在产生影响,其研究成果在探讨史料价值的同时,无一不注重指出其修纂的封建性和史料上的讹误。

三、改革开放以来《清实录》的整理、出版和研究

改革开放以来,在《清实录》的整理、出版和研究过程中,学界观念发生了重大变化。一变为,《清实录》的史料价值得到进一步肯定,史料地位上升,甚至被认为是清代历史和中国近代史的必备资料;另一变为,《清实录》的整理工作的学术价值和意义也得到学界的一致肯定。1982 年,王思治、罗明在《文史哲》上发表《关于清史研究的几个问题》,指出:"解放后曾从卷帙浩繁的《清实录》中编辑若干专题或地区性资料专辑,为研究工作者提供方便,可见这一工作的重要意义。"① 他们的意见,反映了史学界的共同认识和呼声。这一呼声,首先促成了《清实录》新的影印本的诞生。

1985 年 6 月至 1987 年 7 月,中华书局出版了《清实录》的影印本。鉴于伪满本存在大量挖改现象,遂重新选择底本。其中,《满洲实录》采用原藏上书房、时藏中国第一历史档案馆的馆藏本;太祖至穆宗十朝实录以原藏皇史宬、时藏中国第一历史档案馆的大红绫本为主,残缺部分采原藏乾清宫、时藏故宫博物院图书馆的小红绫本补配;《德宗实录》和《宣统政纪》选用时藏北京大学图书馆的定稿本。中华书局本《清实录》每套精装 60 册,是迄今内容最完备、版本最好、使用最方便的印本。

中华书局本《清实录》的影印出版为推进《清实录》的汇编整理注入了新的活力,新版本《清实录》更为完备和准确,成为绝大多数分类汇编整理《清实录》底本的不二选择。现将改革开放以来《清实录》的汇编整理成果(共计 44 种)汇总如下:

---

① 王思治,罗明. 关于清史研究的几个问题. 文史哲,1982 (1):77.

1. 70 年代末整理、出版的有 2 种

《清实录新疆资料辑录》，新疆民族研究所，1978 年

中国地震历史资料总编室编，《〈清实录〉地震资料》，中国地震历史资料总编室，1979 年

2. 80 年代整理、出版的有 16 种

罗香林主编，罗文、李缵铮合辑，《明清实录中之西藏史料》，香港大学亚洲研究中心，1981 年

《清实录·藏族历史资料汇编》，西藏民族学院历史系，1981 年

顾祖成等编，《清实录藏族史料》，西藏人民出版社，1982 年

李兴盛、张杰编，《清实录黑龙江史料摘抄》，黑龙江省社会科学院历史所，1983 年

徐铭编，《清实录彝族史料辑要》，四川省民族研究所，1983 年

《清实录青海民族史料辑录》，青海民族学院民族研究所，1983 年

云南省历史研究所编，《〈清实录〉有关云南史料汇编》，云南人民出版社，1984 年

山东师范大学历史系、中国近代史研究室选编，《清实录山东史料选》，齐鲁书社，1984 年

吴忠礼、杨新才主编，宁夏回族自治区档案馆编，《清实录宁夏资料辑录》，宁夏人民出版社，1986 年

新疆社会科学院民族研究所、《准噶尔史略》编写组编，《〈清实录〉准噶尔史料摘编》，新疆人民出版社，1986 年

云南社会科学院历史研究所摘编，《清实录中朝关系史料摘编》，吉林文史出版社，1986 年

云南省历史研究所编，《〈清实录〉越南缅甸泰国老挝史料摘抄》，云南人民出版社，1986 年

广西壮族自治区通志馆等编，《清实录广西史料辑录》，广西人民出版社，1988 年

马塞北主编，《清实录穆斯林资料辑录》，宁夏人民出版社，1988 年

陈振汉等，《清实录经济史资料（顺治—嘉庆朝）》农业编，北京大学出版社，1989 年

何泉达选辑，《清实录江浙沪地区经济资料选》，上海社会科学院出版社，1989年

3. 90年代整理、出版的有10种

李澍田主编，《清实录东北史料全辑》，吉林文史出版社，1990年

魏开肇、赵惠蓉辑，《〈清实录〉北京史资料辑要》，紫禁城出版社，1990年

铁玉钦主编，《清实录教育科学文化史料辑要》，辽沈书社，1991年

方衍主编，《清实录中的黑龙江少数民族史料汇编》，黑龙江省新闻出版局，1992年

张本政主编，《〈清实录〉台湾史资料专辑》，福建人民出版社，1993年

广东省地方史志编委会办公室、广州市地方志编委会办公室编，《清实录广东史料》，广东省地图出版社，1995年

任根珠主编、山西省史志研究院编，《清实录山西资料汇编》，山西古籍出版社，1996年

黄启臣辑，《〈清实录〉澳门史料编年》，载《文化杂志》（中文版）第33期（1997年冬季）

陈历明编校，《明清实录潮州事辑》，香港艺苑出版社，1998年

中国第一历史档案馆等合编，《明清时期澳门问题档案文献汇编》（五）“文献卷”中的《清实录》相关部分，人民出版社，1999年

4. 进入21世纪整理、出版的有16种

新疆社会科学院历史研究所编，《〈清实录〉新疆资料辑录（光绪朝宣统朝卷）》，新疆大学出版社，2003年

邵鸿主编，《〈清实录〉江西资料汇编》，江西人民出版社，2005年

朱祖延、郭康松主编，《清实录类纂·科学技术卷》，武汉出版社，2005年

唐启翠辑录点校，《明清〈实录〉中的海南》，海南出版社，2006年

朴兴镇、崔文值编著，《中国二十六史及明清实录东亚三国关系史料全辑》，延边大学出版社，2007年

刘华编校，《明清民国海原史料汇编》，宁夏人民出版社，2007年

王炜编校，《〈清实录〉科举史料汇编》，武汉大学出版社，2009年

《清实录·新疆史料辑录》，新疆大学出版社，2009年

贵州省文史研究馆古籍整理委员会编，《〈清实录〉贵州资料辑录》，汕头大学出版社，2010年

练铭志、张菽晖编，广东省民族宗教研究院、中国第一历史档案馆合编，《〈清实录〉与清档案中的广东少数民族史料汇编》，广东人民出版社，2011年

项文惠辑录，《明清实录杭州史料辑录》，杭州出版社，2012年

陈振汉等编，《清实录经济史资料》(包括农业编、国家财政编、商业手工业编)，北京大学出版社，2012年

赵桅编，《明实录清实录烟瘴史料》，中央民族大学出版社，2014年

李兴盛主编，《清实录东北流人史料摘抄（外一种）》，黑龙江人民出版社，2014年

王瑰等编，《清实录中铜业铜政资料汇编》，西南交通大学出版社，2016年

余福海主编，《明清实录所见商丘古城史料集》，大象出版社，2018年

改革开放以来，学界开始对《清实录》的史料运用及史料价值、满蒙文本及版本研究、修纂过程及政治斗争、修撰机构及纂修制度、史实订正及文字正误等问题展开研究，发表了一系列成果①。其中最具代表性的成果是2013年上海古籍出版社出版的谢贵安所撰《清实录研究》一书。该书是第一部全面、系统研究《清实录》的学术专著，明确指出《清实录》是清代纂修的诸多史籍中最重要的一部："第一，它是清代皇帝及其朝政的专史，是当代政治的遵循依据和治国指南。""第二，它是清代历史的丰碑，具有权威的地位，个人经历如果登载其上或曾经参与实录修纂，都将会无比荣光。""第三，它是众史的标杆，是清代史学意识形态领域的风向标，具有指针性的地位。"② 谢著揭示了《清实录》在清代官方史学中的核心地位和原始价值，有助于扭转以往学界对《清实录》学术地位认识不足的状况。不仅如此，从《清实录》透视清代史

① 杨立红，朱正业.《清实录》研究概述.中国史研究动态，2008（3）：12-17.谢贵安.清实录研究.上海：上海古籍出版社，2013.

② 谢贵安.清实录研究.上海：上海古籍出版社，2013：14.

学的发展，揭示其与王朝统治和学术嬗变的关联，是谢著的成功之处。“清代是我国专制社会的末期，传统史学的发展处于总结和嬗变的阶段，一方面《清实录》是古代王朝最后一次系统、大规模的纂修实录，另一方面由于时代变化，实录史学不仅有体例、内容的改变，同时也逐渐走向终结。谢著通过研究《清实录》纷繁复杂的不同层面，不但揭示了实录体史学乃至传统史学的发展趋向，同时也考察了传统史学向近代史学转换过程中实录所处的地位及扮演的角色，从而总结出了一些带有规律性的认识。这类探索对我们在研究近世社会转型诸问题时扩大视野、打开思路均有重要帮助作用。”①

“《清实录》是有关清朝历史最系统、最全面的一部史料之书。清代历朝实录体例相同，材料取舍大致一致，将每一朝实录联接起来，就是一部清史资料长编。它上溯满族之发祥、努尔哈赤十三甲起兵，下迄宣统三年清帝逊位，每年每月每日所发生的大事都有记载，对历史事件发生时间的记录相当准确，这是一般的纪传体史书所无法比拟的。”②《清实录》的丰富性及系统性在文献整理与研究的历史中日趋显现，其丰富性表现在其总计 4 000 余卷、4 000 余万字的规模，是我国现存卷帙最大的一部实录，丰富的内容和数量上的优势使其自然构成一个文献系统，以《清实录》为中心，佐以不同专题，可形成各具特色的专题性史料汇编，如前所述之经济史料汇编、文学史料汇编、科学技术史料汇编、地域性史料汇编、民族性史料汇编等。《清实录》的系统性则表现为《满洲实录》《太祖实录》《太宗实录》《世祖实录》《圣祖实录》《世宗实录》《高宗实录》《仁宗实录》《宣宗实录》《文宗实录》《穆宗实录》《德宗实录》《宣统政纪》等十三部前后相继，时间上系统连缀三百余年，纵向脉络上实录记述有一定的规则可循，又可形成政治、经济、文化、学术、宗教、民族、边疆、民族等多方面的王朝历史的系统，从而为学界研究提供极大的便利。梳理百年来《清实录》整理、出版的学术成果可以看出，《清实录》自整理、出版以来，已成为学界研究清史的必不可少的史料来源。

---

① 宗亮. 返本开新境　波澜独老成：谢贵安教授《清实录研究》评介//罗家祥. 华中国学：第 3 卷. 武汉：华中科技大学出版社，2015：378－379.

② 郭康松. 浅议《清实录》的编纂及价值. 咸宁师专学报，1997（1）：81.

第二节　清人日记的整理、出版与清代史事研究的特殊性

清亡百年以来，社会对清史的关注和研究从未间断。清史研究建立在对清代文献档案的解读和建构上，新材料的披露和发掘为清史研究的进一步深化注入了新的契机和动力，推进了清史研究的进程，促使研究专著和文章更趋全面和深入。反之，清史研究的深入发展也不断对文献档案的整理、出版提出新的要求。

清代传世资料比比皆是、车载斗量，清人日记亦数量宏富、卷帙浩繁。日记，顾名思义，是指按时间顺序逐日记述自身活动的一种文体。日记自唐代产生之后，经过两宋发展、明代繁兴，到清代进入鼎盛时期。“清代三百年间，学者文人纷写日记，蔚然成风。往往穷一生之精力，撰日记之巨帙。”① 清人日记总数几超此前历代总和②，更不乏记录时间长达数十年、字数多至数百万之作。日记自身具有按时间记载的系统性特征，“由于大多是按照年月日时气候的程式记载的，往往展示了作者生活年代的政治变迁、经济动态、社会生活、战争始末、文艺活动等各个方面，可说是囊括万千”③。作为人物的阶段性传记著作，日记是人物一定时期自省的工具和载体，出于率真，具有具体细致和真实性等特点，史料价值很高。

清人日记与此前历代的日记相比，有其独有的特点：其一，清人日记多鸿篇巨制，动辄数十万、数百万字。其二，内容包罗万象，多记实

① 陈左高. 历代日记丛谈. 上海：上海画报出版社，2004：导言 2.

② 邓逸梅，陈左高. 中国近代文学大系·书信日记集. 上海：上海书店出版社，1993：导言 5.

③ 陈左高. 日记是宝贵史料. 百科知识，1980（9）：1.

事，不再流于空洞。其三，在清人的概念中，日记与笔记、随笔并无实质区别，可以公开示人①。如 2004 年广陵书社出版的李慈铭《越缦堂日记》，文字达数百万言，积四十年心力，铢积寸累而写成，如当日"无暇写日记，皆草草札记之邸抄面纸"，共包括《甲寅日记》《越缦堂日记乙集—壬集》《孟学斋日记》《受礼庐日记》《祥琴室日记》《息荼庵日记》《桃花圣解庵日记》《荀学斋日记》《荀学斋日记后集》九部分，不仅记载了清咸丰到光绪共四十年间的朝野见闻、朋踪聚散、人物评述、古物考据、书画鉴赏、山川游历及各地风俗，足资后世学者参考，而且记录了他的大量读书札记，价值很高。《郭嵩焘日记》起自咸丰五年（1855），止于光绪十七年（1891），除了中间所缺 39 个月外，首尾 37 年，记载了当时内政外交、社会状况和学术艺文等，是研究近代史的重要资料。

也有不少学者指出清人日记存在篡改现象，其中尤以翁同龢日记备受非议，但所篡改的只是其中的一小部分②，瑕不掩瑜，翁氏日记仍可资研究取用。此外日记除了记载作者的所作所为、所思所想，还涉及当时当地的社会风貌。因此，日记不仅是研究历史人物的第一手资料，而且还能折射出社会历史的方方面面，其在历史研究中的地位和作用，金梁、陈左高、冯尔康等曾具体论证过其价值和意义。金梁在清亡后从事《清史稿》的编纂工作，在编写实践中深感清人日记是十分重要的史料来源。陈左高先生认为历史研究要深入离不开日记，并终生致力于日记史的研究，发掘出了日记中的各种学问。冯尔康先生在《清代人物传记史料研究》中强调"日记对于后世的学术作用，首先是对作者传记史，然后才是对社会历史的史料价值"③。

一、百年来清人日记的整理、出版状况

百年来对清人日记的整理、出版大致可以分为三个阶段。

---

① 如李慈铭"以巨册自夸"（王闿运《曾国藩手书日记序》）。李慈铭在世时，《越缦堂日记》就被"士友多传抄"。

② 翁同龢在戊戌政变之后为了避祸曾对日记进行了修改，但修改数量有限，可参见孔祥吉、村田雄二郎《〈翁文恭公日记〉稿本与刊本之比较：兼论翁同龢对日记的删改》[历史研究，2004（3）：180－187，192]。但是，杨天石认为更重要的是翁去世时，光绪帝尚在，鉴于忠心和以免欺君，翁氏不会也不敢修改日记中和光绪皇帝有关的部分。

③ 冯尔康. 清代人物传记史料研究. 北京：商务印书馆，2000：219.

1. 民国时期

辛亥革命之后，清政府统治大厦忽倾，时人认为“民国之兴，创中国未有之局”①。社会上一时之间对清亡这一事实并未能完全接受，如对民国改历的态度，晚清实业家王锡彤在日记和年谱中均有记述：“北京有文而黠者，署春联于门曰：男女平权，公说公有理，婆说婆有理；阴阳合历，你过你的年，我过我的年。”② 当时对清史的研究也有所迟滞，随后，许国英、金兆丰、金梁、郑天挺、萧一山、孟森等学术前辈披荆斩棘开辟了清史研究的道路。由于去清不远，研究清史的一个重要途径就是社会各界人物“所见”、“所闻”乃至“所传闻”。日记正是其中一个重要的载体。这些现实因素和情愫直接推动了清人日记的整理、出版。如上文所说，金梁就尤其重视在清史书写和研究中日记的重要地位，并且善于利用日记勾画人物。在具体实践里，金梁搜集梳理了李慈铭《越缦堂日记》、翁同龢《翁文恭公日记》、王闿运《湘绮楼日记》、叶昌炽《缘督庐日记》这“晚清四大日记”的相关人物记载，编写出《近世人物志》，共收录五百多人物，为清代人物及史实的研究提供了十分重要的第一手资料。

另外，日记的刊行在晚清并不鲜见。鸦片战争后，中国被迫卷入世界，并逐渐建立起一套与西方对话的公使制度。在派遣驻外公使的同时，清政府要求使臣每月以日记形式汇报国外的见闻。这些出使日记在呈交总理衙门之后，由总理衙门选择其中的部分内容刊刻发行，供高级官员参阅，以传播西学。同时，进步的社会知识分子为扩大西学的传播速度和范围，将这些出使日记编入丛书出版，或者连载在报刊上，风行一时，为时人了解西方社会做出了贡献。

辛亥革命爆发，清政府的统治告终，一些记载清朝史实的日记得以刊刻面世。同时，由于晚清政局复杂动荡，一些文人学士官员自觉将这些活动记载下来，清亡之后，这些日记作品有了出版需要。此外，随着民国以来思想的争鸣、文化的繁兴以及中西交流以来印刷技术的改良，出版机构蜂起，日记的出版有了更大的可能性。因此民国时期清人日记的出版取得了不小的成就。

---

① 王锡彤. 抑斋自述. 郑州：河南大学出版社，2001：183.

② 同①.

这一时期私刻日记仍然存在，如桐城吴氏在民国十七年（1928）刊刻了《桐城吴先生日记》，但更多刊刻日记的是近代的出版机构。如上海世界书局在民国十三年（1924）、二十年（1931）、二十五年（1936）三次刊印了《洪杨党魁石达开日记》，商务印书馆在民国二十六年（1937）、二十七年（1938）出版了陆陇其、华学澜、李慈铭等人的日记。此外北京燕京大学图书馆和江苏省立苏州图书馆也分别出版了翁同龢和俞樾的日记。常规出版之外，民国时期的许多报刊也延续了晚清的传统，连载了许多清人日记。总之，这一时期日记的刊刻有以下几种。

（1）出版机构对清人日记的整理、出版

据《清史书目（1911—2011）》统计，民国时期出版的清人日记共16部，除了李慈铭、翁同龢、曾国藩等人的晚清著名日记外（如张元济对整理其师翁同龢日记的大力推动），如上所述，上海世界书局先后三次刊印《洪杨党魁石达开日记》。该日记现已被证明属许指严伪作，但民国建立后，仍需宣传革命，鼓舞人心，反清大将石达开日记的公开更有煽动性，适应了政治需要，因此一版再版。正如简又文在《五十年来太平天国史之研究》中所指出："许氏之作，予断定为其投机伪造者，适能迎合社会人士兴味，轰动一时，至翻印多次。"①

（2）报刊对清人日记的连载

民国之后，报刊种类增多，这些报刊刊载晚清日记也是一个值得注意的现象。报刊虽限于版面，可载文字较少，但可以连载，比较方便，加上清亡之后民众揭秘的好奇心普遍存在等因素的影响，报刊连载清人日记得到了发展。具体来讲：

著名的小说类刊物如《小说丛报》《小说月报》《小说新报》《小说日报汇订》都曾多期连载清人日记，如《曾羽王日记》《赵伟甫先生庚申避乱日记》等。戈公振《中国报学史》认为民国时期的报纸正在趋向营业化，重视搜求新奇事物，以博得读者青睐。

其他如1932—1935年在上海发行的《青鹤》，其主旨在于宣扬中国传统文化、维护国学，因而长期连载众多清人日记，如《窓斋日记》《惜抱使湘鲁日记》《旅江日记》《南轺日记》《兔床日记钞》《越缦堂日

① 简又文. 五十年来太平天国史之研究//香港大学五十周年纪念论文集：第1册. 香港：香港大学中文系，1964：248.

记批注》《爱晚楼日记类钞》等。此外，《海事月刊》也多次刊载《湘绮楼日记》及《湘绮楼日记精华录》等。这表明清人日记已经从史料的意义升华为能代表国学的文化著作。

抗日战争全面爆发后，文化传播受到严重的挫折，但并未停滞不前，如《中学生》（战时半月刊）仍多次连载了《越缦堂日记》等，旨在指导高中生的文化学习。可见，清人日记的公开发布也有助于文化普及。

2. 改革开放前

1949年中华人民共和国成立之后，各项事业百废待兴，文献的整理、出版也面临新的任务。1952年起，国家开始有计划地整理古籍文献，但整理的重点首先是二十四史和《清史稿》。1966年"文革"爆发，社会动荡不安，各项文化事业基本陷于停顿。据《清史书目(1911—2011)》统计，该时期出版清人日记共10部，较之民国期间略少。具体情况见表3-1。

表3-1　　改革开放前清人日记出版情况

书名	作者（责任者）	出版机构（出版地）	出版年
张謇日记	张謇	江苏人民出版社（南京）	1962
缘督庐日记	叶昌炽	学生书局（台北）	1964
曾惠敏公手写日记	曾纪泽撰，吴相湘编	学生书局（台北）	1965
曾文正公手写日记	曾国藩	学生书局（台北）	1965
翁文恭军机处日记	翁同龢	学生书局（台北）	1966
辛丑日记	徐鋆撰，沈云龙主编	文海出版社（台北）	1967
武昌起义日记	李国镛	北京图书馆（北京）	1970
翁同龢日记	赵中孚编辑	成文出版社（台北）	1970
三鱼堂日记	陆陇其	台湾商务印书馆（台北）	1971
林文忠公日记	林则徐	文海出版社（台北）	1974

可见这一时期，清人日记的整理、出版情况首先表现为刊行成果不多。其次，就两岸而言，大陆地区对清人日记的整理、出版相对落后，

该时期大陆地区仅有《张謇日记》和《武昌起义日记》；而台湾地区，则以各种丛刊、丛编、丛书等名目影印近代名人奏议、政书、年谱、日记、文集、碑传集以及报刊等。

就此间整理、出版的日记人物而言，大陆地区受意识形态的影响，对清朝“反动阶级”“反动势力”的代表人物讳莫如深。而台湾地区，除晚清重臣曾国藩、翁同龢、林则徐、曾纪泽外，文人学者如叶昌炽、陆陇其的日记等也受到了重视。

出现上述情况的主要原因是中华人民共和国成立后，马克思主义史学成为大陆地区历史研究的指导思想，史学工作者接受了马克思主义唯物史观作为历史研究的方法，具体表现为重视人民群众的作用和地位，批判“英雄史观”，长篇累牍记载人物一生历史的日记自然被遗弃。该时期对清史相关的研究，更是与现实政治密不可分，如重视政治史、军事史、农民战争史等，清代历史当时被简化为“两大矛盾”、“八大事件”和“三次高潮”。在专题史研究中，帝国主义侵华及太平天国运动是重中之重。对晚清人物的研究过于偏重讨论其所处革命营垒，对统治阶级人物的研究很少涉及。据姜涛统计，改革开放前，国内研究晚清人物篇目最多的是关于孙中山的，其次是李秀成，再次是章太炎，另外，太平天国人物占了一定数量，充分表明了当时历史研究的主题①。

随后的十年“文革”时期的相关著述，由于受极左影响，正常的历史研究无法展开，在此不予赘述。

3. 改革开放以来

“文化大革命”结束后，尤其是 1978 年以来，我国迈入改革开放的发展阶段，实事求是思想路线的重新确立，使得历史研究也走向“拨乱反正”的道路。要重新评价历史事件和历史人物，就必须重新解释旧有史料和挖掘新史料。古籍整理、出版事业也得到了相应的重视，国家有关机构重新确定中华书局为整理、出版中国古籍的专业出版社，同时点校本二十四史和《清史稿》全部出版。以此为标志，古籍整理、出版走上了复兴发展的道路。

对清史研究而言，不了解历史就不能吸取经验教训为今所用，从清军入关到清帝逊位民国建立，整个清朝近三百年的历史内容丰富且复

---

① 姜涛. 50 年来的晚清政治史研究. 近代史研究，1999（5）：22－46.

杂。延续中国“易代修史”的传统，编写一部系统权威的清朝通史成为共识。在修史的同时必定面临着重新定位历史人物、评价历史事件的问题，如被长期称为“卖国贼”“农民战争刽子手”的晚清大臣、“挑铁道，把线砍，旋再毁坏大轮船”的义和团运动、清政府面临统治危机时的自我改良行为、晚清社会承载的传统与近代的对立与撞击等，这些问题都需要从新的视角进行审视。出于这种需要，日记文献既可以考察人物的行为活动，又可以折射不为其他文献档案记载的社会情况、生活细节，并且日记的记载往往真实可靠、翔实生动，其重要性因而被重新强调，陈左高、冯尔康等在论述其价值和意义上不遗余力。清人日记的整理、出版迎来了大发展。据《清史书目（1911—2011）》，百年来清人日记共出版 109 部，此间共出版 84 部，约占总量的 77%，在数量上远超此前，质量上也有新的突破。这一时期其整理、出版有如下新现象：

（1）日记丛书和日记选编的出现

80 年代以来，由钟叔河主编，湖南人民出版社和岳麓书社先后出版了“走向世界丛书”，如 1981 年出版的薛福成《出使四国日记》、曾纪泽《使西日记》、李凤苞《使德日记》，1982 年出版的戴鸿慈《出使九国日记》，1985 年出版的郭嵩焘《伦敦与巴黎日记》、曾纪泽《出使英法俄国日记》、薛福成《出使英法义比四国日记》，等等。作为走向世界的一部分，收录的清人日记多为游历日记和出使日记。

中华书局自 1987 年以来，陆续选印了一些晚清著名日记，编辑成《中国近代人物日记丛书》，旨在给有关学术界提供一些有价值的资料，尤其重视确有史料价值的稿本或抄本，其中包括《李兴锐日记》《李星沅日记》《翁同龢日记》《王文韶日记》《王韬日记》《翁心存日记》《姚锡光江鄂日记》《许宝衡日记》等。

除此之外，台北文海出版社出版的《近代中国史料丛刊》，也收录日记二十余种。

日记选编主要是 1984 年花城出版社出版的《历代名人日记选》，选录了顾炎武、戴名世、张德彝等人的日记。

（2）稿本日记的发掘和出版

80 年代以来，一些晚清稿本日记陆续面世，如 1985 年中山大学历史系在编撰《林则徐全集》时得到了林氏后裔珍藏的《林则徐日记稿》，此外还有新发现的张荫桓甲午及戊戌日记稿本、《张修府日记》等，这些新出的大量稿本日记使得对人物及其所处时代的研究可以更加深入。2005 年，同心出版社出版了《清代名人稿本日记影印本》，全套 24 册，共收入清人稿本日记 122 种。这些日记在形式和内容方面都可称为“孤本”，手稿内容丰富，为深入研究清代历史提供了更多的新史料。沈梓《避寇日记》记载了许多太平天国的兵事，原记于纸片上，现已收入《三十五种清代日记随录》。更多的稿本日记也有待发掘利用。

此外，晚清四大日记之一的翁同龢的日记早在 1925 年就已在张元济的主持下影印出版，但张元济在影印过程中对原稿删改多处。为了让后世看到完整的翁氏日记，翁同龢的后人翁万戈以家藏的翁同龢日记手稿校正现存《翁同龢日记》，这无疑具有重大的现实意义。

（3）对清人日记的整理走向多元

近年来，除了清人日记出版数量的增多外，对清人日记的整理也日渐多元化，以往的日记出版往往是直接影印原稿以存真，但是由于有的手稿为繁体竖排，字迹潦草，模糊难辨，在书写时也存在一些错讹，且清人日记用语与今天大有不同，这些阅读障碍减少了日记的受众数量。因此，对将要出版的日记进行进一步整理显得至关紧要。

点校本增多。为了消除读者在阅读日记时的障碍，对日记的整体点校已成为日记文献整理的一大趋势，仍以翁同龢日记为例，其手稿多行草，夹杂异体字，写日记时的涂改又导致笔画不清。早在 70 年代台湾成文出版社就首次对其进行标点断句，识读原文，随后有 1989 年陈义杰点校、中华书局出版的简体横排本，更多的人得以走进翁氏日记。近年来，已有十数种日记点校出版，如《郭嵩焘日记》自 1982 年起分 4 卷点校出版，曾纪泽的《使西日记》《出使英法日记》等亦经湖南人民点校出版，《薛福成日记》《初使泰西记》《忘山庐日记》等在 80 年代后也有标点本问世。就目前情况来看，日记的点校本将越来越多，但是清人日记多“巨册”，点校难度较大，影印本也不会被完全取代。

日记索引。今人对清人日记的整理更加重视日记中索引的作用，如上海古籍出版社 1983 年出版的孙宝瑄《忘山庐日记》附有人名索引，北京大学出版社 1986 年出版缪荃孙的《艺风老人日记》附有人名索引和书名索引，使日记中的人名和书名容易检索，给日记利用者带来了很大的便利。此外，清史资料数据库中收录的清人日记也日益增多，反映了同其他文献档案一样，对清人日记的整理也逐步走上了数据化的道路。2011 年至今，清人日记的整理、出版成绩愈加突出，如中华书局的“中国近代人物日记丛书”陆续出版或再版了《翁心存日记》（2011 年）、《谭献日记》《汪荣宝日记》《郑孝胥日记》《曾纪泽日记》《唐景崧日记》（2013 年）、《李星沅日记》（2014 年）、《孙宝瑄日记》《王韬日记》《张荫桓日记》（2015 年）、《绍英日记》《林骏日记》《赵钧日记》（2018 年）、《郭曾炘日记》（2019 年）等。其中《翁心存日记》，据国家图书馆藏 27 册《知止斋日记》手稿本点校整理而成，版本珍贵，内容丰富，涉及晚清政治、经济、军事、吏治、民情、风俗等，是研究翁心存本人及翁氏家族的第一手资料。此外，凤凰出版社出版的“中国近现代稀见史料丛刊”也陆续收录了不少清人日记，在此不一一赘述。

二、清人日记的整理、出版与清史研究

正如社会发展和学术变迁直接影响学界对清人日记的整理、出版一样，清人日记的整理、出版状况在一定程度上也影响了清史研究的具体过程。由于日记是个人的专史，在清代人物研究中，作为第一手的资料，自然具有不可替代的作用。同时，人不能脱离社会而存在，日记中必然会有意无意述及当时当地的历史现象和社会风貌。清人日记因其客观特点，如时间跨度大，记载内容翔实赅备，从而从一个侧面呈现了一部多样具体的晚清史，如许多清人日记中涉及清代的政治内幕、经济情况、学术特色、人物交游、风俗习惯等。翁心存、翁同龢父子的日记由于记载天气情况和气候变化的连续性而多被气象史研究者利用。姚永概更是在日记中记载了许多医学知识，清代医疗史的研究者故多引之为参证。总的来说，清人日记的史料价值与其他清代文献档案相似，在清史研究中主要体现为补充、印证和订误作用。但作为人物的阶段性传记，日记在推动清史研究中也有许多不为其他史料所记载的内容。

1. 深化对清代人物的研究

人物是历史的主体，而日记则是研究人物的主体。由于日记不仅记载作者的日常生活，而且涉及人物的思想学术、交友活动等，因而是研究历史人物的心路历程、学术转变的珍贵材料，同时日记也可以衍生一系列新的研究资料，如《皮锡瑞年谱》《林则徐年谱》，都是根据其日记得来的。具体来说，清人日记的整理、出版对清代人物研究的推动表现在如下几个方面。

（1）对日记作者研究的深入和细化

这一方面主要侧重于对人物内心世界的探索和对历史事件中的行为的深入考察。

晚清经历了“数千年未有之大变局”，国家大厦将倾，西方势力不断涌入，天朝上国受到挑战。在中外战争中，列强的先进技术和封建清政府的愚昧落后形成了鲜明对比，这无疑给了当时的文人士子以极大震撼，研究清人在新旧文化的碰撞和对抗中经历了怎样的思想变化无疑是有必要的。以薛福成为例，他是清末的重要官员，曾为曾国藩和李鸿章幕僚，后又担任驻外公使出使欧洲四国，是中西文化结合过程中的重要人物。《薛福成日记》业已整理、出版，另有单行本的《出使英法义比四国日记》流行于世。这些日记记载了其在捻军起义、洋务运动等中的所见所闻，出使日记更是薛福成对西方文明全方面考察的记录。在中西文化交融的历史大背景下，其思想变化经历了复杂的历程。出使西方后，固有的传统观念受到挑战，薛福成在认识西方文明后开始从新的角度观察和理解世界，开启了中国近代知识分子思想转型的先河。20 世纪 80 年代后，薛氏日记的出版使得关于薛福成的思想研究出现大量成果。王晓冰大量征引其出使日记，发表了一系列文章，如薛氏一开始认为西方世界是“饕利朋淫腥膻之地”，要求留学生坚守本土文化，但之后竟然主张华人主动自觉融入当地生活中，因此，薛福成“通过对中西文化的比较，不断颠覆、修正对西方的认知，同时，也对自己的本土文化进行印证，变外来为内在，以更理性的态度学习西方”①。同光学者李慈铭因卷帙浩繁的《越缦堂日记》而为学界所重视，在四十载的日记中，李慈铭记录了自己在咸丰到光绪年间的见闻、游历、读书札记等，是研究李慈铭及其所处时代的巨大史料宝库，因此书成之后多次刊刻，自民国至今，对其关注从未断绝，特别是日记中的读书记，是李慈铭一生学问的缩影。由云龙特从日记中辑出李慈铭的读书札记，命名为《越缦堂读书记》。基于此的相关研究成果亦是不可胜数，如马建强就撰专

① 王晓冰．从《出使英法义比四国日记》看薛福成的西学思想．清华大学学报（哲学社会科学版），2010（S2）：69－70．

文从李慈铭读书的始与变、藏书与读书札记、阅读偏好、阅读心态及方式等出发，勾勒了李慈铭个人阅读史的完整形象①。其他诸如考察李慈铭的正史观②、诗歌理论③等，也都和李慈铭日记的整理、出版密不可分。

五卷本的《湘绮楼日记》详细记录了王闿运的日常生活、学术交游活动，更为重要的是它记载了王闿运对时政的许多议论，是研究王闿运政治思想的基本资料。学界普遍认为王闿运是保守型的知识分子，但刘四平以王氏日记为参证，重新评价了处于社会转型时期的王闿运，认为其政治思想具有一定的过渡性、矛盾性和复杂性，但绝不能简单地冠之以“保守”而斥之，提出要对其做历史的、具体的分析④。从上可知，民国以来，尤其是20世纪80年代之后，利用清人日记探究清人思想演变、学术已经是一种基本的研究方法。此外，日记对历史人物关系的论述，如《恽毓鼎澄斋日记》中有关其与梁启超的关系的描述、翁同龢日记所记载的其与康有为的交往等，都深化了对人物及其交游的认识。清人日记的整理、出版对清代人物研究的推动不言自明。

（2）对清代人物群体的研究

从对历史人物的个案研究延伸到对某一人物群体的研究是一个自然的过渡过程，透过一部清代人物日记管窥其所在的群体也是日记的价值所在。这一方面有突出成果的当属香港中文大学的张德昌。在其《清季一个京官的生活》⑤中，作者鉴于李慈铭的日记留下来大量实际生活方面收入和支出的详细数字，选择李慈铭为个案，就日记所载，分析了京官的生活用度、生活方式以及京官生活与馈赠的关系，支出方面则分析宴饮、娱乐等方面的花费，同时成功揭示了京师知识分子的内心世界。

关晓红利用《退想斋日记》和《朱峙三日记》，成功研究了科举制停废对士子命运与乡村社会的影响⑥。其他诸如孙燕京、周增光综合利

---

① 马建强．李慈铭的“读书世界”与“思维世界”．武汉：湖北大学，2012.

② 阚红柳．李慈铭读正史：《越缦堂日记》读后．社会科学战线，2009（4）：181－184.

③ 阳柳．李慈铭诗歌研究．长沙：湖南大学，2012.

④ 刘四平．王闿运政治思想研究．长沙：湖南师范大学，2007.

⑤ 张德昌．清季一个京官的生活．香港：香港中文大学出版社，1970.

⑥ 关晓红．科举停废与近代乡村士子：以刘大鹏、朱峙三日记为视角的比较考察．历史研究，2005（5）：84－99，191.

用荣庆、绍英、许宝衡、那桐、王闿运、汪荣宝、恽毓鼎、郑孝胥等人的日记，全面考察了辛亥革命后旗籍权贵集团殉节情况的深层原因①。郑翠斌结合翁同龢、赵烈文、郑孝胥、孙宝瑄等人的日记，勾勒出晚清御史群体的政治和社会特征②。

2. 对晚清政治史研究的推动

后世整理、出版的清人日记的价值，除了体现在为历史人物的深入研究提供第一手资料之外，还体现在为社会历史的其他各方面研究提供参证和补充，尤其是清人日记中有关时局的记载，生动翔实，为其他史料所不能比。正如章开沅在为《朱峙三日记》撰写的说明中指出："重大事件易入史书记载，渐进而又细致入微的演变则往往为人们所忽视。"③ 在晚清政治史的研究中，充分利用当事人的记载，更有助于开拓新的学术领域。

与清人日记的整理、出版相似，百年来晚清政治史的研究也经历了一个曲折发展的过程。民国肇建，经历晚清的人物尚在，这一时期出版的曾国藩、翁同龢等人的日记多具有为时人提供"所见、所闻、所传闻"的价值。改革开放前，受意识形态的影响，无论是清人日记的整理、出版还是晚清史的研究，都与现实政治密不可分，重视对向西方学习的人物的推介、对太平天国起义的表彰。改革开放以来，思想方面有了新的解放，传统的革命史已经不是历史研究的热门，这一时期，为了重新评价历史人物和历史事件，整理、出版了一系列清人日记，尤其是日记记载内容关涉清政府统治集团（即之前所谓的"反动营垒""反动势力"）、晚清政治制度、中央与地方关系的演变等。

孔祥吉在治学中注重发掘与使用日记等原始资料，在其《清人日记研究》中详细揭示了《留庵日钞》《荣庆日记》《澄斋日记》《张荫桓日记》《那桐日记》的史料价值，从而能够在学术研究中另辟蹊径，推动清史研究的进程④。具体来说，清人日记的整理、出版对晚清政治史的

① 孙燕京，周增光．辛壬之际旗籍权贵集团的政治心态．历史研究，2012（5）：71－89，190.

② 郑翠斌．清末政治漩涡中的御史（1894—1911）．石家庄：河北师范大学，2013.

③ 章开沅．关于《朱峙三日记》的说明∥辛亥革命史丛刊：第10辑．武汉：湖北人民出版社，1999：224.

④ 孔祥吉．清人日记研究．广州：广东人民出版社，2008.

推动表现在对晚清主要政治事件研究的深入和细化。

第一，对戊戌变法研究的补充。茅海建的《戊戌政变史事考》综合利用《翁同龢日记》、《张文襄公集》和清宫档案，详细考证了戊戌政变的时间、过程与原委以及光绪帝的对外观念、帝后之间的关系等，是利用日记文献重新考证历史事件的成功之作①。杨天石则依据《翁同龢日记》，进一步证实了戊戌维新期间是光绪帝主动罢免了翁同龢的官，而慈禧太后也并非在变法初行时就一味阻挠。翁氏被罢官是由于多次顶撞光绪，光绪皇帝年轻气盛，冲动所为，同时得到了慈禧的批准②。

第二，补充太平天国史料。研究太平天国史的学者一般都参阅王闿运的《湘军志》，但对其《湘绮楼日记》中保存的史料重视度不够，祁龙威撰文揭示了王氏日记在补充研究方面的史料价值③。日记中有许多不见于其他史籍记载的内容，如日记暴露出的湘军内部的矛盾、湘军镇压太平军之后将领的腐朽以及对当地的骚扰等。

3. 清末立宪及清帝逊位研究

柴松霞利用钟叔河的“走向世界丛书”收录的晚清出使日记，研究了出洋大臣与清末立宪的关系④。戴鸿慈在《出使九国日记》中记载了政治、财政、文化教育等方面的大量考察内容，而载泽的《考察政治日记》主要记录外国官员、学者讲解宪法及国家制度等方面的情况。考察团出洋对清末立宪起了很大的推动作用，但清政府由于其阶级局限性，没有尊重历史规律，从而使这场变革呈现出复杂的特征。关于清帝逊位的问题，以往研究多引溥仪等人的记载，指称奕劻为袁世凯傀儡，促成了南北合议，周增光则根据恽毓鼎、许宝衡、那桐等人的日记，认为奕劻主张清帝逊位是无奈之举，除了顺应大势外，革命军政府最后给出的皇室皇族优待条件，尤其是保护王公贵族的爵位与财产等承诺，满足了奕劻自身利益的需要，奕劻是在综合考虑各方因素后，才做出主张清帝逊位的抉择⑤。

---

① 茅海建. 戊戌变法史事考. 北京：生活·读书·新知三联书店，2005.

② 杨天石. 翁同龢罢官问题考察. 近代史研究，2005 (3)：198－216.

③ 祁龙威. 太平天国史料拾遗：读《湘绮楼日记》. 扬州师院学报（社会科学版），1987 (3)：154－155.

④ 柴松霞. 出洋考察团与清末立宪研究. 北京：中国政法大学，2009.

⑤ 周增光. 奕劻与清帝逊位. 清史研究，2013 (1)：142－149.

4. 满汉关系研究

满汉矛盾是清代政治史的核心内容及主要特征之一，但正史中很少有这类史料，相较官书的严肃性，清人日记中保存了更多有关满汉矛盾的“禁忌”言论。薛伟强对翁同龢、王文韶、张荫桓、王闿运、李慈铭、叶昌炽、赵烈文等人的日记披沙拣金，对晚清满汉矛盾与晚清政局做了全面的长时段分析①。

以上是对百年来清人日记整理、出版历程的简要回顾，这是一段曲折前进的历程，其中既有社会背景的因素，又有史观变化的影响，但总体来说，学界愈来愈重视对清人日记的发掘、整理以及出版工作，并取得了巨大的成绩，有力推进了清史研究的发展。同时也需要看到的是，清人日记中可供利用的内容还有很多，除人物史及政治史研究可对其加以利用外，另外一些专题史料如社会史、文化史方面的内容可以加以整合编纂出版。根据时代需要，充分利用好这些史料，可以对清史的各个侧面展开深入研究、开阔视野，清史研究也会因此更加多样化。“清人日记存世者，数量非常多，内容也要比过去任何一个朝代都更加丰富多彩”，而清人所遗留下来的日记，除了少部分已经出版外，“绝大多数还是抄本或稿本，有的由私人收藏，有的在图书馆、资料室的善本库里，待字闺中，等候发掘”②。标点、整理、出版清人日记的前景非常广阔。

日记具有显著的按时间记事的特征，年月日时的详密记述连缀成细密的时间系统。这些史料不仅自成体系，集合成清人日记系列文献，而且还可与官书、档案等构成的时间系统纵贯相连，实现跨体系的重合、交织。即此而论，清人日记的研究，是连通宏观与微观、个人与家族和社会、地方与全国等方面的重要纽带，具有深厚的学术价值和深远的研究意义。随着未来清史研究进一步拓进，文献档案的关联性连接点的研究价值日益体现，在注重文献系统性研究的学术视野下清人日记的文献价值将再次被发掘。

---

① 薛伟强. 满汉矛盾与晚清政局（1884—1912）：以统治阶级上层为中心的考察. 石家庄：河北师范大学，2012.

② 孔祥吉. 我与清人日记研究. 博览群书，2008（5）：65－72.

第三节　清人全集的整理、出版与清史研究

中国古代文集的编纂形式主要包括总集和别集两大类，二者的区别是总集汇集多人的作品，而别集仅含一个人的作品。按照所收个人作品的数量，别集又可分为全集和选集两种形式。“2000 年以来，也就是进入新世纪以来，明清人全集明显成为古籍整理与出版中的一个热点。”① 梳理百年来以“全集”或“全书”命名的清人别集中全集的整理、出版状况，并探讨其与清史研究的互动关系②，对全面认识清人全集的整体面貌，凸显清代文献的数量化和系统化特征不无裨益。

全集作为一种文献形式早已有之，且百年来全集的整理、出版也取得了辉煌的成就，但学界有关全集的研究却起步较晚，成果并不显著。总的来讲，共有三个领域的学者对全集的整理、出版开展了研究，即出版领域、文学领域和史学领域。

第一，出版领域。20 世纪末，在全集出版兴盛的背景之下，有数位学者对全集的出版状况进行了综述。如万宇在 1997 年和 2000 年先后撰写了《90 年代以来中国现当代文化名人全集的出版状况》③ 和《续接传统　弥补空白：80 年代以来中国个人全集出版状况的统计》④ 两篇文章，均从出版角度对 20 世纪 80 年代以来中国个人全集、90 年代以来中国现当代文化名人全集出版情形进行了解读。此外，王玉娟的《新时

---

① 程章灿. 搜聚汇集 造福学林：新世纪明清人全集整理出版的现状、成绩与问题. 北方论丛，2018（5）：16.

② 需要说明的是，这里所说的全集仅指别集中的全集，不包括总集中的全集，简称“清人全集”。同时由于时间断限过长和全集命名的不统一，无法对数量众多的文集进行一一甄别。因此，仅研究以“全集”或“全书”命名且名副其实的清人全集，对于形式上以“全集”或“全书”命名实际上并非全集的情况，以及虽然形式上不以“全集”和“全书”命名但实际上是清人全集的情况，均不做研究。

③ 万宇. 90 年代以来中国现当代文化名人全集的出版状况. 编辑学刊，1997（6）：47－48，56.

④ 万宇. 续接传统　弥补空白：80 年代以来中国个人全集出版状况的统计. 中国出版，2000（9）：57－58.

期“全集”的出版特点》① 一文，同样从出版角度总结了 20 世纪 80 年代至 90 年代名人全集的出版特点以及存在的一些问题。该领域学者的研究视角主要是全集的出版，对全集的编纂和学术意义关注不多；研究对象主要是现当代文化名人的全集，对古代人物全集涉及较少。

第二，文学领域。该领域的关注对象是现当代作家，研究重点是作家全集的编纂和作家全集对文学研究的推动。在文学研究者看来，全集是进行文学研究的基础性文献史料，因此关注全集文献编纂自身具有的重要意义。2004 年，朱金顺发表了《辑佚·版本·“全集不全”：读“中国现代文学的文献问题座谈会”论文随想》②，主要从辑佚、校勘角度对全集的编纂提出要求，并且从作者意愿、编者搜集、政治因素等方面分析了“全集不全”的原因。王芳撰写了《“2009 北京大学现当代作家全集（文集）整理编纂”学术研讨会综述》③，认为现当代作家全集（文集）的编纂是一项基础性、综合性的工作，作为研究基础的史料工作还有很大的拓展空间，并提出现当代作家全集（文集）整理的困境所在。全集编纂对文学研究的推动鲜见总体性研究，朱华阳等撰写了《从三部全集看文学史研究的空间》④，挖掘了《苏曼殊文集》、《鲁迅全集》和《闻一多全集》文学史意义背后的文化和历史讯息。全集的个案研究较为普遍，尤其是对《鲁迅全集》的研究，鉴于与本部分关系不大，在此不赘述。

第三，史学领域。该领域的关注对象是历史人物，研究重点是历史人物全集的编纂和全集对史学研究的推动。史学界对全集的编纂缺乏整体研究，个案研究却屡见不鲜，几乎每一部人物全集出版之后都会有相关的研究文章出现，简介全集的编纂过程，评价其学术价值，指出其存在的问题，并进行相关的补遗工作。以 1998 年苑书义等主编的《张之洞全集》⑤ 为例，该书出版前后，学界就有以下几篇文章问世：苑书义

---

① 王玉娟. 新时期“全集”的出版特点. 出版发行研究，1999（1）：29－31.

② 朱金顺. 辑佚·版本·“全集不全”：读“中国现代文学的文献问题座谈会”论文随想. 中国现代文学研究丛刊，2004（3）：137－148.

③ 王芳.“2009 北京大学现当代作家全集（文集）整理编纂”学术研讨会综述. 中国现代文学研究丛刊，2010（5）：217－219.

④ 朱华阳，赵琳. 从三部全集看文学史研究的空间. 文艺争鸣，2007（12）：89－92.

⑤ 苑书义，孙华峰，李秉新. 张之洞全集. 石家庄：河北人民出版社，1998.

《推动近代化的先驱：〈张之洞全集〉序言》[1]，迟崇起《乡邦先贤，彪炳史册：读〈张之洞全集〉》[2]，彭忠德《〈张之洞全集·劝学篇〉标点商兑》[3]，赵德馨《〈张文襄公全集〉奏折部分的几个问题：兼与〈张之洞全集〉的编者商榷》[4]，等等。另有从个案出发引申至整个全集编纂的文章，如吕坚《从奏稿与奏折之比较看今后清人全集整理出版》[5]，作者以出版的《曾国藩全集》为例，将奏稿与奏折进行比较，认为两者存在着明显的文字差异，奏稿没有奏报时间、皇帝朱批、准确的官职名称等，因此得出了清人全集的整理、出版应该充分重视奏折而不是奏稿的结论。

对于全集编纂对史学研究贡献的主要研究成果仍然是个案研究，但冯尔康先生所著《清史史料学》[6] 值得注意，其中有“文集史料”一章，作者从清代政治、经济、传记资料、阶级斗争、贫富斗争、史论资料、学术思想史资料、政治思想史资料等方面对文集的价值进行了详尽的论述。遗憾的是书中并没有涉及全集。全集是文集的集结，全集的史料价值涵盖了文集的史料价值且并不局限于此。另外，个案研究的成果相对突出，现以《康有为全集》为例进行说明。房德邻撰写了《〈康有为全集〉第一、二卷的文献价值》[7] 一文，结合全集中的具体史料分析了其在认识“康有为经学思想”、“康有为变法思想的形成”和“《大同书》的起稿时间”等问题中的关键作用。

综上所述，学界对全集的整理、出版及其与学术研究的关系问题已经有了初步的认识，但尚缺乏宏观的把握。因此本部分拟对百年来清人全集的整理、出版状况进行综合分析，并探究清人全集整理、出版与清史研究的关系。

全集是文集的集结，全集不仅具有文集的文学价值和史料价值，同

---

① 苑书义. 推动近代化的先驱：《张之洞全集》序言. 河北师院学报（社会科学版），1997（3）：54－56.

② 迟崇起. 乡邦先贤，彪炳史册：读《张之洞全集》. 乡音，1999（6）：30.

③ 彭忠德.《张之洞全集·劝学篇》标点商兑. 新国学，2002（1）：197－204.

④ 赵德馨.《张文襄公全集》奏折部分的几个问题：兼与《张之洞全集》的编者商榷. 江汉论坛，2003（2）：84－88.

⑤ 吕坚. 从奏稿与奏折之比较看今后清人全集整理出版. 档案学研究，1998（2）：72－75.

⑥ 冯尔康. 清史史料学. 沈阳：沈阳出版社，2004.

⑦ 房德邻.《康有为全集》第一、二卷的文献价值. 史学史研究，1991（1）：72－77.

时也有其自身的独特性。由于其旨在涵盖历史人物各方面的文献史料，因此不仅对于人物研究有重要的价值，对学术思想史、政治史、经济史等领域也具有重要的意义。对全集整理、出版与研究互动关系的探究将为今后清人全集的编纂和利用产生指导意义。

一、百年来清人全集整理、出版的发展历程

清人全集整理、出版的发展历程具有明显的阶段性特征，即可以将1911年以来的百年划分为三个时段，分别是民国时期、改革开放前、改革开放以来。

1. 民国时期

19世纪末20世纪初，中国传统社会陷入了空前的危机之中，与此相应，中国传统学术文化也发生了严重的危机。此时期，一系列的文化变革运动促进了清人全集的整理和出版。

首先，在新文化运动背景之下，白话文运动等文学革命如火如荼地开展起来，对文言文著作进行白话文翻译成为应有之义，这是促进清人全集整理、出版的一个因素。

其次，传统史学的编纂内容、治史方法和历史观念都已远远落后于时代步伐，传统史学向近代史学的转变势在必行。梁启超发表了《新史学》，倡言“史学革命”，意在创立“新史学”。此时期，不仅是史学，整个学术文化都处在转型时期，探索新的学术道路是在总结和反思传统学术文化的基础上进行的。梁启超先后撰写《清代学术概论》和《中国近三百年学术史》①，对清代包括史学在内的学术文化进行总结和评价。对清人学术思想的研究自然离不开历史人物的著述，这是清人全集整理、出版的另一诱因。

再次，针对国粹主义等学术思潮的盛行，胡适提出了整理国故的主张。整理国故的四个具体步骤为：“条理系统的整理”，“寻出每种学术思想怎样发生，发生之后有什么影响效果”，“要用科学的方法，作精确的考证，把古人的意义弄得明白清楚”，“综合前三步的研究，各家都还他一个本来面目，各家都还他一个真价值”②。著述是学者生平经历和

① 梁启超．梁启超论清学史二种．朱维铮，校注．上海：复旦大学出版社，1985.

② 胡适．新思潮的意义//白吉庵，刘燕云．胡适教育论著选．北京：人民教育出版社，1994：107.

学术成就的真实写照，因此，整理国故运动也在一定程度上促进了清代人物全集的整理、出版。

最后，从文化继承的角度来看，中国古代社会就有整理人物文集的传统，并且清代已经有学者着手编纂整理前代人物的全集，比如《李太白全集》①、《王摩诘全集笺注》② 等。这主要是因为清代是中国古代传统封建社会发展的顶峰，有文化集成、文化总结的整体目标和学术需要。民国时期是中国由古代传统社会向现代社会转变的关键时期，起到了承前启后的作用，在文化上既继承了中国古代文集整理的传统，同时又将清人整理全集的文化传统发扬光大。

在此阶段，共有 60 种清人全集整理、出版。与之后改革开放前相比，虽然同样是社会变革时期，却表现出了明显的文化繁荣态势。

从关注的全集人物来看，具有明显的时代性。生活在清末民初的人物得到的关注要远多于生活在清前中期的人物。原因在于人们在反思清代学术文化的过程中，由于思想观念上的相近、文集材料的易于搜集以及与现实的联系密切等原因，自然将目光集中到了晚清的历史人物身上。此时期出版了《孙中山全集》《苏曼殊全集》《王湘绮先生全集》等。

新文化运动给中国社会带来的变化是全方位的，其中自然包括人物称呼习惯的改变。但文化观念的改变需要一段历史进程，民国前期的文人，尤其是那些清代遗民，仍旧比较习惯于遵守古代文人的治学、交往方式，每个人都有自己的室名，以字号相称，非常重视皇帝封给的谥号。这些也体现在了全集的命名方式上。该阶段的 60 种清人全集中，以室名、字号来命名的各占四分之一，另外谥号和姓氏共占四分之一。

2. 改革开放前

1949 年中华人民共和国成立后，马克思主义成为新中国的指导思想，史学界也掀起了学习马克思主义的热潮，越来越多的史学工作者自觉将马克思主义唯物史观的理论和方法作为研究历史的指南，因而马克思主义史学在新中国成立之后很快确立了它的主导地位。为了更好地宣传马克思主义思想和历史唯物主义史观，借助古代人物的变革思想进行

---

① 王琦. 李太白全集. 上海：中华书局，1912.

② 赵殿成. 王摩诘全集笺注. 北京：国学整理社，1936.

宣传成为一个有效途径，而整理人物全集是研究人物思想的基础性工作。

50年代后期起，随着意识形态日益极左，理论日益僵化，历史研究也日益政治化。1957年的反右派斗争，1958年在一些高校和研究机构开展资产阶级学术批判运动，1960年全国又掀起了批判“修正主义”运动，在这些政治运动中，混淆政治与学术的界限，一些本来属于学术范畴的不同意见遭到了粗暴的政治批判，这助长了教条主义和“打棍子”风气的发展，使历史研究的政治化倾向愈来愈严重。到了“文革”时期，历史研究完全从属于政治斗争的需要，一大批史学家遭到残酷斗争，正常的历史研究和历史教学完全陷于停顿，历史研究沦为政治斗争的工具，“四人帮”的“影射史学”就是一个典型。就在“四人帮”垮台的前夕，还发动了一场所谓“批儒评法”的闹剧，含沙射影地攻击周恩来等一大批党和国家领导人，为他们篡党夺权制造舆论，使备受摧残的历史学又蒙受了一层耻辱。

在该阶段，清人全集的整理和出版出现了停滞。在近30年的时间中，中国大陆仅整理、出版清人全集4种，台湾地区则有10种。这4种全集包括1种《谭嗣同全集》① 和3种《龚自珍全集》②。在这个时期，竟出版了如此多的《龚自珍全集》，这是一个值得探讨的问题。虽然不同时代的人物对龚自珍的评价各异，但不管是被人称赞，还是被人贬斥，都不能否认其在中国近代思想史、文学史上的巨大影响。1959年中华书局出版了《龚自珍全集》，编者在该书的前言中说：“龚自珍是一个辞旧迎新的人物，新中国刚刚成立，需要这样的政治模范。”③ 显然，《龚自珍全集》的出版带有浓厚的政治色彩，体现了学术与现实政治的密切联系。另外的2种，则分别由上海古籍出版社和上海人民出版社于1975年同年出版，两者都是1959年中华书局整理本的重印本。该时期的重印，则主要是为了配合当时“儒法斗争”的现实需要。龚自珍的批判精神对于社会风气的转变具有重大意义，体现了马克思主义哲学

---

① 谭嗣同全集. 北京：生活·读书·新知三联书店，1954.

② 龚自珍全集. 北京：中华书局，1959. 龚自珍全集. 上海：上海古籍出版社，1975. 龚自珍全集. 上海：上海人民出版社，1975.

③ 龚自珍全集. 北京：中华书局，1959：前言.

思想，可以为社会服务。

实际上，能够适应形势需要并非3部《龚自珍全集》整理、出版的唯一原因。能够满足这一需要的思想家并非龚自珍一人，魏源等也是具有标志意义的历史人物。但非常关键的是，社会变革时期并无力调配雄厚的人力、物力、财力来保障大规模学术活动的开展，因此这就要求该人物全集的编纂具有良好的史料基础，只有这样才能降低全集整理的难度，增强可行性。《龚自珍全集》恰好满足了这一条件，因为此前在1935年共有4种龚自珍的全集①出版，具有的良好的史料基础，这是其他历史人物所无法比拟的优势。

新中国成立之后，人们的社会生活观念和交往方式真正走向了现代化，已经不同于古代人们的习惯称谓。因此，该时期的4种清人全集都是以人物的名字来命名。

3. 改革开放以来

此时期中国的历史学研究出现了繁荣的新景象，并呈现出显著的特点：对马克思主义理论的理解和运用逐渐摆脱了简单化和公式化的毛病；强调研究工作要从历史事实而不是从概念和原则出发；研究领域多方面拓宽；研究课题更加贴近现实和注重学科的生长点；一些传统的历史观念和认识受到了挑战，对不少历史人物和历史事件提出重新评价。这些都要求史学研究要从史料抓起，要尊重历史史料，因此要对人物进行客观公正的评价，就必须对人物的著述进行全面搜集和整理，这就促进了人物全集的整理、出版。

区域史研究在新时期受到历史学界的高度重视。在区域史研究中，安徽和湖南的学术文化工程取得了巨大的成就。80年代，安徽省出版了《明清徽州社会经济资料丛编》②、《明清徽商资料选编》③、“安徽丛书”等一系列重要资料集。其中“安徽丛书”的一个组成部分就是皖人全集。湖南长沙岳麓书社出版的“湖湘文库”的甲编，同样旨在发掘湖南地区具有重要影响力的历史人物，整理、出版人物全集。

---

① 王文濡. 龚定盦全集. 北京：国学整理社，1935. 江荫香. 龚定盦全集. 上海：大达图书供应社，1935. 何铭. 龚定庵全集. 上海：新文化书社，1935. 襟霞阁主人. 龚定庵全集. 上海：中央书店，1935.

② 安徽博物馆. 明清徽州社会经济资料丛编. 北京：中国社会科学出版社，1988.

③ 张海鹏，王廷元. 明清徽商资料选编. 合肥：黄山书社，1985.

此外，学术思想文化史的研究也取得了不少新成果。对人物学术思想的研究，自然离不开人物全集的整理和出版。

在此时期，据《清史书目（1911—2011）》，有135种清人全集得到整理和出版，数量大致相当于前两个阶段之和的两倍。这无疑说明了学术文化研究新时代的到来。其中，除了学术文化繁荣的内在原因之外，出版行业的繁荣发展也提供了必要的物质基础。

改革开放以来，人们的思想观念发生了翻天覆地的变化。一方面，政治、思想、文化环境相对宽松，再者，此时距离清朝灭亡已经超过半个世纪，人们看待历史的眼光也更加理性和客观。另一方面，社会变革时期，人们的思想和心态呈现多样化的趋势，需要一个正确价值观念的引导。与现实需求相适应，该时期清人全集关注的人物也具有明显的特征。一方面，人们十分关注明清交替时期的明代遗民，出版了诸如《黄宗羲全集》《钱谦益全集》等。在不同时代，人们对于明代遗民及其著述的态度是不同的，清朝初期是怀柔，乾隆时期是禁绝，此时期抛却政治色彩，重归理性评价。同时，人们也非常关注清末的重要政治人物，出版了《李鸿章全集》《左宗棠全集》《曾国荃全集》《黄遵宪全集》等。这些人物的思想智慧会为变革时期人们的价值取向提供一个很好的指导和借鉴，这也反映出学术为社会现实服务的功能。

随着改革的逐步进行，人们的社会生活观念以及生活方式日益现代化，人们的交往方式也日益现代化，直呼其名已经成为人们的称呼习惯。因此，该时期出版的全集命名方式呈现出来的特点是：绝大部分都以名字来命名，少量用字号和室名进行命名。用字号或者室名来命名全集大概是为了继承传统文化，遵从当时人的习惯方式。

全集的出版与出版业的发展状况相关联，出版业的发展又一定程度上由社会的经济发展水平决定。当社会的人力、物力资源充足时，出版业就会迅速发展，全集的出版周期就会缩短，否则就会变长。该时段的初期，即20世纪80年代至90年代，清人全集的出版出现了非常明显的特征，即采用每年推出一二册、次第推出的模式出版。换言之，一种人物全集的出版周期需要七八年的时间。比如，岳麓书社于1985—1994年用十年出版了《曾国藩全集》①，1988—1996年用八年时间出版

① 曾国藩．曾国藩全集．长沙：岳麓书社，1985—1994.

了《船山全书》[1]；黄山书社于1994—1997年用三年时间出版了《戴震全书》[2]；等等。这些都足以说明，在80、90年代出版一种人物全集需要很长的出版周期。但在21世纪初期，清人全集的出版均采用一次出全的模式。比如，2010年安徽黄山书社出版了修订本《戴震全书》[3]，2011年湖南岳麓书社出版了修订版《曾国藩全集》[4]和《船山全书》[5]。出现这一转变的原因主要在于社会经济的发展推动了出版业的发展，出版社拥有雄厚的经济实力进行大手笔的投入，从而缩短了清人全集的出版周期。

另外，此时期，为满足人们的不同需要，全集的出版也相应地出现了变化，比如"全集单行本"的出版，这是一种新的尝试。岳麓书社即采用"全集单行本"的形式整理、出版了《船山全书》，既满足收藏单位或个人的数量全的要求，同时也满足个别研究者的需求，是一种有益的尝试。

清人全集的整理与出版经历了三个不同的历史时期，每个时期都有各自不同的发展特点，但三个时期也有共性存在。虽然三个时期全集编纂所关注的人物各有侧重，已如前所述，但也有一直以来都颇受关注的历史人物，即每个时段都有全集出版的人物。这些人物的共同特点在于在各自的领域内具有强大的影响力，比如曾国藩，这是清人全集整理、出版中所占比重最大的历史人物。其原因在于曾国藩不仅是一位具有影响的政治家，而且他的道德修养、伦理教化思想也在社会上具有很广泛的影响。另外如方苞、姚鼐、郑板桥的全集也较多，这主要是因为其文学作品具有较为广泛的影响。

另外，值得注意的是，全集的出版会跟人物的诞辰纪念有一定的关联性，比如，为了纪念魏源诞辰210周年，岳麓书社在2004年出版了《魏源全集》[6]。

---

① 王夫之. 船山全书. 长沙：岳麓书社，1988—1996.

② 戴震. 戴震全书. 合肥：黄山书社，1994—1997.

③ 戴震. 戴震全书. 修订本. 合肥：黄山书社，2010 .

④ 曾国藩. 曾国藩全集. 修订版. 长沙：岳麓书社，2011.

⑤ 王夫之. 船山全书. 修订版. 长沙：岳麓书社，2011.

⑥ 魏源. 魏源全集. 长沙：岳麓书社，2004.

二、百年来清人全集整理、出版的发展特征

虽然百年来清人全集的整理、出版经历了三个具有不同特点的阶段，但仍有两个明显的特征贯穿清人全集整理、出版的始终。

1. “全集不全”与学术创新

上面提到，别集中的全集指汇集一个作者全部作品的文集，“全”即指数量上的“全部”。但这仅是一个理想化的目标，求“全”从某种意义上体现了清史学界严谨科学的文献整理态度和求全的学术精神。在具体的实践中，这要视作品的流传情形和搜集难度而定，所能做到的是尽可能地搜集全。因此，全集自身的概念即存在着延展性，这也就决定了全集整理、出版过程的连续性，几乎所有全集的整理、出版都是一个不断完善的过程，不可能做到一蹴而就。在既有文献整理成果的基础上，以整理促研究，再以研究促整理就成为清代史学研究中为人瞩目的学术现象。在梳理百年来清人全集整理、出版状况的过程中，可以看到一个非常普遍的现象，即同一家出版社会先后出版同一个人物的全集，并不断进行修订。现以岳麓书社出版的《曾国藩全集》和《船山全书》为例进行说明。

20 世纪 80、90 年代，岳麓书社曾用 10 年的时间出版了 30 巨册《曾国藩全集》，这成为当时及后来数十年内影响最大、最为完备的《曾国藩全集》。在 2011 年，岳麓书社出版了该全集的修订版。全集分奏稿、批牍、诗文、读书录、日记、家书、书信 7 个部分，其中奏稿 12 册、批牍 1 册、诗文 1 册、读书录 1 册、日记 4 册、家书 2 册、书信 10 册，共 31 册。此次修订，新增 50 万字，以增收佚文为主要内容。奏稿部分新增 240 余件，其中绝大部分出自 1993 年版台北“故宫博物院”《先正曾国藩文献汇编》①。批牍部分新增 2 件。诗文部分增收 80 余件。读书录部分增收新发现之曾氏后人誊录的《诗经》批注。日记部分增收道光二十一年（1841）元旦日记，咸丰元年、二年（1851、1852）间的《绵绵穆穆之室日记》，同治八年、九年、十年（1869、1870、1871）间的《无慢室日记》。家书部分增收 20 余件。书信部分增收 40 余件。因此，《曾国藩全集》的修订过程，主要是以增收佚文为主要任务，同时也修改了之前版本的一些错误，体例编排上也做了一定程度的改进。

---

① 庄吉发. 先正曾国藩文献汇编. 台北：“故宫博物院”，1993.

《船山全书》同样经过了不断修订的过程。1982 年岳麓书社开始筹备《船山全书》的出版工作，并在之后的 1988—1996 年先后出版了 16 册，引起学界强烈反响，评价很高，同时全书的编校质量也为学界所关注。为求得一个更为完备的、缺失尽量少的王夫之著作版本，2003 年岳麓书社决定将《船山全书》修订再版。全书的修订主要包括以下几个方面的工作：首先是辑佚补遗。修订版补充了全书初版付印之后又发现的几篇佚文，例如《麦园记》《昆盈府君墓志铭》《龙太君墓志铭》等，同时将原有的残缺内容补充完整。其次是择优更换个别底本。初版第十二册中的《识小录》，原以金陵刻本为底本，此次修订改用新发现的湖南图书馆藏衡阳刘氏钞本，而以金陵本参校；《搔首问》原以船山学社石印本为底本，此次修订亦用衡阳刘氏钞本。清初刘氏钞本明显优于后来的刻本，这两个底本的更换能使这两种著作的文字更接近王夫之的原著。再次是正讹补漏。通过重新校核底本，发现初版文字上的讹误与缺漏，然后进行补正，这是此次修订工作的主要任务。现在看来，初版各册存在的讹误多寡不一，修订版都进行了一一更正。最后是编辑体例的进一步规范。一方面是某些特殊字形的标准化，另一方面是对原有校注文字的进一步订正、润饰，从而表述得更加规范和精准。

以上两人的全集，尤其是《船山全书》的修订是全方位的，具有典型性，其他全集的修订也基本上在此范畴之内进行。由此可见，全集自身概念的延展性确实为学术更新提供了源泉和动力，在“求全求真”目的的指引下，每一次全集的修订都是一次学术向前发展的过程。

需要指出的是，有关“全集”概念中“全”的含义，也有少数学者持不同意见。比如：2009 年北京燕山出版社出版的《曾国藩全集》①，编者在序言中写道：“这里所谓全，并非曾国藩的作品全部收录的意思，学术界对曾国藩的研究仍在进行，有些挂名曾国藩的著作的归属还难以最终确定，我们所谓全，是指把曾国藩思想的各方面精华全部展现。”因此，该全集只包含家书、家训、日记、读书录四部分。由此可见，该书编者认为“全”并非指数量上的“全部”，而是指代表的全面性，注重各方面精华的展现。

① 黄勇．曾国藩全集．北京：北京燕山出版社，2009．

2. 清人全集容量的逐步扩充

清人全集容量的不断扩充可以从数字上得到直观的感受。以顾廷龙、戴逸主编的《李鸿章全集》[①]（以下简称“新编《李鸿章全集》”，以区别于海口出版社1997年出版的同名《李鸿章全集》）为例，吴汝纶原编未刊详本1 700多万字，行世的《李文忠公全集》[②]只有700余万字，而新编《李鸿章全集》多达2 800余万字，在字数上是《李文忠公全集》近4倍，也超过吴汝纶原编未刊详本近1 000万字。这足以说明，清人全集的容量正在逐步扩充。其原因主要包括以下两点。

（1）文集作者概念的模糊化

由全集的概念可知，文集所收录作品的作者应该为该人物本身。但在之后的实践中，由于人们编纂全集的目标和宗旨不同，而延伸出了一大一小两种收录范围。大的收录范围除了署名为作者的作品之外，还包括他人所作的与该人有关的作品；小的收录范围是指署名为作者的作品。

小的收录范围从严格意义上来讲，又可以分为狭义和广义两种。

狭义上是指严格意义上的作者本人所作。比如“湖湘文库”中的湖南籍人物全集，将收录的范围严格限定为“作者本人所作”。比如，在《魏源全集》[③]的修订过程中，他们就曾将收录在初版中的《皇朝经世文编》《淮北票盐志略》撤出。《皇朝经世文编》署名为“善化贺长龄耦耕辑，邵阳魏源编次”，真正的作者肯定不止魏源一人；另一方面，该书所辑文章两千二百三十六篇，是清初至道光五年（1825）之间的各家奏议、文集和方志等中“存乎实用者”，显然其作者并非魏源。《淮北票盐志略》也是类似的情况。

广义上是指概念化的署名，并不一定为作者所作，仅仅是作者同意即可。这主要体现在政治人物身上，比如《孙中山全集》。1981年中华书局出版的《孙中山全集》[④]，其收录范围，不仅包括孙中山执笔的各种著作，还包括别人执笔经过他署名的诗文函电，他主持制订的文件，

---

① 顾廷龙，戴逸．李鸿章全集．合肥：安徽教育出版社，2008.
② 李鸿章．李文忠公全集．上海：商务印书馆，1921.
③ 魏源．魏源全集．长沙：岳麓书社，2011.
④ 孙中山．孙中山全集．北京：中华书局，1981.

据他口述写成的书文，别人当时记录的孙中山的演说和谈话，当事人事后记载的可信的而意思完整的演说和谈话，由他签发的公文、命令、委任状、各种证券和收据，以及一部分题词，另外还有孙中山所写的意思完整的批语。

另外一种则明显不同于前两者，它不仅收录作者自己的作品，也收录他人所作而与作者本人有关的作品，其中一个典型的例子即《苏曼殊全集》。苏曼殊是近代作家、诗人和翻译家，其作品流散十分严重，收集难度较大。1929 年北新书局出版的《苏曼殊全集》①，前三册为苏曼殊本人作品，第四、五两册“附录”全是友人方面有关苏曼殊的诗文。另外，新编《李鸿章全集》中，也有类似的情形出现。其收录的奏折除了正折和附片之外，还有诸如清单、附在折片后的上谕或者朱批、军机处寄谕、照会、条陈节略等大量非李鸿章本人的文字，电报也同样录存了不少别人的来电。编纂人员本着李氏全集应该以李氏正文为中心的原则，在经过仔细校勘后，均以另号字附在正文后的适当位置。

综上所述，百年来人们对于全集概念的理解出现了多样化的趋势，并在一些问题上产生了争议，这主要是由于人们编纂全集的目的不同。有编者严格规定全集的界限，企图反映全集的本来含义；但也有编者会本着服务于学术研究的宗旨，放宽对全集概念的限定，将与此人相关的文字也收录在内，这无疑会使得全集的容量不断扩充。

全集容量的不断扩充还可从清代文献的系统性特点角度加以理解。之所以清人文集可以从诸多角度进行各方面的辑佚，并形成全集的补编甚至新编，与清代文献存世总量大、系统性强的特点是分不开的。前述新编《李鸿章全集》采录了大量的档案，这在其他历史时期是不可能实现的。李鸿章作为晚清重臣，参与了诸多重大历史事件，故其个人相关文献涵括政务内容，存世档案中以李鸿章本人为核心的材料可辑入全集之中，且数量不少。此外，清人，尤其是在社会文化生活中扮演士林、学林领袖的清人往往有各自的学术圈、社会交往圈，函札、题跋、墓志铭、神道碑等，恰恰体现了清人社会交往的活跃程度，故此，在这一方面辑佚会不断有所收获。总体来说，注意到清代文献档案的系统联系，会推动全集的整理不断产生新成果，最终

① 柳亚子. 苏曼殊全集. 北平：北新书局，1929.

无限接近搜罗无遗的理想目标。

（2）文书体裁的多样化

具体来讲，人物全集收录的内容和体裁主要是由人物的身份决定的。大致说来，文学家的全集以收录文学作品为主，史学家的以收录史学著述为主，政治家的以收录政治文件为主，但这还要受到人物史料保存程度的限制。因此，清人全集收录体裁的多样性，一方面体现在新史料的发掘上，另一方面体现在时代变迁之后文书体裁的新变化。

新史料的发掘。新史料的发掘丰富了文集收录的体裁，这可以从新编《李鸿章全集》的编纂上得到证实。2008 年安徽教育出版社出版了由顾廷龙和戴逸两位先生主编的《李鸿章全集》，该全集自 1992 年秋申请立项，1993 年 4 月在北京组成编辑委员会，历经 14 年，终于编纂出版。此次编纂的成果要远超吴汝纶所编《李文忠公全集》，主要增收的奏稿，是编纂人员从中国第一历史档案馆所藏的录副档案中辑录的各种奏折、附片 9 600 余件，4 万多页，从宫中电报档中辑录和复印 9 包。除此之外，一个重要收获是发现了一套较完整的李鸿章任直隶总督期间的题本，大约有 3 000 万字，但由于篇幅和出版能力所限，不可能全部收录，最后专家研究决定将题本上所附贴黄约 260 万字收入了全集奏稿的附录部分。以往，政治人物全集的出版，多收集人物的奏稿、书牍，并没有出现题本这种文件。因此，新编《李鸿章全集》的出版为全集增添了新的体裁形式。

时代变迁，文书体裁的新变化。随着时代的进步，文书的体裁在发生变化，这也使全集收录的体裁也不断得到拓展。

一个是电稿的出现。清末，电报技术传入中国，并且很快被应用到了政治领域，电稿取代了以往的驿站，大大提高了政治沟通的效率。因此，清代政治人物的全集中就出现了电稿形式。比如《张之洞全集》《曾国荃全集》《李鸿章全集》中都收有一定数量的电稿，这种新形势的出现，扩充了全集的收录范围。

另一个是文书档案形式的改变。孙中山出生在清末，为中华民族的存亡而奔走呼号，开始探索建立资产阶级民主国家。1911 年辛亥革命爆发，推翻了清政府的统治，孙中山担任临时大总统，提出了具有重大影响的政治理论“三民主义”，开展了影响深远的政治实践“钱币革命”，并且有众多的政治演说。因此，在其去世两年之后，三民公司出版了《孙中山全集》①，所收录内容已经完全不同于清朝统治时期，内容包括：政治理论、政治实践、政治演说、颁发的文件、委任状、命令以及各种批语、题词，甚至还有收据和证券，这些都是之前全集所不可能收录的。这就是时代演变对全集收录内容的拓展。

三、清人全集的整理、出版与学术研究

全集的特点在于涵括一个人物的全部作品，甚至包括他人的相关研究成果，因此全集是进行人物研究的重要参考资料。换言之，全集的整理、出版能够促进学术研究的发展。同时，学术研究的需求也是全集整理和出版的动力和源泉。因此，二者是互动关系。

1. 清史研究的需要是清人全集整理、出版的动力

百年来全集的整理、出版之所以延续不断，一方面是由于全集自身概念的延展性所带来的学术更新，但更为重要的一个方面是为了满足学术研究的需求，全集的继承部分要远远大于全集更新的部分。现以1999年清华大学出版社出版的由戴震研究会主编的《戴震全集》为例进行说明。

戴震是清代乾嘉汉学成就最为突出的人物之一。在汉学领域，他为学遍及训诂、声韵、天文、历算、地理沿革、名物制度，并且都取得了很大的成就。在哲学思想领域，他采用援引经言加以疏通证明的方式与宋儒理学展开论证，并对后世产生了重要影响。总之，戴震的成就对乾嘉考据学产生了巨大的影响，在他的带领下乾嘉学派经师辈出，形成一代学术思潮。

对于戴震这一重要学者和思想家，在其去世后的二百年间，人们不断地介绍、研究和评价，研究逐步扩大和深入。1923年，梁启超先生倡议纪念戴震诞辰二百周年，并于次年主持召开了大会，出版了纪念论文集。1927年胡适撰写了专著《戴东原的哲学》②。60年代初，安徽哲学界和国内部分研究者对戴震哲学思想进行了激烈的讨论。1984年，在戴震的家乡安徽屯溪，由徽州师范专科学校召开了纪念戴震诞辰二百六十年学术座谈会，并在此后成立了戴震研究会。1986年5月，首次

① 孙中山. 孙中山全集. 上海：三民公司，1927.

② 胡适. 戴东原的哲学. 上海：商务印书馆，1927.

戴震学术讨论会在屯溪召开，国内众多的学者专家参会，出版了《戴震学术思想论稿》。随着国内外戴震研究的发展，有必要对戴震的著作进行进一步的整理和出版，为学术研究的开展提供条件。戴震的著作生前刊刻的不多，去世之后，孔继涵编纂了《戴氏遗书》，收十五种著作，包括《东原文集》十卷。1936 年，胡朴安、许承尧编纂了《安徽丛书戴东原先生全集》，收录戴震著作二十三种，但流传不广。此后，中华书局出版了《戴震文集》① 和哲学方面的著作。1987 年 4 月，由戴震研究会、徽州师范专科学校古籍整理研究室和戴震纪念馆联合组成编纂委员会，在徽州专科师范学校的主持下开始了全集的编纂工作。可见，学术研究是全集整理、出版的重要动力。

2. 清人全集的整理、出版推动清史研究的发展

要想探讨清人全集对清史研究的推动作用，必须从清人全集自身的内容和特点出发。纵观百年来整理、出版的清人全集，我们会发现不同身份的人物，其全集内容既有共同特征，也存在明显的差异。共同性在于人物全集的内容必然以人物为中心展开，人物的生平经历是不可或缺的一部分，所以推动清代人物的研究是所有清人全集对清史研究的共同影响。差异性在于不同身份的人物，其全集收录的内容各有侧重：文学家的全集内容以文学作品为主，史学家的全集内容以史学著述为主，思想家的全集内容以思想论著为主，政治家的全集内容以政治、经济文件为主。内容不同，其对清史研究的推动自然会体现在不同的方面。在这些方面中，最为突出的是对清代政治史和清代思想文化史研究的影响。

由于清人全集数量庞大，无法对其一一进行评析和探究，现以清末重要政治人物李鸿章为例，通过探究李鸿章全集的整理、出版对学界研究的推动作用，一窥清人全集的整理、出版对清史研究的推动。

晚清鸦片战争的爆发使中国社会进入了复杂、多变、充满苦难的转型期。一方面，中国在外国的侵略之下逐渐沦为半殖民地半封建社会；另一方面，中国社会也开始萌生出具有近代性质的各种因素。李鸿章（1823—1901），字少荃，安徽合肥人，晚清政治舞台上的重要人物。梁启超在其去世两个月后撰写了《李鸿章传》，书中称："李鸿章必为数千

---

① 赵玉新. 戴震文集. 北京：中华书局，1980.

年中国历史上一人物，无可疑也；李鸿章必为十九世纪世界史上一人物，无可疑也。”① 的确，在晚清政治舞台上活跃了四十年之久的李鸿章曾身居高位，权倾一时。从镇压太平天国运动、捻军起义到兴办洋务企业、处理外交事务，李鸿章始终处在“千古变局”的矛盾旋涡之中，经手事务繁多，涉及军事、经济、文教、外交等诸多领域。也正因如此，在李鸿章去世后的百年间，对他的研究和评价从未停止，但至今仍未形成统一的看法。赞誉者认为他是清代的“中兴名臣”、东方的俾斯麦、推进中国近代化的代表人物，诟病者认为他是汉奸、卖国贼、误国能臣和刽子手。

李鸿章一生写了大量的奏折和公私函电，这是对其进行研究的最基本也是最主要的材料。这些材料被桐城吴汝纶主持编纂成《李文忠公全书》（亦称《李文忠公全集》）。百余年来，学术界研究和评价李鸿章就是主要依据这本书所载的各种文稿。但令人感到遗憾的是，该全集并不完善，著名史学家蒋廷黻先生曾说过：“一看李之全集，只见李做事，不见其为人。”可谓较为准确地解读了该书的情况。十一届三中全会以来，李鸿章的研究出现了新的局面，出版一部较为完善的李氏全集显然是海内外学术界翘首以待的事情。1992 年安徽淮系集团研究中心与安徽教育出版社达成共同编纂出版《李鸿章全集》的协议，并由安徽教育出版社出面，邀请顾廷龙和戴逸共同担任该书的主编，召集京、津、沪、苏、鲁、皖等地的专家学者 20 余人，组成了阵容庞大的编委会。同时，该工程被列入国家古籍整理重点项目和国家清史基础工程大型文献整理项目。经过十五年的整理、编纂，2008 年 1 月该全集正式出版，共 39 册，2 800 余万字，其中有近三分之二的内容是从未公开的文稿，包括李鸿章与家人、友人的信件以及呈递朝廷的奏章等，涉及晚清政治、军事、经济、外交、思想、文化、教育等各个领域。新编《李鸿章全集》的编纂出版是一项规模庞大的文化工程，其史料价值和学术文化意义一直为国内外学术文化界，特别是史学界所密切关注和高度重视。

从《李文忠公全书》到新编《李鸿章全集》，李氏全集的编纂经历了一次新的整理、完善过程，两者都在推动学界对李鸿章研究方面发挥

---

① 梁启超．李鸿章传．北京：中华书局，2016：105．

了重要作用。

第一，李鸿章其人及其人际关系研究。

自身定位。文集是开展人物研究的基础性史料，历来李鸿章传记的撰写都大量地利用文集史料。苑书义所著《李鸿章传》[①] 主要利用《李文忠公遗集》和《李鸿章尺牍》对其生平事迹进行论述。谢世诚所著《李鸿章评传》[②] 则主要利用了海南出版社的《李鸿章全集》[③]。2002年，翁飞撰写了《李鸿章盖棺论定了吗?：从新编〈李鸿章全集〉看评价李鸿章的新视角》[④]，预测了新编《李鸿章全集》将对学术界李鸿章研究产生的推动作用。

人际关系。李鸿章作为晚清政治舞台上的重要政治人物，其人际交往情形对当时的政治局势有着重要的影响，因此，对其人际关系进行考察成为探析人物政治思想和当时政治形势的一个重要视角。

1991年苑书义发表了《孙中山劝李鸿章革命说质疑》[⑤]，利用《李文忠公全书》所收朋僚函稿，对孙中山1894年上书直隶总督李鸿章一事进行了全面的分析，对“劝李鸿章革命说”进行了质疑和否定，这对认识孙中山早期思想轨迹、孙李关系和晚清政局产生了重要推动作用。1996年翁飞发表了《剿捻期间曾李交替的有关问题》[⑥]，充分利用了《李文忠公全书》中的朋僚函稿和奏稿，分析了剿捻期间曾李瓜代的全过程，对以往湘淮军研究中有关湘淮矛盾冲突的结论提出了不同的看法，认为曾国藩并非因李鸿章的掣肘而下台，而是曾国藩以自身的抽身退步完成了湘消淮长、曾李瓜代的过程。

近年来，学界有关李鸿章幕僚的研究有了一定的进展。幕府制度源远流长，清代尤为兴盛，上自封疆大吏，下至州县官员，几乎每一位地方长官都或多或少地要自行聘用一些专门人才，组成自己的幕府班子。李鸿章组建了一个庞大的幕府班子，网罗了一批各具特色的人才，其幕

① 苑书义．李鸿章传．北京：人民出版社，2004.

② 谢世诚．李鸿章评传．南京：南京大学出版社，2001.

③ 李鸿章．李鸿章全集．海口：海南出版社，1997.

④ 翁飞．李鸿章盖棺论定了吗?：从新编《李鸿章全集》看评价李鸿章的新视角．人大复印报刊资料·中国近代史，2002（3）.

⑤ 苑书义．孙中山劝李鸿章革命说质疑．历史研究，1991（2）：48－64.

⑥ 翁飞．剿捻期间曾李交替的有关问题．曾国藩学刊，1996（1）：25－37.

府对于协助他有效地处理各项军政事务发挥了重要作用。2001 年李志茗的博士论文《晚清幕府研究：以陶、曾、李、袁为例》[①] 利用了《李文忠公全书》中的朋僚函稿和奏稿，对李鸿章幕府进行了总体研究。2013 年，欧阳跃峰则更加充分地利用了新编《李鸿章全集》中的相关史料对其幕府进行了具体研究，出版专著《李鸿章和他的幕僚们》[②]。对李鸿章幕府的研究不仅为晚清幕府的研究提供了一个案例，而且推动了近代政治史的研究。

第二，李鸿章与近代政治。

国内政治。(1) 洋务运动。洋务运动是 19 世纪 60 年代以来由中国封建地主阶级发起的救亡图存运动。李鸿章位高权重，与洋务运动相始终，他提出一系列洋务主张，参与举办了多项洋务事业，被认为是洋务运动的核心人物和旗帜。对李鸿章的洋务主张进行研究将会促进学界对洋务运动这一历史事件的全面认识。1980 年，苑书义利用《李文忠公全书》中的朋僚函稿和奏稿撰写了《洋务运动与抵御外侮：从李鸿章办洋务谈起》[③] 一文，分析了李鸿章的洋务主张；之后又发表了《李鸿章洋务总纲略论》[④] 一文，从李鸿章在洋务运动中的地位谈起，对李鸿章在洋务运动过程的作为以及洋务主张进行了全面的分析和考察。(2) 淮系集团。李鸿章是安徽人，以他为首的淮系集团前承湘系集团，后启北洋集团，在中国晚清政治史上发生过非常重要的影响。1989 年，翁飞就利用李鸿章的奏稿、电稿、译署函稿、朋僚函稿对淮系集团进行研究，发表了《李鸿章和淮军近代化》[⑤]，总结了淮军近代化的表现，并分析其原因所在。之后，翁飞进一步推进其研究，于 2012 年出版了专著《李鸿章与淮军的创建》[⑥]，对淮军从起源到编练组建成军并随即赴沪参战的诸环节条分缕析，描绘出了淮军发展的清晰全貌，推动了近代史的研究。(3) 直隶总督。李鸿章担任直隶总督二十五年，其间吏

---

① 李志茗．晚清幕府研究：以陶、曾、李、袁为例．上海：华东师范大学，2001.

② 欧阳跃峰．李鸿章和他的幕僚们．北京：团结出版社，2013.

③ 苑书义．洋务运动与抵御外侮：从李鸿章办洋务谈起．人大复印报刊资料·中国近代史，1980 (9).

④ 苑书义．李鸿章洋务总纲略论．历史教学，1986 (4)：8－12.

⑤ 翁飞．李鸿章和淮军近代化．安徽史学，1989 (2)：59－65.

⑥ 翁飞．李鸿章与淮军的创建．合肥：黄山书社，2012.

治平顺，他为政期间留下了大量的奏稿和题本。山本进的《清代直隶的地域经济和李鸿章的直隶统治》[①] 一文利用了《李文忠公全集》中的奏稿，分析了李鸿章在直隶统治时期所采取的河工政策、救荒政策，从而总结出直隶地域经济的特点。娄丛的硕士论文《李鸿章与直隶京控》[②] 大量利用新编《李鸿章全集》中的奏议，对李鸿章及其僚属处理京控的措施进行了分析和归纳，认为李鸿章针对京控问题所采取的措施对晚清后期直隶地区的稳定发挥了积极作用。新编《李鸿章全集》中收录了更为丰富的题本，这将对直隶地区政治、经济的研究产生推动作用。

对外交往。李鸿章是中国近代外交史上举足轻重的人物，他几乎参与了第二次鸦片战争之后清政府所有重大的外交活动，签订了一系列不平等条约。对李鸿章的外交政策和思想进行研究将会推动对中国近代政治史的研究。

在 20 世纪 80、90 年代，学界对李鸿章外交政策与思想的研究多从微观角度展开。翁飞就利用《李文忠公全书》中的朋僚函稿、奏稿先后发表了《李鸿章经办教案是媚外还是排外?》[③] 和《李鸿章与蚕池口教堂迁移案》[④]，通过李鸿章在处理教案过程中的态度对李鸿章的对外思想进行研究。

进入 21 世纪，出现了对李鸿章外交政策和思想的宏观研究。2004 年凌宇的硕士论文《晚清李鸿章外交策略研究》[⑤] 利用《李文忠公全集》中的奏稿和朋僚函稿，将李鸿章的对外政策归纳为“外须和戎”、“实力外交”和“以夷制夷”。2011 年，王瑛出版了专著《李鸿章与晚清中外条约研究》[⑥]，全面阐释了李鸿章的外交思想以及近代中外条约体系的发展演变，新编《李鸿章全集》是其主要的研究资料。

此外，也有学者利用全集中的史料专门探讨李鸿章的外交观念和外

---

① 山本进. 清代直隶的地域经济和李鸿章的直隶统治. 城市史研究，2013，29：308-334.

② 娄丛. 李鸿章与直隶京控. 广州：华南师范大学，2011.

③ 翁飞. 李鸿章经办教案是媚外还是排外?. 社会科学，1987（1）：53-56.

④ 翁飞. 李鸿章与蚕池口教堂迁移案. 学术界，1994（1）：39-46.

⑤ 凌宇. 晚清李鸿章外交策略述论. 长春：吉林大学，2004.

⑥ 王瑛. 李鸿章与晚清中外条约研究. 长沙：湖南人民出版社，2011.

交策略。雷颐的《从“联为外援”到“永久大患”：李鸿章对日观演变浅论》①、王志强的《李鸿章对越南问题的认识与策略研究（1881—1886）》②、陈开科的《1886 年李鸿章、拉德仁天津会谈与中、俄朝鲜政策》③ 分别研究了李鸿章对日本、越南、朝鲜等国的外交观念和外交策略。

第三，李鸿章与近代思想文化。

学校与科举之争，是晚清文化领域新旧斗争的重要组成部分。这场论争始于鸦片战争前后，经过洋务运动和维新变法，直到清末新政才得以解决。在这期间产生了一系列教育改革思想和措施，李鸿章在教育改革和派遣留学生等方面都发挥过重要的作用。

20 世纪 80 年代，苑书义根据《李文忠公全书》中的朋僚函稿和奏稿，对李鸿章在洋务运动时期的科举改革思想及其演变过程进行梳理，发表了《李鸿章科举改革思想刍议》④，肯定了洋务运动时期科举改革思潮对后世的影响。

留学生的派遣也是清末教育改革的重要措施。但众所周知，光绪七年（1881）夏，发生了留美幼童的撤回事件。以往学者对此事件原因的认识多根据容闳的回忆录《西学东渐记》，认为是某些守旧派官员的阻挠破坏所致，另有美国政府实行排华政策方面的因素。2007 年，潘向明根据《李文忠公全集》中的书信和奏折等文献得出了不同的观点，发表了《留美幼童撤回原因考略》⑤，认为该事件主要是容闳轻视中国传统文化的个人观念干扰了清政府规定的留学教育之正常制度所引起的，因此，其本人应对这一事件负主要责任。这推动了清代思想文化史的研究。

由此可以看出，李氏全集中的资料，尤其是全集中的书信、奏折、

---

① 雷颐. 从“联为外援”到“永久大患”：李鸿章对日观演变浅论. 抗日战争研究，2006（3）：111-127.

② 王志强. 李鸿章对越南问题的认识与策略研究（1881—1886）. 长春：东北师范大学，2011.

③ 陈开科. 1886 年李鸿章、拉德仁天津会谈与中、俄朝鲜政策. 近代史研究，2012（6）：45-60，160.

④ 苑书义. 李鸿章科举改革思想刍议. 近代史研究，1988（4）：26-45.

⑤ 潘向明. 留美幼童撤回原因考略. 清史研究，2007（2）：94-102.

奏稿等为李鸿章人物研究提供了丰富的史料依据。李鸿章是晚清政治舞台上的重要人物，学界对该人物的研究是晚清史研究的重要组成部分，换言之，李氏全集的整理、出版推动了晚清史的研究。李氏全集的整理与研究表明，全集在个性上有反映某一历史人物生平事迹的具体特点，在共性上则展示出数量性和系统性的总体特征。

实录、日记、全集仅为清代文献整理研究的个案，年谱、地方志、则例、方略、传记、笔记等文献亦各具特点，并与其他历史时期相比，都具有共性方面的数量和系统特征，在此不一一赘述。与文献相比，清代档案的系统性表现得要更加明显，如中国第一历史档案馆所编《康熙朝汉文朱批奏折汇编》，全书汇编了清代康熙皇帝用朱笔亲自批阅过的，从康熙二十八年到六十一年（1689—1722）的奏折共 3 119 件，400 多万字，分 8 册出版，每册 1 000 页左右。档案的真实性和可靠性是其他史料无法比拟的。《康熙朝汉文朱批奏折汇编》内容丰富，大体上有奏事、请安、谢恩、祝贺等四种，其中奏事的价值最高。该书包括政治、经济、军事、外交、文化、教育、艺术、天文、地理、民情等各方面的机密要事，可以说是一部百科全书。它的另一特点是完整、系统。雍正即位后第八天即下令，将康熙朱批奏折统一收缴内廷保管，这就保证了康熙朱批奏折原件本身的完整、系统。该档案汇编又是将中国第一历史档案馆保管的和台北“故宫博物院”公布的部分康熙朝朱批奏折合在一起出版，进一步增强了档案的系统性和完整性。

当然，完全实现清代文献档案的数量和系统的统一在学术实践中其实没那么容易。受存藏分散的影响，很多文献档案分散于各地，难于统一整理。如缙绅录是清代极具系统性和数量性的一种文献，自顺治朝开始编纂，一年四季刊出，有清一代的官刻本和坊刻本合在一起构成一个巨量的文献系统，且春夏秋冬四季更替，季复一季，年复一年，系统性极强，但清华大学整理、出版《清代缙绅录集成》之时，虽号称集成，却只能以清华大学图书馆馆藏为主加以整理影印出版，因数量众多的缙绅录分散在世界各地不同的藏书机构和个人手中，集为一体，谈何容易！故虽有学者慨叹支离破碎，却无可奈何①。随着电子科技技术的发

① 钟少华. 支离破碎的《清代缙绅录集成》. 博览全书，2010（10）：66-68.

展，数字人文研究的突飞猛进，在技术层面解决文献档案的系统和数量局限问题将会日益趋向圆满，但是，通过数据库建立的联系如何通过学术界的认知和理解实现表象性统一与实践性统一两个层面的真正融合，仍会在未来相当长一段时间内考验清史学术研究的进展。无论怎样，应该看到的是，随着清代文献档案整理、出版成果的日益增多，文献档案研究的天地日益广阔，整体上的数量和系统的优势将会在学术研究中日益显现，甚至成为主导学术发展的力量。

第四章　清史情结与文化传承：清史研究的两个目标

宏观而论，清代史学研究的整体任务可浓缩为两大目标，其一是完成纂修一部全面真实反映清代历史的大型史书的需要，其二是完成传承和弘扬中国传统文化的历史使命。纂修清史，是历史性的任务，是史学研究的根本目标；文化传承，是永久性任务，是史学研究的最高理想。两者并不矛盾，并行不悖，并且在清代文献档案的整理、出版和研究中均有迹可循。

首先，在清代史学发展的初始阶段，清史纂修即成为学界共同努力奋斗的目标。在清朝覆亡前后，史坛上出现了一大批清朝断代史著作，如陈怀《清史要略》、吴曾祺等《清史纲要》、汪荣宝和许国英《清史讲义》、刘法曾《清史纂要》、黄鸿寿《清史纪事本末》、许国英《清鉴易知录》、佚名《清鉴辑览》等，这些著作都产生于民国清史馆建立之前。王戎笙先生认为："在清室覆亡前夕及其以后短短的几年里，涌现出如此众多的清朝断代史，这种私家踊跃编纂前朝史的兴旺景象，在中国史学史上是前所未有的。这在某种程度上反映了人们对清朝君主专制统治的唾弃心情，希望通过历史过程的再现，揭露清朝专制统治的愚暗和腐败。这些史学著作满腔热情地歌颂为创建民主共和国而奋不顾身的仁人志士，严厉批判君主专制制度，对清政府的立宪则突显其虚伪性。"①

因时代的刺激而修史以表现史家之观念是当时清史纂修的一种普遍现象，故难免有浓厚的感情色彩，如刘法曾认为："同光之代，内难甫

---

① 王戎笙. 赵尔巽与中国古典史学的终结∥庆祝王锺翰先生八十寿辰学术论文集. 沈阳：辽宁大学出版社，1993：301.

平，外侮迭至，宇内通人志士咸知腐败之政策、陈旧之学说万不足以希踪列强，恢复国力，由是倾向于改革主义。迨改革之多所掣肘，迄无成功，由是变而从事于破坏主义。加以西哲民权自由之风说日以东渐，中朝贵族之政体适成反对。此其所以相抗相敌相排相激以至于斯也。今者民国成立，易专制为共和，政体一新，五族平等，将来之幸福，未可量矣。”① 这些断代史著作带有鲜明的时代性，在清代史学发展的百年历程中具有重要意义。“在上世纪末和本世纪初，清朝的统治行将崩溃和被推翻之后，当时人们反思的焦点是，清政府的统治是否暴虐腐败，是否应被推翻，如何看待君主专制制度，是颂扬还是谴责，以及如何看待列强的入侵和清政府的因应，等等，是当时史学界的热门话题，是任何一部清史著作都无法回避的。所以我认为，新史学和旧史学的一个重要分水岭在清史研究领域。”②

修史受时代的影响，而传承则缘于史书自身的质量。上述几部清史著作，文字通俗，体裁新颖，在专制与民主、光明与黑暗、侵略与反侵略等问题上能揭示真理，宣扬文明，启迪读者，思想符合时代潮流，一时很受欢迎，但由于撰稿时间短促，专题研究不足，特别是资料贫乏，当时使用的材料主要是东华录，而很少用到清代档案，有的甚至使用了许多荒诞无稽的传闻。因此，除个别著作较好外，大多数学术水平不高，生命力不强，很快就从人们记忆中消失了③。辛亥革命之后，清帝被迫退位，以袁世凯为首的北洋军阀政府，于 1914 年成立了清史馆，着手编纂清史。1914 年 3 月 9 日，袁世凯发布大总统令，批准成立清史馆，馆址设于东华门内，延聘汉军正蓝旗人、前东三省总督赵尔巽为馆长，集中了一大批学者，历时十五年完成《清史稿》。它利用大量珍贵的清史资料，包括清国史馆档案、历朝实录、起居注、各省奏折、军机处存档、方略馆档案、会典、玉牒以及各地的私家撰述等等，凡 13 万种，约 50 万卷，经过整理排比，为读者提供了比较详细的有关清代史事的素材。

---

① 刘法曾. 清史纂要. 上海：中华书局，1914：202.

② 王戎笙. 赵尔巽与中国古典史学的终结//庆祝王锺翰先生八十寿辰学术论文集. 沈阳：辽宁大学出版社，1993：302.

③ 同②.

但《清史稿》成书仓促，史馆人员有明显的遗老情结，史料利用、辨析以及史事研究方面均有不少缺陷，故学界仅认同其为史稿，此后，百年相继的清史纂修工程不断兴起。2003 年，国家清史纂修工程正式开始，戴逸先生认为，纂修清史的意义之一在于："中国的历史记录是连续不断的，这在世界上也是少有的。一个朝代灭亡之后，新的朝代即为前朝修史。中国有'正史'之名的纪传体史书共二十五部，系统详细地记录了自五帝以来数千年的中国史。这是中华民族文化的重要载体，是人们了解历史、研究我们国家和民族发展沿革的全书，是建设中国特色社会主义的智慧宝库。江泽民曾经说过，中华民族历来重视治史，世界几大文明，只有中华文明没有中断地延续下来，这同我们这个民族始终重视治史有着直接的关系。以史为鉴，资政育人，是实现中华民族伟大复兴的应有之义。"① 国家清史纂修工程接续了清史情结，代表着新时期清史研究的最新成果。目前，清史纂修工程的最终成果虽尚未与世人见面，但纂修过程中所形成的文献档案整理的成果则陆续出版，为学界带来了更多更加丰富的史料，给史学研究的推进和发展注入了活力。

书籍是文化的载体，是可以穿越时空的不朽的存在，尤其是那些经历了岁月洗礼、学术涤荡的典籍，往往承担了文化传承的历史使命。文化传承的理念是中华民族的优良传统，就有清一代来说，体现文化传承的活动包括大型修书活动，尤其是大型文化工程——《四库全书》的纂修，以丛书汇集融合诸书，从而带动学术发展和文化传播，是清代重要的学术贡献。这样一种以编书或者文献整理和编纂的方式传承历史文化的模式成为学界的标杆和榜样，清朝覆亡前后，续编四库的倡议屡次出现，新中国成立后，影印出版及编纂后《四库丛书》也是清代文献档案整理、出版的标志性成果。

清史纂修、文化传承的历史情结在百年历程中可谓贯穿始终，清史纂修与续修四库系列及四库学的兴起为典型个案，几乎跨越百年的文化工程书写着清代文献档案的不朽的生命力，也反映出文化传承的独特影响力。

---

① 戴逸. 接续历史文化 打造传世之作：就《清史》纂修答河北学刊主编提问. 河北学刊，2008（3）：251－254.

第一节 《清史稿》的整理、出版与清史研究

《清史稿》的成书，不仅是民国时期清史研究的标志性成果，而且是清代文献档案整理的里程碑①。在某种意义上，可以说，《清史稿》是百年清史研究的起点，是百年清史研究工程中最重要的部分之一。《清史稿》的编纂自 1914 年北京政府设馆修清史，至 1927 年大致完成，历时近十四年。随后其流传版本各异。1976 年中华书局组织人力对其进行底本筛选、校对标注，时至今日仍为重要的史料来源，受到广大学者的青睐和广泛利用。百余年来，从修史初期史稿体例之商讨到其刊刻流传、各种版本之迭出，再到新中国成立后点校本的诞生，《清史稿》都备受学界关注。如果这种观点有待商榷的话，那么更进一步将其视为清代文献档案首次集中整理后编纂成书的成果，是没有问题的。王思治先生言，“《清史稿》的价值，主要在于它汇集了丰富的史料”②，《清史稿》所采用的史料包括史馆大库所藏的历朝实录、起居注、圣训、国史，还包括军机处档案，方略馆所藏方略，另外还有蒋良骐、王先谦、潘颐福、朱寿朋等所著《东华录》等。关注之余，利用更多。“它根据的大部分材料如《清实录》、清代的《国史列传》、《清会典》和一些档案……把大量的资料汇集起来……有些志和清末人物的传并未取材于常见的资料”，“世之欲治近代史者，不能无视《清史稿》”③。点校本《清史稿》的出现，更加便利了对其的利用。几十年来，从事清史研究之学者都充分利用了点校本《清史稿》之成果。

一、《清史稿》之成书与清史研究

1. 成书背景

追思前朝，可以以史为鉴。《清史稿》作为清亡后重要的清史著作，

---

① 在历史文献学研究领域，对将史书的编纂视为文献档案整理的产物已达成初步共识。

② 王思治. 赵尔巽与《清史稿》的编纂//王思治. 清史论稿. 成都：巴蜀书社，1987：410.

③ 尹炎武. 清史述闻. 上海：上海书店出版社，2009：1.

推动了清史研究的开展。从纂修之背景来看，首先，清的覆灭让大批忠清之士痛心疾首，留恋惋惜之情难以抚慰，疾呼尽快修清史，以承古“当代修前代史”之传统。而刚刚窃取辛亥革命果实的袁世凯欲以文事饰治，立即同意国务院修清史的呈请。从国务院的呈文中可见修清史之迫切、重要：“盖时有盛衰，制多兴革，不有鸿篇巨制，将奚以窥前代之盛，备后世考镜之资？……惟是先朝纪载，尚付阙如，后世追思，无从观感。及兹典籍具在，文献未淹，尤宜广召耆儒，宏开史馆，萃一代人文之美，为千秋信史之征……以与往代二十四史，同昭垂鉴于无穷。”① 可见，国务院修史的初衷是为保存清代史事，欲与“二十四史”并列，共为后代考镜之资。

总而言之，《清史稿》是一部记载有清一代历史之巨著，推动了清史研究的开展。成书之后，征引、考订、研究之学者无数。然而，任何事物都有其产生、发展、变化的过程。《清史稿》亦然，其成书之时代背景决定了其优点多的同时，缺点也不少。在学界继承、利用其优点之时，错谬之多也促使学者不断对其进行订谬工作。以下笔者从《清史稿》初刻本——1928 年刊成之初刻本——之优缺点来分析其对清史研究的影响。

2.《清史稿》初刻本之优

(1) 史料来源广，为清史研究保存了大量珍贵史料

清史馆成立后，立即接收清朝国史馆和清宫的档案文书。今考《清史稿》的史料来源，主要有《清实录》、清代的《国史列传》、《清会典》、《清国史》、清代典志、人物传记、名人年谱、各朝起居注、各省奏折、历代军机处存档、方略馆档案、各地官书公文、玉牒等诸多公私著述文献档案资料。由于其中很多史料今日已无缘借阅，《清史稿》遂在保存史料方面大有益于学界。正如孟森先生所言：“《清史稿》为大宗之史料，故为治清代掌故者所甚重，即将来有纠正重作之‘清史’，于此不满人意之旧稿，仍为史学家所必保存，供百世之尚论。”② 《清史稿》记事起于 1616 年清太祖努尔哈赤在赫图阿拉建国称汗，下至 1912

---

① 为设置清史馆与各部总长呈袁世凯文（1914 年 2 月 3 日）//熊希龄集：上册. 长沙：湖南人民出版社，1985：715 - 716.

② 孟森.《清史稿》应否禁锢之商榷. 国学季刊，1932，4 (3).

年清朝灭亡，共二百九十六年历史，时至今日，没有一部清代著述可以在史料征引上与其比肩。

（2）纂修人员之修养，提升了《清史稿》之整体价值

《张尔田谈〈清史稿〉纂修之经过》一文列有详细的参修学者名单和各人专攻①。从所列学者来看，纂修之主力为清代遗老，他们大多亲身经历王朝衰败，所闻所见往往被真实地记录其中。这种如同“当代人修当代史”的情况不仅增加了《清史稿》的史料可信度，也保存了很多不易查找的史料。如《地理志》中所载诸地，均不曾著录于史籍中，为纂修者亲身所历所闻。同时，纂修者亦多为当时社会之学术大家，故史书行文流畅、简明，考证详备，今人尤不及之。民国年间中国史学会为校订《清史稿》给教育部的呈文中指出：“考修《史稿》执笔者，本纪及诸表为吴廷燮，列传为马其昶、吴士鉴，地理志为秦树声，礼志为张尔田，皆一时知名之士。而吴廷燮氏尤号通习掌故，故所撰诸表，精密实过前史，论者咸无异辞。”② 以《清列朝后妃传稿》为例，此部分分为“正文”与“夹注”两部分，正文极其简洁，夹注则详细征引相关史料，考辨异同。此部分注解的字数多于正文，编撰者考证之功、作文之精多所流露。可以说，高质量的编纂成就了高水准的《清史稿》，有极高的文学和史料价值。

3.《清史稿》初刻本之劣

（1）生于战火，仓促成书，错谬迭出

首先，编纂初期（1914 年至 1920 年初），因史馆始创，一切均未完备，各纂修者往往自成体例，“各自为战”，结果就是体例不一，参差不齐，良莠互见。整体成形期（1920 年至 1926 年）虽对纂修拟定了规划，可惜由于政局动荡，战事不断，经费紧张，编纂工作时有停顿。补充、校订、刊刻期（1926 年 9 月至 1928 年），馆长赵尔巽年老力衰，怕无缘得见成书，于是加紧筹款，催促刊刻工作。最终，在金梁的办理下匆忙刊刻成书。

由于成于众手，疏于校对，仓促而成，这部命运多舛的史稿错谬

---

① 张尔田谈《清史稿》纂修之经过∥王锺翰清史论集：第 3 册. 北京：中华书局，2004：1911—1924. 此文收有《清史馆馆员名录》。

② 国史馆馆刊，1948，1（3）.

百出。刊刻流传以来，对《清史稿》中的人名、地名等史实性错误以及清遗老崇尚前朝之意识形态等问题的批判不断。如谭其骧曾对《清史稿·地理志》评价云："草率成编，脱略刺谬，不一而足，识者病之。"①戴逸先生的《〈清史稿〉的纂修及其缺陷》② 则从立场、内容、体例、史事四个方面指出其谬。这促使学界对《清史稿》不断校对、研究，在纠谬的同时，更推动了学界对清史研究的不断深入。

（2）纂修者的封建观念贯穿始终

从《张尔田谈〈清史稿〉纂修之经过》所列名单来看，纂修主力为清代遗老，如夏孙桐、柯绍忞、缪荃孙等众多纂修官都曾为清朝效力。而他们首先对前清有一种无法割舍的感情，"歌颂清朝，反对革命"之思想贯穿始终，书中对清末改革往往轻描淡写，对辛亥革命以前的革命运动的发展很少涉及，反而对反对革命的人士大加颂扬，从中很难看出清朝何以会灭亡。此外，诸多撰稿人大多为当时博学之士，传统的正统思想也左右着他们的编纂意向，如缪荃孙、柯绍忞、刘师培等均为饱读诗书、熟读经史之士，其封建纲常、伦理等第观念也是根深蒂固的，这种封建思想在其中可见一斑，《列女传》渗透了大量的伦理纲常观念，使一部分史料的叙述带有很大的片面性，史料的真实性也因此大打折扣。

由于以上缺点，越来越多的学者对其进行批评、质疑、纠谬，批评文章达数百篇③。《清史稿》在不断被利用、被批评的过程中经过了数位学者的整理刊刻，不仅在一定程度上改正了部分错误，还使《清史稿》流传更广，扩大了阅读群，有益于学界的研究。以下就成书后的众多版本与清史研究的关系做简略梳理。

二、《清史稿》流传诸本与清史研究

1. 关外本（也称"关外一次本"）

1926—1927 年，病中的赵尔巽不断催促《清史稿》的刊刻。1927 年 9 月其病逝后，时任北京政府总统的张作霖命柯绍忞为代馆长，继续负责全馆事务，任袁金铠负责经费及校刻问题。后由于袁金铠事务繁忙，将校刻事宜交由金梁负责，该书遂在金梁的手中最终得以随校随

① 谭其骧. 长水集. 北京：人民出版社，1987：159.

② 戴逸.《清史稿》的纂修及其缺陷. 清史研究，2002（1）：1－6.

③ 张玉兴. 评《清史稿校注》. 清史研究，2003（1）：1－13.

刻。金梁趁机将未校刻的私运回寓所增改，私撰校勘记并自称为总阅。此次刊刻总数计 1 100 部，其中的 400 部被金梁运往东北。

被运到东北的这一部分即所谓的关外本。金梁将初刻的 400 部运走后，方便了东北地区的学者研究清史，扩大了《清史稿》的影响力，也保留了初刻本《清史稿》的部分原始面目，为我们今天研究《清史稿》提供了重要线索和资料。但不能否认的是，关外本不仅数量少，亦因仓促刊刻校改，错谬处甚多，学界对此本批判不断，在批判、订正的同时，新的、相对合理的版本相继出现。

2. 关内本（也称为“正本”）

史稿经过金梁的“手术”和“分解”后，史馆人员在柯绍忞的组织下决定对北京存本进行抽换、改动。改动后的本子成为关内本。

关内本与关外本的区别有以下几点：

第一，关外本有“总阅金梁”，关内本删。

第二，关外本有金梁校勘记，关内本删。

第三，关外本在所列参与纂修人员名单中，将诸多“名誉职”“未到馆任事”者混列其中，且有职衔错误、人名错误的情况。关内本对此进行改正，仅列“到馆任事之人”。

第四，《艺文志》序，在关外本中金梁对此进行删改，关内本改正了金梁的删改部分，还原为朱师辙原文。

第五，关内本对关外本诸多传文进行删改、变更①。

总体而言，关内本尽量改回了由金梁私自篡改删除之处，以恢复史稿之本来面目，很大程度上保留了当时纂修者的意志，促进了很多学者对史稿的研究、征引、利用。遗憾的是，关内本并未对《清史稿》初刻本的诸多问题，如史实错误、史料征引疏漏、由思想观念的落后而产生的问题等做改正，这也使得后来不断有学者对《清史稿》进行研究、整理并刊行。

3. 东三省第一次改正本（也称“香港本”）

《清史稿》关内、关外本被禁发行时②，金梁又将关外本修正，在

---

① 李之勤. 关于《清史稿》的版本. 史学史资料，1980（1）：18－24.

② 《清史稿》刊刻成书后不久，国民军即进入北京，时任国民政府主席的谭延闿见史稿中未为其父——谭钟麟（咸丰进士，历任江南道监察御史、河南按察使等职）立传，意为修史人故意为之，并认为史稿中对反清行事甚为诋毁，于是下令禁止流通，待删改整理。

东北影印发售，称为东三省第一次改正本。此版本将全书由536卷减为529卷。删去了《公主表》序和《时宪志》中的“八线对数表”以及张彪传目。1960年香港文学研究社影印了该版本，因此亦被称为香港本。

可以看出，这个版本与关外本相比，并未做太大的改变。值得注意的是，该版本的《清史稿》随后被香港的出版社影印出版，这就便利了香港学者的阅读、研究、利用，在广泛利用的同时，其自身的缺陷也不断暴露。可以说，改正本的出版引起学术界的关注和批评，同时也为不断研究、分析和利用以促动其重修奠定基础。

4. 东三省第二次改正本（亦称“关外二次本”）

金梁在东三省第一次改正本的基础上又加修改，在《文苑传二・姚鼐传》后补入《陈黉举传》《朱筠传》《翁方纲传》三传，并对《赵尔巽传》的内容进行了删节，此即为东三省第二次改正本，但并未对内容做大修改，但此版本在众多《清史稿》版本中流传最广，许多版本（不包括中华书局本）都由此而出，为《清史稿》的更加全面的整理工作奠定了基础，功不可没，促进了学界对清史研究的不断深入。

5. 广岛本

日本广岛将东三省第二次改正本精印出版，称为广岛本。广岛本的出现，一方面说明《清史稿》影响之大，便利了海外学者之研究，另一方面，其自身仍旧没逃脱初刻本史稿的诸多问题。

6. 台湾本

此为1961年台湾“国防研究院”《清史》。由于诸版本错谬百出，质量均马马虎虎，修订《清史稿》变得极为迫切。在此前提之下，台湾“国防研究院”想修订《清史稿》，整理出一部良史，以“清史”命名，跻身“二十四史”之列。可惜的是，刊行的《清史》，并未将原本之错误彻底改正，保留了原本的大量疏谬，“虽就《清史稿》体裁、立论、书法等有所匡正，然于《清史稿》底本及诸重要史料，则多所未能悉睹，仓促成书，脱漏舛讹，在所难免”[1]。总之，此版本错谬疏漏多半如旧，自问世便不被看好，几乎被视为“废本”。这就更加催促着一部

---

① 张玉兴. 评《清史稿校注》. 清史研究，2003（1）：1.

校勘精良、方便学界利用之《清史稿》的产生[①]。

三、点校本《清史稿》与清史研究

1. 点校本之诞生经过

前述各版本并未对《清史稿》诸多疏漏错谬之处予以校改，诸本在一次次整理刊刻中并未得到质的提升。同时，由于清代史料分藏于台湾、大陆，一时难成全璧，为了方便学界利用，便于学者进行清史研究，重新整理《清史稿》显得越来越迫切。中华书局版本即在这种背景下诞生。

1971 年，在中华书局点校整理“二十四史”的基础上，毛泽东主席和周恩来总理又指示增加对《清史稿》的点校整理。当时参与点校整理的学者有王锺翰、罗尔纲、刘大年、孙毓棠、启功、吴树平、何英芳等。据王锺翰先生回忆，本纪的点校由罗尔纲负责，志的点校由启功负责，表由吴树平负责，列传部分由刘大年、孙毓棠点校。至 1975 年初，《清史稿》已经全部点校完毕，由新华二厂排印。最后看清样的是王锺翰、吴树平、何英芳三人[②]。从点校人员来看，参与《清史稿》点校整理的均为当时学问卓越之士，学术分工各展所长，不凡的学术素养在整理点校中起了中流砥柱的作用。如罗尔纲擅长太平天国史、晚清兵志学，主要标点本纪、表和兵志这几部分。具体整理工作是：以关外二次本为底本，以关内本、关外一次本为参校本；以标点、分段为重点，也有少量的注，主要是关于三个版本间的异同，如卷四五末有注曰：“关内本与关外一次本在本志第九之后均曾有第十至第十六凡七卷。”

参与点校整理者均为当时学界之大家，在点校整理过程中，又往往各自专攻其所长，有计划、有步骤地进行校对。如此整理之本大大纠正了此前诸本之不足，其标点、分段更是清晰地将《清史稿》呈现出来，极大地便利了学者的研究、利用，是迄今为止最好的《清史稿》本子。点校本产生后，研究利用《清史稿》无不以点校本为主。下面笔者分析点校本《清史稿》与清史研究的关系。

---

① 除以上六种版本外，还有南京本、上海本等诸多版本，就其内容而言，并无新意，兹不赘述。

② 王锺翰清史论集：第 3 册. 北京：中华书局，2004：1925.

2. 点校本《清史稿》与清史研究

《清史稿》是与“二十四史”一同进行点校整理的，在这个过程中，中华书局逐渐形成了点校整理的凡例，这不仅让《清史稿》与“二十四史”更加清晰地呈现在世人面前，扩大了阅读群，同时凡例也渐渐成为学界古籍文献整理工作所遵从的范式。今将《清史稿》点校整理的具体凡例析列如下，以窥点校本对清史研究的推动。

第一，将《清史稿》不同版本间涉及的篇目、内容不同之处录出异文，并做附录。录异文，不仅便于保存史料的真实，还更加清晰地展示出各种版本的优劣，有利于学者进一步比对、研究。此后点校著作多用此例，如《清史编年》第1卷在“出版说明”中言：“对于重要而又记载分歧、一时难以判断的史料，则注明存佚，以备查考。”① 《清史列传》的“点校序言”中有：“除根据北京中国第一历史档案馆所藏《原国史馆纂修的大臣列传稿本》中相同的六百多篇传，拿来与《清史列传》一一对勘……并参考《大清历朝实录》以及有关史籍档册，拾遗补阙，订误纠失，作出校记，并一一说明理由和根据来源，以备复查。”②

第二，对书中出现的史实错误及同音异译的人名、地名、部落等名称一般不做改动，只在一篇内略做统一。在此凡例下，其后诸多著述多采此式。如《清史列传》在“点校序言”中有：“关于史实错误及同音异译的人名、地名、官名、部落名称等，一般不改动，只在本传内略作统一。”③

第三，尽量改回清朝避讳字。避讳是中国封建社会特有的现象，自中华书局做此改变后，直至今日，诸本凡涉避讳字均改回。在《清史列传》“点校序言”中有：“清朝避讳字，一律改回。”④ 在《宋元学案》的“点校说明”中也有：“一些明显的避讳字，如避清讳的‘元’字……予以径改。”⑤ 避讳给古代文献造成了一定的混乱，给今天的阅读造成诸多不便。改回避讳字，不仅仅是为了还原历史，也反映了点校工作者思维方式从传统封建到现代进步的转变。

---

① 清史编年：第1卷　顺治朝. 北京：中国人民大学出版社，1985：出版说明1.

② 王锺翰清史论集：第3册. 北京：中华书局，2004：1910.

③ 同②.

④ 同②.

⑤ 郭齐. 朱子学新探. 成都：四川大学出版社，2008：431.

第四，对少数民族名称，凡带有侮辱性的字样，除旧史中习见的泛称外，均加以改正，如将“獞”改作“壮”，“猺”改为“瑶”。此条凡例的确立，一方面更加规范了用语的统一，同时，也反映出各民族团结、进步的时代环境。《清史列传》即继承此凡例：“凡遇明显的错字以及对少数民族名称带有侮辱性的字眼（旧史中习见的泛称除外）均加改正，不再出校记。”①

第五，校改了史书中的脱、误、衍、倒和异体字、古体字，并对原文行、段的错排进行核查、校正。脱字如《曾国藩传》云“其平生志学”的“志”字。衍字如《江忠义传》中“贼数十万”的“贼”字。此条更为大多数点校本所继承。如《清实录山东史料选》在“编辑说明”中有：“原资料中比较明显的错字、漏字，都做了改正。”②

第六，对原文文理不通或人名、地名等脱误查不到出处的地方，都维持原状。此条凡例亦被继承。如，《清史稿订误》中有这样的说明：“其他文献资料与《清史稿》抵牾的，列举双方的不同，不下断语，表示待考。”③

第七，为查阅方便，将原总目五卷合并，不再分卷，略做增补④。

以上凡例是中华书局在70年代点校“二十四史”和《清史稿》过程中形成的，均为之前诸本所不具，渐被学界认为是点校整理工作中的开创性突破，具有古籍点校整理的示范意义。而点校本的《清史稿》从刊印发售之日起，亦被称为海内外最好的本子。总体来说，中华书局在当时的条件下，选择了最好的本子，改正了错字，分清了段落，撰写了详细的校勘记，采用新式标点，不仅使《清史稿》更加清晰、准确，还让更多的人有机会了解清史、研究清史，对《清史稿》的利用也更为便利。

点校本也得到广泛认可。20世纪80年代即有很多学者利用点校本《清史稿》开展学术研究并取得成果，如1981年国际关系史学会所编

---

① 王锺翰清史论集：第3册．北京：中华书局，2004：1911.

② 山东师范大学历史系，中国近代史研究室．清实录山东史料选：上．济南：齐鲁书社，1984：编辑说明1.

③ 佟佳江．清史稿订误．长春：吉林大学出版社，1991：绪言1.

④ 清史稿．北京：中华书局，1977：出版说明.

《国际关系史论文集》[1] 即引用中华书局点校本《清史稿》。此外还有1983年的《甘肃文史资料选辑》[2]、1984年的《甲午中日海战史》[3]、1985年的《西域史论丛》[4]、1988年的《中国近代史新编》[5] 等众多著述均采用点校本《清史稿》为史料来源。20世纪90年代援引、参考点校本《清史稿》的著作更多，如1991年的《明清史论文集》[6]、1992年的《中国的王朝和帝王》[7]、1993年的《清代全史》[8]、1999年的《18世纪的中国与世界》[9]。21世纪以来，但凡引用《清史稿》，选用点校本似乎已成惯例。笔者曾做专门文献征引，发现无论研究立项还是私人著述，其援引、指摘、评说《清史稿》均采用点校本，甚至将点校本《清史稿》列为“学习参考书目”，如谢贵安的《中国史学史》[10] 即参考了点校本《清史稿》，达力扎布在《蒙古史纲要》[11] 中将点校本《清史稿》列入“学习参考书目”中。值得注意的是，这一时期出现的电子版《清史稿》，仍旧以中华书局点校本为来源。

总体来看，学界在清史研究中对点校本《清史稿》的利用主要分为四个类别：一是史料的征引，上述所列诸书即是。二为史料的派生，即新史料的产生，如《清代人物传记史料研究》[12] 是在《清史稿》列传的基础上产生的，《清史稿艺文志拾遗》[13] 即是《清史稿》艺文志的二次史料整理。三是为研究、利用《清史稿》而产生的工具书，如《清史稿词典》[14]、

---

① 国际关系史学会．国际关系史论文集．北京：商务印书馆，1981．

② 甘肃文史资料选辑：第十六辑．兰州：甘肃人民出版社，1983．

③ 孙克复，关捷．甲午中日海战史．哈尔滨：黑龙江人民出版社，1984．

④ 西域史论丛：第2辑．乌鲁木齐：新疆人民出版社，1985．

⑤ 苑书义．中国近代史新编．北京：人民出版社，1988．

⑥ 南开大学历史研究所明清史研究室．明清史论文集：第2辑．天津：天津古籍出版社，1991．

⑦ 张自文．中国的王朝和帝王．长沙：湖南师范大学出版社，1992．

⑧ 龙盛运．清代全史．沈阳：辽宁人民出版社，1993．

⑨ 戴逸．18世纪的中国与世界．沈阳：辽海出版社，1999．

⑩ 谢贵安．中国史学史．武汉：武汉大学出版社，2012．

⑪ 达力扎布．蒙古史纲要．北京：中央民族大学出版社，2011．

⑫ 冯尔康．清代人物传记史料研究．北京：商务印书馆，2000．

⑬ 郭霭春．清史稿艺文志拾遗．北京：华夏出版社，1999．

⑭ 孙文良，董守义．清史稿词典．济南：山东教育出版社，2008．

《清史稿纪表传人名索引》[①]，电子版《清史稿》也属这类。四为纠正点校本错谬之著作，如《清史稿校注》《清史稿订误》等，下文将涉及此类著作。

总而言之，点校本的出现，不仅方便了学者查阅、检索、利用，更有益于清史研究。大量著作利用《清史稿》之材料，大量书籍利用点校本产生了二次史料著作，为更好地研究《清史稿》、研究清史，还出现了与《清史稿》相关的工具书。

《清史稿》对清史研究的影响之大如上所述，但不可否认的是，点校本自身的问题也很多，比如没有校勘记。我们都知道，中华书局20世纪70年代整理标校的"二十四史"从《史记》到《明史》每一部都附有校勘记，唯独《清史稿》无[②]。另外，其校改、标点尚不无差失，如《黄子隆传》中原来的"漋"均应改回"隆"，可仍旧出现"潮王黄子漋"未改字样；亦有新改误者；原文之脱、误、衍、倒、错并未全部改正；明、清两代之避讳字，多未及校订。对此详细考辨之作当属1985年汪宗衍先生的《清史稿考异》[③]。在此书出版前，汪宗衍先生已多次针对中华书局在点校《清史稿》过程中出现的错误纠谬，发表了《〈清史稿〉讹误举例》[④] 等文章，对点校本在"校点""记载""年月""甲子名岁""失书月序""干支日序""人名""地名""避讳"等方面出现的错误进行纠正。除汪先生以外，对点校本问题质疑的不乏其人。如早期之学者管成学曾有文《标点本〈二十四史〉、〈清史稿〉和阮元〈畴人传〉中的误断与错讹举要》[⑤]，后期学者如佟佳江曾撰《清史稿订误》[⑥] 一书，作者直接从点校本入手，将点校本《清史稿》与清历朝实

---

① 何英芳. 清史稿纪表传人名索引. 北京：中华书局，1996.

② 据王锺翰所述，当时标点校勘人员曾向中华书局领导提出《清史稿》无"校勘记"问题，得到的回复是："上报标点《清史稿》时没有提出要写'校勘记'，现在写了，如果追问下来，反而不好，多一事不如少一事为妥。"（王锺翰.《清史稿》说略//王锺翰. 清史补考. 沈阳：辽宁大学出版社，2004：206）

③ 汪宗衍. 清史稿考异. 澳门：澳门文会书舍，1985.

④ 此文原载《古籍整理出版情况简报》第130期，后收入《古籍点校疑误汇录》（二）（北京：中华书局，1990：377-382）。

⑤ 管成学. 标点本《二十四史》、《清史稿》和阮元《畴人传》中的误断与错讹举要. 史学集刊，1984（2）：56-60.

⑥ 佟佳江. 清史稿订误. 长春：吉林大学出版社，1991.

录、清四通、清五会典等史料进行对比详勘，以纠其谬。

由此可见，点校本在有益于清史研究的同时，自身的缺陷也加深了学者对其的研读、思考。随着研究利用的不断深入，点校本的各种问题不断被放大，“修订”之风暗流涌动。2006 年 4 月，由著名学者季羡林、任继愈、何兹全、冯其庸倡议，经温家宝总理、陈至立国务委员批示后，“二十四史”及《清史稿》点校本修订工程正式启动，点校本《清史稿》迎来“大修整”。对于具体详情，中华书局总经理徐俊说：“修订本只求通过版本复核、文本校订等严格程序，消弭点校本缺憾，认真吸收新发现的文物、文献和新研究出的学术定论，形成一个体例统一、标点准确、校勘精审、阅读方便的新的升级版本。修订本是原点校本在新的历史时期的延续。”① 2009 年 6 月 10 日至 11 日，点校本修订工程第三次纂修工作会议召开。据相关报道，修订工作已经全面展开，正在有序运行中，已有十四史稿样经过了专家审核，“修订本‘二十四史’预计 2012 年中华书局百年局庆之际，以‘前四史’为先与读者见面，其他各史也将根据进展在 2012 年至 2015 年间陆续出版”②。2013 年 8 月 17 日，在上海书展的第四天，修订本的首部成果《史记》在中央馆首发。我们相信，修订本的出现，势必会纠正原点校本之错漏，大大提高史稿之利用价值、史料价值，我们期待着修订本《清史稿》的问世。

综上，《清史稿》自产生之日起，其本身的史料价值、学术价值决定了学界对它的广泛关注、利用，百年来对它的研究、利用、批评从未间断。而《清史稿》的整理、出版与清史研究一直呈现出互相影响、互相作用之势：一方面，各种版本的整理、出版一定程度上扩大了它的影响力，增加了阅读群，促进了学者对清史史料的把握和利用，便利了学者的清史研究。另一方面，随着清史研究的不断深入，对它的利用不断加深，其本身的缺陷也催促着一代代学者对其进行修改、整理、重修，学界期待更加完美之清代全史的出现，如戴逸先生所说：“平心而论，

---

① 这是千秋的事业：二十四史及《清史稿》点校修订始末．人民日报（海外版），2013-10-25（11）.

② 点校本“二十四史”及《清史稿》修订工程第三次修纂会议召开．古籍整理出版情况简报，2009，460.

《清史稿》一书撰写时离清朝覆亡甚近，修史者大多为忠于清室之遗老，有很多谀扬清朝、反对革命之词。且当时清朝档案尚未清理，修史时多根据国史馆稿件，未曾利用原始材料，故价值较逊。又成书仓促，未能统一校改，史实、人名、地名、年月日的错误遗漏比比皆是。故而是一部有缺陷的史书。今天修史的主客观条件与上个世纪初的情况大异，应该利用清室遗留的大量档案，集中人力、物力纂修一部能正确反映清代近三百年的历史。”①

应该看到，《清史稿》虽成书于民国时期，原则上不能称为清代文献，但却是学界利用清代文献档案从事清史纂修的里程碑，同时也为此后的清史研究提供了可供参照的基本文献。《清史稿》错讹较多，原因很多，“比如政治环境的问题、编撰队伍的问题、物质条件的问题等等，但一个相当关键的因素，就是缺乏前期清史专题研究的基础和准备。当时，清朝灭亡还只有几年，可以说还没有任何能够称得上学术的清史研究”②。《清史稿》仅为稿本，未成定本，但却昭示着纂修一部能够反映历史真实的清史之作是清史研究的现实目标。2002 年底，国家清史编纂委员会正式成立，开始了新修《清史》的文化历程，而新修《清史》究竟能够在多大程度上实现文献档案利用的突破将是衡量其是否能够信今传古的根本标准之一。

第二节　国家清史纂修工程与文献档案的整理、出版

《清史稿》虽已纂成，但学界公认其仅能以稿本性质存世，继《清史稿》之后，又有几次纂修大型《清史》的工程。1949 年以来，台湾方面曾进行过两次较大规模的整修《清史稿》活动：一次是台湾“国防研究院”整修《清史稿》，至 1961 年全书告成，以台湾“国防研究院”与中国文化研究所的名义联合出版发行，全书 8 册，但因时间仓促，缺

① 戴逸.《清史稿》的纂修及其缺陷. 清史研究，2002（1）：2.

② 李文海. 论清史研究与清史纂修的良性互动//朱诚如，王天有. 明清论丛：第 10 辑. 北京：紫禁城出版社，2010：1.

陷甚多，受到广泛批评；此后，台湾方面集中力量投入《清史稿》的校注工作，到1991年，以“国史馆”名义出版了16册1 500余万字的《清史稿校注》，在此基础上，又宣布，自1990年7月开始，以三年为限，整修《清史稿》，形成定本《清史》，但并未正式出版发行①。应该看到，一部理想的、系统的、全面的、大型的史书是人们研究清史的现实目标。“正史为中华民族特色史学，而绝非封建史学。中国传统文化之所以一脉相承、绵延不绝，正史实为贯穿中国古代历史文化一重要主线，其功至善至伟。古代中国有正史，当代中国有正史，未来中国仍将有正史，非个人意志所改变，中国传统文化使然，中国历史学发展规律使然。北京民国政府修《清史》，南京民国政府修《清史》，台湾地方政府修《清史》，中华人民共和国仍致力于修《清史》，其意正在于此。百余年来，历史学家前赴后继、孜孜以求甚至是固执地去纂修《清史》，并非历史学家抱残守缺、顽固不化，实乃历史学家欲保持中国传统文化连续性之历史责任尔。”②可以看出，进入21世纪以来，体现学界清史情结的重要学术工程是国家清史纂修工程。

一、清史纂修工程的历史追溯

新中国成立后，清史纂修理念得到国家领导人的重视，随着清史学术研究水平与学者队伍的发展，国家清史纂修工程在21世纪初正式启动。“21世纪初，清史研究在国内获得了新的推动力，国家斥资启动了旨在编纂一部全新全面的清王朝历史的工程。这个学术文化工程涉及来自全国各个研究机构及不同学科的1 600多名研究人员，工程的目标是在10年内（2002—2012）编纂一部多卷本的《清史》，这部史书将全面反映清代历史，是代表当今认识水平的清史著作。”③ 清史纂修工程“被誉为中华人民共和国成立以来最大的一项文化工程，国家投入经费之大、涉及部门之广、调动人员之多，都是此前各类人文社科类项目所难以比拟的”④。

新中国成立之初，董必武曾提议修一部《清史》，他的考虑除易代

---

① 阚红柳. 整修《清史》与国史馆“定本清史”评析. 江淮论坛，2008（1）：143-148.

② 刘海峰. 百年清史纂修史. 合肥：安徽人民出版社，2014：自序1-2.

③ 马大正. 清史纂修简述. 社会科学战线，2009（11）：123.

④ 朱浒. 新修《清史》、清史工程与清史研究所. 北京教育学院学报，2017（6）：81.

修史的传统之外，“还在一定程度上出于政治方面的考虑，因为当时在台湾的国民党政权也在开展编修《清史》的工作，试图以之作为与中华人民共和国中央人民政府争夺正统地位的一个手段”①。董必武的建议得到毛泽东主席和周恩来总理的赞成。但当时百废待兴，编修《清史》未能提上日程。1961 年，周恩来总理委托著名史学家、北京市副市长吴晗着手进行清史纂修规划。据戴逸先生回忆：“吴晗对周总理交办的事情很认真，考虑了很多设想，如建清史馆，延聘人才，包括翻译人才，除英、法、德语翻译，还有满语翻译，还要选一些大学生专门培养。当时，全国研究清史的人很少，少到掰着手指头都可以数出来。由于吴晗当时是北京史学会会长，我是北京史学会常务理事、《中国历史小丛书》中最年轻的委员，彼此都很熟悉，所以就找到我。吴晗把他的设想跟我作了详细交谈，一是征询意见，二是希望我能帮助做些工作。当时，其他参与者还有郑天挺教授等”，“但由于三年经济困难时期，不仅清史培训班的事泡汤了，《清史》方案的起草工作也被迫停止了”②。

“三年困难时期过去不久，毛泽东主席在一次同范文澜的谈话中说，他退二线后，管的事情少了，想多读一点清史的书。周总理日理万机，仍然惦念编纂一部新的《清史》。1965 年夏秋之时，周总理委托时任中宣部副部长的周扬召开部长会议，讨论编纂《清史》一事。会上，决定成立以中国人民大学副校长郭影秋为首的七人编纂委员会，委员有尹达、刘大年、关山复、刘导生、佟冬，我是其中年纪最轻的，当时还不到四十岁。当时准备筹建清史研究所。但两个月后，也就是 1965 年 12 月，姚文元发表批判吴晗的文章，形势骤变，编纂《清史》的工作化为泡影。”③

“文化大革命”中，郭影秋为了保留清史研究队伍，1972 年在北师大成立了一个清史研究小组。1978 年中国人民大学复校后，立即成立了清史研究所。80 年代初，邓小平将一封建议国家编修《清史》的人民来信，批转给了中国社会科学院。中国社会科学院于 1979 年成立了

---

① 朱浒. 新修《清史》、清史工程与清史研究所. 北京教育学院学报，2017（6）：82.

② 戴逸. 接续历史文化　打造传世之作：就《清史》纂修答河北学刊主编提问. 河北学刊，2008（3）：252.

③ 同②.

一个 5 人清史编纂小组，起草了一份《清史编纂规划（草案）》，但因国家刚刚恢复建设，社科方面的资金很少，重修《清史》第三次搁浅。

80 年代以后，戴逸教授成为清史纂修最有力的倡议者。1982 年，由戴逸先生倡导并牵头，全国第一次清史研究学术研讨会在北戴河举行，戴逸发表了《把大型〈清史〉的编写任务提到日程上来》一文。"在新世纪即将来临之时，改革开放使中国的综合国力大大增强，面对经济发展、社会稳定、学术繁荣的大好形势，我感觉纂修清史的学术条件、经济条件都已经成熟了，应当把握机遇，积极促成这件文化盛事。2001 年初，在《瞭望》杂志上发表《清史编纂是其时矣》一文。"① 之后，李文海、王晓秋两位学者在当年的两会，即第九届全国人民代表大会第四次会议和全国政协九届四次会议上，呼吁启动清史纂修工程。

2001 年 4 月 5 日，在中国人民大学召开清史纂修座谈会，季羡林、任继愈、王锺翰、王忍之、蔡美彪、朱家溍、戴逸、李文海、龚书铎等多位著名学者对修史的必要性和可能性展开学术讨论。其后，戴逸先生与一些学者正式向中共中央、国务院提交了纂修清史的建议。2002 年 3 月 29 日，清史纂修筹备工作领导小组在文化部宣布成立，标志着纂修工作进入实质性操作阶段。2002 年 4 月 29 日，国家主席江泽民考察中国人民大学与师生座谈时，戴逸先生还当面向江泽民、李岚清等中央领导汇报了纂修清史的问题。2002 年 8 月，江泽民、朱镕基、胡锦涛、李岚清等国家领导人批复了国务院关于纂修清史的报告，清史纂修工程正式启动。11 月，根据党中央、国务院的指示，由文化部牵头，中宣部、财政部、教育部、人事部等 14 个机构作为成员单位，共同组建了清史纂修领导小组。12 月 12 日，国家清史编纂委员会正式成立，戴逸先生任编委会主任。

国家清史纂修工程以修纂一部能够反映当代中国学术水平、能够经得起历史检验的传世之作为目标，代表着新世纪清史研究的最高成就，亦为清代文献档案的整理、出版和研究奠定了新基础，增添了新活力。

二、清史纂修工程与文献档案的整理、出版和研究

文献档案整理、出版工作成为清史纂修工程的重要内容。"国家清

---

① 戴逸. 接续历史文化　打造传世之作：就《清史》纂修答河北学刊主编提问. 河北学刊，2008 (3)：252.

史编纂委员会内设 14 个业务部门，各司其职，以使清史纂修有序推进。”① 编纂工作整体架构之中，采取“一体两翼”的总体构架，“一体”就是主体工程的通纪、典志、传记、史表、图录，“两翼”就是指基础工程和辅助工程。“为了保证清史的质量，也为了抢救、保存清代的历史文化遗产，在撰写《清史》进程中要分轻重缓急，收集、整理、保存清代的档案和文献。为此，围绕主体工程还设置了基础工程和辅助工程。基础工程是指清代档案、文献和民族文字、外文文字文献档案的收集、整理和编译；辅助工程是指相关档案、文献的出版，图书资料的收集、保存，以及网络信息库的建设。”② 清史基础工程的文献组和档案组的工作与清代文献档案的学术百年直接相关，文献档案的整理和出版工作在清史纂修的过程中发挥了重要作用。

1. 以文献档案整理、出版为出发点的纂修理念

在纂修理念方面，清史编委会确立了以文献档案为根本的重要理念。戴逸先生高瞻远瞩，不仅视此工程为难得的历史机遇，而且还将其作为整理、抢救清代文献档案，系统梳理清代文存的重要契机，以利于以后清史研究的进一步拓展及中国传统文化的存续。清史纂修工程的文献档案整理工作，始终遵循着两项最基本的原则：“一以供修撰清史之用，提高著作质量；二为抢救、保护、开发清代之文化资源，继承和弘扬历史文化遗产。”③ 编委会副主任马大正指出：“资料工作是任何研究深化的基础，清史纂修当然也不例外。在这次清史纂修工程中，档案、文献利用的规模和深度大大超过以往任何一个朝代的历史纂修。”④ 并提出：“清史项目的长期宗旨是通过使研究者更接近历史材料来鼓励他们从事原始材料的研究。”⑤ 编委会文献组组长陈桦教授指出：“在中央政府的关怀和支持下，国家清史编纂工程于 2003 年正式启动，作为进入新世纪以来我国最大的文化工程，它承载着几代学者的不懈努力与希望，受到国内外文化知识界的广泛关注。历史学是一门实证的科学，研

---

① 马大正. 清史纂修简述. 社会科学战线，2009（11）：124.

② 同①126.

③ 戴逸. 国家清史编纂委员会《档案丛刊》《文献丛刊》总序//涓水集. 北京：北京出版社，2009：472.

④ 同①126.

⑤ 同①129.

究历史及编修史书，均必须以充分掌握丰富、翔实、准确的史料为基础，而文献资料是其中最重要的组成部分。”① 编委会副主任朱诚如指出：“编纂大型清史是一项十分艰巨的重大的文化工程，整理和利用清代档案文献同样是一项十分艰巨的基础性工作。通过这一宏伟的工程，我们对清代的档案文献进行了彻底的整理和出版，本身就是对中华民族传统文化的传承做了一件十分有意义的工作，也是一件造福于子孙后代的功德伟业。”② 编委会档案组组长邹爱莲认为：“要保证编纂出的新清史是一部高质量、高水平、经得起历史检验的传世之作，必须高度重视对清代档案的整理和利用。”③

清史纂修工程文献档案整理的首要任务，近期目标即为纂修清史服务，提供所需文献档案，同时，文献档案整理也是纂修清史所不可缺少的一项工作。从中国传统史学史的发展来看，史家，即史书的编纂者和研究者是否能够充分占有相关史料，是否能够掌握大量而丰富的各类历史文献，是否能够挖掘出有利于揭示历史客观发展规律的新材料，以及史料的真实性、客观性如何，等等，都直接关系着史书的学术质量。辛亥革命以来，清代文献档案整理的成果较为丰硕，越来越多的清代文献档案日益被研究者所认识和利用，但与整个清代文献档案留存的数量相比，对于纂修清史所要达到的目标来讲，文献档案挖掘与整理的任务依然艰巨而紧迫。文献档案整理的长远目标则是抢救、保护和传承历史文化遗产，清代文献档案虽然汗牛充栋，数量庞大，但收藏分散，遍及于各地的图书馆、档案馆、学术机构、教学单位等，另外还有数目不详的文献，特别是原始官私档案，散存于民间个人手中，即便那些已经得到妥善收藏和保管的文献档案，其中也有相当部分因各种原因而长期尘封，未得到最基本的整理，甚至无人知晓。而分散于各处的稿本、抄本、契约文书等异常珍贵的文献，则由于社会重视程度及收藏条件等限制，许多已面临着严重损毁甚或失藏的危险。故而借清史纂修之机，进一步抢救、保护、利用清代文献档案，不仅是十分必要和重要的，而且

① 陈桦. 文献整理与清史编纂. 清史研究，2010 (1)：151.

② 朱诚如. 清史编纂中档案的整理和利用. 故宫博物院院刊，2003 (10)：5-6.

③ 邹爱莲. 档案整理利用在清史纂修中的地位和作用. 社会科学战线，2006 (5)：161.

也堪称一项惠及子孙后代的文化学术活动[①]。

理念上的高度重视须结合对清代文献档案的实际认知。陈桦指出："清人著述是清代文献的主体，其著录内容丰富而广泛，涉及社会政治、经济、军事、教育、思想文化、文学艺术、宗教、民族、民俗、社会生活等各个领域。文集、笔记、日记、诗词、小说、碑刻、墓志、函札等中国传统的文体形式，仍然是清人著述的主要载体。除此之外，还存在着规模巨大，由政府编辑修订的各类会典、通考、则例、方略以及地方志等典籍文献。19 世纪中叶以后，随着西学东渐，中西文化交往发展，受到西方现代新闻传播业的影响，新式报刊以其内容丰富、报道及时、传播面广等优点而迅速成为晚清社会文献著述及传递的重要形式，为后人保存了大量的珍贵历史信息。近代先进出版印刷技术的引进与推广应用，逐渐取代了传统的刻版手工印刷，为清代文献典籍的广泛传播与大量留存提供了前所未有的物质保证。"[②] 文献组对清代文献已经整理、出版的情况做了大体统计，根据全国古籍整理出版规划领导小组办公室所编《新中国古籍整理图书总目录》统计，1949 年 10 月至 2003 年 12 月，全国整理之清代文献，数量相当可观，仅清人笔记类，已出版之点校排印本即有 207 种之多。在纂修工程设计伊始，文献组根据清代文献的特点制定相应的整理方案，"清代文献数量庞大，存藏分散，对其进行有计划的系统性整理是非常必要的。这不仅有利于人们了解清代文献的整体状况及基本特征，而且可方便读者对资料的使用，促进科学研究的发展"[③]。对档案的原始性的认识有助于提升对其重要性的认知，邹爱莲指出："档案的最大特点，是历史事件正在进行过程中形成的文件，是当时社会实践活动中直接形成的、用以反映和解决实际问题的最原始的记录，而不是事后的回忆和听来的传闻，更不是嗣后为某种目的而撰写的著作或编制的材料。因此，它能够比较客观地反映当时的真实情况，是研究历史比较可靠的证据之一。而其他史料，因时过境迁，或追忆转述，或辗转传抄，往往会出现一些偏差，甚至人为删削改篡。即使

---

① 陈桦. 文献整理与清史编纂. 清史研究，2010（1）：153.

② 同①152.

③ 同①155.

是专门编选的档案史料如各种方略等，也会出现这种情况。”①

可以说，清史纂修工程上至编委会领导，下至文献组、档案组两个具体承办的部门，对文献档案工作的重要性和服务清史纂修及清史研究的全局性、任务性的高度一致的理念确保了规划、整理、组织、出版工作的顺利开展，而清史学界及文献学界、档案学界的学术支持和配合则为整理和出版成果的涌现奠定了基础和质量保证。

2. 丰硕的文献档案整理、出版成果

清史纂修工程文献档案整理、出版成果分别为国家清史编纂委员会“文献丛刊”和“档案丛刊”。“文献丛刊”是国家清史编纂委员会文献整理项目成果的出版成果，截至 2018 年 9 月，累计出版成果 75 种 2 454 册，其中获奖项目 10 种，列举如下：

《薛福成日记》（排印），2 册，第一届吉林省新闻出版奖“图书精品奖”；

《新编汪中集》（排印），1 册，2005 年度全国优秀古籍图书二等奖，第九届华东地区古籍图书一等奖；

《辛亥革命资料新编》（排印），8 册，首届“湖北出版政府奖”；

《常熟乡镇旧志集成》（排印），1 册，中国档案学会第六次档案学优秀成果档案文献史料汇编类三等奖；

《康有为全集》（排印），12 册，第二届中华优秀出版物（图书）奖，上海市第九届哲学社会科学优秀成果奖二等奖；

《苏州商团档案汇编》（排印），2 册，首届江苏省档案文化精品奖唯一特等奖；

《张之洞全集》（排印），12 册，第七届湖北省社会科学优秀成果奖一等奖，2011 年国家古籍整理一等奖；

《清道光至宣统间粮价表》（排印），23 册，第三届中华优秀出版物（图书）奖；

《曝书亭全集》（排印），1 册，第二十五届全国优秀古籍图书一等奖，2011 年江西省社科优秀成果三等奖；

《祁寯藻集》（排印），3 册，2010 年度山西出版集团“十大好

① 邹爱莲. 档案整理利用在清史纂修中的地位和作用. 社会科学战线，2006（5）：161.

书”奖。

不少文献整理成果代表了学界的最高整理水平和学术水准。如2018年由中国人民大学出版社出版的《梁启超全集》，是迄今为止梁氏著作的集大成之作，收录了梁启超中举前至去世，即1889年以前至1929年所见的梁启超全部著述，“收录之全、编排之当、点校之精、印制之良，是迄今所见的梁氏全集中之最佳版本”①。部分文献整理成果则为填补学界空白之作，如乾嘉通儒焦循学识渊博，著述宏富，但其著述于生前刊刻不多，大部分以稿本、抄本传世，“死后虽有刻本流传，但未经严格审校，既有讹误，又驳杂不一，国家清史编纂委员会组织、刘建臻等整理的《焦循全集》共18册，600余万字，为首部全面系统的焦循个人全集，为深入研究焦循其人及清代学术提供了史料，是填补学术空白之作。

“档案丛刊”是国家清史编纂委员会五大丛刊之一，所刊内容是2003年以来全国各地档案馆、图书馆、博物馆为清史纂修工程提供整理的数字化档案的一部分。截至2012年12月，国家清史纂修工程共立项整理全国各地清代档案43种202万余件。这些档案已经全部以数字化形式在清史纂修工程网站供清史纂修专家使用。同时，国家清史编委会又从中选择了19种272 600件，分别由档案收藏单位编辑，再由中国人民大学出版社、中国档案出版社、上海古籍出版社、天津古籍出版社、国家图书馆出版社、岳麓书社、广陵书社等出版单位影印或排印出版。如《庚子事变清宫档案汇编》18册，中国人民大学出版社2003年出版；《清宫热河档案》18册，中国档案出版社2003年出版；《清宫普宁寺档案》2册，中国档案出版社2003年出版；《清代中南海档案》30册，西苑出版社2004年出版；《清代军机处电报档汇编》40册，中国人民大学出版社2005年出版；《清嘉庆朝刑科题本社会史料辑刊》3册，天津古籍出版社2008年出版；《葡萄牙外交部藏葡国驻广州总领事馆档案》16册，广东教育出版社2009年出版；《清代军机处熬茶档》2册，上海古籍出版社2010年出版；《清宫扬州御档》，广陵书社2010年出版；《大连图书馆藏清代内务府档案》2册，国家图书馆出版社2011年出版；《清代四川巴县衙门咸丰朝档案选编》16册，上海古籍出版社

① 《梁启超全集》出版．清史研究，2018（4）：封底．

2011年出版；《乾隆朝满文寄信档译编》24册，岳麓书社2011年出版；《吉林省档案馆藏清代档案史料选编》68册，国家图书馆出版社2012年出版。

其中，不少档案为首次系统公布。如《清代中南海档案》，收录清宫所藏有清一代全面反映对紫禁城西侧南海、中海、北海进行营建管理和政务活动的档案，“这些珍档主要保存在内务府、内阁、宫中等各个档案全宗，其时间始自顺治八年（1651年），直至宣统三年（1911年）”①，内容十分丰富，共辑录档案3 110多件，共分5卷30册，“绝大多数是首次公之于众，因而具有很高的研究价值。可以说，清代中南海专题档案的系统公布，为了解和研究中南海历史以及清代宫廷史、皇家园林史乃至大清全史，都提供了一套弥足珍贵的第一手资料”②。部分档案的整理、出版则为学界所急需，如乾隆朝满文寄信档是“军机处记载密发乾隆皇帝谕旨的重要档簿”③，大部分是“皇帝直接指示边疆民族地区官员以及蒙古王公、喇嘛教大活佛等的上谕，具体详细地反映了乾隆朝边疆民族地区所发生的各重大事件及清廷的处理措施，以及对边疆民族事务及边境、对外事务的管理，为研究这些方面的问题提供了翔实细致的珍贵史料，这些满文上谕，又是汉文档案及文献中所没有的，这是它的主要资料价值所在”④。美国兴起的“新清史”研究强调满文档案的重要性，并以此为基础提出清朝与中国是否等同的问题，“新清史”提出的挑战需要深入研究满文档案后加以回答，而《乾隆朝满文寄信档译编》“不仅提供了大量清史研究中常见问题的资料，起到拾遗补阙的作用，还可以挖掘资料做一些专题性的研究，特别是针对‘新清史’研究提出的问题，进行相应的研究”⑤。

清史纂修工程文献档案的整理成果从某种意义上改变了以往古籍整理中清代部分仅占断代史部分内容、整理成果与存世文献档案数量极不对称的状况，可以说，清代文献档案的整理、出版出现了大发展大繁

① 李国荣. 清代中南海档案首次系统公布. 紫禁城，2005（11）：112-113.

② 同①113.

③ 李刚. 乾隆朝满文寄信档及其特点. 满语研究，2012（2）：58.

④ 杜家骥.《乾隆朝满文寄信档译编》的史料价值特点略析. 国学学刊，2017（3）：99.

⑤ 常建华. 从“新清史”研究看《乾隆朝满文寄信档译编》的史料价值. 历史档案，2011（2）：137.

荣。“这个大发展的起点，乃是国家于新世纪之初启动了清史纂修工程。这项堪称新中国成立后最大的文化工程，将文献整理作为重大任务之一，支持了多项清代历史资料的清查、整理和出版工作。无论是中国第一历史档案馆、国家图书馆等国家级文献机构，还是各地图书馆、档案馆等机构，都借助清史纂修工程的东风，纷纷推出珍藏的清史资料。”① 巨量史料的出版为推进清史研究走向深化奠定了坚实的基础。

文献档案的整理、出版不仅为学界提供了可资参考的巨量史料，而且开辟了新的研究领域。如清史文献工程根据清代文献特点及整理情况着力组织整理、出版了一批清代文献，如“清代诗文集汇编”是文献组鉴于清人诗文集数量众多、搜集整理不易而有计划进行的规模最大的文献整理项目，项目是百年来人们第一次对清代诗集、文集以及诗文集等文献作品的系统和全面的整理。该项目特别设立了由高水平专家组成的编委会，在中国国内现存的清人诗文文献中，挑选和汇集有影响的作者及其诗文，进行版本校勘，内容核定，并集中出版。出版的《清代诗文集汇编》共收录清代 4 000 余人的诗文集 7 000 余种，总字数在 4 亿字左右，有清一代诗文的精品尽收其中，同时也较全面地反映了清代诗文的整体情况，“填补了学术界此前尚无清代断代诗文总集整理出版的空白”②。《清代诗文集汇编》最重要的价值，在于其本身的内容，“从小的方面而言，它记录了个人的所见所闻、所思所感，为学者研究清代人物的生平事迹、学术成就、思想主张等提供了不可或缺的参考资料；从大的方面来看，它反映了有清一代数百年间社会历史的整体面貌和发展脉络，无论初期的易代沧桑，还是中叶的安宁鼎盛，抑或晚清以来的社会变革，都在清人的诗文作品中留下了鲜明的时代印记”③。对学术界来说，《清代诗文集汇编》不仅提供了可资参考的史料，而且开辟了一个新的研究领域，清代诗文集的文献研究以及所关涉的诗学、政治史、社会史、文化史的研究都将更加繁荣④。

以清华大学图书馆馆藏缙绅录为底本影印出版的《清代缙绅录集

① 朱浒. 晚清史研究的“深翻”. 史学月刊，2017（7）：11.

② 黄爱平. 略论清代诗文集的整理编纂及其价值意义. 清史研究，2010（2）：132.

③ 同②134.

④ 沈乃文.《清代诗文集汇编》立项与编纂选目述略. 清史研究，2010（2）：137－140.

成》将学界利用率不高的清代缙绅录文献公开出版，为学界研究清代职官提供了重要资料。清代缙绅录是记述全国范围在职官员基本情况的大型文献，蕴含清一代官员任职的巨量信息，是历史上自然生成的清代职官基本信息数据库，文献价值丰富。《清代缙绅录集成》出版后，在科举、选官、任官等政治制度史研究领域，在清代官员群体尤其是地方官员群体的相关研究中引起学界较为广泛的关注，利用率很高。2012 年，香港科技大学李中清—康文林研究团队认为："现存的清代缙绅录文献规模庞大，每种缙绅录几乎覆盖了当时所有的文职官员和部分八旗驻防官员，内容简洁、条目化、全覆盖，并且具有持续性的特征，非常适合建立长时段、大样本的量化数据库。此外，缙绅录量化数据库能与其他史料建立的数据库通过匹配连接扩充内容上的不足，增强其数据分析的潜力。"① 尝试利用清代缙绅录的史料特点，创建清代缙绅录量化数据库的做法不仅拓宽了清代缙绅录的研究和使用范围，而且开辟了量化数据研究的新渠道，以新方法为清史研究开辟了崭新的学术研究领域。

3. 整理、出版与研究并重

国家清史编纂委员会的文献档案工作除了整理、出版之外，还有研究的一面。

首先，国家清史编纂委员会文献组、档案组的专家学者就整理、出版成果进行了史料价值、研究内容、整理方法诸方面的探讨。如王汝丰《新编〈李鸿章全集〉评介》指出文献整理工作中"全集不全"的问题，认为："在文献整理工作中，历史人物的全集是十分重要的一个方面。古往今来，许多著名历史人物都有个人文集、全集传世，对研究其人、其事及其时代有重要价值。但'全集不全''全集难全'，似乎已是编纂历史人物全集难以避免的遗憾，成为带有普遍性的现象"，造成该现象的原因，"一是客观的，由于各种原因，难于齐全；一是主观的，即编者力所难及或未尽其力，更有意删减"②。黄爱平《评新编〈黄遵宪全集〉》③、《百年来黄遵宪著述编纂状况述评》④ 两文对黄遵宪著述百年来

---

① 任玉雪，陈必佳，郝小雯，等. 清代缙绅录量化数据库与官员群体研究. 清史研究，2016 (4)：63－64.

② 王汝丰. 新编《李鸿章全集》评介. 社会科学战线，2008 (1)：147.

③ 黄爱平. 评新编《黄遵宪全集》. 社会科学战线，2006 (5)：189－192.

④ 黄爱平. 百年来黄遵宪著述编纂状况述评. 学术界，2006 (5)：227－234.

的文献整理情况进行了系统的学术梳理，其学术视野拓展至辛亥以来的百年。她认为，陈铮先生整理编纂的《黄遵宪全集》是“迄今采择最为广博、收录最为全备、内容最为丰富、编校最为精审的有关黄遵宪著述的汇编，其问世标志着自黄遵宪逝世至今一百年间，学术界对黄遵宪著述的整理编纂已进入一个新的总结集成的阶段”[①]。《清史纂修研究与评论》[②] 一书收录的清史纂修期间文献档案整理、出版的学术研究成果颇多，在此不一一赘述。

其次，各具体组织和编纂文献档案的项目专家亦对研究有所贡献。来新夏先生在《清代笔记与〈清人笔记随录〉》一文中详细探究了笔记体文献的渊源：“笔记之体，始于汉魏，兴于唐宋，盛于明清。笔记的特点，内容为‘杂’，形式为‘散’。故历代著录家多入杂家与小说家”，“这样一笔数量众多、内容丰富的文化遗产，理应受到人们尤其是清史研究者的重视，并作为重要的史源加以开发利用”，并从政治、经济、社会、文化四方面揭示其史料价值[③]。戴逸先生作为新编《李鸿章全集》的主编之一，在序言中指出：“历史科学的本质特点是依靠大量、确凿的史料进行研究。花大力收集、考订、梳理史料，实事求是地进行分析，才能深入探索历史人物的思想、行为和心态，理解他们的处境、困难以及他们的判断、决策和采取的措施。”[④] 赵德馨先生在整理张之洞文献过程中，发现张之洞奏议存在底本有而档案、《京报》无的情况，且多达 568 件，并推测，其中一部分很可能是具草未奏之折，提醒学界利用之时要多加注意[⑤]。

清史情结是清代史学研究百年历程中最受关注的史学现象，从清王朝结束的那一天起，编纂一部能够全面真实反映清代历史面貌的大型清史的历史任务就已经列入学术研究的日程，并成为学界为之共同努力的

---

① 黄爱平. 评新编《黄遵宪全集》. 社会科学战线，2006（5）：189.

② 国家清史纂修工程出版中心，吉林省社科院《社会科学战线》编辑部. 清史纂修研究与评论. 上海：上海古籍出版社，2012.

③ 来新夏. 清代笔记与《清人笔记随录》//国家清史纂修工程出版中心，吉林省社科院《社会科学战线》编辑部. 清史纂修研究与评论. 上海：上海古籍出版社，2012：221－222.

④ 戴逸.《李鸿章全集》序言. 清史研究，2008（1）：2.

⑤ 赵德馨. 求全·求真·求准：编辑《张之洞全集》的做法和体会. 中南财经政法大学学报，2008（4）：132－134.

现实任务。百年来，诸多学者从不同角度发掘史料，探究历史真相，最终都是为了还原历史，从而以学术的合力完成清史纂修的神圣历史任务。而纂修一部贴近历史真实、经得起历史检验的大型清代史书，除了依靠清史研究成果的积累之外，文献档案的整理、出版亦发挥着重要作用。清史纂修工程文献档案整理的成果不仅为纂修清史服务，而且有助于清史研究的长远发展和中华传统文化的历久传承。

第三节　文化传承的历史使命：以《四库全书》的整理、出版与后四库系列丛书为例

《隋书・经籍志》载："夫经籍也者，机神之妙旨，圣哲之能事"，故"其教有适，其用无穷"，"不疾而速，不行而至，今之所以知古，后之所以知今，其斯之谓也"。纵观中华文明发展的历史长河，文献编纂一直发挥着积累、汇聚、传承文化的历史使命。无论是在王朝立国之初、江山定鼎之时，还是在经济富庶、社会安定的太平盛世，甚至是在统治日衰、经济困顿的末世，历朝历代文献编纂的举措一直连绵不断，传统文化的涓涓细流经由文献典籍这一载体历久传承，永世不衰。"中华文化典籍哺育了世世代代炎黄子孙。它们在中华民族的历史进程中发挥了积累、传播知识信息，递承文化传统，保存精神财富的巨大作用。"① 就此一主题而言，清代是文献编纂活动较为繁盛的历史时期，自清初至清末，官方修书、修史的行为持续不断，从而创造了学术集大成时期的繁荣盛况，其中，又以《四库全书》的纂修最为卓著。

《四库全书》的编纂是清代文献学发展的重要成就，被誉为"千古巨制，文化渊薮"，是"中国古代数量最多、规模最大、范围最广、时间最长的文献结集。就数量规模而言，它著录书籍 3 461 种，79 309 卷，抄成 36 000 余册，装成 6 144 函，为中国古代典籍收书之最；从时空范围来看，上自先秦，下至清代，几乎囊括了从古到今，亦即从先秦到清代中国数千年历史发展过程中所产生的主要文献典籍，并且还收录

① 周少川. 中华典籍与传统文化. 桂林：广西师范大学出版社，1996：前言 1.

了一些来华传教士的著述。再就学科范围观之，则囊括经、史、子、集，涵盖了中国传统学术文化的各个学科门类和各个专门领域。可以说，它集中保存了中国古代丰富浩瀚的文献典籍，全面展示了中华民族灿烂辉煌的传统文化，堪称中国古代典籍宝库中最为璀璨的一颗明珠"①。《四库全书》代表了清代文献整理发展的顶峰，其编纂本身也被誉为超越前代的文化工程，如任继愈认为："清代乾隆年间编纂的《四库全书》是一项史无前例的巨大文化工程，这部名举中外的大型丛书，汇集了中国古代乾隆以前的主要文化典籍，长期以来被人们誉为'传统文化之总汇，古代典籍之渊薮'，许多学者都将它与长城、京杭大运河联系在一起，被视为中国历史上最伟大的三大工程，被视为中华民族的骄傲。"② 中华文化之所以能够源远流长，与文献典籍的传承密不可分，就此而言，"作为一个民族、一种文化的时代结晶，编纂于封建盛世时期的《四库全书》和《四库全书总目》，无疑是中国古代历史上最具文化意蕴和历史价值的总结性篇章"③，《四库全书》是"中国古代最具特色的标志性文化符号"④，是中国古代以文献编纂的形式传承历史文化的杰出代表。

"文献典籍的编纂活动，既是文化传统的体现，其本身又传承、积累了文化。中国之所以被誉为文明古国，中国数千年的文明传承之所以从未中断，可以说在相当程度上得益于这一独特的文化传统。正是这一文化传统为我们的民族和国家留下了丰厚的文化积淀，形成了我们民族和国家标志性的文化符号，而丰富浩瀚的文献典籍所承载和积累的优秀传统文化，也早已植根于每一个炎黄子孙的内心深处，成为我们民族和国家极为宝贵的精神财富。"⑤ 辛亥之后，在清代史学发展的百年历程中，围绕《四库全书》的补抄、整理、出版与续修的学术活动层出不穷，展示出传统文化的魅力，也体现了文化传承的巨大动力。

---

① 黄爱平.《四库全书》的文献价值与世界记忆遗产//四库学：第 4 辑. 北京：社会科学文献出版社，2018：31.

② 郭向东，易雪梅. 四库全书研究文集. 兰州：敦煌文艺出版社，2005：序 1.

③ 黄爱平. 中国古代的文化传统与图书编纂. 理论学刊，2006（10）：94.

④ 同①.

⑤ 同③.

一、民国时期《四库全书》的补抄、影印出版

如果说乾隆一朝纂修《四库全书》的文化工程代表了有清一代统治者以及学界传承文化的努力，反映出王朝政治、经济、文化发展等诸多因素对文献编纂活动的有力支持，那么，民国时期社会各界为《四库全书》的补抄、影印出版而付出的多方努力则更多地呈现了《四库全书》的文化号召力以及传承历史文化的使命所赋予学界的责任感和学术认同。

1. 文澜阁《四库全书》的补抄

文澜阁《四库全书》的补抄活动反映出民国学人对丛书的珍视和尊崇。清乾隆时期，为了妥善保存《四库全书》，乾隆帝下令仿效浙江宁波天一阁规制，在北方和南方分别建造七座藏书阁，即北京紫禁城的文渊阁、北京圆明园的文源阁、承德避暑山庄的文津阁、沈阳故宫的文溯阁、镇江的文宗阁、扬州的文汇阁和杭州的文澜阁。七阁藏书，名重一时，但随着清朝统治由盛转衰，七阁藏书也经历了坎坷的命运。圆明园的文源阁《四库全书》毁于第二次鸦片战争，文宗阁、文汇阁《四库全书》则毁于太平天国战争，文澜阁《四库全书》也大量散失，到清末，七阁藏书仅存文渊阁、文津阁、文溯阁以及文澜阁的一部分。典籍残破，文化凋零，激起南北学者的愤慨，而以个人之力抢救和保护典籍的文化行为则层出不穷，丁氏兄弟对文澜阁《四库全书》的补抄即为其中的代表。

清朝末年，杭州藏书家丁申、丁丙兄弟在避难过程中发现市面上出售文澜阁《四库全书》书页，了解到文澜阁《四库全书》已成残籍。他们通过捡拾搜访，抢救出 8 000 多册，约占原有数量的四分之一。后丁氏兄弟萌发了补齐典籍的念头。光绪八年（1882）在浙江巡抚谭钟麟的支持下，启动了《四库全书》补抄缺卷、缺书工程，耗时 11 年，共抄书26 000余册。经抢救，《四库全书》大体恢复原貌，重新庋藏于文澜阁①。“丁氏当时因为不能直接向北方三阁补抄（文渊在内廷，文津在热河行宫，文溯在奉天行宫，皆是禁地），而文宗、文汇又皆全毁，所以只能根据传世的刻本或抄本。《四库》书根据的底本也是有好有坏不能尽善，而且往往有改动卷数、颠倒次序和删改文句的毛病，丁氏既不

---

① 顾志兴. 文澜阁《四库全书》史. 杭州：杭州出版社，2018.

能得到《四库》原本，所补抄的诸书中就有与《四库》本不相符合的现状了。”①

民国四年（1915，乙卯年），浙江图书馆首任馆长钱恂继丁氏兄弟后又继续补抄文澜阁《四库全书》工作，谓之“乙卯补抄”。民国十一年（1922，癸亥年），浙江省教育厅厅长张宗祥发起了第三次补抄，是谓“癸亥补抄”。三次补抄，接续进行，终将杭州文澜阁《四库全书》补成完璧。姑且不论补抄后的文澜阁与原来的库书之间有何差异，版本、内容方面有多大程度不同，从文化传承的角度来考量，丁氏兄弟及其后继者的努力补全完本、再造全书的行为实质上是一场文化接力，中国历代典籍的传承正是经由无数补抄者之手，传承至今。

2.《四库全书》的影印出版

《四库全书》的影印缘起，如《申报》1925 年发表的文章所云：“吾国文化事业之盛，为全球之冠，固不待言。而聚书印行，尤为流传典籍所独尚。盖一以防散失，一以垂久远也。释家、道家，久有《大藏》《道藏》之轸。而《永乐大典》《四库全书》，尤为明清二代典籍之渊海。惟《永乐大典》，早已散佚不全。《四库全书》虽当时钞存七部，分存馆阁，而屡遭兵燹，亦复存者无几。承学之士，相与忧之。近来西洋人之研究中国学术者日多，知中国之有此瑰宝，亦复延颈企伫，拟资观摩。民国以来，遂渐渐有印行之动机矣。”② 但因饱受时局影响，《四库全书》在民国时期的影印出版屡经波折。

据郑鹤声记载，“民国以来，影印《四库全书》之举，前后凡五次”③。第一次是在 1917 年初，张元济从友人处得知上海犹太富商哈同拟出资翻印《四库全书》，张元济认为《四库全书》是民族文化的宝藏，如翻印，当由商务印书馆承担，遂于 1 月 7 日呈文教育部，请求借京师图书馆藏及其他各本影印，但被教育部驳回。1918 年，徐世昌任大总统，命金梁编文华、武英二殿古物陈设目录，金梁建议先印《四库全书》，得到徐世昌的支持。交通部总长叶恭绰亦建议重印《四库全书》。

① 张宗祥. 补抄文澜阁《四库全书》史实//浙江图书馆志. 北京：中华书局，2010：264.

② 印行《四库全书》之经过. 申报，1925-09-08（07）.

③ 郑鹤声. 对于影印《四库全书》舆论之评议. 国风半月刊，1933，3（6）：20.

1920年5月，法国总理班乐卫来华访问，提出以退还庚子赔款来印《四库全书》，徐世昌遂令朱启钤主持印务。1920年10月9日，徐世昌颁布总统令，称："《四库全书》为我国最巨典籍，名播海外，迄今百载。前之分存七部，仅余其三。既有日即沦散之虞，而承学之俦，亦未由得资沾溉。中外人士，多有以印行为请者。自应设法仿印，以广流传而垂永远。"徐世昌认为："此种确实之典籍，实与中国伟大文化相比肩，而于中国今日所创制事业可生莫大之裨益。"① 徐世昌虽对仿印予以确定，但过程却颇多波折。1922年，徐世昌被逼下台，影印计划遂被搁置。1926年《图书馆学季刊》第1卷第1期发表文章，记当时的影印规划："当时所拟格式，拟依原书大小，计成书百部，需款三四百万元，费时二十余载。如此浩繁，绝非私家能力所及。政府乃拟自行设局，然亦迄未进行。……中途而废，议者惜之。"②

1924年春，商务印书馆为筹备开业30周年纪念活动，再次向北京政府提出借印文渊阁《四库全书》，并刊发缘起一文，指出："今释藏、道藏，皆由敝公司影印出版矣，儒若有藏，必推是书，不揣绵薄，颇欲为石仓一弥此憾。"③ 据《图书馆学季刊》第1卷第1期载："今年（1925）夏，章士钊出长教部，又以景印之事提交国务会议。经讨论，决将文津阁《四库全书》交商务印书馆景印。惟是文津所藏，早经移存京师图书馆。各方人士以《四库》所收颇多孤本，因而委托该馆钞录者颇多，该馆收入尚丰，倘经运沪，不免受其影响，故拟改印文渊所藏，即函致清室善后委员会前往文渊阁点查。"④ 这是民国时期《四库全书》的第二次影印。"第二次在民国十三年，以商务印书馆为主动，向政府商借文渊阁本，缩印四页，合订及单页袖珍两种，又以政府索贿未遂而止。"⑤

"第三次在民国十四年，当局以文津阁本付商馆印行，装箱将毕，适值江浙战起，当局遂借故不许而止。"⑥ 民国十六年（1927），因影印

---

① 北洋军阀史料：徐世昌卷9. 天津：天津古籍出版社，1992：653.

② 宋元放. 中国出版史料：第1卷下册. 济南：山东教育出版社，2001：467-468.

③ 陈登原全集：第5册. 杭州：浙江古籍出版社，2014：183.

④ 同②183-184.

⑤ 郑鹤声. 对于影印《四库全书》舆论之评议. 国风半月刊，1933，3（6）：20.

⑥ 同⑤.

《四库全书》未果，陈垣、阚铎、陶湘、尹炎武等倡议先影印《四库全书》原本提要："近来景印《四库全书》一事，久为中外人士所注目，徒以工程浩繁，蹉跎未果。瀛寰学子，渴望愈殷。同人等因思先印《四库全书》原本提要，以为先路之导。"①

1928年，张学良又拟印刷文溯阁本。当年12月12日《大公报》载："文溯阁《四库全书》现已着手景印。"张学良自奉天通电全国云："曩在逊清，修书开馆，类为四库，庋以七阁。其在吾奉，额曰文溯。换世阅变，灵光岿然。石渠天禄，逊此美富。所惜地处偏陬，书多孤本，虽蕴公心，难快公目。学良发弘愿，拟垫私财，就此巨编，印以新法。售取廉值，成限短期。"② 但这次影印也最终成为泡影。"第四次在民国十七年，由奉天省政府发起，拟用文渊阁（笔者注：当为文溯阁）本校印，并议续修，兼采选印之法，样本初出，海内外函电订购，仅成续修总目及选印要目，又以他故中止。功败垂成，弥可惋惜。"③《四库全书》的影印一波三折，前后四次，皆被阻未果。

1933年6月6日，南京国民政府行政院会议通过了教育部提议的影印《四库全书》未刊珍本一案，这是民国时期第五次影印《四库全书》之举。6月22日，天津《大公报》发表了商务印书馆承接影印《四库全书》的消息，天津《国闻周报》报道："此次华北不宁，北平文献多运至南方，文渊阁《四库全书》亦在其列，因此遂有影印未刊珍本之议。此事业经行政院通过，由教育部特派中央图书馆筹备处主任蒋复璁至沪与商务印书馆签订影印发行正式合同。合同系于六月十七日签订。"④ 这次影印，引起南北学者的广泛关注，并形成了学术讨论的热潮。教育部于8月14日发出聘书，聘陈垣、傅增湘、李盛铎、袁同礼、徐鸿宝、赵万里、张允亮、张元济、董康、刘承幹、徐乃昌、傅斯年、顾颉刚、柳诒徵、张宗祥、叶恭绰、马衡等十七人为编订《四库全书》未刊珍本目录委员会委员⑤。后选定孤本

---

① 陈垣，等. 景印《四库全书》原本提要缘起. 中华图书馆协会会报，1927，3（3）：20.

② 陈登原全集：第5册. 杭州：浙江古籍出版社，2014：184－185.

③ 郑鹤声. 对于影印《四库全书》舆论之评议. 国风半月刊，1933，3（6）：20.

④ 《四库全书》珍本影印. 国闻周报，1933，10（26）.

⑤ 《四库》未刊珍本编订目录委员聘定. 庸报，1933－08－15. 补白：袁同礼覆张元济书——为影印《四库全书》事. 国闻周报，1933，10（34）. 补白：《四库全书》未刊珍本编目委员会. 国闻周报，1933，10（34）.

秘笈经部 61 种、史部 19 种、子部 34 种、集部 117 种，共计 231 种，定名为《四库全书珍本》，委托商务印书馆就文渊阁本摄影印刷，自 1934 年 7 月开始出书，分四次出齐，合订以前 960 册。这一中外企望的全书影印，到这时总算实现了一部分。据《时事月报》（第 10 卷第 4 期）记载："《四库全书》素为文献总汇，学者无不歆艳。迭议景印，屡遭挫折。近始由教部延聘专家，选定珍本二百三十种，委托上海商务印书馆代印。商务于二十二年十一月间，即就选定珍本开始拓印。自本年（一九三四）一月十五日起，宣布预约办法，期至明年四月全部出齐。实为近世文化事业一大开展。"另据商务印书馆《景印〈四库全书珍本〉初集缘起》："民国二十二年六月十七日，教育部委托中央图书馆与敝馆签订景印《四库全书》未刊珍本合同。规定将文渊阁所藏《四库全书》未刊珍本编成小六开本，限用江南毛边纸印一千五百部，每部九万页，分订一千五百册。并限两年制内，将书出齐。"这部由商务印书馆影印的《四库全书珍本》后终于如期出版。

民国时期《四库全书》的影印出版可谓一路坎坷，五次影印，因时局动荡，前四次未能成就，第五次仅出选印本，却反映出《四库全书》的文化凝聚力和传承因子，表现了《四库全书》本身及其所蕴含的文化传承的号召力。民国学界的诸方努力表现了中华学人在文化传承方面汇聚的力量。虽时局动荡，经济萧条，但影印出版的努力却持续进行，文化传承的事业也在一次又一次的山重水复之处等待着柳暗花明。古籍整理就是这样一种不断聚力的学术事业，无论历史怎样变迁，无论政治风云如何变幻，传承民族文化遗产的事业就是这样代代流传。

3. 关于影印的学术讨论热潮

民国二十二年（1933），就教育部委托商务印书馆影印《四库全书》未刊珍本问题，南北学人展开了热烈的讨论，这是一次以究竟是否应该影印《四库全书》以及如何影印为主题的学术讨论，也是一次关于如何看待《四库全书》学术价值的讨论，更是《四库全书》的文化传承在讨论中获得认可和尊重的学术讨论。

北平图书馆副馆长袁同礼于 6 月 24 日离开北平赴南京，向政府陈述不同意见。他在离开北平时对记者发表谈话说："四库罕传之本，不过三百余种，内中宋元明人集，占三分之二。今抽出影印，实为学术界之迫切要求。……倘将此三百种四库罕传之本，均照四库样式，一一为之影印，仍不免为一积极无意识之办法，盖四库本经馆臣窜改之处，不一而足，而近年以来，发现之孤本秘笈远胜于四库本者，不在少数。……亟应以此项最古之本，影印流传，以存古书面目。今如不利用此项极重要之新发现，而仍然照四库原本，匪特有'开倒车'之号，而尤贻误后人，真所谓'刻书而书亡'。此三百余种四库罕传本，除一部分可采用四库本外（文渊或文津，尚待专家研究），其余之本，应尽采用旧刻或旧钞、最古或最足之本，以代替之。事关专门研究，已由本馆赵万里君制成草目，经本馆同人研究后，并由李木斋（盛铎）、傅沅叔（增湘）、张菊生（元济）、陈援庵（垣）、董授经（康）、周叔弢（进）、张庾楼（允亮）、章式之（钰）、伦哲如（明）、邢赞庭（士襄）诸人参加意见，以期完备，不久并在本馆馆刊发表。本人向来主张将四库存目及四库向未著录之书，择要影印。此项书籍之收藏，海内以北平图书馆为中心。今春法国汉学家伯希和氏在平时，亦承认此种文献之搜求，内近年来中国学术上之重要贡献。如能将其影印流通，较四库罕传之价值尤为重大云云。"[①]为广泛征求学界意见，北平图书馆特别印行了袁同礼与赵万里所编之《景印四库全书罕传本拟目》。

馆长蔡元培与副馆长袁同礼为此致函教育部长王世杰，提出使用"未刊"之名不妥。《四库全书》编纂之时，虽有采自稿本，"然大多数固多有刊本"，"四库罕传之本，有原书未亡而馆臣未及搜讨者，有据残本入馆而全帙至今尚存者；且馆臣于原书面目，任意窜改，脱简遗文，不一而足，且馆臣未及见之孤本秘笈，今则岿然尚存天壤"[②]。而王世杰在复函中说："未刊者三百余种，虽见著录，刊于宋元，而流传已少，有同未刊，是定名为《四库全书未刊珍本》。""又四库所收，非尽善本，但板木追究无穷，采访尤费时日，善本虽有，乞假非易。且以库本与刊本并印，与普通丛书相同，恐不符此次印行四库存其真相之原意。而且四库以价值定其去取，观点不同主张难统一，而于未刊本中重加选择，则未当选之未刊本，永沦于未刊。及今不印，散佚堪虞。预定组织一委

① 袁同礼谈影印四库全书 袁同礼昨赴京向当局贡献意见. 大公报，1933-06-25（04）.

② 北平图书馆馆长及副馆长上教育部呈（二十三年七月五日）. 大公报，1933-08-14（11）.

员会，审定目录，借收各方宏议，以定去取。现因印行《四库全书》未刊本，已成定议，未便更改，而印行四库底本，亦属要举，不妨并行。”①

收藏文渊阁《四库全书》的故宫博物院对此也颇有意见。“影印《四库全书》，尚有故宫博物院与中央图书馆之争。据本月九日上海《时事新报》载故宫博物院图书馆长江瀚氏之谈话云：‘文渊阁《四库全书》，向归本院保管，春间随第一批古物运至沪上，当古物滞留浦口之时，教育部曾呈行政院将此书拨交中央图书馆保管，后以关系重大，未能实现。旋即由中央图书馆以影印名义，将此书版权归诸该馆。事前未于本院接洽，遂与商务印书馆订立合同，并由教育部提出行政院会议照案通过。是此影印动机，已不纯洁，而非简单的学术问题也。本馆为国家文化机关，影印本馆保存之书，自当由本院主办。但为迁就事实，力图补救起见，除保留所有权外，均可让步。乃将中央图书馆与商务印书馆签订之合同，修改数条，提交本院理事会决议通过。’”②

1933 年 8 月 11 日，李盛铎、陈垣、顾燮光、沈士远、张允亮、顾颉刚、朱启钤、徐鸿宝、刘复、叶恭绰、马廉、汤中、董康、冒广生、陈寅恪、傅增湘、马衡、陶湘、江瀚、徐乃昌、赵尊岳、朱希祖、张之铭、刘承幹、沈兼士等二十五位学者致函王世杰，提出对影印《四库全书》的意见，认为：“《四库全书》有他本可用以替代者应采用他本”，并且，《四库全书未刊珍本》名称及范围内容应重加考量③。教育部复函，肯定学者们主张以善本替代库本，确实有一定见地，“然如此，则是印行善本书，而非印行四库书也。善本书为四库所未收者至多，如何付印，乃另一问题。今限于四库，取径未免太狭，且自来主景印四库者，皆欲以明四库之真相，见其得失，非不知其有讹误也，然全书卷帙繁重，一一付印，则时间、经济，两有不足，而历来所以屡谋不蒇，此亦一因，于是而有选印之议”④。

商务印书馆张元济致函袁同礼、赵万里等讨论此事，他的意见与教

---

① 教育部长复蔡袁二君函（二十二年七月十九日）. 大公报，1933-08-14.

② 补白：江瀚谈影印四库全书. 国闻周报，1933，10（23）.

③ 影印四库全书 学术界反对 叶恭绰等再向教部建议. 大公报，1933-08-16（04）. 16 日《晨报》《庸报》，21 日《国闻周报》均有类似报道。

④ 最近关于影印四库全书之文献. 浙江图书馆馆刊，1933，2（4）.

育部相同，对以善本代替库本的建议提出不同意见，张元济认为："影印四库未刊本，二公主张拟用善本替代，并联合南北各学术团体及各地学者即日草具公函向教育部当局建议，甚盛，甚盛。惟弟窃以为兹二事者不妨兼营并进，而不必并为一谈。《四库》所收，非尽善本，且有残缺、讹误，无庸讳言。但其间颇有未经刊行，或虽已刊行而原本不易购求者，如能及早影印，俾得流传，当亦大雅之所许。"① 而以善本代库本，则不必，且不能，因"善本难遇，乞假尤难，往返商榷，更多耽搁。如是则观成无期，且善本亦正无穷。先得一明本，以为可以替代矣，未几而有元本出，又未几而有宋本出。若以明本自画，则于目的有违，若必进而求元本，更进而求宋本，则观成更无期"②。傅增湘在致张元济的信中提出："据报知馆中承印四库书已定局，其目俟寄到当细核，总期切实得用，不必尽以未刻为限，未刻之书亦有不必印者。明刊罕见之品亦有宜加入者，非解人不知此中甘苦矣。……目中之书如有旧本胜库本者，似宜改用，亦望公主持之。四库馆中所用多有非足本者，若能多得善本，则声价愈增矣。"③ 张元济的回信再次表达了不同意见："鄙意四库还他四库，善本尽可别行。"④

同年 8 月，袁同礼的《选印〈四库全书〉平议》在《时事新报》发表，该文认为："北平图书馆同人之主张，今兹影印，凡有旧本流传，自应废弃库本。虽采取较古之本，事实上不无困难。所谓旧本，又可追究至于无穷，采访又须时日。善本虽可乞假，亦属匪易，但国家之文化事业，似不当以事实上之困难而抛弃其学术上之主张。"⑤

当时各地学人纷纷发表文章参与讨论，如孙楷第《论教育部选印〈四库全书〉》（《晨报》1933 年 8 月 22 日）、伦明《拟印〈四库全书〉之管见》（《国闻周报》1933 年第 10 卷第 35 期）、钱基博《选印〈四库全书〉平议》（《青鹤》1933 年第 2 卷第 6 期）、黄云眉《从学者作用上估计〈四库全书〉之价值》（《北平图书馆馆刊》1933 年第 7 卷第 5

---

① 张元济全集：第 3 卷．北京：商务印书馆，2007：5.

② 补白：张元济对影印四库全书意见：张氏复袁同礼等书（二十二年七月十三日）．国闻周报，1933，10（33）.

③ 张元济傅增湘论书尺牍．北京：商务印书馆，1983：298.

④ 同③300.

⑤ 袁同礼．选印《四库全书》平议．时事新报，1933－08－18.

期)、张崟《关于影印〈四库全书〉之管见》(《浙江图书馆馆刊》1933年第4期)、叶启勋《论选印〈四库全书〉》(《金陵学报》1933第3卷第2期)等等,《国风半月刊》1933年第3卷第6期设《选印〈四库全书〉问题专号》,学术讨论之热烈可见一斑。

郑鹤声将当时的讨论意见,分为五派:有主张不必印行者;有主张改用善本并变更承印办法者;有主张委曲求全共促实现者;有主张各行其是毋庸竞辩者;有主张印行全书,不用原本,易以他本者①。其中,主张不必印行的代表之一是8月20日北平《晨报》发表的社论《不必影印〈四库全书〉》,认为:"今之谓《四库全书》者,恒谓与我国文化有莫大关系,苟非广为流传,则前代学术,行将湮灭。吾人对于《四库全书》之评价,决不如是重视。一部《四库全书》之中,究有几许适合现代性之著作,而其内容又有几分可以促进我所需要之学术,实抱极大疑问。吾人不愿一笔抹杀先贤心血之作,但亦不愿闭目瞎认为有绝对价值之书。故影印全书,尤宜郑重考虑。""总之,现代学术之特性,为实际化、普遍化,惟实际乃能普遍,惟普遍乃能收效。若《四库全书》既多玄妙之空谈,复缺应用之功效。以之刊印,已多不适,若又益之以影印,限之以全购,是为贵族化、古董化,于普及学术有何贡献,因无待识者而后知矣。"② 除此之外,其他各派观点皆认同影印,但对具体的书目、采择标准以及实施办法有一定的异议。

综上讨论可以看出,是否以善本代替库本,是学界争议比较大的问题,这一方面涉及对《四库全书》学术价值的二元评定,即肯定其贡献、否定其窜改典籍的行为;而另一方面则实际上反映的是学界对存版本还是存全书的争议。这一点,当时的学者已经有所认识,比如陈登原认为:"袁氏之语,实为似是而非。夫景印《四库全书》,顾名思义,自当为《四库全书》之景印。若夫追求版本之美,此乃属于古书之再行结集。古书再行结集,此或无可非难。然又何必刻舟求剑,拘于《四库全书》之旧目。"③ 钱基博也指出:"博细绎教育部及商务印书馆函牍往复之指,意在选《四库全书》之未有刊本或有刊本而罕传者以刊传之,其

① 郑鹤声.对于影印《四库全书》舆论之评议,国风半月刊,1933,3(6):20.
② 同①.
③ 陈登原全集:第5册.杭州:浙江古籍出版社,2014:185.

意重在书而不重在本，其选择之标准，在其书之有无刊本，而不在本之是否珍罕。而南北目录学者之所断断，则在本之未刊或罕传，论锋似未能相准。”① 叶启勋也指出：“弟意研究学问与辨别板本判然两途。库本本多赀议，宋元未必皆精藏者，或有阿私之言，读者每多乡曲之见。影印《四库全书》，屡议屡辍，今幸合同已立，开印在即，若必人人加以意义取舍，窃恐西郊四郊、生谥死谥之讦讼辨争无已时也。”② 这种学术争议无疑与当时文献学作为学科尚未正式确立有所关联，学界还未曾确立古籍整理的科学意识，在古籍整理、出版应达成的学术任务环节方面有不同意见，从当代的学术发展来看，影印《四库全书》自当保留原本原貌，不存在用善本代替库本的争议。

这次学术讨论的热潮，尽管有各种分歧和争论，但在基本点上学界却惊人地达成了一致，即对《四库全书》的文化价值予以一定程度的肯定，对影印《四库全书》行为本身予以表彰。袁同礼、向达尽管就版本问题提出不同意见，但结合政治局势对影印本身予以高度赞扬：“方今国势颠危，倍于曩昔，上焉者日亟亟于权位之争，蚩蚩者氓，或则颓废以自放，求其能留心民族生命，致力于百年根本之文化事业者，固不多见，在学术方面，能屏除敷衍苟且之陋习，而反覆讨论，不厌周详，以求其当其事者，尤为罕睹。兹于选印《四库全书》一事，学术界竟能予以注意，公开讨论，允足视为空谷之足音也矣。有识者能留意于民族生命所寄托之文化根本事业，不肯苟且放过，则天下事犹有可为。”对影印之举多次流产则扼腕叹息：“当日修《四库全书》，其所取材，为传世之旧本及从《永乐大典》中辑出之佚书，至今旧本日稀，《永乐大典》所存，不逮十一，而《四库全书》在一百五十年间，亦止残存一半，为保存文化计，能予景印传布，自属当务之急。民国九年，有景印《四库》之议，旋即作罢。民十二上海商务印书馆承印《四库》，已有成约，因政治关系，功亏一篑。民十四之一次，亦因故中止。民十七辽宁当局，又有景印文溯阁《四库全书》之意，‘九一八’变起，阁书沦丧，不可复问。时至今日，政府既万机待决，无暇及此，私家亦精疲亦竭，难与商此大业。今教育部所定抽印《四库全书》之计划，虽属当鼎一

---

① 钱基博．选印《四库全书》平议（续）．光华大学半月刊，1933，2（1）：3.

② 叶启勋．论选印《四库全书》．金陵学报，1933，3（2）：633.

裔，却亦慰情胜无，是以对于抽印各种之根本原则，在目前固无间南朔，莫不赞同也。”①

董康与刘承幹接到教育部复函解释，即致函教育部放弃原有主张，他们认为：“筹印《四库》，倡议四次，以基金无着，都成泡影，良可慨叹！大部赓续促成是举，南北学人，同抱热烈赞助之诚，因有联名上书之事。”② “窃谓清代编录《四库》，以小节论，虽有分裂窜易之嫌；就大体言，实彰稽古右文之绩。有清学术之盛，足以度越往代者，未始非是书灌溉之所致。”③ 金梁作为最先请政府影印《四库全书》之一人，从发扬文化的角度对影印一事表示肯定：“余所痛心者，四次议印，皆垂成而败。此次余虽未预其事，而乐观其成，尤虑中变。所望诸公平心静气，为发扬文化，委曲求全，合力以共策之，庶几事得速就，勿使迟阻。一面仍续修全书，务其大者远者，则幸甚矣。”④

黄云眉亦指出：“教育部近有景印《四库全书》罕传本之举，闻之不胜欣忭！此等事是否为国家今日之急，固一问题，然政府发此宏愿，要亦非易，虽不急，固宜以热诚翊赞之。”⑤ 1933 年，上海启智书局出版任松如《四库全书答问》，分为上中下三卷，上卷言《四库全书》之历史，中卷言《四库全书》之门类，下卷录《四库全书》有关之重要文字。在序言中，任松如提出：“《四库全书》之名，读书稍多者类能知之。至其开馆之经过与夫纂集之旨趣，则非钻研国学、习于掌故者，鲜注意及之也。乙丑秋，政府有影印文津阁本之令，海内外人士，始亟欲一聆关系是书之故实。远近朋好，咸以为问。……又念吾国王者专断，以乾隆为极致，其于《四库》书，直以天禄石渠，为腹诽偶语者之死所，不仅欲以天子黜陟生杀之权，行仲尼褒贬笔削之事而已也。删改之横，制作之滥，挑剔之刻，播弄之毒，诱惑之巧，搜索之严，焚毁之繁多，诛戮之惨酷，铲毁凿仆之殆遍，摧残文献，皆振古所绝无。虽其工程之大，著录之富，足与长城、运河方驾，讫不能偿其罪也。及乎末

---

① 袁同礼，向达. 选印《四库全书》平议. 国风半月刊，1933，3 (4)：9.

② 最近关于影印《四库全书》之文献（续). 浙江图书馆馆刊，1933，2 (5)：138.

③ 同②.

④ 同②.

⑤ 黄云眉. 从学者作用上估计《四库全书》之价值. 国立北平图书馆馆刊，1933，7 (5)：54.

叶，文源阁全书、含经堂荟要、明之《永乐大典》与翰林院底本，先后被焚掠于外兵。观于《四库》书之一成一毁，而弱者遭遇之不堪，至今有余恫焉。”①

1937年，顾颉刚为郭伯恭《四库全书纂修考》作序，指出：“清高宗以英主而右文，既延硕彦，鸠俊奎，蔚诸馆阁，遂集全国之力以事搜访，纂为《四库全书》，复成《四库荟要》及《总目提要》二书，海汇百川，纲举条贯，萃四千余年之文化，以成历代典籍之大观，甚盛事也。”② 郭伯恭在自序中说：“历代官修书中，其能举前人遗著而为一总结集者，殆清之《四库全书》乎！……以十数年之岁月，成如此巨大之工程，真历史上所仅见者也。”“《四库》卷帙之富，集中国古来典籍之大成，论其完备，虽未尽包罗古今一切载籍，然当清代中叶，凡无背正学之典册，几全荟萃于斯，则固事实也。”③

上述观点体现出学界对影印之事的一致性褒扬，在时局动荡、典籍播迁的历史时代，影印是保存文化的重要举措，值得肯定。当然《四库全书》学术价值的二元性也由此得以揭示，在肯定其汇聚文献之贡献同时，其寓禁于征、窜改焚毁的文化摧残行为也为学界所痛惜。民国学者黄云眉即指出：“不幸《四库书》之修，其间乃含有两重作用，而其书之价值，亦竟因此两重作用而大成问题，似不得不于景印之前加以估计。”④ 顾颉刚在《四库全书纂修考》的序中也提出：“惜乎学术其名，芟刈其实，去取之际，率狃主观，以故网罗虽富，而珍闻秘笈之横遭屏斥者乃难悉数。惟其寓禁于征，故锢蔽摧残无所不至，其沦为灰烬者又不知几千万卷也。试盱衡《四库》所入，忌讳略撄，即予点窜，删削更易，多失厥真。夫其禁者则散焉佚焉，其采者又残焉讹焉，书之厄运岂非秦火而降一大事乎！而世之学者往往忽略真相，但惊其卷帙之浩繁，遂崇为不世之盛业，兹可慨也。”⑤

1936年，陈登原著《古今典籍聚散考》，对《四库全书》造成典籍

---

① 任松如. 四库全书答问. 上海：启智书局，1933：序1-2.

② 郭伯恭. 四库全书纂修考. 上海：商务印书馆，1937：顾序.

③ 同②.

④ 黄云眉. 从学者作用上估计《四库全书》之价值. 国立北平图书馆馆刊，1933，7（5）：54.

⑤ 同②.

损毁也有论断。他认为："然《四库全书》，虽为乾隆一家之书，而于其收罗遗逸之鼓吹，究亦有力。因其式而利用，取其形而去其神，使国内典籍，群登国家图书之府，而无焚毁、抽毁、窜改等等之恶劣手段存乎其间，则《四库全书》之事虽死，而《四库全书》之影响，或可不至于零，或不仅限于摧残晚明文献及钳制古人喉舌也。"①

至于到底是该影印《四库全书》原本，还是采集善本续编《全书》，陈登原认为，续编和补编拘泥于《四库全书》之名，大可不必，续编不能解决版本尽善尽美的问题，而《四库全书》本身亦非尽善，疵累不少，主张："为今之计，国家当于首都所在，设立文献总馆，搜集遗书，期于美备。其他通都大邑，则酌设文献分馆，于襄办收书之事业。"主张在参考《四库总目》的基础上，对《四库》已收而又有善本的书籍，重为著录，别撰提要，并说明重录的理由，以更易《四库全书》所收的版本。另外，还可根据文献价值补充《四库全书》失收之书。"续编与补编，截然两途，决不当混为一谈"，"倘国家财力有余，自当推翻过日之《四库》，另订一无忌讳、无删削、无遗漏、无作用之某某全书，以期收典籍结集之大效。如是，则清代之《四库全书》，不过为吾人参考之用。若国家财力不足，则补编、续编，可以分期举行，或先为其补而后为其续，或先为其续而后为其补，均无不可"②。"补充更易以后，始可议及续编，始可议及《四库》修书以后学者撰述之书。"③

学术讨论促进了对《四库全书》的研究，民国时期形成了"四库学"研究的第一次高潮，民国时期的"四库学"研究内容广泛、成果众多、水平较高，包括陈垣、余嘉锡、钱穆、黄云眉、杨家骆、王重民、郭伯恭、胡玉缙等。陈垣先生全面校读文渊阁《四库全书》，并展开了较为全面的整理和研究，撰写了《四库人名录》《四库书名录》等工具书作为研究阅读所需要的参考，又撰写了《四库全书考异》《编纂四库全书始末》，被誉为研究《四库全书》的奠基人。在提要辨证、补证方面，孙德谦著《四库提要校订》，余嘉锡著《四库提要辨证》，夏承焘著《四库全书词曲类提要校议》，胡玉缙著《四库全书总目提要补正》。目

---

① 陈登原. 中国文化史. 北京：商务印书馆，2017：809.

② 陈登原. 古今典籍聚散考. 上海：上海书店出版社，1983：524.

③ 陈登原全集：第5册. 杭州：浙江古籍出版社，2014：189.

录版本方面，刘国钧著《四库分类法之研究》，叶启勋著《四库全书目录版本考》。在学术思想研究方面，钱穆著《四库提要与汉宋门户》，柴德赓著《四库提要之正统观念》。在工具书编纂方面，杨家骆主编《四库全书学典》《四库全书大辞典》，杨立诚编《四库全书目略》。在文献整理方面，王重民辑《办理四库全书档案》，金毓黻编《文溯阁四库全书提要》。

总体来看，民国时期影印《四库全书》担当了文化传承的历史使命，正如陈登原所言："夫事者，易言而难成者也。今无论为补编为续编，为全印为选印，果能告成，终觉有利。……今日不能，安知明日之必不能。遗著稿本之急须收集，虽有赖国家之提倡于上，然爱护文物之同志，要不可无自勉自奋之空气，使人间尽知此事之关系于民族前途者甚大。一旦得付之实行，似较《四库全书》之影印，更为功德无量也。"① 整体来说，无论是为《四库全书》的保藏、整理、出版积极奔走，还是对其汇集整理的过程予以解析和批判，都是出于对《四库全书》本身文献价值与学术意义的重视，体现出典籍传承在文化发展过程中的历史价值。

二、续修四库的百年历程

《四库全书》的编纂实质上是乾隆朝的一次典籍清理和总结，可视为文化传承事业的璀璨明珠，但毕竟不是全部。随着时代的发展、学术的演进，学术积累不断进行，而新的总结和汇聚就成为历史的必然。自乾隆朝纂修《四库全书》后，大型的丛书编纂仍然在不断进行，而其中与之最为密切相关的，当然是续修四库以及后四库系列丛书的问世。

早在乾隆《四库全书总目提要》刊行之后，清代学者就提出因《四库全书》之后，有不少遗漏和新发现的古书，应对其予以续修。翰林院编修王懿荣于光绪十五年（1889）上奏，提出："皇上驭极十有五年，时经百载，开通日广，文物日新，厥有市舶泛来前代流通海外之书，又有乾隆以来通才硕学网罗散佚、采集遗文、复古再成之书，说经补史、重注重疏、精校精刊之书，以及天文算学、舆地方志、政书奏议、私家撰述卓然经世之书，重见叠出。或先得者残而重收者足，或沿称者讹而改题者真。考据一门，后来居上；艺数之流，晚出愈精。若此之类，上

① 陈登原. 古今典籍聚散考. 上海：上海书店出版社，1983：525-526.

溯旧例，应行著录，其为纯美，庶几前编。”① 光绪三十四年（1908）御史喻长霖《敬陈管见疏》内言：“乾隆中钦定《四库全书》，网罗古今一切载籍，洵足以嘉惠艺林。今者海宇大通，群言庞乱，后生小子，震于泰西富强之说，卮言日出，大道将歧。非续编书目，明定宗旨，排斥邪说，不足以清众议之嚣嚣而齐一天下之耳目。”② 但在内忧外患之下，清廷无暇顾及，未能见诸实行。

五四运动之后，续修之议再起。这次续修始于《四库全书》的影印。1919 年，叶恭绰等赴欧考察归来，动议影印《四库全书》。金梁则认为“书不易续，目则易修”，建议将二百年来新出书籍，先存其目，以待后来。两议皆因时局动乱而未果。1922 年春，陈垣以署理教育部次长身份兼任京师图书馆馆长。藏书家伦明致函陈垣，就图书馆的工作问题提出三点建议：一是编写一个详细的书目，以便向社会广泛搜求图书，使中国的典籍能借以妥善保存；二是对《四库全书》进行校勘，并建议从教育部现有人员中，抽调一部分人专门从事此项工作；三是续编《四库全书提要》，伦明认为此事最为要紧。1924 年，伦明本人赴河南就任道清铁路秘书长，居豫期间，立志续修《四库全书》。伦明认为，《四库全书》“收书时忌讳太多，搜采未尽，即所收之书，非尽善本佳椠，因馆臣不识版本，多以劣本充值，每肆意删节窜易，改为钞本，以泯其迹，故应予增补、重校、续修，其中尤以后者最为重要，刻不容缓”③。伦明将所居定名为“续书楼”，据所见书做提要以切实进行续修四库的工作，伦明的续修计划得到了同乡胡姓富商的支持，打算每年以三千元费用，连续五年期以告成，但续修提要工作开始不久，胡姓富商生意失败，伦明的续修工作亦告中辍。1925 年，司法总长章士钊计划影印《四库全书》，伦明听说后，在报纸上发表《续修〈四库全书〉刍议》一文，公开建议改影印为续修，并就搜集、审定、纂修诸内容详加讨论。虽有不少学者有心续修，终因时局纷扰不能竟志。

1924 年，上海商务印书馆提出影印文渊阁《四库全书》的计划，并拟以多销盈余，“请海内通人，选择四库存目及未收书，刊为续编”。

① 朱寿朋. 光绪朝东华录：卷九，光绪十五年六月.

② 喻长霖. 敬陈管见疏//醒惕斋存稿：卷一.

③ 刘绍唐. 民国人物小传：第 6 册. 上海：上海三联书店，2015：176.

这种以影印促续修的想法得到学界的广泛认同，一时间邵瑞彭、黄文弼、李盛铎、伦明等人群起响应。李盛铎还因此而特地谒见当时北京政府执政段祺瑞，商议续编办法，提出将所收书分为三种类型：其一，《四库全书》将具有民族思想及历代反对君主思想诸书悉摒弗录，此类著作甚有价值，均应收入；其二，乾嘉以后刊刻诸书，以年代稍后未列入《四库全书》的，应予收入；其三，凡有价值而稍次的，则录其大概，列入后部。商务印书馆的影印计划，终因当时各种人为因素及军阀混战而搁置，续编的动议、计划也随即流为一纸空文。

1925 年，邵瑞彭发表《续修〈四库全书〉意见书》，广泛征求各方意见，并谒见当时的北京政府执政段祺瑞，建议执行。时值英、美等国退还庚子赔款，并指定用于文化事业。段祺瑞政府和日本交涉，希望日方亦退还庚子赔款用于文化事业，日本外交界、文化界不少人士很赞成这一建议，于是由两国政府商定，各派委员若干人，组建东方文化事业委员会，在东京、北平分别设立两个人文科学研究所，“以搜罗中国典籍、研究中国文化为首要任务。在北京设立东方文化研究所，搜罗《四库全书》未收书，成立图书馆，续编四库提要”①。1928 年，东方文化事业委员会下属北平人文科学研究所将续修之事列为课题，并开始购求古书。但因当时日本逐步侵略我国东北、华北，时局动荡，1937 年日本全面侵华战争及 1941 年太平洋战争起，续修之事也就拖沓十余年，逐步停息，只剩下当时北平一些中国学者为续修而撰写的一部分乾隆朝以后形成的清代著述提要，算是长达几十年各种动议不断破灭而最终留下来的一定的实绩。据王云五介绍，当时参加撰写提要的多为知名学者，“如董康、伦明、王重民、赵万里、冯承钧、向达、吴廷燮、谢国桢、杨树达、余绍宋、傅增湘、瞿兑之、罗振玉、柯劭忞、江翰、胡玉缙、徐鸿宝、李盛铎、王式通、邵瑞彭、杨钟羲、王照、江庸、王树枏等”②。

如王云五所言，《续修四库全书提要》有其特定的历史背景：“乾隆

---

① 梁容若. 评《续修四库全书提要》// 中日文化交流史论：第 3 编. 北京：商务印书馆，1985：371 - 372.

② 王云五.《续修四库全书提要》序// 王云五全集：第 19 册　序跋集编. 北京：九州出版社，2013：438 - 439.

以后，国人著作益多，印刷亦益便利，迄今约二百年新出图书固甚夥，而清末禁网日弛，入民国禁书悉解禁。因而纂修《四库全书》以后之新作与新发见之图书，已足够续修《全书》之资格。然实现是举者，既非清末皇室，亦非民初政府。前者积弱既深，救亡之不暇；后者军阀互争不已，岂能顾及右文？他如个人与社团，更无此魄力。于是发动之者乃为日本之东方文化事业委员会，而利用日本退还我国之庚子赔款为经费。该委员会从事此举之动机为何，吾人姑置勿论，惟至少有一点与永乐及乾隆纂修巨籍时之事实相似，即谋安抚我国文人是也。”① 1928年到1942年，69位学者经过14年的努力，完成了内容多达31 000多篇共1 500余万字的书稿。该部书稿由台湾商务印书馆出版，后由中国科学院图书馆和中华书局于1986年出版。民国时期号称续修，实际上只做了提要的撰写工作，并非实至名归。

1949年以后，学界对《四库全书》的研究不断进展，对《四库全书》的认识更为全面。学界关于《四库全书》二元作用的讨论更加深入，不少学者对清政府寓禁于征、删改原文提出批评，同时，《四库全书》编纂时限于社会条件而未能更广泛地搜集各地藏书，限于正统观念而使一些有价值的著述被排除在外，这些情况，在学界的研究成果中有了更加深入和全面的反映。当然，《四库全书》虽有种种缺失，但对中国文化的发展功大于过的结论得到了进一步的肯定。

在学术研究的基础上，在出版技术和经济发展的条件下，续修和编纂《四库全书》得到学界的关注。1981年9月，中共中央发出《关于整理我国古籍的指示》，对古籍整理和保护提出了新的要求和部署。同年，古籍整理出版规划小组恢复。1983年9月，成立了全国高等院校古籍整理研究工作委员会。这一系列相关措施的出台，对古籍整理的人才培养、整理规划、出版发行等相关事项做出周密部署，推动古籍整理事业走向繁荣。在规划小组的统一领导下，古籍整理的目的性、系统性日趋明确，整理、出版了一批专题性很强的古籍。以《四库全书》为例，在20世纪的最后10年，三项与《四库全书》有关的古籍整理、出版工程在我国相继启动，分别是《续修四库全书》、《四库全书存目丛

① 王云五.《续修四库全书提要》序//王云五全集：第19册　序跋集编. 北京：九州出版社，2013：432.

书》和《四库禁毁书丛刊》，这三项文化工程以其耗资和投入力量的巨大而成为中国文化建设中的大事，引起学术界的广泛关注。

乾隆时期纂修《四库全书》，未收入《四库全书》的 6 793 种当时也各写一篇提要，分门别类附录在《四库全书总目》之中，称为“存目”。存目书籍主要是为了解决人力、财力有限的问题，但经世事变更，乾隆时看似平常之书，已有不少失传，6 793 种书中，能找到传本的不过 4 000 余种，为此，编纂存目丛书逐渐提上日程，“搜集影印《四库全书存目丛书》在保存和抢救中国古代文化遗产方面是一项具有重大历史意义的文化工程，它的伟大意义是不可估量的”①。1992 年 10 月，中国东方文化研究会历史文化分会向古籍整理出版规划小组提出影印出版《四库全书存目丛书》的方案，由齐鲁书社于 1997 年 10 月底全书影印出齐，共收书 4 508 种，分装 1 200 册，所选底本多为善本，其中稿本 22 种，宋刻本 15 种，宋写本 1 种，元刻本 21 种，明刻本 2 152 种，明写本 127 种，清刻本 1 634 种，清写本 330 种，约三分之一为稀见本或孤本，“是乾隆修《四库全书》以来二百年间最大的一部古籍丛书”②。

《四库禁毁书丛刊》及其补编弥补了编纂《四库全书》之时摒除在外的文化典籍。王锺翰先生认为：“这三种大型丛书都是对《四库全书》整个典籍系统的完善，都有利于保存和发扬中华民族的优秀传统文化。它们各自从不同角度，以特有的内容进入和完善整个典籍系统，而《四库禁毁书丛刊》原是被《四库全书》排斥的部分。因此，它的编辑、出版应有助于更全面地反映当时典籍的面貌和价值。”③“禁毁书的研究和出版，是对中国文化的传薪续命，还历史本来面貌，弥补上了文化发展过程中不可或缺的一环，不仅对《四库全书》为核心的文化体系予以了完善，而且开启了四库资料学、四库与禁毁书、四库与文字狱、四库与统治政策等内容的研究，提供了丰富的素材，为四库乃至中国传统文化的总结和利用做出了不可磨灭的贡献。”④《四库未收书辑刊》于 2005

---

① 杜泽逊. 编辑出版《四库全书存目丛书》功德无量. 瞭望新闻周刊，1995（1）：39.

② 杜泽逊：《四库全书存目丛书》成书始末. 文史哲，1998（3）：73.

③ 马宝珠.《四库禁毁书丛刊》：本世纪的一件文化大事——访王锺翰. 图书馆，1999（4）：76.

④ 李西宁. 论《四库禁毁书丛刊》对《四库全书》文献体系的完善与贡献//书眉集：图书馆的传承与变革. 上海：上海科学技术文献出版社，2016：114.

年由北京出版社出版。国家图书馆组织的《四库提要著录丛书》亦于2011年由北京出版社出版。

《续修四库全书》则完成了乾隆朝以后形成的典籍的搜集和整理任务，共收书5 388种，以学术价值为重，选择善本影印而成。《续修四库全书》由傅璇琮、顾廷龙主编，上海古籍出版社1996年开始出版，至2002年出齐。“《续修四库全书》是经新闻出版署和国家古籍整理出版规划小组批准的国家重点出版项目。其收录范围，包括《四库全书》以外现存的中国古籍，即补辑乾隆以前有价值的而为《四库全书》所未收的著述，以及系统辑集乾隆以后至民国元年（1912）前各类有代表性的著作，共收书五千余种。这是继18世纪清朝编修《四库全书》之后，又一次在全国范围内对中国古典文献进行较大规模的清理与汇集。这对于保存和弘扬中华民族的优秀传统文化，无疑是一件有益的工作。”①

除此之外，上海古籍出版社于1987—1989年推出影印本文渊阁《四库全书》，商务印书馆2004年出版文津阁《四库全书》，文澜阁《四库全书》也于2006年由杭州出版社出版。与之相关的四库系列丛书更是前后相继，对推动学术发展发挥了积极的作用。四库学的研究已经成为学界的重要研究领域，越来越多地受到海内外研究者的关注。四库类文献的整理、出版与四库学研究的互动已成为促动和推进学术发展的良性循环。

从乾隆朝纂修《四库全书》到民国时期对文澜阁《四库》的补抄、《四库全书》的影印出版、续修《四库》的规划及其实践，直至新中国后四库系列丛书的影印出版，百年来，围绕着《四库》而进行的文献整理活动形成了系列行为，显著地昭示了《四库全书》的文化符号意义，也反映出文献整理活动在传承历史文化方面的重要作用。

对中国文化，毛泽东在《新民主主义论》中指出：“中国的长期封建社会中，创造了灿烂的古代文化。清理古代文化的发展过程，剔除其封建性的糟粕，吸收其民主性的精华，是发展民族新文化提高民族自信心的必要条件”②。早在20世纪60年代，齐燕铭即指出古籍整理、出

① 续修四库全书：第1册．上海：上海古籍出版社，1996：《续修四库全书》编纂缘起1.

② 毛泽东选集：第3卷．2版．北京：人民出版社，1991：707-708.

版的重大意义在于传承文化："共产主义的文化是最丰富多彩的，它是在吸收历史上最优秀的文化遗产的基础上建立起来的。几千年劳动人民积累起来的文化财富，我们应当加以珍视。……中国的古籍中也保留了丰富的文化遗产，需要我们仔细地挖掘。……这些遗产为人民所吸收，在实际斗争中就转化为力量，可以把社会主义事业建设得更好。把古代文化的力量加到社会主义建设中去是一个重要的任务，应该由许多机关、许多人来承担。"① 文化传承有其继承性，不能割断。20 世纪 90 年代，匡亚明在第三次全国古籍整理出版规划会议上指出："古籍整理出版事业，是社会主义建设中一个重要方面，是关系到子孙后代的事业，是全民族的事业"②，"把马克思主义基本原理同中国三千年或者五千年的实际相结合，这个实际主要体现在中国传统文化的文字载体——年代悠久、数量浩瀚、内容丰富的古籍之中，当然还体现在地下出土的文物之中，但重要的、内容丰富的还是古籍。所以古籍整理是这个结合的一项基础工程，是前提"③，"我国历代封建王朝大都重视整理古籍，也标榜'古为今用'，目的是寻找精神支柱，借以巩固自己王朝的统治。我们今天整理古籍，也是古为今用，其目的则迥异。我们是要从传统文化中找到至今仍然有生命力的东西，为社会主义精神文明和物质文明建设服务"④。如黄爱平先生所言："图书编纂作为一项学术活动和文化举措，统治者的政治目的并不能完全取代或掩盖它本身所具有的文化价值和长远意义，这就是保存典籍、传承文化。"⑤ 清史情结和文化传承的伟大目标在相当长时间内仍会是清史研究的双重目标，我们期待，在清代文献档案整理、出版与研究的前提下，不断向实现和完成这两个重要目标推进。

---

① 齐燕铭：整理出版古籍是批判地继承文化遗产的重要一环//杨牧之．古籍整理与出版专家论古籍整理与出版．南京：凤凰出版社，2008：3.

② 匡亚明．认真整理出版古籍弘扬优秀传统文化//杨牧之．古籍整理与出版专家论古籍整理与出版．南京：凤凰出版社，2008：24.

③ 同②21.

④ 同②22.

⑤ 黄爱平．中国古代的文化传统与图书编纂．理论学刊，2006（10）：94.

第五章　技术的双刃：e-考据与大数据

古籍整理、出版受制于两方面因素，一方面是学术发展的需求，古籍整理、出版的内容、数量和速度与之密切相关；另一方面则是古籍整理、出版人员的素质和学术修养，这决定了整理的质量以及学术深度。除了上述两方面之外，决定甚至改变古籍整理、出版状况的另一要素则是技术的力量，这是书籍不同于其他文化产品的特征所在。书籍的发展历程与印刷术的发展是一路相应的，纸张的发明，印刷术的发明和发展，不断改变着书籍生产的速度和书籍文本的外在特征，雕版印刷的发明和使用是从根本上改变书籍传播方式的手段，刻本代替抄本成为书籍流通的主角。可以说，梳理书籍发展史离不开技术这一主题。

吴夏平认为，影响中国学术进程的科技活动有三个关捩：一是纸的发明，二是印刷的流行，三是现代信息技术（古籍数字化为其中之一）。前二者对学术产生巨大作用，业已被历史证明，现代信息技术左右学术趋向也初露端倪①。在清代史学研究的百年历程之中，后二者主要在技术层面起作用。民国时期印刷术已处于更新换代的前夜，80 年代以来，信息技术则在起主要的推进作用。

梳理清代文献档案的整理、出版的百年，必然涉及技术这一领域，且构成独立的研究线索。民国时期，印刷术正处于更新换代时期，西方石印、铅印技术传入，我国古老的雕版印刷逐渐被淘汰，但仍未完全根绝，在一定范围内依然存在，“民国初年当雕版印刷失去其技术上的主

---

① 吴夏平．谁在左右学术：论古籍数字化与现代学术进程．山西师大学报（社会科学版），2010（5）：100．

导地位之后，仍然有一批人将其视作工艺沿袭下来”①，据有关资料统计，民国时期的古籍出版单位至少有500家，分布在上海、北京、天津、江苏、湖南、广东、湖北、广西、浙江、四川、陕西、山东、安徽、河南、河北、江西、吉林、贵州、云南、福建、山西等广大地区，其中，上海、北京、浙江、江苏是古籍出版业的中心地区。就出版形式而言，采用雕版印刷这种传统制作方式的有乌程秦氏、合肥蒯氏、刘承幹、武进赵氏、侯官郭氏、董康、陶湘、合肥王泽华等五十六家②。

但世界上领先的印刷技术已经得到学界的广泛关注，民国学界甚至一度认为印刷术是衡量一个国家或社会文明程度的尺度，1902年《大陆报》的一则广告称：“夫印刷之巧拙，即代表其国文明程度之阶级。泰西诸国注意于印刷之改良，倍加郑重，故所成之图画书籍精工无匹，而出版愈多，文明之程度愈增，国势亦因之以强。”③ 孙中山1916年《实业计划》中论述了印刷业的重要性：“此项工业为以知识供给人民，是为近世社会一种需要，人类非此无由进步。一切人类大事皆以印刷纪述之，一切人类知识以印刷蓄积之，故此为文明一大因子。世界诸民族文明之进步，每以其每年出版物之多少衡量之。”④

杨莲生《铅印旧书》一文详细介绍了铅印旧书风行的状况：“铅印旧书（包括仿宋字、仿古字、楷字等）已经成为国内一般书店的主要业务了。正像火车、火轮之代替骡车、帆船一样，铅印与影印必然的要夺取木版与石印的地位……现在唱本戏词小说，至少在较大的都会里，已经成为铅印的一统天下了。”⑤ “现在铅印国学书（包括史学书）的事业，正是如日方中。”⑥ 1912年商务印书馆曾刊文介绍：“近年照相术与印刷术俱有进步，应用照相于印刷之制版甚多。”⑦《科学画报》曾刊发《如何印刷大量杂志》：“像欧美的通俗科学和文艺杂志，印数常达数百万册，且此数百万册或是月刊，或是周刊，均有定期，不但须准期出版，

① 彭卫国，胡建强. 民国刻本经眼录. 上海：上海远东出版社，2011：前言1.
② 曹之. 中国古籍版本学. 武汉：武汉大学出版社，2015：368.
③ 宋原放，李白坚. 中国出版史. 北京：中国书籍出版社，1991：184.
④ 孙中山选集. 北京：人民出版社，1981：359.
⑤ 杨莲生. 铅印旧书. 书人，1937，1（3）：73.
⑥ 同③74.
⑦ 商务印书馆. 印刷法大意. 实业杂志，1912（2）：14.

且须与印数千册之印件同样精美，那么非有非常的印刷方法，即难成功。欲达到此种大量生产，其最要条件之一为特别高速度，那是显见的”，“印刷新闻报纸和杂志的机械是现代的一件奇器”①。石印、铅印技术的发展，使旧书的复制更加方便，不仅保存了珍贵的古籍，也促进了传统文化的普及。叶德辉指出当时翻印古籍的情况：“自清末传石印法，中国出版界遂开一新纪元。当时多密行细字之书，只便考试携带，不甚翻印善本。清亡，科举全废，翻译新著都用活版印行，至近年石印始盛。各书肆出石印书甚夥，翻印旧书之风亦渐盛。于是一时不易得之书，亦得取求如志，而商务印书馆所印之《四部丛刊》尤有价值。”②

据曹之研究，除了传统的制作方式，多数出版机构都采用了石印、影印、铅印等现代化的制作方式。采用影印的出版机构有商务印书馆、中华书局、古书流通处、大东书局、博古斋、贝叶山房、千顷堂书局、武进陶氏、石竹山房、上虞罗氏等四五十家。商务印书馆影印了《四部丛刊》、百衲本二十四史、十通等鸿篇巨制。采用铅印的有商务印书馆、中华书局、文学山房、上虞罗氏、广益书局、西泠印社、杭州朱氏、慈溪沈氏、无锡杨氏、梅县古氏、南海黄氏等150余家。其中以商务印书馆、中华书局等比较著名。商务印书馆印有《戊戌六君子遗集》等，中华书局印有《四部备要》《辑佚丛刊》等③。

商务印书馆于1879年创办于上海，于1903年聘请日本印刷技师协助印务，建造起自己的印刷厂，开始逐步采用彩色石印、雕刻铜版、照相铜版和珂罗版等印刷新技术，后又购置米利机、滚筒机、折书订书机等最新设备，可以进行胶版、影印版、影写版等新式印刷、装订。商务印书馆当时所拥有的技术力量在出版界处于领先的地位，带动了中国印刷事业的发展。商务印书馆在新技术的创新性应用方面走在了中国出版界的前列，不断进行设备更新和技术改造，不惜重金聘请外国专家传授新技术和派人到国外学习考察，“到30年代初，商务印书馆已经是一个设备完善、技术先进、品种繁多、全能和大型的印刷出版企业”，“囊括了当时世界上采用的几乎所有的印刷技术，尤其是先进的印刷技术，这

① 杨应雏．如何印刷大量杂志．科学画报，1937，4（22）：8．
② 叶德辉．书林清话（外二种）．漆永祥，点校．北京：北京联合出版公司，2018：402．
③ 曹之．中国古籍版本学．武汉：武汉大学出版社，2015：372．

些先后传入的印刷技术，如铅活字凸印术、石印术、制版照相术、平版胶印、雕刻凹版和照相凹版、泥版、纸型铅版、珂罗版等等，被如此缜密地组织在七十多年前建立的新型印刷企业里，是非常难能可贵的”①。

谈到民国时期古籍出版的特点，曹之认为：“图书制作方式日趋现代化。古老的雕版印刷如从唐代算起，到辛亥革命已经有一千多年的历史。在这一千余年之中，雕版印刷从小到大、从弱到强，对于传播中国文化做出了无可比拟的重要贡献。但是，生产力总是不断发展的，随着现代印刷技术的产生，雕版印刷成本高、周期长、效率低等弱点也就越来越凸显出来。自从清代晚期石印技术叩开中国大门的那一天起，雕版印刷就开始面临着严峻的挑战。辛亥革命之后，局势日趋明朗，雕版印刷退出历史舞台已成定局，当时虽然尚有一些出版家继续使用雕版印刷技术制作图书，但绝大多数出版家则顺乎潮流，开始采用新的印刷技术。用现代印刷技术印书，成本低、周期短、效率高，显示了巨大生命力。民国时期虽然时间不长，由于采用先进印刷技术，出书数量还是比较多的。据国家图书馆编《民国时期总书目》，著录从 1911 年到 1949 年共出版线装以外的各类图书 124 040 种（仅限于国家图书馆、上海图书馆、重庆图书馆三家所藏）。”②

新中国成立以后，影印技术仍然是古籍整理、出版的重要技术，比如 80 年代，戴逸先生提出《古籍整理的五点建议》，他首先对古籍整理有所偏向的做法提出批评，指出：“有一段时期，只能出法家著作与《红楼梦》，这类书籍印数很多，其他书籍成为禁区。被认为是古代反面人物的著作，如宋明理学等唯心主义思想家以及近代的曾国藩、左宗棠、李鸿章、张之洞的集子，尤其很少整理、出版。”③“我们过去似乎有些框框的束缚，不敢大胆放手出版古籍，一是害怕封建毒素的散布，二是害怕古书中的一些错话影响当前的外交工作、民族团结，所以出书慎之又慎。一般出古书都要加序作跋，说明和批判其中封建糟粕，甚至删改古书的内容。当然，慎重从事，一定的把关是必要的，但掌握过严，拖延了出书的时间，增加了出书的困难，至于删改内容，那是完全

① 冉彬. 上海出版业与三十年代上海文学. 上海：上海文化出版社，2012：74.
② 曹之. 中国古籍版本学. 武汉：武汉大学出版社，2015：374.
③ 戴逸. 古籍整理的五点建议. 文献，1981（4）：23.

要不得的。希望古籍整理、出版也要解放思想，相信群众，使古籍出得更快，品种更多。”同时，影印技术的使用是解决当时问题的有效手段，戴逸先生指出：“我们古籍整理、出版进行得很慢、很少，有各种原因。其中原因之一是没有利用影印手段，而多是标点、校勘、加注、作序，耗费力量多，所花时间长。当然这种较细微的整理是应该做的，而且今后也要加强，但同时必须大力影印古籍。”①

80 年代以后，影印技术也有了进一步的发展，仿真影印被应用于古籍出版。周少川等总结新中国成立以来古籍整理的发展时认为：“整理方式的多样化是社会进步赋予的时代特色。校勘标点、注释考订、复制影印都是民国以来古籍整理普遍采用的常规方式。在这一时期的古籍整理中这些常规方式虽继续沿用，但得到不断改进。”“在现代科技手段的支持下，也出现了新的整理方式，高保真复制手段就是较为典型的例子。2002 年启动的中华再造善本工程，利用现代高仿真影印的手段，对一批珍贵古籍进行影印，实现文物性与艺术性的统一，使珍本秘籍走出图书馆，达到‘继绝存真，传本扬学’的宗旨。”② 该文还提出，2010 年出版的《清文海》，采用了底本影印的方式，底本、标点、校勘一同影印，避免了排印出版中可能出现的种种错误，是古籍整理新方式的有益尝试。存真，一直是文献整理的目标之一，在保留古籍真实情况的前提下，以点校注译等手段实现古籍的阅读和传播，但技术一直是实现这一目标的瓶颈。仿真影印则解决了这一难题，真实保留古籍原本原貌，不仅为学界的研究走向精确细微提供了保障，而且对文献学研究领域的版本、校勘等方面的发展奠定了更为坚实的基础。

随着数字科技与网络技术的进步，数字化对于当今学术研究的各个领域都产生了广泛而深刻的影响，清史研究也不例外。特别是数字化清史文献的出现、开发与应用，不仅改变了传统清史研究的方式与视角，而且逐渐成为清史研究的新课题与新方向。数字化文献（或电子文献）③ 是

---

① 戴逸. 古籍整理的五点建议. 文献，1981 (4)：24.

② 周少川，陈祺. 百年古籍整理事业与古文献学的历史性发展. 淮北师范大学学报（哲学社会科学版），2011 (4)：20.

③ 目前学界对于数字化文献尚未形成一个确定而清晰的定义，但有如下共识：其一，数字化文献是计算机技术产生并被应用于文献处理后的产物；其二，数字化文献包括文字与图像；其三，数字化文献的阅读需要借助计算机或其他电子设备。

运用现代计算机技术，将常见的语言文字或图形符号转化为能被计算机识别的数字符号并储存，再借由电脑或其他电子设备呈现在读者面前的一种文献。数字化文献不仅是传统纸本文献的数字化形式，而且因其强大的存贮与检索功能而成为纸本文献的一种延伸与扩展，是纸本文献的系统化呈现。数字化清史文献，就是在这种技术条件下转化形成的清史文献，其内容包括清代形成的各种文献，以及 1912 年以来人们对清史进行追述、研究而形成的各式文献。

古籍数字化是计算机技术发展应用于古籍整理所产生的成果，指运用计算机技术对古籍文献进行加工和处理，建立书目数据库、全文数据库和综合检索系统，并通过光盘、网络等途径进行传播。中文古籍数字化的研发肇始于计算机事业发达的美国。1978 年，伊凡霍恩（P. J. Ivanhoe）等运用计算机编制了《朱熹〈大学章句〉索引》《朱熹〈中庸章句〉索引》《王阳明〈大学问〉索引》《王阳明〈传习录〉索引》《戴震〈孟子字义疏证〉索引》，便捷的检索方式向人们展示了现代信息技术在传统文献整理方面显著的优越性。

中文古籍的数字化近年来取得了越来越多的成果，而清代文献档案因数量巨大而深受青睐，在大型数据库中占有很大比重，甚至成为主体，亦不乏纯以清代文献档案建立的数据库。与此同时，数字化古籍资源在学界得到日益广泛的应用。海内外学者开始关注数字化文献的使用问题，就此进行了大量探讨。从现有研究成果来看，体现出三大特点。

首先，相对于数字化文献在历史研究当中的应用，学界更关心的是数字化文献的自身发展，如相关技术、注意事项、发展前景等问题。以学者用力颇多的古籍文献数字化（或古籍数据库）问题为例，探讨的重点是古籍文献数字化建设当中可能会存在的问题与未来的发展预设，具体而言就是对数字化古籍的选题、版本、汉字识别技术、生成文件格式等问题的讨论。而对于数字化古籍文献在具体学术研究中发挥了何种独特的作用，如何影响了当今历史学者的学术思维，乃至如何改变了当今历史研究的环境，讨论尚有不足。

其次，就清史研究来说，学者对于数字化清史文献尚以检索利用为主，深入研究则有不足。实际上，由于清代文献，特别是文献档案留存丰富、完整度高，值得学者深入文献档案本身，对文献档案的整体脉络进行系统研究。对此，台湾学者陈诗沛、项洁等人的研究无疑具有启发性：在根据明清台湾行政档案的特点建立数据库的同时重构出了行政文书原本应该反映的行政流程脉络①。由此可见，数字化清史文献与清史研究的结合绝非浅层次的资料检索手段那么简单，而是一个应该得到系统研究的问题。

最后，从研究者身份的角度出发，数字化文献的相关研究多是由图书情报专业、信息技术专业、文献出版专业等领域的学者完成，而历史学者或有相关背景的学者则较少。这也就不难说明为什么我们现在看到的数字化文献研究成果大多偏重技术层面，而鲜有史学研究应用方面或两者结合的探讨。即使是已有的历史文献数据库，在设计与使用中也存在诸多问题，往往不能满足史学研究者的需求。

故此，我们有必要在梳理数字化清史文献发展进程的基础上，力求多层次探讨数字化清史文献与清史研究的互动关系：数字化清史文献如何影响了学者的研究，学界的需求、好恶、关注点又怎样引导了数字化清史文献的发展。

第一节　数字化清史文献的发展状况

当前数字化清史文献的主要形式是数据库、电子书和其他网络数字文献资源。其中，清史文献数据库又是目前清史学者使用较多的一种数字化文献资源，下面即以清史文献数据库为例探讨数字化清史文献的发展状况。

从内容来说，清史文献数据库可细分为三类：其一，清史古籍文献数据库，如《清史稿》、清代类书、清代丛书、清人笔记文集与清代方

---

① 陈诗沛，项洁，等. 明清台湾行政档案引用关系之重构. 台北：“中央研究院”数位典藏与数位人文国际研讨会，2010. 在这项研究中，针对明清行政档案数量大却甚为零散的特点，研究者通过计算机技术对数字化了的档案文件进行有条件的检索、比对，不仅从庞杂的档案中筛选出了需要的行政档案，而且重构出了行政文书原本应该反映的行政流程脉络。尽管研究者也注意到了如此研究存在的错误与遗漏问题，但其毕竟只是其中的小部分，且可通过改进检索方法与人工核查进行纠错补遗。

志等数据库。其二，清代文献档案数据库，这主要针对清代遗留下来的大量文献档案而言，包括数字化的文献档案汇编，如中国第一历史档案馆的清实录、清会要、内阁档案、军机处满文档案、内务府档案等数据库，以及台湾的内阁大库档案数据库等。其三，清史研究文献数据库，不仅指中国知网、读秀知识库等可以检索利用后人清史研究成果的文献数据库，而且包括后人在研究中开发出来的数据库，如清代职官表数据库、清人资料数据库、清史数字地图集等。

需要说明的是，以上对清史文献数据库的分类论述并没有将各大图书馆的馆藏数字检索目录考虑进去，而是着重于收录全文，并可以为学者提供全文检索工具的数据库。一则从技术角度出发，图书馆的数字检索目录与以上涉及的全文数据库有所不同；二则从数字化文献应用于史学的层面来说，全文数据库更具代表性。但无论以上哪种清史文献数据库，在中国古籍文献数字化三十多年的发展进程中，其产生都要稍晚于其他中文古籍文献数据库。从 1979 年使用计算机技术对古籍资料进行处理的概念被引入国内学界以来，较早受益的是《红楼梦》方面的研究，到 1987 年《史记》全文检索系统建成，数字化技术才在国内开始应用于历史学研究，但此时仍然没有清史文献数据库出现①。即使是数字化技术起步较大陆要早的台湾地区，首次收录了《清史稿》的二十五史全文资料库也是在 1990 年才宣告完成（1984 年开始）②。直至 1999 年，标志性的清史文献数据库文渊阁《四库全书》电子版（以下简称“四库电子版”）方才问世③。由此，笔者根据二十五史全文资料库的

① 耿元丽. 三十年来中国古籍数字化研究综述（1979—2009）. 第二届中国古籍数字化国际学术研讨会，2009 年 8 月.

② 李贞德，陈弱水. “中研院”史语所汉籍全文资料库介绍. http://bbs.guoxue.com/viewthread.php?tid=2219. 发布日期 2004 年 8 月 26 日，访问日期 2014 年 1 月 15 日。

③ 文渊阁《四库全书》电子版是由上海迪志文化出版有限公司开发出版，1996 年第一期工程开始策划，1998 年 12 月完成文渊阁《四库全书》原文及标题检索版数据库，1999 年推出。紧接着 2000 年，该公司先后推出了原文及全文检索版（单机版）、原文及全文检索版（网络版）及个人标题版。2002 年，为了更好配合校园环境下的用户使用，该公司又开发了原文及全文检索版（内联网版）。2005 年，《四库全书》电子版第二期工程开始，2007 年文渊阁《四库全书》电子版 3.0 数据库网络版与内联网版上线。2013 年 2 月，最新的 3.1 版也正式推出。参见文渊阁《四库全书》电子版网站，网址：http://www.dheritage.com/main.aspx，访问日期 2014 年 1 月 15 日。

出现时间把中国清史文献数字化的起点定在20世纪80年代末90年代初，而将中国（大陆地区为主，兼及港台）清史文献数据库1990年以来的发展大致划分为如下三个阶段。

一、准备探索阶段（**1990—1996**）

在这个阶段，清史文献数据库的建设刚刚起步，尚在摸索技术手段，且学者关注不多，因此几乎没有像样的清史文献数据库成果。而且这一时期学界有关文献数字化的尝试更多还是在编制图书馆馆藏文献机读目录与索引方面[①]。与此同时，对国外文献数字化经验的介绍以及技术方面的探索也是这一阶段主要的工作。

二、初步发展阶段（**1997—2004**）

经过前期的积累，1997年之后大陆和台湾地区都陆续推出了几个具有代表性的古籍数据库，其中都涉及了清史文献，如：1997年台湾“中央研究院”历史语言研究所开发的汉籍全文计算机资料库（后改称“汉籍电子文献”）正式对台湾地区的研究机构开放，各机构只需支付一定年费即可检索使用包括二十五史、十三经、台湾方志、台湾档案及台湾文献在内的全文数据库[②]。1998年北京超星电子公司推出二十五史电子版。同年，由广西大学古籍所制作的《古今图书集成》索引数据库电子版1.0也由金海湾电子音像出版社与广西师范大学出版社联合出版[③]。而在1999、2000年，《四库全书》电子版与中国知网（CNKI）、超星数字图书馆、万方数据库的集体上线更是打下了国内清史文献数据库的主要基础，可以说，1999、2000年这两年是清史文献数据库承上启下的两年，标志着清史文献数据库逐渐进入繁荣时期。之后的数年，中国国家图书馆在“国家数字图书馆工程”推动下完成了中国特色资源库的地方志库（2002），南开大学与永川软件公司合作推出了永川二十

① 耿元丽. 三十年来中国古籍数字化研究综述（1979—2009）. 第二届中国古籍数字化国际学术研讨会，2009年8月.

② 相关介绍参见台湾“中央研究院”历史语言研究所为汉籍电子文献（瀚典检索系统）撰写的《瀚典相关讯息》，网址：http://hanji.sinica.edu.tw/，发布日期1999年7月12日，访问日期2014年1月15日。

③ 2007年与2009年广西大学古籍所又陆续推出了《古今图书集成》索引数据库电子版2.0与网络版，有关介绍详见《古今图书集成》网站，网址：http://gjtsjc.gxu.edu.cn/default.htm，访问日期2014年1月15日。

五史数据库（2002），还有台湾鼎文书局亦出版了《古今图书集成》全文电子版数据库（2004）。此时，仅就笔者所见，清史文献数据库就已有十几种，清史文献数据库从数量上说已初具规模。而且这一时期推出的数据库不仅类型上包括了清史古籍文献数据库与研究文献数据库这两大类，在具体内容上也基本涵盖了清史文献当中正史、丛书、类书、方志、档案等主要方面，这无疑为后来者提供了极好借鉴。

然而，我们也必须看到，这一时期清史文献数据库的内容还是比较单一：二十五史、《四库全书》与《古今图书集成》是数据库开发者最青睐的主题，它们的后续升级版与不同版本构成了这一时期数据库的主体，而更具有针对性、更贴近清史研究需要的数据库则还在酝酿中。此外，由于这一阶段只是清史文献数据库的起步时期，大部分数据库刚刚推出，未被清史学界熟悉，特别是在中国大陆学界仍影响有限。不过，仍然有一些敏锐的学者注意到了数字化文献或者计算机技术对于传统史学可能产生的影响①。

三、多元化深入发展阶段（**2005** 年以来）

2005 年是清史文献数据库发展的重要一年，不仅因为这年中国第一历史档案馆将“全文数字化清代档案文献数据库”的建设提上了日程，而且此后陆续出现的数据库在数量上远多于此前，质量亦后出转精，涉及的文献类型与内容更较前一阶段丰富，更适应清史研究的需求。

由北京大学教授刘俊文总纂的爱如生中国基本古籍库是国内开发的综合性大型古籍数据库，分为 4 个子库、20 个大类、100 个细目，精选先秦至民国重要典籍，总计收书 1 万种、17 万卷，版本 12 500 个、20 万卷，全文 17 亿字、影像 1 200 万，数据总量达 330G，是目前全球规模最大的中文古籍数据库。其中的基本古籍库的功能更加强大，可从多种路径、用多种方法进行检索，检索速率快至毫秒，可浏览全书，并核

① 包伟民. 论当前计算机信息技术对传统历史学的影响. 杭州大学学报（哲学社会科学版），1998（5）：1－8. 该文从历史的呈现、历史学的发展、历史资料的搜集与史家自身能力的更新等方面展开了论述，不仅指出了计算机技术可以在技术层面为历史研究提供便利，而且揭示了在此影响下历史学可能会出现的新进展、新领域、新表达，更重要的是关注到了史家对计算机技术的态度与其自身的应对才是左右计算机技术与传统史学结合走向的关键。时至今日，这些讨论与观点仍然不显过时，而某些方面已经一一实现。

对原本；同时拥有10项基本功能和2个辅助工具；读者可利用数据库进行研读、批注，也可复制、下载、打印。另有爱如生中国方志库，共收录汉魏至民国省府州县志8 000种，全国总志及各类专志、各种杂志、外志等2 000种，总计1万种，堪称地方志数字化的空前巨献。

在这一时期，清代文献档案的数字化无疑是最受瞩目的方面，成果亦最丰富。2005年，中国第一历史档案馆率先启动了“全文数字化清代档案文献数据库”项目。第一期工程根据馆藏选取了史料性强、完整度好且比较成系统的清代实录与会典文献档案进行数据库建设的尝试。2008年，该馆联合北京书同文数字化技术有限公司，成功推出了大清历朝实录与大清五部会典两个清代文献档案数据库。紧接着2009年全文数字化中国第一历史档案馆藏清代军机处上谕档数据库也宣告完成。这三个数据库的完成不仅为清代文献档案的数字化工作积累了宝贵经验，使得清代文献档案的大量数字化成为可能，而且促进了国内其他馆藏机构进行清代文献档案的数字化工作。在此之后，军机处录副奏折、满文档案、蒙文档案、清代地方档案等清代文献档案都陆续开始进行数字化，虽然大部分都是以馆藏数据库（即需要到馆藏机构才能使用的内部联网版数据库）的形式完成，但也便利了研究者的使用。

“2019年6月9日国际档案日前后，中国第一历史档案馆在馆内档案信息化管理平台再次开放清代内阁刑科题本档案30.7万件，在官方网站公开馆藏数字化档案目录101万条。至此，一史馆馆内档案信息化管理平台开放档案总数突破417万件，官方数字公开数字化档案目录总数达到2.52万条，提供社会公众检索利用。”①

同时，台湾地区的清代文献档案数字化也很值得注意。其中的内阁大库档案与一史馆藏档案一脉相连，互为补充，极有史料价值；而清代台湾地方档案数据库则是台湾数字化文献的特色资源之一，对研究清代台湾地方历史很有帮助。

此外，在清代文献档案数字化资源当中，清史纂修工程的辅助工程——中华文史网的数字图书馆建设以及中国人民大学清史研究所的清史数据共享平台与数字清史实验室建设颇引人瞩目，这是两个以清代文

---

① 王金龙. 中国第一历史档案馆数字化档案开放数量突破417万件. 历史档案，2019（3）：2.

献为主题的数字化资源开发工程。

中华文史网是以服务清史纂修为目的而运行的大型清史专题网站，是在新的时代条件下，将史书纂修与现代化技术手段相结合的有益尝试，一方面可以为清史纂修提供现代化的技术支持，为清史编纂委员会及其下属部门提供网络信息服务，另一方面也为海内外学术界提供一个了解清史纂修的窗口。其下设栏目“数字图书馆”专门为修史专家提供修史所需要的清代各类档案、实录和其他一些重要文献、资料。到2010年初，中华文史网共上传有关清史研究的文章近万篇，约3 500万字；先后编辑并网上发布各种研究专号共收120篇，约100万字；整理和上传清代文献和清史论著索引共270种，约1亿字。另外，起居注、《史料旬刊》、随手档等也陆续上网发布①。中华文史网自开通以来，受到海外内学界，尤其是清史学界的普遍关注，产生了积极影响。

清史数据共享平台建设采取自主建设与合作研发两种模式：一方面以中国人民大学清史研究所学术资源为主体，依托两个国家社科重大项目，进行清末民国社会调查数据库、清代自然灾害集成数据库两个大型数据库的建设，辅以皇家园林数据库、已刊奏疏目录数据库、清史书目数据库等作为配套。此外清史地理信息系统（QHGIS）正在积极推进前期工作，依托国家社科基金重大项目——《清史地图集》的编绘，以之为平台，将现有数据资源全部容纳进去，构成时空于一体的全数据平台，该平台推动大数据在史学领域的应用，是第一次真正意义上打通史学、社会科学和理工科之间的融合，建成后不仅为中国人民大学，也为国家保存更多数据资源，其长远价值与意义不可估量。另一方面积极与国内外机构合作研发，如与中国知网共建的清史专题数据库，已公开上线并举行了发布会，收录了60余万条与清史相关的研究资料，是中国史领域第一个断代研究成果库；与香港科技大学合作研究缙绅录量化数据库，共享500万～600万清朝官员数据，2019年5月22日，含近64万条清代官员数据的首批数据（1901—1912年）公开向学术界发布共享，这是清史数据公开共享的初步尝试，引发学界研究热潮；与约克大学围绕英国史的数字资源合作也已开始并公布；与美国、德国等地的科研机构正在开展前期合作准备。到目前为止，自主建设与合作研发均稳

① 李尚英．“中华文史网”与清史纂修．社会科学战线，2010（10）：112－116．

步进行。

2018年初，中国人民大学清史研究所筹建了数字清史实验室①，立足于建设清史数据共享平台，打造清史建设数据高地、引领数字人文发展方向，探索出一条数据建设、科学研究与人才培养三结合的新路来。这一平台对于清史学科乃至整个历史学科在新时代的发展都具有重要的基础性作用。在资源建设的基础上，数字清史实验室着力于学术交流、科学研究、人才培养。学术交流方面，开设了“数字人文 & 清史研究”专题讲座系列，邀请了海外与数字人文相关的一流教授来中国人民大学交流，如斯坦福大学社会学系周雪光，香港科技大学李中清、康文林，伦敦政治经济学院马德斌，等等，在学术界发出中国人民大学史学数据的声音，同时试图为推动史学与其他学科的交流做出努力。科学研究方面，围绕与香港科技大学缙绅录数据库的合作，及中国人民大学清史研究所已有的在气候变迁、量化历史研究方面的积累，在地理学、经济学、历史学等一流刊物发表论文数十篇，《清史研究》业已成为国内史学刊物发表数字人文与量化研究成果最多、最重要的阵地。汇集缙绅录初步研究成果的论文集《清代缙绅录的文本与量化研究》将由北京师范大学出版社出版。人才培养方面，通过举办研究生暑期工作坊、开设“数字人文与历史研究”课程并编写教材、组织举办学术会议等实际工作鼓励并支持青年学者的参与，以推进学术研究。中国人民大学清史研究所作为专门的学术机构，以数据库建设、学术研究、人才培养多方介入的方式，打造清史数据共享平台，推出数字清史实验室，为推进数字化清史文献领域的发展做出更大贡献。

近年来，古籍数字化呈现繁荣局面，研发的各种古籍数据库在实现检索手段高速化的同时，也在逐渐影响甚至改变着学术研究，学界利用e-考据、量化史学等研究方法推出了不少研究成果，如黄一农的天文历算史、红学研究成果，香港科技大学李中清、康文林等利用清代缙绅录数据库进行的量化史学研究成果，等等。

可以说，清代文献档案的数字化既是对清史学界自民国以来形成的重视文献档案的研究传统的回应，又直接推动了学界更深入地应用文献

① 关于清史数据共享平台和数字清史实验室的相关资料为中国人民大学清史所胡恒老师提供。

档案进行清史研究。更重要的是，数字化使得学者们在使用文献档案的同时，对此类的数据库本身也开始给予更多关注，甚至是开始主动参与到数据库设计当中，从研究的角度提出建议①。由此，数字化清代文献档案与清史研究的互动对话展开了。

除此之外，在数字化清代方志文献、图谱文献（包括地图、图录、谱牒等)、金石碑刻文献、清人著述文献（学术著作、文集、笔记、日记）等方面两者的互动也初露端倪，如中国国家图书馆开发的地方志特色资源库及仍然在建的清史图录数据库、清史地图集与地理信息系统等即是在这样的对话环境中产生与开始的。可以说，数字化清史文献与清史研究越来越多的交集带来了史学研究的深入，也推动了文献数字化工作的多样化发展。

第二节　数字化清代文献档案与清史研究之互动

如上所述，当前的清史研究已经处在数字化的时代，越来越多的数字化清代文献档案应用于学术研究，并逐步得到学界越来越多的重视，利用数字化文献档案进行学术研究给清史学界带来了一些新变化，引入了新的研究方法，产生了新的研究领域和命题，同时也给学界带来相应的挑战，而就清代文献档案自身来说，在学界的影响下也需要不断调整与发展，以适应并跟随时代的脚步。

一、e-考据与大数据：数字化清代文献档案带来的学术机遇

对清史学界来说，数字化清代文献档案的影响是多方面的、多层次的，概而论之，可分别以机遇和挑战两方面言之。就机遇而言，数字化时代赋予了学术研究广阔的空间、空前的活力、新鲜的学术血液，促进了学术的成长和新陈代谢，这是不争的事实。

首先，最显而易见的就是，提供给学界利用的清史史料的有范围扩

---

① 从近年发布的研究成果看，这方面的研究已经越来越多，代表性的有：赵彦昌. 满文档案研究. 北京：世界图书出版公司，2012. 王红娟. 满文档案数字化及其开发利用研究. 济南：山东大学，2012。

大，系统性、全面性增强，利用更为方便的变化趋势。“扩大”既表现在容量上（如一些曾经藏于秘阁，轻易难得一见的文献档案资料通过数字化的形式被越来越多的学者关注，从而被纳入更具体的研究当中，提高了利用率），也表现在空间和地域上，网络的发达，让存藏在不同地区的清史资料得到重新“发掘”。以北京地方所藏清代档案为例，由于近年来中国第一历史档案馆、北京市档案馆等档案保藏单位都加快了档案数字化的进程，越来越多的馆藏档案可以通过网络数据库直接调阅和利用，不能直接下载的也可以在馆方内部的电脑上进行阅览。如此，曾经关注不够的地方法律、财政、土地、人口、宗教等方面的档案愈来愈多地被学者所挖掘，如中国政法大学法律古籍整理研究所编辑出版的《清代民国司法档案与北京地区法制》① 论文集就是对近年此类研究成果的一个汇总。毫无疑问，若无数字化的推动，清代地方档案的利用与研究不会如此广泛与深入。系统性和全面性增强则体现在各类文献集群数据库以及利用不同数据库建立关联数据库模式的发明。而对个体研究者而言，数字化文献档案存储空间小，利用更为便捷，个体研究者所能接触到的史料范围在实际利用效能上无疑得到扩大。

其次，从研究过程上来看，数字化文献档案对清史学者的研究方法产生了巨大影响。一方面，在前数字化时代，由于清代文献档案存在数量大、种类多、涉及面广的特点，学者想要全面阅读掌握几乎是不可能的，因此在研究时就难免有所遗漏，或是只能关注某一点，而无法顾及全局。而在数字化清代文献档案日渐增多的今天，数字化文献档案强大的数据检索功能，不仅能让学者就某一专题检索整理出详尽的史料集合，而且还可以通过进一步处理，比较清晰地呈现出史料之间的关系脉络，因此长时段的宏观研究有了坚实的史料基础而得以实现。另一方面，面对数字化文献档案提供的便利条件，越来越多的学者开始自觉运用其他社会科学的方法进行清史研究。如台湾学者的论文《知道了：奏折朱批谕旨常见的词汇》② 中，作者就是利用台湾的“清代宫中档奏

---

① 中国政法大学法律古籍整理研究所. 清代民国司法档案与北京地区法制. 北京：中国政法大学出版社，2014.

② 庄吉发. 知道了：奏折朱批谕旨常见的词汇//文献与史学. 台北：远流出版公司，2002：184.

折及军机处档案全文影像资料库”与大陆一史馆藏清宫档案资料制成了《康熙三十五年至四十年间汉文奏折奉朱批“知道了”件数统计比较表》。而就清代文献档案所依托的本源学科文献学的研究而言，同样也需要立足于时代的转变，更新研究思路。周少川认为：“数字化技术的普遍使用体现了古籍整理方式变革的新特点。电脑数字化技术对古籍整理的影响日趋增大，一方面，数字化技术为古籍整理提供了新的条件，资料的检索与查询异常便捷；另一方面，古籍整理的成果也在以数字化的方式呈现出来，如《四库全书》就出版有配套的电子光盘。可以预见，数字化技术与古籍整理的结合在未来会越来越紧密。”① 为此，他提出：“拓宽研究的视野，尽量打破从文献到文献这一传统研究思路的局限，将文献学与社会史、文化史、学术史的研究相结合，密切联系社会发展的实际需要，并借鉴西方文献学研究的相关方法。”②

研究实践中最突出的莫过于统计学与史学的结合，近年学界颇盛行计量史学一门，其许多成果都是出现在清史研究领域。如就清代粮价问题来说，陶孟和、汤象龙等人从1930年到1937年所组织的对清代财经档案的整理、统计工作，是中国史学界第一次大规模清代档案整理研究工作，将故宫博物院档案中的道光至宣统年间的粮价清单抄录，共约2.5万件，抄档现藏于中国社会科学院经济研究所图书馆。中国社会科学院经济研究所依此编成《清代道光至宣统间粮价表》（23册），由广西师范大学出版社2009年出版。台湾“中研院”王业键凭借个人努力，也于同年建成清代粮价资料库。“《粮价表》的面世对研究清代物价史、市场史、区域史、人口史、社会史等众多领域，尤其是在中国经济史量化研究方面的价值，可以说是难以估量的。……依托于《粮价表》的系列数据，对清代后期的国民生产总值、市场化水平以及政府对市场的干预程度等诸方面都可以展开较为精确的量化研究……它将推进中国经济史学特别是计量经济史的研究。”③ 对清代文献档案中存在的大量可以

---

① 周少川. 百年古籍整理事业与古文献学的历史性发展. 淮北师范大学学报（哲学社会科学版），2011（4）：20－21.

② 同①21.

③ 徐毅. 清代道光至宣统间粮价表的现代意义. 中国图书评论，2010（5）：70.

进行数据统计的记载进行数字转化，便于学界引进和使用现代计量方法研究清代历史。“清代保留至今的缙绅录文献规模浩大，提供了连续性的官员记录，是建立清代官员群体的大规模历史量化数据库的理想史料。李中清—康文林研究组希望进行新的尝试——创建清代缙绅录量化数据库，并与题名录、朱卷、乡试录、同年齿录、捐纳名录等史料构建的量化数据库匹配连接，整合尽可能多的官员背景信息，将定量分析与传统史学方法相结合，考察清代官员群体，以及考试、财富与旗人身份等多方面因素对其仕途的影响。”①

e-考据，即充分利用数字资源进行考据的方法在学界得到一定程度的认同。黄一农在《两头蛇：明末清初的第一代天主教徒》自序中指出：“随着出版业的蓬勃以及图书馆的现代化，再加上网际网路和电子资料库的普及，新一代史学工作者常拥有博闻强识的前辈学者们梦寐以求的环境。我们有机会在很短时间内就掌握前人所未曾寓目的材料，并填补探索历史细节时的许多隙缝，或透过逻辑推理的布局，迅速论断先前待考的疑惑或矛盾。事实上，一个有机会孕育‘e-考据学派’的时代或已出现。”② 其后，他在第二章的附录中提出：“大量史籍被整理重印，再加上网络和电子资料库的蓬勃发展”，“一个有条件孕育‘e-考据学派’的时代或许已悄然到临”③。当然，数字化时代只是创造了更为便利的学术条件，真正实现这一转变还需要学者主观的努力。数字化文献其实提供了一个广阔的研究平台，让各方面的学者、史学爱好者能够比较容易地接触到清史史料，并依据自身能力展开研究。但这并不意味着清史研究门槛的降低，相反，正如黄一农博士所说：“‘e-考据学派’的研究方法，不仅得熟悉网络和电子资源，而且还必须建立在深厚的史学基础之上！而清晰的问题意识与灵活的搜寻技巧，亦将是考据功力的深浅所系。”④

黄一农是提出和实践该理念的学者，在《e-考据时代的新曹学研

---

① 任玉雪，陈必佳，郝小雯，等. 清代缙绅录量化数据库与官员群体研究. 清史研究，2016（4）：61-62.

② 黄一农. 两头蛇：明末清初的第一代天主教徒. 上海：上海古籍出版社，2006：自序vii.

③ 同②64.

④ 同②65.

究：以曹振彦生平为例》[①] 一文中，他利用了现今国内外各类清代文献档案数据库，对与曹振彦其人有关的碑文、古籍、档案资料进行细致的筛查、比对以勾画其生平事迹。2015 年 7 月出版的《二重奏：红学与清史的对话》[②] 更是成功运用 e-考据的典范。黄一农的学术理念得到学界一定程度上的吸纳和欢迎，如章开沅 2006 年 4 月 26 日在四川大学所做的《中国史学的发展趋势》演讲稿中提出："(《两头蛇》) 所包含的方法对我们有很大的启发。我们可以对考据学和解释学展开讨论，使它们进入一个更高的层次，从而使史学走上更好、更健康的道路。"[③] 在另一篇文章中，章开沅指出："近些年利用电脑建立历史文献资料库已经蔚然成风。苏州档案馆率先把馆藏苏州商会档案两千余卷全部扫描上网，供海内外研究者查阅利用。我非常欣赏这种做法，因为它既节省了编辑出版之劳，又保存了档案的原生态，可供研究者作更为客观的独立分析。台湾的大学教授黄一农最近提出'e-考据时代'，即以电脑数据库作为检索工具，然后再作选择，有重点地与原来的文本进行校勘考订。我们的用意都是提倡把历史学的实证工作与当代高科技结合起来，这样才可以更加保证质量并提高效率。"[④]

王学典认为该理念是中国人文学术的十大热点之一，他指出："史料是古典学术的研究基础，古典学术的重大突破，往往与新史料的出现或史料处理范式的转换直接相关。近年以来，在简牍、碑铭、文书等新史料层出不穷的同时，史料处理范式的革新也初见端倪。"[⑤] 尽管就 e-考据的方法使用问题也有不少学者提出异议，但应该看到，在数字化时代的学术研究中，充分利用数据库及其所依据的科学性方式方法会越来越多地得到学者的青睐。

最后，清史研究者群体的构成也因数字化文献的增多而产生了变

---

① 黄一农. e-考据时代的新曹学研究：以曹振彦生平为例. 中国社会科学，2011 (2)：189-207，224.

② 北京：中华书局，2015.

③ 黄一农. 两头蛇：明末清初的第一代天主教徒. 上海：上海古籍出版社，2006：封底.

④ 章开沅. 展望二十一世纪的张謇研究//章开沅文集：第 5 卷. 武汉：华中师范大学出版社，2015：452.

⑤ 王学典. 把中国"中国化"：人文社会科学的近期走向. 上海：上海人民出版社，2017：105.

化。如果说在前数字化时代，专业学者需要更多的学术积累和专业修养的话，那么，在数字化时代，积累的时间、培养的过程都大大缩短。尚永亮《E考据与文史教学的应对方略》述及电子文本的优越性，认为："利用这些电子文本，可以大大节省时间和人力，一人一天的工作成效或许胜过此前千百人一年甚至多年的工作效率。由此我们看到：一种先进的技术手段，奠定了一个崭新的学术研究背景，为研究工作提供了莫大的便利。当此之际，敏于接受新事物、新方法的众多青年学子对电子文本和与之相伴的检索方式青睐有加，并在读书写作中频繁使用，便不足为怪了。"① 这意味着，不仅有其他学科的学者积极加入清史研究当中，而且越来越多的"业余高手"活跃起来，另外，因文献档案存世数量多而使得学界各分畛域的现象也将有所改变。相当一段时间以来，打通清前期史与晚清史，在清代政治、经济、文化、学术、边疆、民族、社会、历史地理、历史文献各专业研究领域中融会贯通是难以实现的瓶颈，而数字化时代则为这一目标的实现提供了可能的路径。从当前学界的清史研究群体构成来看，跨学科、跨专业的学者开始涌现，如原本致力于天文学研究的黄一农博士，近十年却在明清史、天文史等方面做出了许多引人注目的成果。

对文献档案的整理和研究来说，数字化时代同样提供了技术的支持和发展的良机。

首先，古籍数字化为文献档案整理带来技术条件的飞跃式发展，有助于实现更广泛意义上的古籍的保护、阅读、开发和利用。古籍是人类知识文化的载体，但其随时间流逝不断损耗，具有不可再生性，故古籍的保护长期以来一直是学界研究的难题。计算机和网络信息技术的飞速发展，为古籍的保护与利用提供了新思路。可以说，古籍数字化是现代技术条件下对古籍进行保护与利用的一种重要手段，通过对古籍进行数字化转换、存储与加工处理，不仅可以扩大文献的受众范围，保障文献信息的长期可获取性，而且减少了对古籍原件的翻阅，从而实现有效保护。数字人文的理论逻辑与技术体系，能够为古籍的组织、标引、检索与利用提供新的方法与思路，为古籍研究者提供新的研究方法与范式，

---

① 尚永亮．E考据与文史教学的应对方略．中国大学教学，2014（10）：12－13．

极大地提高古籍的开发利用效率，推动传统文化知识体系的传播与传承。数字人文的理论指导与技术支撑能够使古籍数字化资源平台集资料查询、计量分析、知识发现等功能为一体，帮助读者更好地发现、阅读利用古籍，实现古籍资源的深度开发与利用。比如上海图书馆利用关联数据技术建立并发布家谱关联数据，提供“家谱数字人文服务”，实现了面向普通用户的以寻根搜索服务为代表的知识发现服务，同时也可为专业人士提供数据挖掘服务①。

其次，古籍数字化有助于克服个体文献系统性、全面性、空间性不足的缺陷，优化古籍的学术利用，进而推进学术研究，深入全面发掘古籍的学术价值。单本古籍在记述时间、地点、内容、事件诸方面往往局限于特定的历史时空，而数据库组合了大量的文本之后，则可以取长补短，弥补个体文献的不足。以清代缙绅录为例，这一文献是清代中央和地方官员名录，所载内容具有很大的局限性：“从历史文献价值的角度来说，缙绅录的优点和缺点都是显而易见的。缙绅录每季推新，涵盖全国的绝大多数官员和吏员，由此形成连续的官与吏的名册，与登科录、朱卷、题名录、同年齿录和官员履历档案等史料相比，缙绅录覆盖的官员数量显然要多得多……历史学家往往利用缙绅录探讨职官和行政区划变迁。缙绅录史料的缺点也是比较明显，一些信息登记的滞后和错误无法避免。历史学家往往利用考据方法纠正史料错误，但由于时间和人力成本，传统的考据方法在处理海量数据的时候会显得力不从心。”但将不同官私所刻历年不同季的缙绅录合编，“根据缙绅录每季连续出版的特点，构建量化数据库既可以由录入人员对相邻版本的数据进行逐条核对，又可以快速、全面地核查已录入信息中出现的问题，从而可以及时发现史料录入的错误或疑点并反馈给录入人员进行处理”，此外，还可以利用多种史料互相参订，“将缙绅录、登科录、朱卷等数据库进行连接，实现相互纠错。最后，大规模的数据分析，有一定的容错率，少量信息局部的偏差不会影响我们最后整体结论的有效性。总而言之，缙绅录项目组将利用定量分析和传统史学考证相结合的方法，尽力降低史料

① 夏翠娟，张磊. 关联数据在家谱数字人文服务中的应用. 图书馆杂志，2016（10）：26－34.

失实和录入错误对研究成果产生的影响”①。

当然，数字化在给古籍整理带来机遇的同时，也会带来相应的问题，李明杰在《数字环境下古籍整理范式的传承与拓新》一文中述及古籍整理领域在新技术使用方面的状况，指出：“20 世纪 70 年代以后，以计算机为核心的现代信息技术逐步被应用到古籍整理领域。从最初的文本录入、索引编制和语词统计，发展到今天的数据库、互联网、超文本、知识挖掘、可视化等各项信息技术的综合应用，人们的古籍整理理念更是发生了超越性的变革，并且整理路径和方法上有了更多的选择。”②“古籍文本的复原性整理在数字环境下不仅没有削弱，反而得到了加强。这是因为，古籍一旦完成数字化，即可化身无数。版本如果选择不善，校勘不精，其贻害的范围也将被放大。因此，古籍数字化之前必须慎选底本，广校异同，审订谬误，将错讹降至最低。”③“随着读者知识需求的个性化越来越强，利用大数据开展交互式、个性化的知识服务，也是未来数字古籍整理的方向。”④无论数据库的容量发展到多大，数据库之间的关联走向多大拓展，真正决定数据库质量和学术利用有效性的无疑还是数据的准确性问题，为此，古籍数字化并非单纯的古籍整理的技术改造，古籍文本自身的标点、注释、校勘、辑佚、版本等基本方法的精益求精，也就是古籍整理的质量问题仍然是保障数据库高效运行的前提。

整体来看，古籍数字化为学术研究提供了重要支撑，极大地提高了古籍阅读、检索的速度和效率，积极促进了学术研究的数量提升。90 年代以来清史学界学术论文的增长率可做注脚。对历史文献学学科而言，古籍数字化也提供了良好的契机，比如，传统校勘和辑佚研究工作都需要比对众本，占有众多版本对学者来说是学术立论的关键，随着世界性古籍数据库的诞生，两项学术研究的难度都大为下降。此外，跨领域研究、宏观大范围研究、长时段历史研究等都是数字化资源带来的相

---

① 任玉雪，陈必佳，郝小雯，等. 清代缙绅录量化数据库与官员群体研究. 清史研究，2016 (4)：64.

② 李明杰. 数字环境下古籍整理范式的传承与拓新. 中国图书馆学报，2015 (5)：101.

③ 同②102.

④ 同②107.

应福利。数字化时代，可谓学术繁荣发展的时代。但另一方面，在表面繁荣的同时，粗制滥造成灾，学术垃圾丛生，学术风气不正，也恰恰是古籍数字化所引起的相应后果。技术是把双刃剑，在相反相成中给清代史学研究送来春风，也造成后患。为此，学界也在不断反思，并形成一些对策。

二、清史学界对文献档案数字化的反思

经过几十年的发展，清代文献档案的数字化与刚起步时单纯将文献档案转为数字格式的做法已经有了很多不同，其成果形式逐渐增多，而其中最突出的一点变化就是，清史学界的研究成果、研究趋向已对文献档案的数字化产生越来越多的反作用。从选题来看，早期的数字化清代文献档案只限于正史、大型丛书，如《四库全书》等，后来逐渐涉及清代档案、文集、方志等。选题范围的扩大固然是文献档案数字化的必然趋势，但也离不开学界的影响。如近几年我们可以看到，不少学者撰文呼吁应当将清代满文档案、地方文献以及民间契约等都进行数字化，并且提出了具体的建议。如王红娟即在其论文《满文档案数字化及其开发利用研究》中提出因满文档案有保管分散、尺寸不一、满汉混杂等特点，在数字化时需要统筹规划原则、注意合作、确定标准、注意保真等①。

不仅如此，如果说选题讨论只是清史学者“纸上谈兵”，那么诸如明清台湾行政档案数据库、台湾佛教史料库、清代宫中档奏折数据库等成果就是清史学者实际参与到清代文献档案数字化过程的成果，而且还有越来越多的学者正在对文献档案数字化的具体方法、结构设计进行研究，并计划将自己的清代文献档案研究成果以专题数据库的形式呈现出来②。在此方面，中国人民大学清史研究所建立的数字人文实验室当为先锋。详见前述。

再者，也有学者注意到了史学研究对文献档案数字化的反作用，开始有意识地对数据库建设的工作流程与经验进行总结，如王光越、栗维

---

① 王红娟. 满文档案数字化及其开发利用研究. 济南：山东大学，2012.

② 根据笔者对 2011—2013 年国家社科基金项目的查阅，发现不少历史学者都有计划地展开古籍数字化研究，其中与清史有关的主要是 2011 年陈冬梅的“回族古籍资源的文献价值与数据库建设研究”和陈海玉的“云南傣族医药古籍文献整理及其基础数据库建设研究”、2012 年孙靖国的“明清沿海地图研究”、2013 年江燕的“民国以前云南水资料整理及数据库建设”等。

健在《中国历史第一档案馆馆藏清代军机处上谕档全文数字化概述》中详细回顾了数据库建设的选题考量、基本思路、工作步骤以及特殊问题处理办法等，为后来的清代文献档案数字化提供了具体参考①。又如，学者根据自身的用户体验与研究对已有的清代文献档案数据库进行评价，如毛建军撰文《两种〈古今图书集成〉电子版的比较：兼谈古籍电子索引的标准与规范》，就是对比了两种《古今图书集成》数据库的优缺点，最后总结出古籍数字化应该确立的标准②。

另外，数字化带来的负面作用也引起了不少学者的关注，并从史学研究的角度进行总结和思考。乔治忠认为，电子资源的史料检索方式可能带来负面影响：第一，学者应当清醒地认识到，电子资源虽然迅速地扩展，但迄今仍有许多宝贵的历史文献档案资料未被纳入，许多古籍善本、稀见期刊以及史料价值极高的文献档案，仍然游离于电子资源之外，短时期也无法改变现状。因此，历史研究不能单单依靠电子资源，特别是不能因为电子资源的便于利用而养成懒于寻求其他各种文献档案的作风。第二，使用电脑检索史料，往往带有预设目标，即主观上早已形成观点而急切搜寻根据，因此一旦有所发现，容易导致不加辨析，仓促间曲解引用③。

郑锦怀《翻译史研究中的 e-考据：作用与局限》一文中指出 e-考据的利用局限，认为作为研究方法，e-考据有其合理性，但必须注意：第一，研究者必须具备深厚的史学素养。只有接受过比较系统的史学训练的研究者才有可能培养出敏锐的问题意识、广阔的学术视野与严密的逻辑能力，才能够选定有效的搜索关键词，提高 e-考据的效用度。第二，研究者必须具备灵活的搜索技巧，才能将互联网资源或电子资料库的效用发挥到最大程度。第三，研究者必须注意，e-考据与传统考据之间并不对立冲突。一方面，研究者需要具备娴熟的电脑技巧，熟悉各种搜索技巧与要诀，能够根据需要从互联网资源与电子资料库中查找出所需的资料；另一方面，研究者也不能止步于对网络资源的搜索与利

---

① 王光越，栗维健. 中国历史第一档案馆馆藏清代军机处上谕档全文数字化概述. 历史档案，2010（2）：130-135.

② 毛建军. 两种《古今图书集成》电子版的比较：兼谈古籍电子索引的标准与规范. 图书馆理论与实践，2008（3）：28-30.

③ 乔治忠. 历史研究电子资源运用的兴利除弊. 史学月刊，2015（1）：5-9.

用，而必须借由此查找到的线索，另行查找纸本文献，两相印证①。

陈瑜《中文古籍数字化与知识遮蔽》一文认为："中文古籍数字化对现代学术进程具有积极作用，但同时可导致学术异化，知识遮蔽是其表征之一。古籍数字化要从海量的古籍中选择处理对象，在这个过程中，一部分古籍被数字化，另一部分则因未被选择而被舍弃，其结果就是那些未被收入数据库的文献成为被遗忘的文献，永远无法被检索，进而影响研究结论的准确性。知识遮蔽是古籍文献数字化利用过程中的共有现象，既是技术问题，也是哲学问题，应引起学界关注和研究。"② 数字化使文献信息利用者面对海量文献信息茫然无措，甚至"丧失自己的自主性，丧失反思和批判的能力，成为信息爆炸的奴隶，被信息洪流所异化"③。

吴夏平认为，黄一农教授认为在当今这个网络发达、数字化古籍库蓬勃发展的时代，科学合理地利用现代科技手段，竭泽而渔式地占有材料并解决学术问题是可以实现的。诚然，e-考据在某些方面要比传统考据更有效率，比如在广度、速度和准确性方面要比传统考据单纯用人脑和手工的阅读、记忆、分类和排比，都有很大的提高。同时，e-考据能在合理时间内进行先前较难实行的分析，并因此有机会开创新的研究格局。但它永远只能是辅助性的。这是因为，从理论上来说，利用网络和数字化古籍不可能真正做到材料上的竭泽而渔。在利用时，至少经过了双重过滤：第一重，发展至今的各种科研机构和商业公司制作的数字化古籍库，虽然已经是海量了，但并没有也无法将所有的古籍全部数字化。第二重，研究人员的检索，是第二次过滤，即在某一固定的数字化古籍库中也无法做到竭泽而渔。因为很多时候只能是点对点的检索，而无法完成多元或关联检索。诚然，e-考据是搜集材料的一个现代手段，但是这个现代手段是以传统文史的积累为基础，以对现代技术的掌握为前提的，而只有两种能力兼备，才能够在e-时代进行e-考据，并取得相当的成果④。"电脑的进步不能代替人脑的进化，考据手段的改

① 郑锦怀．翻译史研究中的e-考据：作用与局限//泉籍翻译家与中西交流：生平述介与著译考录．青岛：中国海洋大学出版社，2016：196.

② 陈瑜．中文古籍数字化与知识遮蔽．大学图书情报学刊，2015（1）：71.

③ 同②.

④ 吴夏平．谁在左右学术：论古籍数字化与现代学术进程．山西师大学报（社会科学版），2010（3）：100－103.

善，不能取代对考据方法的掌握。考据还是考据，还必须由学者本人来完成。学者必须要有自己的学术能力，去判断、去考订收集到的各类信息。”①

学者们的这些思考，无疑对文献档案数字化有着推动作用。无论研究者的参与程度如何，面对清代文献档案这样涉及多语种、多种类、多形式的庞大古籍群，必须有专业学者的参与，才能建成更多符合文献档案特点、适合研究需要的数据库，这点是毋庸置疑的。

综上所述，我们看到数字化清代文献档案的出现，的确推动了清代文献档案的开发利用。但对其利用价值与学术影响，我们仍应以谨慎的态度进行评价，具体问题具体分析，不可夸大，也不能忽视。应当承认，目前清史学界更多的还是依靠已经出版或未出版的纸质文献档案资料进行研究，学者们对于数字化文献档案还是心存疑虑的，特别是现在已有的清代文献档案数据库往往存在底本不良、错误较多等问题，学者在利用时必须十分小心，最后也需要落实到纸质版本上才感觉有保障。

因此，要想推动数字化文献档案的进一步发展，扩大其学术影响，还应从如下两方面入手：一是要鼓励更多不同学科背景人才的参与，在文献档案数字化的不同阶段安排不同学科的专家参与，并注意彼此合作。如在选题时，对某一方面研究有心得的学者应当负责；在选择文献底本时，相应的历史文献学学者应当承担更多的责任，以确保版本最优；而在具体的数据库建设中，数据工程师则是主角。二是要改变现在学界对数字化文献的偏见，确立一个相对规范的建设标准、使用标准。让数字化文献档案在最终的学术成果当中占有一席之地，提高其认可度，如此才能真正打开文献档案数字化的发展空间。

技术是把双刃剑，扬其所长则无往而不利，未能捐弃其短则可能走入歧途或迷失方向。当学术的发展游走于技术的边缘，学者入其门而未能探究其奥秘，虽有收获而毕竟有限；当技术的精英走入学术之途，也许精妙的方法可以获得一时的关注，但长足发展的余力和空间则不易实现。从目前清代文献档案整理、出版和研究的实际进程来看，技术与学术的两张皮、两拨人的状况仍然存在，指导与被指导、发现与被发现、研究与被研究的主次关系复杂变化，扬长避短、两相融合的时代仍未到来。

---

① 李天纲. E时代的考据之魅. 书城，2007（4）：49.

余论　百年寻踪：清代文献档案如何寻找自身

清史研究的百年是清代文献档案发现的百年，同时也是清代文献档案寻找自身的百年，前者涉及文献档案的抢救、保护、整理和出版，后者则强调文献档案自身的研究。纵观清代史学研究的百年学术历程，文献档案是贯穿其中的史料线索，也是学术嬗变的内在因素。可以说，清史学科的诞生以摆脱情感影响、以辩证唯物史观客观认定清代文献档案的历史价值为起点，以全面发掘整理和研究清代文献档案从而最大限度地呈现历史真实面貌为终点。在未来的学术发展中，清代文献档案如何实现寻找自身是梳理清代史学研究百年历程的最终依归。

首先，抢救性保护和整理、出版在百年过后仍旧长路漫漫。就目前所见的文献档案整理、出版和研究的成果而言，距离全面揭示整体面貌的目标还相距甚远。一方面，新史料的发掘需要持续性整理、出版与研究。海外清代文献档案的回归、深藏公私手中的新史料的发现仍会源源不断，而这些以整理成果的形式正式出版并进入学界与大众的视野同样任重而道远。就此一方面而言，源源不断的发现过后，必然需要继之以源源不断的整理和出版。另一方面，就已经整理、出版的成果而言，修订、调整、补充、完善的空间很大。比如，《清代诗文集汇编》是到目前为止收录清代诗文集最多的专门丛书，“是迄今内容最为丰富、涵括最为全面、卷帙最为浩瀚的断代诗文总集”①，但所收录的诗文集种数，仅为现存清代诗文集总数的十分之一左右，我们还期待着《清代诗文集续编》的出版，从而更完整地显示清代诗文集的全部面貌。全集不全

① 李军，江庆柏.《清代诗文集汇编》：集成之作. 博览全书，2012（7）：52.

的历史任务会历久弥新，如《张之洞全集》整理者赵德馨先生所言，文献档案整理的继续工作可能只是“文献更多一点、真一点，断句准一点，错漏少一点，编排更合理一点”①，“本书虽称‘全集’，实则难全。这是因为：张之洞的部分文献已经失落，存世者已经不全；可能存世的某些文献，无人知其藏处；知道藏处的，个别藏者出于种种原因不让我们使用；在我们得到的文献中，有的真伪待考，不便收入；有些真文献，因与本书收录原则不符，没有收入；张之洞的文献仍在不断发现或披露中。看来，将来编辑《张之洞全集补遗》，势在必然”②。再者，数字人文环境下的清代文献档案整理、出版还面临着数字转化的历史任务，文献档案数字化问题、版本选择问题、点校质量问题均需要逐步解决。由此可见，清代文献档案要实现寻找自身，必须持续进行整理、出版工作。整理是文献学理论形成和理论检验的实践环节。几千年的文化传统赋予文献学以实践性的基本特点，要保持和发扬传统，维持学科发展的进步姿态，强化文献整理的实践工作与学科发展的关系实属必要。就此一方面而言，清代文献档案还将在长期的整理、出版过程中找寻自身。

从百年清代文献档案整理的经验来看，未来的整理、出版应注重点校整理、影印整理和数字化三者的有效结合。点校整理便于利用，但需时长，且容易产生错讹，应注意点校整理人员素质的培养和提升，并采取相应政策倾斜，提升行业价值的认定；影印整理效率高，但成本也高，规模化整理固然可以解决短时期史料不足的问题，但古籍影印的成果往往部头大、价格高，学界阅读使用不易，应采取必要的措施限定规模，避免重复影印，浪费人力物力；数据库容量大，利用方便快捷，但建设成本不低，且需时较长，而版本的选择与文字的处理、标点等问题丛生，应注重数据资源的整合利用和提升，避免重复建设，注重提升质量。另外，三者之间可以互相转化，影印的成果可经点校，录入数据库，实现双赢。

其次，文献档案研究的任务在未来学术发展中应视为重中之重。文

---

① 赵德馨. 求全·求真·求准：编辑《张之洞全集》的做法和体会. 中南财经政法大学学报，2008（4）：132.

② 同①133.

献档案的影印出版是为学术研究服务的，而达到服务效果、完成学术任务的前提是对文献档案具体使用范围、规则、方式方法的认知和理解。就目前整理、出版与研究的对应关系而言，无疑，整理、出版，尤其是影印出版的速度远远超过了学界对文献档案的认知，研究的成果远远落后于相应的出版数量。导致的后果包括：

第一，史料应用过程中不必要的错讹的出现，过分强调史料层面的应用而忽视文献档案本身的特点和天然属性以及文献档案内部的联系性，断章取义，未通读文献档案而大胆截取史料，会导致论据失效，学术研究的结论经不起推敲和检验，甚至走向偏颇和错谬，这一问题在数据库利用以及检索层面表现得尤为突出，学术研究不是为了用史料制造错误，而是在正确使用史料的前提下发掘历史的真相。近年来在 e-考据研究中出现的失误多与文献档案的整体性解读未被充分重视有关。

第二，出版范围和数量的片面扩大事实上已经造成部分已出版文献档案被埋没，未能引起学界的广泛关注。影印出版多以量取胜，在上千万字的影印丛书空间里，如缺乏对内部所选取文献档案的必要的介绍、解读和说明，无疑会使得相当一部分文献档案虽已出版，却未能被利用或有效利用。在已出版的影印类成果中，被埋没的文献档案数量不在少数。

第三，文献档案研究成果严重不足，客观上造成清史研究相关领域如政治、经济、社会、边疆、民族、历史地理，尤其是学术、思想文化等研究的一些结论缺乏有力的注脚。比如，清代文字狱研究中涉及统治者文化高压政策影响的结论，如不能对有清一代禁毁文献档案的整体情况进行有效梳理，就难以用确切的数据说明具体影响的程度，结论难免似是而非。

为此，强化文献档案的研究，积极推出学术性研究成果，在未来的清代史学发展中实属重要，就此一方面而言，清代文献档案将在未来的研究环节中不断发现自身。强化文献档案的研究的首要问题在于改变观念，清史学界要树立文献档案研究的学术认定，承认文献档案整理成果的学术价值，而文献学界则应在提升整理质量的前提下注重文献档案的学术研究，积极推动学术成果服务学界。学术化的转身是寻找清代文献档案自身的必由之路。

最后，清代文献档案的整体特点必将日益凸显，对清史研究所产生的重要价值和作用亦将日益浮现。随着清代文献档案的整理、出版和研究成果相应达到一定数量，文献档案的数量特点和系统特点将改变现有的清史研究，其效果主要体现在三个层面：

第一，改变或调整某些既有观点。在新史料缺位甚至关键史料缺位的情况下依据逻辑推理和综合判断得出的学术结论将会随着史料的新发现而经受考验，不排除一些结论经得起检验，仍得以成立，但必须承认，有一些结论会被史料改写，或进行局部调整。清代文献档案的系统性全面呈现之后，部分依据某一种或数种史料所进行的论证会因史料之间不能互相支撑而面临困境。

第二，创造清史研究的新领域。一些在史料缺乏状况下难于实现的研究目标将陆续得以实现，不同领域的研究内容之间更易于实现互相过渡，从而产生相应的交叉性研究内容，问题意识、研究视角的转变也会催生新的研究领域。

第三，催生史学研究的新方法，数量化的研究和结构性的研究在未来的学术发展中将占据一席之地。清代文献档案的丰富性为数据型具体化研究提供了保障，在史学研究日益走向翔实细密的发展过程中，量化方法的具体运用会保障清史研究不断推陈出新；清代文献档案的系统性特征为文献之间、档案之间、文献档案之间的史料考辨和相互补益为结构性研究创造前提，而文献档案之间的跳越、研究领域的转换需要新的学术研究方法的支持。

综上所述，清代文献档案未来的学术发展仍有无限空间，在传统文献档案整理方法和新时代影印技术、数字化技术不断提升的过程中，文献档案将在整理、出版的环节不断涌现新成果，增添新成员，从而改变整体面貌。在文献学研究成果得到充分肯定和重视的前提下，文献档案的研究也将迎来黄金时代，实现学术化的华丽转身。随着清代文献档案整体的数量和系统性特征日益呈现，其必将在清史研究的价值与作用得到广泛认同的基础上寻找到自身。

附录　档案与清史研究（1912—2013）

档案是清朝遗留的最为丰富的史学研究材料，中国第一历史档案馆所藏清代档案1 000余万件中，有汉文档案800余万件，满文及蒙文档案200万件。此外各地方档案机构亦多有庋藏，总量可观①。其作为行政机关运作过程中形成的遗留性史料，有不可替代的学术价值。百年来陆续整理、刊布的汉文档案极大延伸、拓展了清史研究的深度与广度，本文兹分三个方面，对其中的主要问题略做述论。

一、清代政治史研究

政治变迁是帝制时期传统史学的重心所在，亦是孟森等第一代清史学者最早从事的领域。随着档案的开放，学者主要利用的史料已不限于东华录、实录、会典等记述性史料，更能利用档案以订讹补阙。

1. 清前期政治诸问题

在民国年间整理刊布的清代档案中，据藏者之不同，可分为四类：其一是中央研究院历史语言研究所（史语所）编印的《明清史料》，其二是北京大学文科研究所编辑的专题档案，其三是故宫博物院文献馆编辑的专题档案专书及20世纪20年代至40年代在《文献丛编》等上面陆续发表的档案选编，其四是罗振玉、罗福颐在东北刊印的《史料丛刊初编》、《史料丛编二集》与《国朝史料零拾》。史语所、北大及罗氏父子所刊皆源自劫余之八千麻袋档案，故宫所刊则据宫中各处档案及尚未

① 关于中国第一历史档案馆馆藏参看：吴元丰. 清代满文档案述论//乌云毕力格. 满文档案与清代边疆和民族研究. 北京：社科文献出版社，2013：1-18。地方档案机构所藏参看：秦国经. 明清档案学. 北京：学苑出版社，2005：209-238。

散出的内阁大库档案。在大宗档案开放之前，这是治清史者最易利用的档案材料。

孟森《洪承畴章奏文册汇辑跋》（1935）据新刊档册论洪氏招抚东南、经略西南“为清代取中国之先导”，考述其在进兵西南一事上与朝廷的微妙关系①。其遗稿《关于刘爱塔事迹之研究》则详考故宫所藏天聪年间汉文旧档，排比编次，并以东华录等相参证，钩稽刘兴祚（后金称其“刘爱塔”）在后金早期的活动及其在明朝与女真关系中的作用②。《清世祖董鄂妃生死特殊典礼》讨论顺治十七年（1660）秋冬蓝墨批本事之有无，此点在跋洪承畴章奏时已先述及，该文复引题本数十份证明确有其事，则董鄂妃之丧仪实按照皇后丧仪办理，由此可见清世祖于董鄂妃之殊遇③。与之同时，郑天挺撰《多尔衮称皇父之臆测》（1936），虽仍以传世史籍为主，而更取史语所与北大所藏档案互证，认为皇父摄政王之号乃出自满洲旧俗的最高爵秩，仪注仅次于皇帝，并推定此号之始封不晚于顺治五年（1648）十一月④。接踵孟森考述明清易代史事者为李光涛，先后发表《清入关前求款之始末：兼论袁崇焕、陈新甲之死》（1947）、《记清太宗皇太极三字称号之由来》（1948）、《清入关前之真相》（1948）、《洪承畴背明始末》（1948），除征引当时渐受重视的朝鲜史料外，更引述已刊的《明清史料》甲、乙、丙三编及未刊的《太宗实录稿》残本及北大藏入关前残档⑤。孟、郑、李三氏是较早利用档案细致探研清初政治的学者，成就卓著。但因档案整理尚未完全展开，公布档案数量稀少且零散，全面研究仍受到较大制约，如萧一山《清代通史》所引用档案即寥寥无几。

---

① 孟森. 洪承畴章奏文册汇辑跋//明清史论著集刊：上. 北京：中华书局，2006：172-178.

② 孟森. 关于刘爱塔事迹之研究//明清史论著集刊：上. 北京：中华书局，2006：117-143.

③ 孟森. 清世祖董鄂妃生死特殊典礼//明清史论著集刊：上. 北京：中华书局，2006：348-357.

④ 郑天挺. 多尔衮称皇父之臆测//郑天挺. 清史探微. 北京：北京大学出版社，2011：59-69. 王锺翰在1986年又依据中国第一历史档案馆藏顺治朝题本及史语所藏追尊多尔衮诏书对此问题进行了进一步阐发（王锺翰. 释汗依阿玛//中国第一历史档案馆. 明清档案与历史研究：上册. 北京：中华书局，1988：373-389）。

⑤ 上述诸文分见：李光涛. 明清档案论文集. 台北：联经出版事业公司，1986：393-432，437-440，361-392，631-686。

大陆学界得以广泛利用汉文档案研治清初政治史大抵是在20世纪60年代以后，特别是80年代以来。限于篇幅，本文无法详述，仅择取康熙朝党争、雍正朝曾静投书案与乾隆朝十全武功三方面略做分述，因其成果较为集中。

康熙朝几与党争相始终，其最著者有早期的黄旗与白旗之争、明珠与索额图党争以及晚期的储位之争，纷繁复杂的满汉关系及汉文臣间的关系夹杂其中。孟森、萧一山等已依据传世史籍对其始末进行了初步梳理。20世纪80年代以来，随着朱批奏折与起居注的披露，学者对康熙朝中后期政治史进行了深入考察，特别是对其中重要臣僚的研究有了显著进展。如王思治《索额图其人：兼论助皇太子"潜谋大事"》（1992）①、王锺翰《李光地生平研究中的问题》（1995）②、杨珍《盛世初叶（1683—1712年）的皇权政治：对明珠晚年的个案分析》（1999）③，均依据起居注对不见于实录的若干行政细节进行了补正。王思治在其主编的《清朝通史（康熙朝分卷）》中，对康熙朝中期党争进行了迄今较为翔实的梳理，对排印本《康熙起居注》的史料价值进行了充分发掘④。杨珍近年又据雍正朝起居注、朱批奏折，特别是《文献丛编》的允禵案史料，对允禵之际遇及其时代环境进行了剖析⑤。世宗入承大统问题素为史家聚讼所在，冯尔康20世纪80年代初依据朱批奏折、起居注及玉牒等档案对康熙年间的储位之争及世宗即位始末做了详细考论，认为胤禛乃合法继位，所谓改窜遗诏乃绝无其事，因遗诏本身即是胤禛事后补作，同时一并梳理了胤禛、胤禵名讳等问题⑥。庄吉发亦对此名讳问题有所讨论⑦。其后王

① 清史研究，1992（1）：16-27.

② 燕京学报：新1期. 北京：北京大学出版社，1995：111-128. 王锺翰清史论集：第2册. 北京：中华书局，2004：1044-1063.

③ 清史论丛：1999年号. 石家庄：河北教育出版社，2001：239-291.

④ 王思治. 清朝通史（康熙朝分卷）：下册. 北京：紫禁城出版社，2003：144-198.

⑤ 杨珍. 允禵：品行　遭际　时代//清史论丛：2009年号. 北京：中国广播电视出版社，2008：197-221.

⑥ 冯尔康. 康熙十四子胤禵改名考释. 历史档案，1981（4）：96-101. 冯尔康. 雍正传. 北京：人民出版社，1985：4-74.

⑦ 庄吉发. 清世宗拘禁十四阿哥胤禵的经过//清史论集：三. 台北：文史哲出版社，1998：139-174. 庄吉发. 清世宗入承大统与皇十四子更名考释//清史论集：十二. 台北：文史哲出版社，2003：37-58.

锺翰对中国第一历史档案馆藏康熙满汉合璧遗诏进行了详细研究，将之与上谕、实录、起居注等对勘，指出遗诏系世宗即位后由康熙五十六年（1717）面谕润色而来，汉文较满文为先出。与冯尔康不同，王锺翰力主世宗为篡立，并以此遗诏为证据之一①。值得一提的是，近年来学者已充分注意到面谕的重要性，姚念慈曾以面谕为中心，系统排比勘对康熙朝诸档案与传世史籍，对清圣祖本人心态以及康熙朝党争、满汉关系、西北军事等展开翔实的研究，创获颇多②。另外，事涉党争的宦官最近亦受到学者的重视，常建华对于魏珠事迹的研究即是这方面的典型③。

曾静案素为治清史者所重视，虽然早在20世纪30年代即已公布此案的部分重要档案，但中国学者真正对之进行系统的研究，特别是探讨其在清初政治史中的意义则迟至80年代。1982年，冯尔康首先利用此批档案及起居注，撰文阐述其始末，并提出该案是世宗初政时期巩固自身合法性的手段④。1985年，冯尔康又对此案进行了更为详细的叙述，并旁及此后发生的一系列文字狱，对《文献丛编》和《清代文字狱档》所刊档案进行了充分发掘，且率先利用了中国第一历史档案馆所藏世宗朱谕⑤。因其撰述年代较早，故在引用奏折时主要依据旧刊朱批谕旨，后来朱批奏折的刊布则为此案提供了更为丰富的材料。近年来学者对曾静案连带事件的研究则很好地弥补了这一遗憾。曾静案完结后，世宗于

---

① 王锺翰. 清圣祖遗诏考辨//王锺翰清史论集：第2册. 北京：中华书局，2004：1169-1193.

② 姚念慈. 评“自古得天下之正莫如我朝”：《面谕》与皇太子的立废及玄烨的内心世界//燕京学报：新26期. 北京：北京大学出版社，2009：81-166. 姚念慈. 再评“自古得天下之正莫如我朝”：《面谕》、历代帝王庙与玄烨的道学心诀//清史论丛：2009年号. 北京：中国广播电视出版社，2008：108-186. 姚念慈. 准噶尔之役与玄烨的兴兵之由//燕京学报：新29期. 北京：北京大学出版社，2010：127-220. 姚念慈. 准噶尔之役与玄烨的盛世心态//燕京学报：新30期. 北京：北京大学出版社，2012：155-275.

③ 常建华. 雍正帝打击太监魏珠原因新探：魏珠其人其事考. 清史研究，2013（3）：17-26.

④ 冯尔康. 曾静投书案与吕留良文字狱述论. 南开学报（哲学社会科学版），1982（5）：41-46.

⑤ 冯尔康. 雍正传. 北京：人民出版社，1985：222-242. 冯尔康主编的《清朝通史（雍正朝分卷）》（北京：紫禁城出版社，2003）则基本继承了旧著中的内容，并未吸收新刊档案。

雍正九、十年（1731、1732）向陕甘派出大臣进行“宣谕化导”，史全生即利用《雍正朝汉文朱批奏折汇编》对此番活动的具体情况与效果进行了专门评述[①]。湖南观风整俗使的设置既是世宗整饬政治的一环，亦是曾静案的直接结果，邹建达等曾依据朱批奏折与起居注对观风整俗使设置之原因、特点与效果进行了初步探讨[②]。

乾隆朝十全武功因实录中记载详晰，战后大多又编纂方略，历来研究多据此二者为大宗。最先利用满汉文档案对十全武功诸役始末进行系统、全面研究的为庄吉发《清高宗十全武功研究》，征引所及举凡宫中档、月折包、军营档、起居注及各类专档等，在战争细节的考订中，多据档案以补正传世史籍的错讹[③]。庄吉发又对诸役中若干细节进行了详细疏证，包括廓尔喀之役与藏传佛教改革、安南王室由黎氏向阮氏的过渡等[④]。彭陟森利用中国第一历史档案馆藏汉文录副与金川档研究两次金川战争的过程、善后措施及其影响，虽然其利用档案的程度远不及庄吉发诸文，但仍可称为大陆学界在此专题下的代表性成果[⑤]。

2. 清后期政治诸问题

档案之引入晚清政治史研究在民国时期已成绩斐然，在此仅以汤象龙的捐纳研究与蒋廷黻的外交史研究为例说明。汤氏 1931 年发表《道光朝捐监之统计》，对道咸两朝军机录副进行了细密统计，考察捐监之人数、分布地域，借此论述区域经济差异与捐纳制度流变等问题，其文虽仅属初步的讨论，但在军机处档案远未完全清理的 30 年代已做出如此完备的统计，则甚属难得[⑥]。蒋廷黻初治外交史，即留心于清廷的未刊史料，最先提出《筹办夷务始末》的史料价值，并在 1935 年主持编

① 史全生．史贻直与雍正年间的宣谕化导．历史档案，2010（1）：35－41.

② 邹建达，熊军．清代观风整俗使设置研究．清史研究，2008（3）：101－108.

③ 庄吉发．清高宗十全武功研究．台北：“故宫博物院”，1982.

④ 庄吉发．廓尔喀之役与藏传佛教的改革∥清史论集：二．台北：文史哲出版社，1997：303－334．庄吉发．清高宗册封安南国王阮光平始末∥清史论集：十八．台北：文史哲出版社，2008：207－257.

⑤ 彭陟森．乾隆朝大小金川之役研究．北京：民族出版社，2010.

⑥ 汤象龙．道光朝捐监之统计．社会科学杂志，1931，2（4）：432－445．包遵彭，等．中国近代史论丛：第 2 辑第 5 册．台北：正中书局，1963：47－62．关于此问题的后续研究，有张仲礼《中国绅士》（上海：上海社会科学院出版社，1991）及伍跃《中国的捐纳制度与社会》（南京：江苏人民出版社，2013）。

辑完成《筹办夷务始末补遗》，抄录《筹办夷务始末》未收的大量军机录副，由于其刊行较晚，故当时未获学者的重视与利用。蒋氏尤其注重引用档案以证成或改正官书的旧说，其《琦善与鸦片战争》征引大量奏折，力图说明琦善在处理外交事务方面远超时人①。

20 世纪 50 年代中至 60 年代初中国史学会主编的《中国近代史资料丛刊》十种不同程度地辑录了部分档案，成为此后三十余年间学者最常利用的一批档案。如戴玄之《义和团研究》（1963）在讨论地方义和团力量发展时即大量引录了丛刊辑录的奏折②，而大陆学界的相关著作亦多从中获益，兹不复赘。

清代后期政治史的研究，因 20 世纪 80 年代以来以孔祥吉、茅海建为代表的一批学者致力于档案的发掘考索，围绕若干重大政治事件已产生了大量研究成果。特别是因此阶段有外文档案可资比较，私人史料遗留亦较为丰富，在传统的清代政治史研究中独树一帜。限于篇幅，这里的阐述无法面面俱到，此处仅以两次鸦片战争、戊戌变法、清季党争三点为例说明。

基于档案的鸦片战争史研究起步于 20 世纪 30 年代初，但彼时刊布档案有限，学者更多依靠《筹办夷务始末》。此一局面因中国第一历史档案馆馆藏档案渐次整理与《鸦片战争档案史料》八册（1987、1992）的出版而得以扭转。茅海建最早利用此批档案，在 90 年代初发表的一系列论文中，考辨了虎门之役、定海之役及三元里抗英的史事，对所关涉的重臣如琦善、伊里布的行迹亦进行了爬梳清理③。其集大成之作则是 1995 年出版的《天朝的崩溃：鸦片战争再研究》，如论者所言，此书详细考订并重建了大量鸦片战争的史事，特别是在一种广义的军事史的意义上，论述双方的武器装备、防御工事、兵源调动、军费分配、战术

---

① 蒋廷黻. 琦善与鸦片战争. 清华季报，1931，6（3）. 蒋廷黻选集：第 1 册. 台北：传记文学出版社，1978：49 - 74. 关于《补遗》的纂录参看《筹办夷务始末补遗》（影印稿本，北京：北京大学出版社，1988）第 1 册蒋廷黻自序。

② 戴玄之. 义和团研究. 北京：北京大学出版社，2010：36 - 55.

③ 茅海建. 1841 年虎门之战研究. 近代史研究，1990（4）：1 - 28. 茅海建. 定海之战考实. 历史研究，1990（6）：98 - 110. 茅海建. 三元里抗英史实辨正. 历史研究，1995（1）：145 - 155. 茅海建. 伊里布与浙江停战. 近代史研究，1994（5）：1 - 25.

运用等问题[①]。事实上，除非依靠档案，此类问题很难得到周详的解答。而茅氏随后发表的《鸦片战争清朝军费考》，则据宫中档、军机处录副奏折及上谕档，分省梳理奏销折件，认为鸦片战争中清方军费当在3 000万两上下，主要来自财政、捐输、摊廉，军费支出多寡依次为官兵用度、军械制造、修筑工事，并指出支出高的主要原因在于体制问题[②]。《中国近代史资料丛刊》的第二次鸦片战争分卷于1978年出版，其所收录档案较别卷尤为详赡，较早着手研究且建树较大者为夏笠与茅海建。夏氏在其持续近20年的研究中，对始自修约的中英、中法交涉与联军入侵始末进行了较为全面的梳理，其著目前仍是对战争过程进行全景式论述的最为扎实的著作[③]。茅海建则发掘了更为丰富的未刊档案，自80年代中期开始陆续撰文讨论了双方军备与军力、广州入城争端、公使驻京等问题，后结集为《近代的尺度：两次鸦片战争军事与外交》[④]。

戊戌变法史亦是晚清史研究中长盛不衰的命题，自20世纪30年代丁文江、赵丰田编纂《梁启超年谱长编》开始，至今已形成了颇为完整的学术史链条。与鸦片战争史研究不同，变法参与者多留下记录，因其中难免有讳饰或遗漏之处，更需要学者比对诸多文献特别是档案史料以辨伪存真。就文献辨伪而言，对康有为奏稿的考订尤见成绩，黄彰健在20世纪60年代通过《戊戌变法档案史料》最先发现康氏《戊戌奏稿》刊本曾经作伪，撰有数篇辨伪之作，最终认定康氏戊戌"真奏议"35份，加以简要解题、疏证后汇编刊出[⑤]。但囿于条件，黄氏对档案的利用尚不充分，仅集中于大陆已刊部分以及"中研院"近代史所藏总理衙门档案，故其考订亦欠周详。孔祥吉于20世纪80年代起亦开始关注此问题，曾在中国第一历史档案馆藏宫中档朱批奏折中发现并复原已被分割归档的康有为《上清帝第三书》，后又依托该馆所藏档案，对《戊戌

① 罗志田."天朝"怎样开始"崩溃"：鸦片战争的现代诠释.近代史研究，1999（3）：19.

② 茅海建.鸦片战争清朝军费考.近代史研究，1996（6）：34－80.

③ 夏笠.第二次鸦片战争史研究.上海：上海书店出版社，2007.作者于1998年去世，此为遗稿。

④ 茅海建.近代的尺度：两次鸦片战争军事与外交.上海：上海三联书店，1998.

⑤ 黄彰健.戊戌变法史研究.台北："中央研究院"历史语言研究所，1970.黄彰健.康有为戊戌真奏议.台北："中央研究院"历史语言研究所，1974.

奏议》诸篇进行爬梳考证，讨论其改纂情况及原因，在考订上较黄氏为细密[①]。孔氏的总结之作为2008年刊行的《康有为变法奏章辑考》，经考订后收录康氏戊子年至丁酉年（1888—1897）章奏12件、戊戌年（1898）章奏74件（内8件存目），康氏为他人代拟的奏稿亦一一予以考订，所有录文多依原档为准，在档案史料的使用上突破甚大[②]。随后茅海建又对其中的奏折的考订问题进行了补充完善，对康氏奏议问题的研究事实上已臻于完密之境[③]。在戊戌变法过程研究中，利用档案者不乏其人，成绩最著者为茅海建，其论文先后汇辑为《戊戌变法史事考》[④]、《戊戌变法史事考二集》[⑤]，后更有考证校注康有为《我史》[⑥]的宏作，因系人所周知，限于篇幅，不复赘述。

“革命史范式”以及“现代化范式”曾对晚清史研究模式影响深远，但近年来晚清史研究在议题上愈发与清代前期政治史相结合，譬如政局走向、治理政策、满汉关系、制度变迁等，均有较为出色的研究，此方面李细珠的研究较有代表性。李氏初治思想文化史，后转向政治史，撰有《张之洞与清末新政研究》，广泛引用公私史料，特别是中国社科院近代史所藏张之洞档案及一史馆藏学部、资政院、宪政编查馆等项档案，讨论张之洞在新政制度变革过程中对中央决策的参与及影响，并以湖北为例考察新政实施的动态过程[⑦]。李氏后来的研究则关注晚清督抚与中央关系，认为推行新政虽削弱督抚权力，但未形成强有力的中央政府，故造成“内外皆轻”的局面，内外皆无法有效应对革命，而民初军阀政治正乘此而兴[⑧]。清季内外关系由“外重内轻”向“内外皆轻”认

---

① 孔祥吉. 康有为变法奏议研究. 沈阳：辽宁教育出版社，1988.

② 孔祥吉. 康有为变法奏章辑考. 北京：北京图书馆出版社，2008. 初版名为《救亡图存的蓝图：康有为变法奏议辑证》（台北：联合报系文化基金会，1998）.

③ 茅海建. 康有为与“真奏议”. 近代史研究，2009（3）：142-158.

④ 茅海建. 戊戌变法史事考. 北京：生活・读书・新知三联书店，2005.

⑤ 茅海建. 戊戌变法史事考二集. 北京：生活・读书・新知三联书店，2011.

⑥ 茅海建. 从甲午到戊戌：康有为《我史》鉴注. 北京：生活・读书・新知三联书店，2009.

⑦ 李细珠. 张之洞与清末新政研究. 上海：上海书店出版社，2003.

⑧ 李细珠. 晚清地方督抚权力问题再研究：兼论清末“内外皆轻”权力格局的形成. 清史研究，2012（3）：1-29. 李细珠. 辛亥鼎革之际地方督抚的出处抉择：兼论清末“内外皆轻”权力格局的影响. 近代史研究，2012（3）：89-108. 李细珠. 地方督抚与清末新政：晚清权力格局再研究. 北京：社会科学文献出版社，2012.

识的转变，在很大程度上得益于史料的扩展，特别是上谕档、奏折、电稿以及大批私人函牍的使用。

二、民变与会党史研究

清代档案中含有大量有关镇压民变、清查秘密结社的文书，是相关负责官员或据亲身闻见、或据调查访知而呈上的直接记录，另外亦有大量供词散见于章疏所引以及奏折附单。由于变乱民众与会党极少留下直接记事，此种出自他者的记录的价值不容小觑。这里略述百年来依托档案展开的民变与会党史研究成果。需要说明的是，民变与秘密社会间绝非有必然联系，这里仅为叙述之便，将二者合并述之。

1. 民众变乱史研究

有清一代，大小民变接踵不绝，关于此的档案自20世纪50年代以来即陆续刊布，在专题档案中占有相当篇幅。虽然有学者借助社会科学理论尝试从整体的角度考量明清城市民众“集体行动”的抗议类型、行动模式与特点①，但更多的成果则集中于几次规模较大的民众变乱事件上。

首先是清初的抗清战争史。早在20世纪30年代，史语所即整理了大量明末清初的军事文书，刊布于《明清史料》，但由于当时对抗清战争史之全貌尚无较全面的把握，故利用亦较困难。最早的几项研究皆是以单一档案题跋的形式出现，如王崇武据顺治六年（1649）吕逢春题本考述南明翼王被获始末，陶元珍据马鸣珮题本发清廷杀张名振之子张文魁之覆，李光璧据康熙年间诏书残稿考述夔东十三家军的晚期事迹②。进入50年代后，农民战争史研究日益受到重视，1952年北京大学整理、出版《明末农民起义史料》，辑录内阁大库档案二百余件。这批史料很快受到重视，次年赖家度、李光璧撰有《山东榆园起义军抗清史迹初探》，其中对李自成军余部在山东活动的叙述即多据此档③。由于档案散佚颇多、记事零散，故各家著述在尝试重构

① 巫仁恕. 激变良民：传统中国城市群众集体行动之分析. 北京：北京大学出版社，2011.

② 王崇武. 记南明翼王朱议汸被获事（跋顺治六年山东巡抚吕逢春题本）. 大公报·图书副刊，1937，188. 陶元珍. 清两江总督马鸣珮题报处决明定西侯张名振子文魁题本附跋. 责善半月刊，1940，1（8）. 李光璧. 清圣祖招降十三家军残诏跋. 中国公论，1941，6（3）.

③ 赖家度，李光璧. 山东榆园起义军抗清史迹初探. 历史教学，1953（4）：26－28.

相关史事时援引私人撰述多于档案，但档案则往往因其未经后人掩饰的史料价值而成为最终定谳的依据。这方面贡献最大的当属谢国桢与顾诚二人。谢氏《南明史略》（1957）是较早一部系统梳理清初抗清战争史的著作，特别是对于大顺、大西农民军余部的活动及其联明抗清的始末皆有论述，所引史料亦以稗史、别集为主，但在涉及清方军事情报、军事政策时，亦多引《明清史料》中转录的题本、揭帖。顾诚的著述主要发表在70年代以后，代表著作为《明末农民战争史》（1984）与《南明史》（1997）。即以后者而言，有学者称之为“南明史研究迄今为止达到的最高水平”[①]，较之谢氏，此书写作时已能见到80年代以来刊布的郑成功档案、《清代档案史料丛编》以及史语所《明清档案》，中国第一历史档案馆藏清初题本亦有查阅的条件，故其在档案史料的运用上，可以说是同类著述中的极致。如吴胜兆、金声桓、李成栋、姜瓖等清初贰臣的叛乱，以往学界的论述大抵依照实录记事，而顾氏则征引大量题本，对其过程进行了细致入微的考述[②]。其余如顺治八、九年（1651、1652）李定国、孙可望、刘文秀部发起的桂林、衡阳、保宁之战始末的考据，亦可见顾氏于档案利用之精熟[③]。此外如所撰《顺治十一年：明清相争关键的一年》，多据内阁大库档案论述彼时清方长江下游之布防情况，并考证张名振“三入长江”的具体时间，订传世史籍之讹[④]。

就大陆学界而言，虽有较多的档案陆续刊布，但对清朝前中期的历次民变过程的叙述多散见于各家清朝通史的著述中，单篇的研究较为零散，对档案的利用亦属有限，未形成集中的研究关注点。台湾学界基于档案对清代台湾历次民变的研究成果颇丰，其中庄吉发的贡献尤为重要，如其最先披露台北“故宫博物院”藏台湾档中朱一贵供词节略，以之与《明清史料》所刊供词残本互校，指出朱氏起事是官逼民反，并不含有秘密结社的背景；并较早留意到宫中档、月折包与台湾档中保存的

---

① 何龄修. 读顾诚《南明史》. 中国史研究，1998（3）：167.

② 顾诚. 南明史. 上册：北京：光明日报出版社，2011：327－370.

③ 顾诚. 南明史：下册. 北京：光明日报出版社，2011：379－393.

④ 顾诚. 顺治十一年：明清相争关键的一年//李岩质疑：明清易代史事探微. 北京：光明日报出版社，2012：383－387.

三份林爽文供词，以此讨论林氏起事的若干细节①。雍乾以降，台湾历次民变与秘密社会皆有密切关系，故庄吉发的研究不局限于民变始末的叙述，而是更深入探究其秘密结社背景以及此一背景得以成立的社会史因素：闽、粤移民争垦番界，造成番汉之间、汉人不同祖籍群体间的矛盾；而台湾本土占卜决疑以及画符念咒的巫术信仰传统亦为秘密社会的滋生创造了条件②。

晚清民变的研究一般集中于太平天国、捻军、义和团等重大事件，西北民乱、西南回乱亦间有涉及。在此以太平天国史研究为例说明。此方面档案的整理工作最为细致、全面，除早期的《中国近代史资料丛刊》太平天国卷外，80 年代后陆续出版《清政府镇压太平天国档案史料》26 册，蔚为大观。事实上，基于档案的太平天国史研究起步无疑较晚。60 年代，罗尔纲因审阅中央档案馆明清档案部选录的太平天国档案而撰写《编纂中央档案馆太平天国史料的一些意见》（后改题《档案中的太平天国史料》）一文，将档案与《钦定剿平粤匪方略》及在事臣僚的文集奏疏相比对，认为《方略》存在大量删削、改窜之处，无论文书数量与质量皆不可与原档同日而语，对文集奏稿而言，原档亦有明显的补充作用，并特别列出咸丰六年九月二十四日（1856 年 10 月 22 日）、十二月二十日（1857 年 1 月 15 日）怡良、德兴阿等奏，指出其对考索天京事变及石达开出走史事甚有裨益③。但限于条件，是时史家难以接触到大量的档案文书，故其援引的清方文书主要转录自东华续录、实录、《钦定剿平粤匪方略》以及在事臣僚的文集奏疏，这一取向延续直至 80 年代。大量引用档案的局面始于 90 年代，其成果主要集中于战争过程的叙述上，如钟文典对太平天国开国史的研究，张守常、朱哲芳对太平天国北伐、西征史事的研究，以及张海鹏主编《中国近代通

---

① 庄吉发．清宫档案中口供史料之评估与运用//清史论集：十．台北：文史哲出版社，2002：213－246.

② 庄吉发．清代台湾土地开发与族群冲突//清史论集：八．台北：文史哲出版社，2000：131－182. 庄吉发．信仰与生活：从现藏档案资料看清代台湾的民间信仰//清史论集：八．台北：文史哲出版社，2000：183－208.

③ 罗尔纲．档案中的太平天国史料//太平天国史丛考甲集．北京：生活·读书·新知三联书店，1981：226－238.

史》第 2 卷中的相关章节①。

近年，传统的太平天国政治史、军事史研究已走向低谷，受到所谓华南研究的影响，学者开始关注区域社会史研究，考察民变产生的基层脉络②，因无关本题不赘。此外，民变档案的刊布亦带动新的议题的产生，如董丛林综核私人撰述与中央档案，讨论太平天国北伐的社会传闻问题③。

2. 秘密社会及其流变

秘密社会史（会党史）的研究始自清季，陶成章 1910 年所撰之《洪门历史篇》当属中国学者涉足其中的开端。民国时期的会党史研究，主要贡献在于对民间文献的发掘，如萧一山纂辑《近代秘密社会史料》，罗尔纲在广西搜求天地会文件，以及《海底》《汉留》等帮会秘书的刊布，都给后辈学者提供了丰富的史料。此期内成书的研究著作，大都仰赖于会党文献，间亦有作者本人之查访。但是，会党文献仅是帮会对自我历史的一种认识与书写，传说多于史实，仅以之为依凭并不足以勾勒清代秘密社会之全貌。20 世纪 50 年代以降档案的陆续刊布则使此大有改观，有关档案的出版情况，庄吉发已有专文论述④，不复赘。

百年来秘密社会史研究成绩卓著，这里不能一一涉及，仅以蔡少卿、戴玄之、秦宝琦、庄吉发等人的研究为主，略做说明。

天地会起源是秘密社会史研究中极为重要的一个问题。民初学者多认为洪门创始于康熙十三年（1674），与郑成功有密切关系；萧一山则修正其说，认为其与郑氏无关，应创始于雍正十二年（1734），但亦同意其宗旨为反清复明。后又有学者（如翁同文等）认为天地会由三藩之乱时蔡禄“以万为姓”集团的余党创立。事实上，此种说法大抵由洪门传说推衍而来，缺少可靠的文献证据。蔡少卿《关于天地会的起源问

---

① 钟文典. 太平天国开国史. 南宁：广西人民出版社，1992. 张守常，朱哲芳. 太平天国北伐西征史. 南宁：广西人民出版社，1997. 张海鹏. 中国近代通史：第 2 卷　近代中国的开端. 南京：江苏人民出版社，2009.

② 此方面研究如：唐晓涛. 俍傜何在：明清时期广西浔州府的族群变迁. 北京：民族出版社，2011.

③ 董丛林. 晚清社会传闻研究. 北京：人民出版社，2007.

④ 庄吉发. 清代秘密社会史的研究与出版//清史论集：十九. 台北：文史哲出版社，2008：186-192.

题》（1964）是较早利用档案解决洪门起源问题的力作，蔡氏征引了大量地方督抚奏折、供词附单以及上谕档，反驳了天地会为明遗老创立、以反清复明为宗旨之说，最先提出天地会实质是一种民众的互助组织，起源于福建漳州地区，于乾隆二十六年（1761）由漳浦洪二和尚（万提喜）首创①。如学者所论，蔡氏此文在方法论上独具意义：将秘密社会的话语放到具体的历史情境中进行研究②。稍后，戴玄之撰《天地会的源流》（1968），得出与蔡氏相近的结论，对所谓康熙朝创始说予以辩驳，主张天地会起源于乾隆三十二年（1767），地点在福建漳浦县高溪乡观音寺③。秦宝琦亦赞同蔡氏之说，所撰《从档案史料看天地会的起源》进一步发掘了朱批与录副奏折中的史料，认定天地会系洪二和尚乾隆二十六年（1761）所立，所不同者，秦氏依据会众口供与大吏奏折，断定立会地点为广东惠州而非福建漳浦，但洪二其人则常常往来于惠州与漳浦之间④。1983 年，赫治清发表《天地会起源"乾隆说"质疑》，对蔡少卿、秦宝琦的"乾隆二十六年起源说"及戴玄之的"乾隆三十二年起源说"均提出商榷，赫氏引证会众供词，认为"天地会创自洪二和尚万提喜"事实上是史家沿袭了地方督抚在奏折中的误解，供词中所称的"洪二和尚"是天地会创始人朱、李二姓之代称；万提喜其人本名郑开，以"万"为称，虽不能证实翁同文旧说之成立，但确可说明其与化异姓为万姓的歃血结盟有关。赫氏文末依据幸存于档案中的洪门文献论证天地会起源甚早，确有反清复明之宗旨，未于档案中发现记录并不意味着其一定不存在⑤。其后，秦宝琦撰《天地会起源"乾隆说"新证》作为回应。秦氏于中国第一历史档案馆藏外纪簿中发现乾隆五十四年五月初三日（1789 年 5 月 27 日）闽浙总督伍拉纳等奏折，内附万提喜之子行义、嫡传弟子陈彪口供，据此就天地会的创始时间、创始人、创立

---

① 蔡少卿. 关于天地会的起源问题. 北京大学学报（人文科学），1964（1）：53－64. 蔡少卿. 中国近代会党史研究. 北京：中华书局，1987：45－65.

② 孙江. 蔡少卿先生与中国秘密社会研究//孔祥涛，等. 我看中国秘密社会：蔡少卿先生执教五十周年暨七十华诞纪念文集. 南宁：广西人民出版社，2002：13.

③ 戴玄之. 天地会的源流. 大陆杂志，1968，36（11）. 亦收入：大陆杂志史学丛书：第 3 辑第 5 册. 台北：大陆杂志社，1970：79－87。

④ 秦宝琦. 从档案史料看天地会的起源. 历史档案，1982（2）：93－100.

⑤ 赫治清. 天地会起源"乾隆说"质疑. 中国史研究，1983（3）：149－158.

宗旨等问题逐一辩驳赫氏之说，重申前论①。

庄吉发对天地会起源问题的研究吸收众说而损益补缀②。在史料学意义上，庄氏将会党起源传说视为“一种传会的工具”，主张依托档案进行会党史研究。在“天地会”这一概念的理解上，庄吉发与秦宝琦诸人显然不同，在早年撰述的《清代天地会源流考》（1970）中，庄氏主张天地会“并非倡自一人、起于一地”，铁鞭会、铁尺会、一钱会等都是天地会的前身或别名，故天地会实在康熙年间已有之，秦氏则认为其混淆了“天地会”与“秘密社会”的概念③。在随后写成的《清代秘密会党史研究》（1994）中，庄吉发对此进行了修正，指出“天地会”有广义、狭义两种，广义者是各种会党的通称，狭义者则仅限于使用“天地”字样的“天地会本支”，但强调“后世所称天地会是泛指广义的天地会”④。因此，庄吉发对天地会起源的探讨是基于清代秘密社会史的整体视角进行的。庄氏对台北“故宫博物院”藏档进行了仔细梳理，指出首见于档案中的会党事件是雍正六年（1728）的“父母会”。与蔡少卿、秦宝琦诸说相同，庄吉发亦认可秘密结社早期是一种民间互助组织，而狭义的“天地会”则是在乾隆时吸收原有各秘密会党的因素而创立的。在此基础上，庄吉发提出会党的实质是“异姓结拜组织”，根据对档案中会党事件的量化统计，可知闽、粤地区发生最多，庄氏认为这与闽、粤的宗族械斗有关，易言之，“会党是由闽、粤地区宗族械斗过程中的异姓结拜集团转化而来的”⑤。如前所述，庄吉发的秘密会党史研究注重社会史因素的考量，此点体现在其对会党组织扩散的考察上。

三、边疆史与民族史研究

清朝自建国之初，即与漠南蒙古、西藏产生密切联系，此后于北方则绥服喀尔喀蒙古，于西北攻灭准噶尔汗国、和卓政权，于西南则改土归流、开发苗疆，可以说边疆行政的成功与否直接关系到清朝的治理效

---

① 秦宝琦．天地会起源“乾隆说”新证．历史档案，1986（1）：92-100．

② 庄吉发关于清代秘密会党史的论文甚多，俱收录于其所著《清史论集》（二十二）中。此段论述则主要依据其《清代秘密会党史》（台北：文史哲出版社，1994）一书。

③ 秦宝琦．评天地会起源“康熙说”//中国会党史研究会．中国会党史研究．上海：学林出版社，1987：95-111．

④ 庄吉发．清代秘密会党史研究．台北：文史哲出版社，1994：47．

⑤ 同④45．

果。与蒙古、西藏的交涉过程中，形成了大量的满、蒙、藏文档案，成为此方面研究的基础史料，而对康熙朝清与准噶尔汗国、和硕特蒙古、西藏地方政权的往来互动的考察尤得益于此甚多。

1. 清初的蒙古治理

清初蒙古史特别是顺治朝对漠南蒙古的治理以及与喀尔喀蒙古的交涉问题，在清代边疆史、北方民族史研究中始终是一个重要的议题，但近二十年来满文、蒙古文档案文书的刊布完全更新了此议题的研究面貌。首先是基础史料的更易，在此部分档案未公布前，学者多依据汉文实录、会典、《蒙古王公表传》、《蒙古游牧记》、《皇朝藩部要略》等官私历史编纂文献，由于语言隔阂及政治讳饰，记事难免讹误遗漏，多语文的档案适足以正讹补阙。其次是研究关怀的转折，档案所揭示的蒙古局势与清朝中枢政治走向的紧密关系使此议题的意义不限于蒙古史或北方民族史，更成为清初政治史不可或缺的成分，由蒙古治理讨论清初立国规模与政策的研究风气渐次形成，其背后可见学者研究关怀的改变。

与此议题相关的档案主要为内秘书院蒙古文档案与理藩院满蒙文题本，以及一些零散的太祖、太宗时期满洲统治者与蒙古王公往来文书①。早期的开拓性研究主要由齐木德道尔吉、达力扎布、乌云毕力格等蒙古族学者进行，近年又有青年学者陆续跟进。

在漠南蒙古诸部中较受关注者为察哈尔、喀喇沁、科尔沁诸部。察哈尔由于其汗统所系的特殊地位，在清初编旗过程中得以区别对待，达力扎布撰有《清初察哈尔设旗问题考略》《清初察哈尔设旗问题续考》《清代八旗察哈尔考》三文，对此问题阐述尤悉。其主张林丹汗之子额哲天聪九年（1635）归附后未久即被授予札萨克衔，崇德元年（1636）受封亲王后即形成了察哈尔札萨克旗，这可由内秘书院档案中一份顺治九年（1652）封授世职的蒙文敕书得到确证。但其地位又不同于一般的札萨克王公，不在所谓的“外藩十三旗”中。布尔尼叛乱后，札萨克旗下十二佐领壮丁被混编入八旗满洲、蒙古披甲，札萨克旗至此消亡。在

① 李保文. 十七世纪蒙古文文书档案（1600—1650）：上卷. 呼和浩特：内蒙古少年儿童出版社，1997. 齐木德道尔吉，吴元丰. 清内秘书院蒙古文档案汇编. 呼和浩特：内蒙古人民出版社，2004. 乌云毕力格，吴元丰，宝音德力根. 清朝前期理藩院满蒙文题本. 呼和浩特：内蒙古人民出版社，2010.

察哈尔札萨克旗外，还有所谓八旗察哈尔与之并存并始终延续，八旗察哈尔是以额哲归降前后分散来归的察哈尔部众为基础编立的，每旗相当于一个参领，设昂邦章京管领，出征、外驻时，则设札萨固尔管理。布尔尼叛乱后则另设总管，由京旗补放。在司法上，八旗察哈尔又享有部分札萨克旗所有的待遇，有别于八旗蒙古。可以说，清廷对八旗察哈尔的管理方式介于八旗蒙古与外藩札萨克之间①。但是察哈尔部（清初谓之“察哈尔国”）的牧地范围向来不甚明确，乌云毕力格据赤峰档案馆现藏雍正十一年（1733）理藩院致翁牛特旗咨文并参酌清末蒙古各旗地图，精准考订出察哈尔游牧地的四至，约略言之，察哈尔游牧地以今日通辽市库伦旗全境为中心，包括科尔沁左翼后旗一角、开鲁县辽河以南的部分和奈曼旗东北一部分②。

科尔沁、喀喇沁等部因地缘之故，与后金较早产生联系，现存的六十余件蒙文往来文书成为重构后金与两部历史的基础性史料。乌云毕力格较早关注此问题，曾撰有论文数篇，所著《喀喇沁万户研究》讨论了明末喀喇沁万户内部结构变化导致“诺颜—塔布囊”体系形成的具体过程，后金与喀喇沁、东土默特诸部关系，以及喀喇沁在后金、察哈尔、明朝三方角力中的作用③。达力扎布对此问题亦有关注，撰有系列文章，并刊布了有关档案文书的转写、翻译④。

理藩院满蒙文题本虽刊布未久，但已得到学界的重视与利用，相关成果主要集中在会盟制度与司法实践方面。2011 年，乌云毕力格、宋瞳发表《关于清代内札萨克蒙古盟的雏形》，指出会盟为蒙古固有的制

---

① 达力扎布. 清初察哈尔设旗问题考略//明清蒙古史论稿. 北京：民族出版社，2003：289-300. 达力扎布. 清初察哈尔设旗问题续考//明清蒙古史论稿. 北京：民族出版社，2003：301-315. 达力扎布. 清代八旗察哈尔考//明清蒙古史论稿. 北京：民族出版社，2003：316-333.

② 乌云毕力格. 清初“察哈尔国”游牧地考//十七世纪蒙古史论考. 呼和浩特：内蒙古人民出版社，2009：192-206.

③ 乌云毕力格. 17 世纪 20—30 年代喀喇沁部的台吉与塔布囊//蒙古史研究：第 6 辑. 呼和浩特：内蒙古大学出版社，2000. 乌云毕力格. 喀喇沁万户研究. 呼和浩特：内蒙古人民出版社，2005.

④ 达力扎布. 蒙古文档案研究：有关喀喇沁部档案译释//明清蒙古史论稿. 北京：民族出版社，2003：334-371. 达力扎布. 蒙古文档案研究：有关东土默特部档案译释//明清蒙古史论稿. 北京：民族出版社，2003：372-387. 达力扎布. 蒙古文档案研究：有关科尔沁部档案译释//明清蒙古史论稿. 北京：民族出版社，2003：388-421.

度，后经清朝修改而沿袭，顺治中逐渐形成了三年一盟的制度；内札萨克蒙古的六盟并非如后世所谓是“国初”定制，顺治朝的满文题本中可见分六处会盟之事，虽是后来六盟的雏形，但作为盟旗制度体系的一环，会盟并未制度化、固定化和规范化①。达力扎布随后更扩展论述范围，利用满文原档、内秘书院蒙文档案、理藩院题本、内阁蒙古堂档、漠南蒙古地方档案撰述长文，讨论会盟制度在有清一代的变迁，指出会盟制度创始于天聪三年（1629），顺治九年（1652）形成内札萨克六盟会盟，康熙时推广至喀尔喀蒙古，雍、乾年间又施行于青海、北疆各蒙古部落，而会盟功能、主盟者身份等要素在此过程中均产生了不同程度的变化②。司法实践方面，理藩院题本中保留了大量司法审判文书，可以借此了解审判制度运作的细节，关康曾利用乾隆朝的理藩院刑名题本讨论清代法律制度在蒙古的调适以及蒙古法律的内地化问题③。

此外，亦有学者利用一种超地域式的分析策略，讨论蒙古局势与清朝中枢政局的互动关系。顺治三年（1646）苏尼特台吉腾机思逃附喀尔喀事件是清初蒙古史的重要一环，齐木德道尔吉最先依据中国第一历史档案馆藏蒙文旧档稽考其逃附以及清军征剿始末，强调此事对于清朝治蒙政策形成的意义④。腾机思事件后，清与喀尔喀事实上处于对立状态，顺治十二年（1655），喀尔喀左翼首先遣使通好，打破僵局，宋瞳利用理藩院题本中保留的五份文书，讨论了清朝中枢从闻知因循、讨论判断到最终决策的曲折过程，强调清朝之所以匆匆接受，主要由于对南方战局的担忧，进而归结出清初“北和诸藩，南剿南明”的军事政治策略⑤。

---

① 乌云毕力格，宋瞳．关于清代内札萨克蒙古盟的雏形．清史研究，2011（4）：27－34.

② 达力扎布．清代外藩蒙古会盟制度浅探//王锺翰先生百年诞辰学术文集．北京：中央民族大学出版社，2013：331－352.

③ 关康．理藩院题本中的蒙古发遣案例研究：兼论清前期蒙古地区司法调适的原则及其内地化问题．清史研究，2013（4）：41－54.

④ 齐木德道尔吉．腾机思事件//宝音德力根，等．明清档案与蒙古史研究：第2辑．呼和浩特：内蒙古人民出版社，2000：106－145.

⑤ 宋瞳．清初北方战略考//沈卫荣．西域历史语言研究集刊：第5集．北京：科学出版社，2012：467－484．后收入：乌云毕力格．满文档案与清代边疆和民族研究．北京：社会科学文献出版社，2013：78－115。

2. 清准关系史

17—18世纪清朝与准噶尔汗国（1635—1755）的遭遇不仅直接塑造了欧亚大陆东部的政治权力格局，更因地缘、宗教等纠葛之故，牵涉到中国西藏地方政权、青海和硕特部以及俄罗斯等政治实体。在此一过程中，清方留下了大量满汉文编纂史料，尤以《亲征朔漠方略》《平定准噶尔方略》为最，亦最为历来学者所重视。但是由于事涉各方的多元性，藏文、蒙古文、托忒文、俄文史料亦颇有存留，此外，又有数量浩繁的满蒙文档案近四十年来陆续整理刊布，从而使清准关系史的研究新貌迭出。

此部分档案最先刊布者为台北“故宫博物院”1977年印行的《宫中档康熙朝奏折》第8辑《满文谕折》，其中含有大量康熙亲征噶尔丹期间的手谕、奏折，日本学者如冈田英弘等随即进行了译注①，中文学界的研究跟进总体较为缓慢。庄吉发同时出版了《清代准噶尔史料初编》，汇集满文起居注、手谕、奏折等，按年写成，附以转写翻译，但因其系满文教材性质，并未带来较大影响②。随后在80年代，中国第一历史档案馆陆续开放了所藏康熙朝满文谕折，并在1996年出版了大多数汉文译文，为学界提供了更为全面的资料③。

90年代开始，齐木德道尔吉、白新良、乌云毕力格等学者开始利用此部分档案讨论康熙朝清准战争、青海和硕特蒙古与西藏地方政府关系等问题。1993年，齐木德道尔吉发表《昭莫多之战以后的噶尔丹》，依据宫中档考证了噶尔丹在康熙三十五、三十六年（1696、1697）的活动细节，包括战败后在塔米尔河畔会盟集结部众、丹津俄木布与噶尔丹的决裂、噶尔丹遣使致信达赖喇嘛与和硕特蒙古等，并附带讨论了噶尔丹之死的问题。实录谓噶尔丹势穷自尽，吕一燃在1980年已据《亲征朔漠方略》订正为病死，齐木德道尔吉又在宫中档中发现了费扬古的满文奏折，不仅为病死说提供了最为坚实的第一手材料，亦解决了《亲征

---

① 冈田英弘．康熙帝の手纸．东京：中公新书，1979.

② 庄吉发．清代准噶尔史料初编．台北：文史哲出版社，1977.

③ 中国第一历史档案馆满文部．康熙朝满文朱批奏折全译．北京：中国社会科学出版社，1996.

朔漠方略》中含混不清的噶尔丹去世日期问题①。这一时期的宫中档中，除了后世所习见的奏折外，尚有两组稍显独特的文书。其一是康熙亲征噶尔丹时期与在京的皇太后、皇太子的往来文书，特别是康熙的亲笔函件，不仅直接反映了前线军情，更可见康熙的内心活动与情感表露，齐木德道尔吉即利用康熙三十五年（1696）首次亲征期间的往来函件考述亲征的具体过程以及康熙的言行与心理状态②。同时，乌云毕力格亦利用这批文书，与满文《亲征朔漠方略》对勘，揭示了官修史籍如何将实质是一次游乐行动的二次亲征修饰、改写为一次意义深远的王朝战争，在史料学意义上阐释了满文档案的史料价值③。第二组文书是噶尔丹在败亡前夕致藏传佛教上层僧侣以及青海和硕特王公的信札，因被清方截获而归入档中，现存十二封，译文早经刊布，但多有错讹，乌云毕力格重新翻译了其中部分文书，综合藏文史籍以及伊犁河流域新发现的抄本托忒文噶尔丹忏悔诗篇，考察了噶尔丹与藏传佛教上层僧侣的互动关系，指出噶尔丹是一名纯粹的藏传佛教信徒，其佛教修养与地位皆不容置疑，其东侵喀尔喀、与清朝对立，背后都有格鲁派最高层的决策，而噶尔丹本人则将这些行动视为为了宗喀巴教法和达赖喇嘛事业④。

在清准关系史的主线下，学者关注的另一热点是从拉藏汗入藏到清军进藏奉七世达赖喇嘛格桑嘉措坐床为止西北地区的局势问题。对于和硕特、准噶尔、西藏与清朝的四方互动，姚念慈、齐光均进行了详细的论述。姚念慈对已刊档案的搜集至为全备，将清准战争、西藏局势与中枢格局三者联系论述，特别强调对中枢决策过程的考察，认为兴兵征准之意完全出自康熙个人，在决策时不仅绕开汉臣，满臣亦不知情，因康熙此时逐渐走出再废太子的阴影，试图通过军事胜利证明天命仍在，反击汉人对合法性的质疑；就目的而言，征准意不在准噶尔而在青海，更

---

① 齐木德道尔吉．昭莫多之战以后的噶尔丹//蒙古史研究：第4辑．呼和浩特：内蒙古大学出版社，1993：104－117.

② 齐木德道尔吉．康熙之路：纪康熙皇帝首次亲征噶尔丹//蒙古史研究：第6辑．呼和浩特：内蒙古大学出版社，2000：179－199.

③ 乌云毕力格．康熙皇帝第二次亲征噶尔丹的满文文书及其流传//明清档案与蒙古史研究：第1辑．呼和浩特：内蒙古人民出版社，2000：67－138.

④ 乌云毕力格．噶尔丹与西藏佛教上层//沈卫荣．大喜乐与大圆满：庆祝谈锡永先生八十华诞汉藏佛学研究论集．北京：中国藏学出版社，2014：305－327.

希望由青海以控制西藏。对于战争中的具体策略，姚文亦有论述，特别是入藏要塞噶斯口的防守失策导致的康熙五十九年（1720）额仑特丧师始末[①]。遗憾的是，姚文对满文档案的利用实属有限，仅有已刊布译文的满文朱批，且未能取译文与原档复勘。这方面齐光以阿拉善为中心的研究正可补其不足。齐光研究的立足点在于17世纪内陆亚洲局势的变迁，特别是1640年喀尔喀、卫拉特颁行法典，共奉达赖喇嘛建立的所谓“喀尔喀—卫拉特大朝”对准噶尔汗国、西藏地方政府与清朝关系的影响。齐光认为清朝对阿拉善蒙古的政策变化与同时期内陆亚洲局势变迁是同步的，“大朝”的存在直接影响了阿拉善蒙古服属清朝的过程，只有当噶尔丹败亡后，清朝才一举将阿拉善编立札萨克旗。此后，拉藏汗、青海和硕特蒙古领主以及策妄阿拉布坦都意图重建“大朝”的政治秩序，是以清朝对各方密切监视，因阿拉善与青海和硕特具有特殊关系而加以培植，使之参与进藏战争，甚至试图推举与康熙有密切人格主从关系的阿拉善郡王阿宝为“持教法王”的候选人，以清除青海和硕特首领潜在的竞争性[②]。

近年来，有关清准关系又有四部满文档案汇集出版，即《军机处满文准噶尔使者档译编》、《清代军机处满文熬茶档》、《乾隆朝满文寄信档译编》与辑录自录副奏折的《清代新疆满文档案汇编》[③]。与旧刊满文档案仅存译文不同，前三种皆附带原件影印，甚便核对，后一种则全为原件影印，这些是目前清朝西北史地研究中最为重要的档案汇集。由于此部分档案数量浩繁，需要一定的熟悉与消化期，目前只能见到少量直接利用此类档案的研究成果。乾隆五年（1740）签订的贸易协定为清朝与准噶尔汗国进行贸易的基础，赵令志辑录《军机处满文准噶尔使者档

① 姚念慈．准噶尔之役与玄烨的兴兵之由．燕京学报：新29期．北京：北京大学出版社，2010：127-220．姚念慈．准噶尔之役与玄烨的盛世心态．燕京学报：新30期．北京：北京大学出版社，2012：155-275．

② 齐光．大清帝国时期的蒙古政治与社会：以阿拉善和硕特部研究为中心．上海：复旦大学出版社，2013．

③ 中国第一历史档案馆，中国边疆民族地区历史与地理研究中心．军机处满文准噶尔使者档译编．北京：中央民族大学出版社，2009．中国第一历史档案馆．清代军机处满文熬茶档．上海：上海古籍出版社，2010．中国第一历史档案馆．乾隆朝满文寄信档译编．长沙：岳麓书社，2011．中国第一历史档案馆，中国边疆史地研究中心．清代新疆满文档案汇编．桂林：广西师范大学出版社，2012．

译编》中有关商贸与谈判的文书，发现此协定在具体实施过程中并未能完全落实，主要体现在准噶尔汗国并未派遣商队进京贸易以及使者携货出京未被禁止两方面[①]。吕文利据《军机处满文准噶尔使者档译编》与《清代军机处满文熬茶档》考察了乾隆八年、十二年（1743、1747）准噶尔人两次进藏熬茶的始末，指出清朝在准噶尔人进藏熬茶时支付大量口粮、赏赐与路费，就清方而言在经济上并无利益，主要是出于政治上保持和平以及军事上节省费用的考量[②]。

基于满文档案的研究成果包罗甚广，以上所举仅是相关专题下之大端，如刘小萌、定宜庄的满族社会制度研究，吴元丰的土尔扈特东迁研究等，皆为人所熟知，这里就不再赘述。

① 赵令志. 乾隆年间清朝与准噶尔贸易协定初探. 满语研究，2013（1）：129－138.

② 吕文利. 乾隆八年蒙古准噶尔部进藏熬茶始末//朱诚如. 明清论丛：第12辑. 北京：紫禁城出版社，2012：269－281. 吕文利. 乾隆十二年准噶尔人藏熬茶研究//乌云毕力格. 满蒙档案与蒙古史研究. 上海：上海古籍出版社，2014：205－222.

后　　记

《百年清史研究史·文献档案卷》应该说是“百年清史研究史”诸卷之中情况较为特殊的一卷。

首先，以往学界梳理学术发展历程的研究成果时，较少述及文献档案的整理、出版情况，而清代，如果从异于以往朝代的历史特点方面着眼的话，文献档案的留存数量之多当为其中之一，因而，在梳理百年清史学术发展的研究思路中，充分考虑到文献档案的历史作用并独立成卷、给予充分尊重是“百年清史研究史”系列的匠心所在。

其次，文献档案的百年学术梳理面临着现实的难题，既要面对文献档案分属文献学与档案学两个不同学科，又必须认识到具体的文献档案整理又与政治史、经济史、社会史、思想文化史、历史地理、边疆民族、中外关系史、海外研究诸卷存在一定程度的交叉，这些分隔与交叉造成的直接后果是文献档案卷的研究不能局限于历史文献学一个单纯的领域，但又必须以历史文献学为依托，这对本卷问题的提出与研究规划的设定造成了一定困难。

最后，文献档案的整理、出版和研究有别于其他领域，难于从研究范式、学术焦点、学术风潮等方面进行总结清理，而具体的文献档案又数量庞大、种类繁多、各具特色，为此，在百年梳理的命题之下结构性、宏观性地提炼恰切的研究问题是本卷的难点。

鉴于上述诸方面，本卷采取了以时间为线索总结回顾以着眼全局，以学术发展为纽带全面阐述以呈现历史，以凸显清代为个案选取标准以反映群体特点，以清史研究现实目标与恒久追求为蓝本以突出文献档案的生命力，以技术的双向作用为视角以探究未来发展问题。问题的设定与研究个案的选取尽可能既照顾全面，又凸显个体。因通篇内容多以历史文献为主，故以《档案与清史研究（1912—2013）》作为附录，稍做补充。

本卷为集体合作成果，分章设计及最终审定为阚红柳，内容具体分工如下：

导论，阚红柳。

第一章，阚红柳、项旋、史丽君、周勇军。

第二章，阚红柳。

第三章，阚红柳、曲世侠、徐伟。

第四章，阚红柳、郑颜。

第五章，阚红柳、戴丽莎。

余论，阚红柳。

附录，马子木。

另外，杨念群、黄兴涛、曹刚华教授为本卷的规划和学术研究实践提供指导，在此一并致谢！

清代文献档案是珍宝汇聚的海洋，而清史研究的学术发展则是涌动于其间的朵朵浪花，海洋无边而无涯，而对海洋认知的不断进步则是发掘财富、创造未来的关键，仅以此卷致敬前人的智慧，并寄厚望于未来的学术拓展。

2019 年 10 月 29 日

图书在版编目（CIP）数据

百年清史研究史. 文献档案卷／阚红柳著. --北京：
中国人民大学出版社，2020.12
ISBN 978-7-300-28864-2

Ⅰ.①百… Ⅱ.①阚… Ⅲ.①中国历史—档案文献—
研究—清代 Ⅳ.①K249.07

中国版本图书馆 CIP 数据核字（2020）第 272084 号

国家出版基金项目

黄兴涛　夏明方　杨念群　主编
百年清史研究史·文献档案卷
阚红柳　著
Bai Nian Qingshi Yanjiu Shi • Wenxian Dang'an Juan

出版发行	中国人民大学出版社		
社　　址	北京中关村大街 31 号	**邮政编码**	100080
电　　话	010－62511242（总编室）		010－62511770（质管部）
	010－82501766（邮购部）		010－62514148（门市部）
	010－62515195（发行公司）		010－62515275（盗版举报）
网　　址	http://www.crup.com.cn		
经　　销	新华书店		
印　　刷	北京联兴盛业印刷股份有限公司		
规　　格	160 mm×230 mm　16 开本	**版　　次**	2020 年 12 月第 1 版
印　　张	19.5　插页 3	**印　　次**	2020 年 12 月第 1 次印刷
字　　数	299 000	**定　　价**	119.00 元